BASTEI
LÜBBE
TASCHENBUCH

Weitere Titel der Autorin:

Wen küss ich und wenn ja, wie viele?
Wer liebt mich und wenn nicht, warum?
Wenn Liebe die Antwort ist, wie lautet die Frage?
Hundherum glücklich
Liebe in echt

Titel in der Regel auch als E-Book erhältlich

Über die Autorin:

Mara Andeck hat Journalismus und Biologie studiert, volontierte beim WDR und arbeitet heute als Wissenschaftsjournalistin und Autorin. Sie lebt mit ihrer Familie in einem kleinen Dorf bei Stuttgart. Ihr Debüt *Wen küss ich und wenn ja, wie viele?* war ein Jugendbuch, das mit begeisterten Kritiken gefeiert wurde. Mit *Natural Born Chillers* legt sie nun ihren ersten Roman für ein erwachsenes Publikum vor.

Mara Andeck

Natural born Chillers

Roman

BASTEI LÜBBE
TASCHENBUCH

BASTEI LÜBBE TASCHENBUCH
Band 17 221

Dieser Titel ist auch als Audio-Download und E-Book erschienen

MIX
Papier aus verantwortungsvollen Quellen
FSC® C083411

Originalausgabe

Lektorat: Anne Rudolph
Daumenkino-Illustrationen:
Carolin Dendorfer, www.carona-design.de
Titelillustration: © Shutterstock.com/Julien Tromeur
Umschlaggestaltung: FAVORITBUERO, München
Satz: Urban SatzKonzept, Düsseldorf
Gesetzt aus der Garamond
Druck und Verarbeitung: CPI books GmbH, Leck-Germany
Printed in Germany
ISBN 978-3-404-17221-4

5 4 3 2 1

»Im Wald zwei Wege boten sich mir dar,
und ich nahm den, der weniger betreten war.
Und das veränderte mein Leben.«

Robert Frost, Der nichtgegangene Weg

1

Pling.
Mit gerunzelter Stirn las Janna die Mail, die eben mit einem leisen Klingelton auf dem Bildschirm ihres Notebooks aufgeploppt war. »Sehr geehrte Frau Mahler«, stand da. »Ein lieber Mensch hat an Sie gedacht und Ihre Mailadresse an uns weitergegeben. Deswegen erhalten Sie jetzt dieses Schreiben mit einem einmaligen Angebot.«

Janna schnaubte, sie ahnte, was kommen würde. Und tatsächlich: »Frau Mahler, eigentlich wissen wir es doch alle: Schönheit, Gesundheit, Erfolg und Liebesglück sind keine Fragen des Schicksals. Sie sind harte Arbeit, und man erreicht sie nur auf einem einzigen Weg: Man muss seine Stärken trainieren und darf seinen Schwächen niemals Raum geben. Selbstoptimierung heißt das Zauberwort.«

Blablabla, dachte Janna, las aber weiter.

»Bestimmt verdrehen Sie jetzt die Augen, Frau Mahler.« Janna fühlte sich ertappt. »Klar, wir wissen das alle, aber wir setzen dieses Wissen nicht um, weil uns dieser Weg schwierig oder gar unmöglich vorkommt. Dabei ist er ganz einfach!«

Ach nee, dachte Janna. Lass mich raten: Wetten, dass du mir dabei helfen willst? Sie scrollte nach unten, um die zweite Hälfte der Nachricht zu überfliegen. »Wissenschaftler haben eine ebenso einfache wie effektive Methode entwickelt, wie man leicht und ohne viel Kraftaufwand endlich zu dem Menschen werden kann, der man eigentlich ist. Schluss mit Problemhaut und Problemhaaren! Mit Problemzonen und Problemzähnen! Mit Problemgesprächen, Problembeziehungen und Problemkindern!«

Na, toll! Und was war mit Problemfinanzen? Und Problemmüttern? Hatten Wissenschaftler auch dagegen Methoden entwickelt? Das wäre mal ein echter Fortschritt. Aber da waren garantiert selbst Wissenschaftler rat- und machtlos. Schlecht gelaunt las Janna weiter. »Sie können Ihr Leben in den Griff bekommen. Glauben Sie mir, Frau Mahler, das geht! Bestellen Sie einfach ein Probeabo unserer Zeitschrift *Optimize*, zunächst kostenlos, dann zum Supersparpreis von nur 9,99 €, und Sie erfahren Forschungsergebnisse, Tipps und Trends, die sich rasch auszahlen werden. Wenn Sie sich innerhalb der nächsten drei Tage für ein Abonnement entscheiden, erhalten Sie außerdem einen formschönen Schlüsselanhänger mit integriertem Nagelpflegeset gratis. Machen Sie einfach den ersten Schritt, alle weiteren werden folgen! Auf eine bessere Zukunft, Ihre Sonja Allertshofen-Wiekmann, Chefredakteurin.«

Janna schlug mit der flachen Hand auf den Tisch und spürte Krümel unter ihrer Handfläche. Ja, klar! Das hieß doch im Klartext nicht mehr als: Machen Sie einfach den ersten Schritt und lassen Sie uns den Betrag von Ihrem Konto abbuchen, alle weiteren Abbuchungen werden folgen. Hielten die sie für doof?

Janna seufzte. Solche Schreiben hatte sie schon mehrfach bekommen. Und natürlich hatte sie einen Verdacht, warum sie regelmäßig Post von *Optimize* erhielt. Es gab da nämlich tatsächlich einen »lieben Menschen« in ihrem Leben, der einiges an ihr für optimierbar hielt. Und dieser Mensch wohnte in der Wohnung über ihr und war eng mit ihr verwandt. Zu eng.

Halt, stopp! Auch wenn's ärgerlich war, Janna wollte jetzt nicht über ihre Mutter nachdenken. Sie. Wollte. Jetzt. Arbeiten.

Na gut, »wollen« war vielleicht das falsche Wort, aber sie musste. Sie musste endlich den Artikel über Mücken für den Finnland-Reiseführer schreiben, sie brauchte das Geld. Lilly benötigte dringend neue Sandalen, denn nie wuchsen die Füße eines Kindes so schnell wie mit sieben.

Obwohl … Janna dachte nach. Hatte sie im letzten Sommerschlussverkauf nicht in weiser Voraussicht Sandalen auf Vorrat gekauft? Rote mit Blümchen? Doch, das hatte sie! Wo waren die denn? Im Schuhschrank? Nein, da wären sie ihr aufgefallen. Im Keller? Oder vielleicht in dem Schrank mit der Bettwäsche, in den sie alles stopfte, das in der winzigen Wohnung sonst nirgends Platz fand?

Janna wollte schon aufstehen, um nach den Sandalen zu suchen, als ihr Blick auf den neongelben Klebezettel fiel, den sie selbst oben an den Rand des Notebook-Displays geklebt hatte. »NEIN« stand darauf in fetten Großbuchstaben. Daneben klebte ein neongrüner Zettel mit der Aufschrift: »Das ist eine Ausrede! Schreib weiter, du Faultier!« Und rechts davon verkündete eine Botschaft auf leuchtendem Orange: »Und du hast auch KEINEN Hunger und KEINEN Durst! Pfoten weg vom Kühlschrank! Schreib!!!«

Janna grunzte. Ja, ja, ja, okay, sie würde später nach den Sandalen suchen. Das konnte sie auch nachmittags tun, wenn Lilly aus der Schule zurück sein würde, denn dann war an ruhige Arbeit sowieso nicht mehr zu denken. Jetzt standen die Mücken auf dem Programm, und über Mücken würde sie jetzt auch schreiben.

Jawohl!

Wahrscheinlich.

Vielleicht.

Vielleicht aber auch nicht. Vermutlich war es doch klüger, zuerst diese lästige Mail zu beantworten und danach den Mücken-Artikel zu schreiben. Dann war ihr Kopf frei, und sie konnte sich voll auf den Text konzentrieren.

Okay. Janna klickte auf »Antworten«, formte ihre Hände zu Tigerkrallen und stürzte sich auf die Tastatur.

»Sehr geehrte Frau Allertshofen-Wiekmann«, schrieb sie. »Sie haben mir jetzt schon zum vierten Mal ein Probe-Abonnement der Zeitschrift *Optimize* angeboten. Eigentlich wäre mir das egal, ich würde Ihr Schreiben normalerweise einfach löschen. Nur leider kommt etwa zwei Wochen nach jeder Ihrer Mails ein Probeheft Ihrer Zeitschrift samt Rechnung hier bei mir an, und das nervt. Jedes Mal schicke ich das Heft und die Rechnung zurück, und wirklich jedes Mal erhalte ich nach zwei Wochen trotzdem eine Mahnung. Daraufhin schicke ich Ihnen dann immer einen Brief per Einschreiben, in dem ich erkläre, dass ich das Heft nicht will, dass ich es nicht bestellt habe und dass ich es auch nicht bezahlen werde. Danach ist ein paar Monate lang Ruhe, aber eben nur ein paar Monate lang. Dann kommt Ihre nächste Mail, und alles beginnt von vorn.

Frau Allertshofen-Wiekmann, ich weiß nicht, woran das liegt, und es ist mir auch egal. Es soll einfach aufhören. Hier also noch einmal in Großbuchstaben die Information: NEIN! Ich will KEIN Probeabo der Zeitschrift *Optimize*. ICH WILL ES NICHT! Und ich will auch KEINE MAILS mehr von Ihnen bekommen. Geht das???

Mit immer noch freundlichen Grüßen, denn vielleicht können Sie ja nichts dafür, Janna Mahler.«

Puh! Janna klickte auf »Senden«, schloss das Mailprogramm und atmete tief durch. So, Mutter, das war erledigt! Und jetzt zu den Mücken.

Mückenmückenmücken.

Eine halbe Stunde später saß Janna immer noch vor einem leeren Bildschirm. Dafür war die Tastatur ihres Notebooks staubfrei und die Buntstifte in der Blechschachtel neben ihr gespitzt und der Größe nach geordnet.

Ein Gefühl von Zufriedenheit stellte sich allerdings angesichts dieser Ordnung nicht ein. Mit beiden Händen griff Janna sich in ihre Haare und zerwühlte sie, bis sie in alle Richtungen abstanden. Da waren sie wieder, ihre drei Probleme. Sie hatte keine Lust zu arbeiten. Sie hatte keinen Chef, der sie dazu zwang. Und die ganze Welt erschien ihr in diesem Moment wie eine einzige bunt glitzernde Ablenkung von ihrer Arbeit. Selbst Tätigkeiten wie Schränke nach Sandalen zu durchwühlen, Flecken an der Wand anzustarren oder die Spitzen ihres langen dunklen Haares auf Spliss zu kontrollieren kamen ihr gerade spannend und abwechslungsreich vor.

Wenn sie doch den ganzen Morgen einfach noch einmal zurückspulen und von vorn beginnen könnte!

Klick, stopp, rewind, alles zurück. Janna würde mit hastigen, ruckartigen Bewegungen ihr Notebook zuklappen, aufstehen, rückwärts durch den Flur ins Bad sausen und unterwegs hektisch über die Spielsachen und Schuhe springen, die Lilly auf dem Boden verstreut hatte. Sie würde den alten Jogginganzug wieder ausziehen und unter die Dusche steigen.

Und dann: klick, stopp und play. Arbeit, die zweite. Mit Bewegungen im Normaltempo würde Janna sich beim Neustart in den Tag sorgfältig schminken, sie würde statt der Jogginghose ein Kleid anziehen und anschließend einen teuren Duft auftragen. Business-Janna würde danach ihr Notebook aufklappen, aber natürlich nicht auf dem verkrümelten Küchentisch, so wie es Lilly-Mama getan hatte, und Business-Janna würde auch nicht erst das Mailprogramm öffnen. Sie würde den Laptop ins Arbeitszimmer tragen, sich am Schreibtisch niederlassen und schnell und effizient einen brillanten Artikel über finnische Mücken für einen namhaften Reiseführer verfassen, denn Business-Janna war eine Wortartistin, eine Edelfeder, eine Femme de Lettres.

Janna überlegte. Sollte sie vielleicht wirklich noch einmal in den Tag starten? Sie musste ja nicht unbedingt rückwärts und mit zackigen Bewegungen ins Bad sprinten, das wäre albern, aber sie konnte sich ein bisschen aufhübschen. Wie sah sie überhaupt aus? Sie hatte sich noch gar nicht im Spiegel betrachtet. Im Display ihres Notebooks sah sie ihr Abbild. Die langen, dunklen Haare waren strähnig und glanzlos, ihr ungeschminktes Gesicht wirkte blass, ihre Nase glänzte. Nein, so durfte sie sich nicht gehen lassen. Wenn man beim Schreiben aussah wie eine gescheiterte Existenz, war Scheitern vorprogrammiert.

Janna streckte schon die Hand aus, um ihr Notebook zuzuklappen, als ihr Blick auf die kleinen Klebezettel am Bildschirmrand fiel. »Das ist eine Ausrede! Schreib weiter, du Faultier!«

Janna knurrte leise, aber sie beugte sich ihrer eigenen Anweisung. Sie würde jetzt sofort mit dem Mückentext anfangen. Buchstabe um Buchstabe, Wort um Wort, Zeile um Zeile. Anders ging es nicht.

Nur noch schnell die Mails checken, sie klickte auf das entsprechende Programm.

Auf Jannas Bildschirm ploppte erneut eine Mail auf.

»Sehr geehrte Frau Mahler!«, stand da. »Herzlichen Dank für Ihre Nachricht! Es tut uns leid, dass wir Sie mit unserer Zeitschrift belästigt haben. Das lag nicht in unserer Absicht. Tatsächlich ist es so: Nach jedem Ihrer Schreiben streichen wir Sie aus unserem Verteiler. Nach einigen Wochen sind Sie dann aber jedes Mal wieder drin, und das ist nicht unsere Schuld. Es liegt daran, dass irgendjemand ständig ein Probeabonnement für Sie bestellt, wenn wir unsere Mails verschicken. Wenn Sie das nicht sind, wer dann?

Kann es sein, dass jemand in Ihrem Umfeld der Meinung ist, Sie sollten Ihr Leben optimieren? Oder sollten Sie vielleicht Ihre zwischenmenschlichen Beziehungen verbessern?

Wie dem auch sei, wir haben zur Kenntnis genommen, dass Sie an unserer Zeitschrift kein Interesse haben, und wir werden Ihnen künftig kein Exemplar mehr zusenden, egal, wie oft Sie oder jemand anders es für Sie anfordern!

Sollten Sie allerdings je ein Abonnement wünschen, müssten Sie uns dies dann ab jetzt per Einschreiben und mit entsprechenden Erläuterungen mitteilen. Eine Bestellung per Mail oder Telefon ist für Sie nun nicht mehr möglich. Mit freundlichsten Grüßen, Maria Meinrad, Kundenservice *Optimize*.«

»Da bin ich aber traurig«, murmelte Janna, löschte die Mail und schloss das Mailprogramm erneut. Tschüss Außenwelt, dachte sie, ran an die Mücken. Sie hatte noch zwei Stunden Zeit, bis Lilly aus der Schule zurückkam, dann musste sie fertig sein. Janna öffnete die Datei mit den Rechercheergebnissen und konzentrierte sich aufs Lesen der Mückenfakten.

Allerdings nur kurz. Das Telefon klingelte. Janna warf einen Blick aufs Display, der Anrufer unterdrückte seine Rufnummer.

Das musste warten. Oder doch nicht? Oder doch?

Bevor Janna eine Entscheidung getroffen hatte, verstummte das Klingeln.

Mücken also.

Leider war da aber immer noch niemand, der ihr in den Hintern trat und dafür sorgte, dass sie endlich loslegte.

Warum gab es eigentlich keinen Chefservice, den man buchen konnte, so wie einen Hausmeisterservice oder einen automatischen Weckdienst, einfach jemanden, der gegen Bezahlung in regelmäßigen Abständen vorbeikam, Druck machte und nach dem Fortgang der Arbeit fragte? »Stressen auf Rädern«, so konnte man das nennen, der Name würde garantiert für eine lebhafte Medienberichterstattung sorgen.

Ob es so etwas vielleicht wirklich schon gab? Janna öffnete den Internetbrowser und überlegte, unter welchem Schlagwort sie suchen musste.

Stopp! Sie hob erneut den Blick und starrte auf die Zettel an der schwarzen Umrandung. »NEIN«, las sie. »Das ist eine Ausrede! Schreib weiter, du Faultier!«

Okay. Es half alles nichts. Auf dem Bildschirm würde nur dann ein Artikel erscheinen, wenn sie jetzt endlich begann, die Tasten in einer Reihenfolge zu drücken, die Sinn ergab. Und genau das würde sie tun. Einen Artikel über Mücken in Finnland verfassen. Zwei Seiten. Die konnte man mit ein bisschen Routine doch wohl in einer halben Stunde herunterschreiben.

Zuerst brauchte sie einen witzigen Einstieg, der Rest

folgte dann wie von selbst. Bloß nichts mit Mücken und Elefanten, das war zu ausgelatscht.

Nach kurzer Überlegung schrieb Janna: »Ferienhausvermieter Matti Meikäläinen wird von Touristen oft gefragt, ob Mücken in finnischen Ferienhäusern ein Problem sind. *Nein, das sind sie nicht*, sagt er dann immer, *wir haben in unseren Häusern genug Spinnen, die unsere Mücken auffressen.*«

Ha, ha, ha. Janna löschte die Zeilen wieder. Lieber keine Ironie, die kam in Schriftform selten gut rüber. Vielleicht sollte sie die Sache lieber biologisch-ökologisch aufziehen, der Lebenszyklus der gemeinen Stechmücke Culex pipiens und ihre Bedeutung für die Nahrungskette von Vögeln, Fröschen und Lurchen oder so ähnlich. Aua, das klang nach Schulfunk. Sie musste vielleicht den Servicegedanken in den Vordergrund stellen, so nach dem Motto: Was tun, damit Mücken keinen Stich machen? Das war auch nicht ganz neu, aber ja, so konnte es gehen.

Das Telefon klingelte wieder. Janna warf einen Blick auf das Display des Apparats und sah, was sie erwartet hatte. In Großbuchstaben erschien dort das Wort MUTTER.

»Jetzt nicht«, knurrte Janna. »Du weißt genau, dass ich um diese Zeit arbeite.«

Das Telefon klingelte weiter und verstummte schließlich, bevor sich der Anrufbeantworter einschaltete. »Culex pipiens, die gemeine Stechmücke, ist nur wenige Millimeter groß«, schrieb Janna. »Eigentlich ist sie ein harmloses Tier, zart, fein, federleicht. Sie beißt nicht, kratzt nicht, schlägt nicht aus, stinkt nicht, verursacht keine Kothaufen, in die man hineintreten kann, und überträgt auch keine tödlichen Krankheiten. Trotzdem ist sie unbeliebt.«

Ein schnarrendes Sirren, wie von einer Riesenmücke,

riss Janna aus ihrer Arbeit. Was war das? Ach so, die Türklingel. Jemand hatte den Finger daraufgelegt und ließ den Knopf nicht mehr los. Hätte die Klingel ebenfalls ein Display, dann stünde dort jetzt bestimmt wieder das Wort MUTTER!

Egal. Janna versuchte, sich ganz auf ihren Text zu konzentrieren. Beißen? Ausschlagen? Kothaufen? So ein Quatsch, darum ging es doch gar nicht. Sie löschte den Absatz. In Finnland gab es Mücken, sie waren lästig, aber dagegen konnte man nichts tun. Das war die Botschaft, die sie rüberbringen musste, und dafür reichte ein einziger Satz. Sie musste mit dieser Weisheit jetzt aber zwei ganze Seiten füllen. Auch das sollte möglich sein, Janna war ja schließlich nicht ganz neu in dem Job. Also los!

Im Flur hörte Janna ein dumpfes Wummern an der Wohnungstür. Ihre Mutter gab nicht auf, das war klar. Wenn Janna ankündigte, vormittags für nichts und niemanden zu sprechen zu sein, weil sie arbeiten musste, dann förderte das die Kontaktfreude und Gesprächigkeit ihrer Mutter enorm.

Zurück zu den Mücken.

Plötzlich drang ein unbekanntes Geräusch in Jannas Bewusstsein, ein merkwürdiges Klackern. Es klang, als würde jemand Kieselsteine an ihr Küchenfenster werfen. In Gedanken sah Janna auch am Fenster das Wort MUTTER aufleuchten.

Sie überlegte, ob sie ausnahmsweise nachgeben sollte, um die Fensterscheibe zu retten, entschied sich aber dagegen. Wenn sie jetzt einlenken würde, hätte sie für immer verloren. Und die Bildschirmseite war noch immer leer, da musste jetzt schnell etwas passieren. Nur was?

Eine Liste! Sie würde eine Liste mit Tipps gegen Mücken

schreiben. Listen hatten den Vorteil, dass man nach jedem Unterpunkt einen Absatz und eine Leerzeile platzieren konnte. Damit schrumpfte die Textmenge fast um die Hälfte. Es musste doch möglich sein, innerhalb von ein paar Minuten eine Seite über Mücken zu schreiben.

Janna ärgerte sich über sich selbst, weil sie bei der Arbeit so unkonzentriert war. Immer, wenn sie etwas schreiben wollte, hüpften die Gedanken durch ihren Kopf wie eine Horde wilder Affen, und es gelang ihr nicht, sie zu disziplinieren. Vielleicht hatte ihre Mutter doch recht und sie hätte *Optimize* lesen sollen.

Halt! Stopp! Ihre Mutter hatte natürlich nicht recht! Nie!

Sie. Würde. Jetzt. Arbeiten. Punkt.

Als Janna fünfzehn Minuten später und um eineinhalb Seiten Mückentext reicher Richtung Toilette tänzelte, hatte sie das gute Gefühl, an diesem Tag etwas geleistet zu haben. Sie konnte das Thema »Mücken in Finnland« auf ihrer To-do-Liste abhaken. Jetzt noch die isländischen Schafe, dann kamen morgen die kanadischen Bären, die neuseeländischen Kiwis und die afrikanischen Erdmännchen dran. Und dann würde der Kontostand schon wieder besser aussehen.

Janna lächelte sich selbst im Badezimmerspiegel an. Sie puderte ihre Nase, bürstete ihre Haare und schüttelte sie in Form. Das war Janna Mahler! Eine Femme de Lettres! Schön, schlank, erfolgreich, auf unauffällige Art elegant, na gut, auf sehr unauffällige, fast schon unsichtbare Art, aber mit unglaublich wachen, intelligenten, braunen Augen! So sahen Sieger aus! Auf zu den Schafen!

Beschwingt verließ Janna das Bad. Ups, was war das? Auf dem Boden vor der Wohnungstür war ein heller

Fleck, der eben noch nicht da gewesen war. Sie drückte auf den Schalter, Licht flammte auf und erhellte den dunklen Flur. Vor ihr lag ein Zettel, den jemand unter der Wohnungstür durchgeschoben hatte. Sie hob ihn auf und entfaltete ihn.

»Janna!«, stand da. »Ich fahre jetzt zur Polizei und hole deine Tochter ab. Man hat sie aufgegriffen.« Janna erstarrte. »Gern hätte ich dich mitgenommen«, las sie, »aber leider hattest du Wichtigeres zu tun, als mir die Tür zu öffnen. Hoffentlich war es wirklich wichtig. Bis später.«

Darunter stand in Großbuchstaben MUTTER.

Was tun, damit Mücken keinen Stich machen?

Von Janna Mahler

Wer A sagt, muss auch B sagen, und wer in ein Land mit mehr als tausend Seen reist, muss dort auch mit Mücken rechnen. Lesen Sie hier, was Sie tun können, damit Ihr Urlaub nicht durch surrende Blutsauger verdorben wird:

- Mücken fliegen vor allem in der Dämmerung. Bei Sonnenuntergang Fenster schließen!
- Mücken lieben dunkle Untergründe. Tragen Sie helle Kleidung!
- Mücken lieben das Blut von Menschen mit Blutgruppe Null. Nehmen Sie einen Reisegefährten mit dieser Blutgruppe mit!
- Mücken lieben Menschen, die Bier getrunken haben. Servieren Sie diesem Reisegefährten eins!
- Mücken lieben Schweißgeruch. Duschen Sie vor Einbruch der Dämmerung, am besten ohne Seife oder andere parfümierte Substanzen. Die mögen Mücken nämlich auch.
- Nehmen Sie sich Mückennetze fürs Schlafzimmerfenster, die Schlafzimmertür und fürs Bett mit. Nachtschlaf ist so wichtig!
- Reiben Sie bei einer Mückenattacke wirklich jeden Quadratzentimeter freiliegender Haut mit Anti-Mücken-Mitteln ein. Die Mücken merken es, wenn Sie eine Stelle vergessen.
- Bleiben Sie gelassen. Je mehr Mückenstiche man im Leben erlitten hat,

desto geringer fällt die juckende Körperreaktion aus. Und die einzige Krankheit, die finnische Mücken in ganz seltenen Fällen übertragen können, ist eine harmlose Fiebererkrankung, die nach einigen Tagen von selbst abklingt.

- Überdenken Sie Ihre Einstellung zu Mücken: Finnland ist ein traumhaftes Reiseland. Einsame Seen, idyllische Hütten, die Stille der Natur, wo gibt es das denn sonst noch?
All das verdanken Sie den Mücken. Gäbe es keine, dann befände sich jetzt anstelle jeder Mücke, die Sie gerade sehen, ein All-inclusive-Pauschalurlauber in Ihrer Nähe.
Und den könnten Sie nicht einfach an der Wand zerklatschen.

2

»Evelina, ich möchte in der nächsten halben Stunde nicht gestört werden.« Helen Berg bedachte ihre Sekretärin mit einem festen Blick. »Von niemandem!«

Evelina sah ihre Chefin mit großen, blauen Augen fragend an. »Und wenn's wichtig ist?« Sie blinzelte öfter als notwendig, ein Zeichen dafür, dass sie nervös war.

Helen kannte das, es verhieß nichts Gutes. »Wenn es wichtig ist, rufe ich in einer halben Stunde zurück«, antwortete sie und betonte jedes Wort überdeutlich. Sie bemühte sich, freundlich zu klingen, freundlich, aber bestimmt. Nicht, weil sie ein freundlicher Mensch war, sondern weil sie wusste, dass sie garantiert keine halbe Stunde Ruhe haben würde, wenn sie Evelina jetzt beunruhigte.

Als Helen ihre Aushilfssekretärin vor ein paar Tagen wegen ihrer Begriffsstutzigkeit gereizt angefahren hatte, war danach die Kaffeemaschine explodiert. Keiner wusste, warum und wieso, aber es geschah, als die aufgeregt flatternde Evelina sich zur Beruhigung einen Cappuccino machen wollte, und an Arbeit war danach für Stunden nicht zu denken. Evelina zitterte und weinte, sie hatte sich an der rechten Hand verbrüht und musste verarztet werden, und die Kaffeeküche sah aus, als wäre Evelina komplett ausgerastet. Helen fragte sich heimlich, ob das vielleicht tatsächlich der Fall gewesen war. Irgendetwas an Evelina kam ihr seltsam vor. Im Aussehen erinnerte das Mädchen an eine blonde Elfe, aber im Verhalten eher an Dobby, den hysterischen Hauselfen aus *Harry Potter.*

Helen hatte an diesem Tag beschlossen, sich Evelina gegenüber in Engelsgeduld zu üben und so lange durchzuhalten, bis ihre Vorzimmerdame Gabriele, eine echte Spitzenkraft, aus der Kur zurück war. Sechs Wochen noch. Sechs. Wochen.

»Aber was sage ich, wenn jemand anruft, der Sie wirklich ganz dringend sprechen will?«, wollte Evelina jetzt wissen. Ihre Stimme klang weinerlich.

Helen versuchte, mütterlich und beruhigend zu wirken. »Sie sagen dann, ich würde in einer halben Stunde zurückrufen.«

»Ich könnte auch sagen, Sie seien nicht da, oder?«, fragte Evelina hoffnungsvoll.

»Nein, Evelina, wir lügen nicht. Nichts auf der Welt ist so wichtig, dass es nicht eine halbe Stunde warten könnte.«

»Ja, natürlich«, piepste Evelina. »Ich finde nur immer, dass es so unfreundlich klingt, wenn jemand da ist, aber nicht mit einem sprechen will. Falls zum Beispiel Herr Dr. Schröbner anrufen würde und es um etwas Wichtiges ginge, also ich finde, dem Chef gegenüber sollte ich ja nicht unfreundlich wirken, oder? Vielleicht ist es besser, wenn ich in der nächsten halben Stunden einfach gar nicht ans Telefon gehe.«

»Nein, das ist nicht besser.« Helen benötigte all ihre Selbstbeherrschung, um mit milder, gelassener Stimme weiterzusprechen. »Selbst wenn der Papst anruft: Teilen Sie ihm einfach mit, ich würde in einer halben Stunde zurückrufen.«

»Kann man den Papst denn einfach so zurückrufen?« Evelina hatte plötzlich wässrige Augen.

»Evelina«, sagte Helen und sah das junge Mädchen ernst und feierlich an. »Manchmal stellt das Leben uns Aufgaben, die uns schwerfallen, nicht wahr?« Das Mädchen nickte, und Helen sprach weiter. »Ihnen stellt das Leben nun die Aufgabe, diesen einen Satz zu sagen, falls jemand anruft: Frau Berg ruft in einer halben Stunde zurück. Das fällt Ihnen nicht leicht, Sie sagen das nicht gern, und das spricht für Sie. Aber Sie müssen es trotzdem tun. Es ist Ihre Aufgabe, es ist Ihr Job, es ist Ihre Pflicht. Okay?«

»Okay«, flüsterte Evelina.

Helen schloss die Bürotür hinter sich, lehnte sich an das kühle Holz, atmete heftig aus und überlegte kurz, was ein Mensch wie Evelina wohl in seiner Freizeit tat. Wattebällchen pusten? Glitzernagellack sammeln? Mit glockenheller Stimme Feenlieder singen? Oder sammelte sie Socken wie Dobby der Hauself und trug einen Teewärmer als Hut? Sie schüttelte diesen Gedanken ab und zwang sich, jetzt nicht über das Pastell-Püppchen nachzudenken. Sie musste die Zeit nutzen, die ihr blieb, bis Evelina beim ersten Telefonklingeln ziemlich sicher kollabieren würde und vom Notarzt wiederbelebt werden musste. Sie würde jetzt wie geplant das Online-Formular ausfüllen, schließlich hatte sie sich selbst für das neue Fitness- und Gesundheitskonzept der Firma eingesetzt, und die Basis für dieses Konzept war nun mal dieser Online-Fragebogen.

Bei der Befragung ging es um eine Erhebung des Ist-Zustandes der Belegschaft. Jeder musste anonym fünfundsiebzig Fragen zu seiner Person und seiner Lebensweise beantworten, und ein Computer würde dann berechnen, welche Mitarbeiter der Agentur Schröbner und Partner betriebswirtschaftlich betrachtet potenzielle Schwachstellen waren. Ein speziell geschulter Gesundheitscoach würde dann mit den Betroffenen an ihrer Lebensführung arbeiten. Und heute stand Punkt eins dieses Programms auf der Agenda. Heute musste der Fragebogen ausgefüllt werden, und Helen als Vorgesetzte wollte der Belegschaft mit leuchtendem Beispiel vorangehen.

Sie setzte sich an den Schreibtisch, öffnete die Datei, loggte sich ein und klickte auf »Test starten«.

Ein Fenster öffnete sich. Alter, Geschlecht und Familienstand wurden abgefragt. Das war einfach. 35, weiblich, ledig.

Nein, halt, bei ledig gab es zwei mögliche Antworten: »ledig, aber in einer festen Beziehung oder Gemeinschaft lebend« oder »ledig und ungebunden«. Helen wählte die zweite Option, ungebunden, und ging zur nächsten Frage über. Stellung innerhalb des Unternehmens. Sie zögerte und klickte dann auf »Angestellte in Führungsposition«. Ihr Zögern lag nicht daran, dass es bei der Antwort Unklarheiten gab. Sie klickte vielmehr nur widerwillig auf das entsprechende Feld, weil sie wusste, dass das Formular allein schon durch die ersten vier Mausklicks leicht als ihres identifizierbar war. Es gab in der Agentur Schröbner und Partner nur eine einzige weibliche Führungskraft. Die Anonymität der Befragung war ab jetzt ein Witz, und Helen hätte genauso gut ihren Namen in fetten Leuchtbuchstaben in jede Spalte eintragen können. Aber es half nichts, sie musste die Fragen wahrheitsgemäß beantworten. Hätte sie ihre Identität durch eine falsche Antwort verschleiert, wäre auch das aufgefallen. Dann hätte ihr Fragebogen deutlich erkennbar im Datenpool gefehlt und was läge näher, als daraus zu schließen, dass sie etwas zu verbergen hatte.

Helen hielt inne und überlegte. Hatte sie denn Geheimnisse? Nein, eigentlich nicht. Natürlich waren das Fragen, die man einem Arbeitgeber zum Beispiel in einem Bewerbungsgespräch nicht hätte beantworten müssen. Schon die Unterscheidung bei der Antwort »ledig« ging genau genommen zu weit. Es hatte niemanden in ihrer Firma zu interessieren, ob sie in einer festen Beziehung lebte. Andererseits wussten ohnehin alle, dass sie solo war. Und selbst wenn nicht, es half nichts, sie musste da durch.

Nächste Frage. Rauchen Sie? Jawohl.

Selten, gelegentlich, regelmäßig, oft? Regelmäßig und oft, das wäre die richtige Antwort gewesen, aber weil man nur eine Angabe machen konnte, entschied Helen sich für regelmäßig, weil es ein bisschen besser klang als oft.

Trinken Sie Alkohol? Jep.

Weniger als zwei Mal wöchentlich oder mehr als zwei Mal wöchentlich? Mehr natürlich. Schon rein beruflich war es in der Agentur mehr als zwei Mal pro Woche üblich, Sektkorken knallen zu lassen, um einen Vertragsabschluss oder eine gelungene Kampagne zu feiern.

Geben Sie Ihre Wochenarbeitszeit an. Wie viele Stunden arbeiten Sie im Durchschnitt? Mehr als zwanzig, mehr als vierzig, mehr als fünfundvierzig, mehr als fünfzig Stunden? So eine blöde Frage. Jeder im Führungsteam arbeitete mehr als sechzig Stunden wöchentlich, das war selbstverständlich, darüber sprach man nicht, wie sollte es anders gehen, und wie sonst würde sich eine solche Gehaltshöhe für das Unternehmen rentieren?

Tragen Sie beruflich Verantwortung für andere Mitarbeiter? Jawohl.

Welche ärztlichen Untersuchungen nehmen Sie regelmäßig in Anspruch? Ha! Diese Antwort konnte niemand überprüfen, hier gab es Spielraum. Helen kreuzte Zahnarzt an, obwohl sie dort seit zwei Jahren nicht mehr gewesen war, dann Krebsvorsorge und zuletzt Augenarzt. Sie entschied sich allerdings, ohne überhaupt nachzudenken, gegen Fachärzte wie Orthopäden, Internisten, Neurologen und Hals-Nasen-Ohren-Ärzte, denn wer wollte da schon regelmäßig gewesen sein? Das klang so kränklich.

Nehmen Sie regelmäßig Vitaminpräparate ein? Auch so eine Frage, deren Antwort niemand überprüfen konnte. Helen klickte auf Ja, das klang gesund und vernünftig.

Treiben Sie Sport? Natürlich.

Wie oft? Ähm, also, wenn sie ehrlich war, aber andererseits, warum sollte sie ehrlich sein? Einmal wöchentlich, das klang realistisch, auch wenn es nicht stimmte.

Nennen Sie fünf Dinge, die Sie auf eine einsame Insel mitnehmen würden. Zur Wahl standen dreißig verschiedene Gegenstände.

Was hatte das denn mit Gesundheit und Fitness zu tun? Ein Moskitonetz, entschied Helen, ein bequemes Bett, eine Harpune, Streichhölzer. Und Astronautennahrung in Tuben für den Notfall, falls die Sache mit der Harpune nicht klappen sollte. Das wirkte doch überlebensfähig, lösungsorientiert, optimistisch und realistisch zugleich.

Von welchen Prinzipien lassen Sie sich in Ihren Entscheidungen am ehesten leiten, wählen Sie drei. Zur Auswahl standen Ehrlichkeit, Zuverlässigkeit, Sicherheitsdenken, Flexibilität, Neugier, Intuition, Planung, Information, Kalkulation, Optimismus, Kommunikation. Oh, das war eine fiese Frage. Alle Antworten klangen positiv, aber wer wie Helen geübt im Lesen von Arbeitszeugnissen war, wusste, dass sich hinter scheinbar positiven Formulierungen oft das

Gegenteil verbarg. Bei dieser Frage bestimmte die Mischung das Ergebnis. Wer zum Beispiel Zuverlässigkeit, Sicherheitsdenken und Planung ankreuzte, war garantiert ein ängstlicher Pedant und stand kurz vorm Burnout. Wer sich aber für Flexibilität, Optimismus und Kommunikation entschied, war ziemlich sicher ein undisziplinierter Schwätzer. Nach langer Überlegung wählte Helen Neugier, Information und Kommunikation. Sie war schließlich in der Werbebranche tätig.

Werfen Sie jetzt einen Blick in den Spiegel und beurteilen Sie selbstkritisch Ihr Äußeres, so lautete die nächste Aufgabe. Obwohl sie sich dabei lächerlich vorkam, zog Helen die Schublade ihres Schreibtisches auf, entnahm ihr den kleinen Taschenspiegel, den sie dort aufbewahrte, klappte ihn auf und betrachtete ihr Gesicht. Selbstkritisch stellte sie fest, dass ihre Nase glänzte und ihr Lippenstift verblasst war. Ihre blonden Haare, die sie heute zu einem strengen Knoten zusammengefasst und mit Gel fixiert hatte, waren aber noch einwandfrei und bedurften keiner Korrektur. Okay, und wie lautete nun die Frage? Wirken Sie auf außenstehende Betrachter älter oder jünger, als Sie es tatsächlich sind? Helen hatte keine Ahnung. Kurzentschlossen stand sie auf, eilte zur Tür und öffnete sie. Im Vorzimmer saß Evelina an ihrem Schreibtisch und starrte das Telefon an wie ein Kaninchen eine hungrige Klapperschlange. »Evelina, schätzen Sie bitte mal, wie alt ich bin.«

»Fünfunddreißig!« Das kam wie aus der Pistole geschossen.

Helen runzelte die Stirn. »Das wussten Sie, nicht wahr?«

Evelina nickte.

»Hätten Sie es nicht gewusst, auf welches Alter hätten Sie mich dann geschätzt?«, hakte Helen nach.

»Dreißig?«, zwitscherte Evelina und schlug die Augen nieder. Sie war eine schlechte Lügnerin.

Helen bedankte sich, schloss die Tür, setzte sich hinter den Bildschirm und wählte die Antwort: »Ich wirke bewusst durch Kleidung und Auftreten etwas älter, als ich bin, weil das in meiner Position hilfreich ist.«

Jetzt kamen Fragen nach Größe und Gewicht, da hatte Helen nichts zu verbergen. Nicht ganz so wahrheitsgemäß gab sie Antworten zu Schlafdauer, Essgewohnheiten, Kaffeegenuss und so weiter und so fort. Sie klickte sich immer rascher durch die Antworten, denn die Zeit wurde knapp.

Überprüfen Sie noch einmal, ob Sie alle Fragen wahrheitsgemäß beantwortet haben, und errechnen Sie dann Ihr biologisches Alter. Helen klickte auf okay.

Auf dem Bildschirm erschien eine Tabelle.

Tatsächliches Alter an Jahren: fünfunddreißig. Das stand in der ersten Spalte. Und darunter: Einsamkeit (plus zehn Jahre), lange Arbeitszeiten, beruflicher Stress (plus neun Jahre), Rauchen (plus sieben Jahre), Alkohol (plus drei Jahre), hohe Vitamindosen (plus zwei Jahre), schlechte Ernährung (plus drei Jahre), mangelnde Bewegung (plus drei Jahre).

Helen starrte auf den Bildschirm. Das durfte doch nicht wahr sein! Sie erfüllte sämtliche Kriterien, die laut Statistik zur Vergreisung führten, außer einem einzigen: Sie war kein Mann, das hätte ihr weitere drei Jahre eingebrockt. Rein rechnerisch gesehen war sie zweiundsiebzig! Hilfe! Und dabei hatte sie beim Ausfüllen sogar gemogelt. In Wahrheit war sie vermutlich noch älter.

Leider konnte sie trotzdem nicht einfach in Rente gehen und ihren Lebensabend genießen. Auf ihrem Bildschirm blinkte jetzt ein Text in leuchtend roten Buchstaben auf. »Liebe/r Mitarbeiter/In«, stand da. »Die Agentur Schröbner und Partner als Ihr Arbeitgeber ist um Ihren Gesundheitszustand ehrlich besorgt und möchte Ihnen helfen. Bitte vereinbaren Sie umgehend einen Termin bei unserem Down-Aging-Berater Jesper Knudsen. Ein Schreiben und die Kontaktdaten erhalten Sie automatisch per Mail.«

An dieser Stelle war ein Bild eingefügt. Man sah darauf Jesper Knudsen, einen braun gebrannten, blonden Mann mit überaus markanten Gesichtszügen. »Ihre Daten wurden bereits anonymisiert an Herrn Knudsen weitergeleitet«, verkündete der Text. »Sie können sich ihm ruhig anvertrauen und ihm Ihre Identität offenlegen. Er ist vertraglich zu absoluter Verschwiegenheit verpflichtet, und die Kosten trägt die Firma für Sie. Nennen Sie ihm daher unbesorgt Ihren Evaluationscode, dann kann er Ihre Erhebungsergebnisse mit Ihnen durchgehen. Gemeinsam mit ihm werden Sie einen Weg finden, fitter, gesünder, effektiver und glücklicher zu leben. Mit freundlichen Grüßen, Ihr Führungsteam Arthur Schröbner, Vincent Pfister und Helen Berg.« Helen sank in sich zusammen, als sie ihren eigenen Namen las.

Jemand klopfte an die Tür. Evelina. »Die halbe Stunde wäre jetzt vorbei«, verkündete sie und sah dabei stolz und zufrieden aus.

»Hat jemand angerufen?«, fragte Helen und rieb sich seufzend die Stirn. Sie fühlte sich matt und kraftlos. Vielleicht fühlte sie sich auch einfach nur alt.

»Oh ja!«, schmetterte Evelina und blickte auf den Zettel in ihrer Hand. »Eine Janna Mahler. Drei Mal schon! Klang irgendwie nach Nervenzusammenbruch. Ich habe ihr gesagt, dass Sie in einer halben Stunde zurückrufen werden. Aber das müssten Sie dann nicht mehr, hat sie geantwortet, es hätte sich bis dahin erledigt.«

Helen starrte Evelina an. Es gab Tage, an denen sie sich fragte, ob sie im Leben wirklich alles richtig machte.

Von: jesper.knudsen@downage.de
An: helen.berg@schroebner.de
Betreff: Fit und gesund!

Hey, Helen, ich bin Jesper,

ich komme aus Schweden und da duzen wir uns alle. Ich hoffe, dass es für dich in Ordnung ist, wenn ich das hier auch tue. Was ich dir sagen will, kann man nämlich per du besser rüberbringen.

Helen, dein Online-Test hat Werte ergeben, die zeigen, dass dein Körper unter Stress steht, und das ist nicht gut. Du bist sehr zielstrebig und erfolgreich, aber du treibst damit Raubbau an deiner Gesundheit. Wer so lebt wie du, verbrennt Treibstoff, ohne vorwärtszukommen. Wer so lebt, hat seine Kraftvorräte schneller verbraucht als andere. Wer so lebt, lebt vielleicht nicht mehr lange.

Du denkst, dass du dein Alter kennst, und wenn man dich danach fragt, nennst du die Jahre, die seit deiner Geburt vergangen sind: fünfunddreißig. Moderne Altersforscher aber gehen dazu über, das Alter anders zu berechnen. Grundlage für diese Rechnung soll nicht mehr das gelebte Leben sein, also der Zeitraum, den wir bereits hinter uns haben. Die neue Formel lautet stattdessen: Wir sind so jung, wie wir noch Lebensjahre VOR UNS haben. Und das hängt ganz stark von unserer Lebensweise ab.

Du, Helen, musst daran etwas ändern, denn bei dir sind es nicht mehr viele Jahre. Aber ich wette, dass wir das zusammen schnell in den Griff bekommen.

Ruf mich an!

Jesper

3

Lou Antoni saß im Büro am Schreibtisch und zählte ein zweites Mal die Bestellungen. Sieben waren per Mail gekommen, zwei über das Onlineformular auf der Homepage, und neun hatten sie per Telefon erreicht. Also waren es insgesamt achtzehn.

Seltsam. Lou konnte es kaum glauben. Hatten heute wirklich nur achtzehn Menschen mitten in Berlin eine Kiste Bio-Gemüse bestellt? Hey, es war Frühling!

Sie sprang auf, trat ans Fenster und riss es auf. Mensch, draußen schien die Sonne. Die Bäume am Straßenrand hatten zartgrüne Blätter, in ihren Zweigen tschilpten Spatzen. An einem solchen Tag wollten doch alle nur eins: Vitamine, Vitamine, Vitamine. Man brauchte jetzt Obst und Gemüse, und man spürte das in jeder Körperzelle. Man gierte doch förmlich nach frischem Grün.

Oder etwa nicht? Mit gerunzelter Stirn betrachtete Lou eine junge Frau auf der gegenüberliegenden Straßenseite, die eine Eiswaffel Größe XXL mit leuchtend blauem Eis in der Hand hielt und selbstversunken daran leckte. Na gut, vielleicht waren bei manchen die natürlichen Instinkte durch Zivilisation verkümmert. Aber doch bestimmt nicht bei allen! Wer wenigstens noch ansatzweise einen Draht zu seiner wahren Natur hatte, wollte sich doch bei diesem Frühlingswetter garantiert nicht die Arterien mit Zucker, Farb- und Konservierungsstoffen verkleistern. Der wollte frische Luft und frische Nahrung.

Aber warum dann dieser Rückgang? Nur achtzehn? Lou verschränkte die Arme vor der Brust und dachte nach.

Sie arbeitete seit letztem Sommer bei Biofit, war also vom ersten Tag an dabei gewesen. In den Anfangsmonaten hatte der Laden gebrummt, doch im Winter waren die Bestellungen gesunken. Bei genauer Betrachtung war das kein Wunder. Biofit hatte wochenlang nur Kohl, Wurzelgemüse, Kartoffeln und Lageräpfel im Sortiment gehabt. Das war konsequent, weil es auf den Höfen in Brandenburg in diesen Monaten nichts anderes gab, aber natürlich war es auch langweilig.

Doch jetzt war der Winter vorbei. Der Chef hatte Rucola angekarrt, Dill, Schnittlauf, Petersilie, sogar schon ersten Rhabarber. Und das schien sich herumgesprochen zu haben, denn in den letzten Tagen waren die Bestellzahlen wieder leicht gestiegen.

Tja, bis heute. Achtzehn Bestellungen, so wenig waren es noch nie gewesen.

War eine Serverpanne der Grund für die Flaute? Geisterten die Buchungen noch irgendwo in den undefinierbaren Weiten des Internets herum und hatten ihren E-Mail-Account einfach noch nicht erreicht?

Lou fuhr den Computer noch einmal hoch. Vielleicht waren ja inzwischen weitere Bestellungen eingetroffen. Ihr blieb nicht mehr viel Zeit, sie musste die Kisten gleich zusammenstellen. Der Fahrer würde gegen Mittag kommen.

Es war warm im Büro, und sie fasste ihre hennaroten Locken im Nacken zusammen, zwirbelte sie zu einem Knoten auf und steckte ihn mit zwei Bleistiften fest. Als das Telefon klingelte, hatte sie die Hände gerade wieder frei.

»Biofit Obst- und Gemüselieferservice, Lou Antoni am Apparat. Was kann ich für Sie tun?«, flötete sie in den Hörer.

»Fräulein Louisa?«, fragte die Stimme am anderen Ende des Apparats.

»HERR BRANDT! GUTEN MORGEN! WIE GEHT ES IHNEN?« Lou sprach laut und überdeutlich, denn nur ein einziger Mensch auf der Welt nannte sie Fräulein Louisa, und der war vierundachtzig Jahre alt und schwerhörig: Herr Brandt, der freundliche ältere Herr aus dem Haus gegenüber. Er bestellte jeden Mittwoch telefonisch eine kleine Biofit-Kiste, die Lou stets persönlich am Donnerstag zu ihm brachte. Dass Herr Brandt montags anrief, war ungewöhnlich.

»Fräulein Louisa, ich hätte da eine Frage«, sagte er mit seiner ruhigen, freundlichen Altmännerstimme.

»JA, HERR BRANDT?«, rief Lou in den Hörer. Sie mochte den alten Herrn. Mit seinem schneeweißen Haar und seiner stillen, höflichen Art erinnerte er sie an einen dieser typischen Gentlemen aus den Schwarz-Weiß-Filmen der Fünfzigerjahre, nur eben ein paar Jahrzehnte älter.

»Fräulein Louisa, ich hätte gern Erdbeeren, einfach so zwischendurch. Könnten Sie mir heute ein Pfund vorbeibringen, außer der Reihe, sozusagen?«

Er hustete, und Lou wartete, bis der Hustenanfall vorbei war. »WIR HABEN LEIDER KEINE ERDBEEREN!«, rief sie dann. »DIE ERDBEERSAISON HAT NOCH NICHT BEGONNEN.«

»Wirklich?« Das kam leise. Herr Brandt zögerte, dann fuhr er fort. »Heute lagen in der Zeitung Prospekte, Werbeblätter von Geschäften, Sie wissen schon. Die verkaufen schon Erdbeeren.«

»DIE KOMMEN AUS SPANIEN UND ITALIEN«, trompetete Lou. »ABER SOLCHE ERDBEEREN VERKAUFEN WIR NICHT. SIE WURDEN MIT LASTWAGEN UND FLUGZEUGEN VON WEIT HER ZU UNS GEBRACHT, DAS IST NICHT UMWELTFREUNDLICH. WIR VON BIOFIT VERKAUFEN NUR OBST AUS HEIMISCHEM ANBAU. AUS DER UMGEBUNG.«

»Ach, ja, ich weiß, aber vielleicht gibt es doch einen Weg?« Er dachte kurz nach. »Fräulein Louisa, könnten Sie vielleicht im Supermarkt ein paar Erdbeeren für mich kaufen und sie mir vorbeibringen? Ginge das?«

Herr Brandt war nicht gut zu Fuß. Um seine Einkäufe kümmerte sich eine Haushaltshilfe, die dienstags und freitags zu ihm kam, und für ihn auch kochte und putzte. An den übrigen Tagen sorgte er selbst für sich, und das schaffte er gut. Lou hatte schon manchmal kleine Besorgungen für ihn erledigt, wenn sie donnerstags die Kiste vorbeibrachte, und sie plauderte oft mit ihm, die Zeit nahm sie sich. Aber spanische Erdbeeren, das ging nun gar nicht. Sie konnte doch nicht während ihrer Arbeitszeit bei einem Biogemüseservice spanische Erdbeeren beim Discounter kaufen und an ihre Kunden ausliefern. Und auch nach der Arbeitszeit würde sie das nicht übers Herz bringen. Sie stand schließlich mit Leib und Seele hinter dem Motto von Biofit: »Iss das, was da wächst, wo du wächst!«

»NEIN, HERR BRANDT«, rief sie in den Hörer. »WIR MÜSSEN AN DIE UMWELT DENKEN. KEINE ERDBEEREN VOR MAI, SO HAT ES DIE NATUR GEWOLLT UND SO IST ES RICHTIG. ABER ICH KANN IHNEN NACHHER SCHÖNEN RHABARBER VORBEIBRINGEN.«

»Nein, danke, das ist nicht nötig.«

»WIR HABEN AUCH KRESSE.«

»Erdbeeren«, sagte Herr Brandt. Er klang dabei nicht fordernd, sondern versonnen, als würde er sich die Früchte vorstellen, als sähe er sie beim Sprechen vor seinem inneren Auge.

»WISSEN SIE WAS, HERR BRANDT, ICH KOMME HEUTE MITTAG BEI IHNEN VORBEI UND BRINGE IHNEN EIN PAAR ÄPFEL. WIR HABEN NOCH WELCHE VON EINER SELTENEN SORTE MIT ERDBEERAROMA IM LAGER, SIE WERDEN SIE LIEBEN. ECHTE ERDBEEREN GIBT ES DANN IN EIN PAAR WOCHEN. DIE ZEIT GEHT SCHNELL VORBEI, GANZ BESTIMMT.«

Herr Brandt klang nicht begeistert, aber er stimmte zu, und Lou beendete das Gespräch mit einem Tastendruck.

Sie warf einen Blick auf den Bildschirm. Keine weiteren Bestellungen. Dann würde es eben bei achtzehn Kisten bleiben.

Plötzlich hielt sie inne. Erdbeeren, überlegte sie, Erdbeeren aus Spanien, sie könnten der Grund für den Bestellrückgang sein. Und Spargel. Überall lag das Zeug plötzlich in den Regalen, zu einem Spottpreis. Und wer kam schon auf die Idee, Rhabarber, Spinat oder Lageräpfel vom Vorjahr zu bestellen, wenn es überall nach Frühling roch und man Spargelspitzen und Erdbeeren essen konnte? Das wäre eine Erklärung, aber es war natürlich nicht die einzig mögliche. Es konnte auch an der Geschäftsidee liegen.

Lou dachte nach. Okay, vielleicht waren die ersten Erdbeeren der Grund, dann war alles gut, das würde vorübergehen. Oder es lag am Geschäftskonzept, dann war das der Anfang vom Ende.

Ein Geräusch im Packraum nebenan unterbrach Lous Gedanken. In drei Schritten war sie an der Tür und spähte durch den Spalt. Sie sah einen großen, blonden Mann in hautenger, neonbunter Sportkleidung, einen wahren Hünen, der langsam um die Tische mit dem Gemüse herumging und die Ware betrachtete. Er zupfte ein Blättchen Dill von einem Büschel, steckte es in den Mund und kaute es.

Ha! Ein Kunde! Den schickte das Schicksal! Lou beschloss, diesen merkwürdigen Menschen als eine Art Orakel zu sehen. Eine lebende Prophezeiung in Sportklamotten. Eine Weissagung in Neongelb, Grellgrün und Pink. Wenn sie es schaffen konnte, diesem Neon-Mann ein Gemüse-Abo zu verkaufen, und zwar eine große Kiste, dann bedeutete dieser Tag nicht das Ende von Biofit. Dann würde sie weiter an das Konzept glauben. Vielleicht musste der Chef einfach noch mehr Werbung machen, als Riesengurke verkleidet durch die Straßen laufen und Flyer verteilen, irgendwie so. Wenn es ihr aber nicht einmal gelingen würde, diesem sportlichen Menschen, der gerade heimlich Dill knabberte und demnach gesunde Instinkte besaß, mit ihrem geballtem Charme eine Gemüsekiste anzudrehen, dann war das ein eindeutiges Zeichen. Dann gab es einen Fehler im Geschäftskonzept, und sie sollte sich besser nach einem neuen Job umsehen.

An die Kresse, fertig, los! Lou holte tief Luft, knipste ein Lächeln an und betrat den Packraum. »Guten Tag! Was kann ich für Sie tun?«

Der Mann zuckte zusammen, er hatte sie offenbar nicht gehört. Aber er fing sich schnell wieder.

»Guten Morgen!«, sagte er. »Ich nehme ein bisschen was von dem Dill. Und hast du Giersch?«

»Giersch?«, fragte Lou, um Zeit zu gewinnen. Wieso duzte der sie? Und was trug dieser Mensch da an seinen Füßen? Riesige schwarze Plastikfüßlinge mit angedeuteten Zehen, wie ein Riesenhobbit. Wer hatte denn den aus dem Auenland vertrieben und in diese Gummihüllen eingeschweißt? »Sorry, aber wir haben hier keine Verkaufsstelle. Das ist ein Lieferservice. Sie können hier Obst- und Gemüsekisten bestellen, die wir Ihnen dann nach Hause liefern.«

»Aha. Und was kostet das?«

»Das hängt davon ab, wo Sie wohnen. Im Nahbereich kostet die kleine Kiste vierzehn Euro und die mittlere siebzehn. Und dann gibt es auch noch Angebote für Großfamilien und WGs, die sind entsprechend teurer. Wenn Sie ein Abo nehmen, also mindestens drei Monate lang wöchentlich eine Kiste bestellen, wird's billiger, dann sparen Sie zwei Euro pro Lieferung.«

»Okay. Dann nehme ich eine große Kiste.«

Gewonnen! Lou entspannte sich. Das war ja einfacher als gedacht. »Einmalig? Oder lieber im Abo? Unsere Abonnenten erhalten übrigens mit jeder Lieferung zusätzlich Kochrezepte und ein Begleitschreiben mit Infos über die Obst- und Gemüsesorten, die in der Kiste enthalten sind.«

»Erst mal einmalig. Ich nehme das ganze Grünzeug hier, und außerdem Nüsse, Ananas und ein paar Erdbeeren. Wann kommt die Lieferung? Ich hätte sie gern morgen ganz früh, noch vor zehn.«

»Ähm«, Lou schluckte. »Sie können bei uns nicht einfach so Obst und Gemüse bestellen. Das funktioniert hier anders. Wir nennen das Prinzip Überraschungskiste. Sie bestellen nur die Kistengröße und bekommen dann das, was unsere Zulieferbetriebe im Umland am jeweiligen Liefertag frisch geerntet haben. Das variiert von Wochentag zu Wochentag. Und auch die Lieferzeit können wir nicht vorhersagen, sie hängt davon ab, wie viele Bestellungen wir an diesem Tag haben.«

»Hab ich das jetzt richtig verstanden?«, fragte der Mann und strich sich mit einer schwungvollen Bewegung die Wuschelhaare aus der Stirn. »Ich bezahle eine festgelegte Summe an dich. Und dann kriege ich irgendwann irgendwas. Du sagst mir aber weder, was ich dafür bekomme, noch wann? Witzige Geschäftsidee!« Er wippte auf den Fersen und grinste. »Darf ich mal was fragen? Habt ihr schon Kundschaft?«

»Jep«, sagte Lou. »Tolle Kundschaft! Man nennt die Leute Locavoren, also Nahesser. Das sind ganz besondere Menschen! Bei uns bestellen Leute, die selber denken. Leute, die sich nicht als Konsumenten betrachten, sondern als Prosumenten. Menschen, die beim Einkauf nicht einfach eine Ware ordern, sondern die mit jedem Einkauf auch bewusst einen Produktionszweig unterstützen. Unsere Kunden wollen Landwirtschaft fördern, die nach ökologischen Kriterien arbeitet. Und deswegen akzeptieren sie es, genau wie die Menschen vor hundert Jahren, dass es von Natur aus eben nicht zu jeder Jahreszeit jede Sorte Obst und Gemüse gibt. Sie nehmen, was die Natur ihnen gibt, und wir liefern es ihnen.«

»Prosumenten? Klingt irgendwie nach Bodenbakterien oder so was.«

Lou schwieg. Das lief jetzt nicht nach Plan. Was sollte sie tun? Argumentieren oder aufgeben?

»Machen wir es doch so«, sagte der Mann und strahlte

sie an. »Du schickst mir morgen irgendwann irgendwas, und ich bezahle dann irgendwo irgendwie. Pfiiihiiihiii.«

Lou benötigte einige Sekunden, bis sie begriff, dass der Mann nicht quiekte, sondern lachte. Bei seiner Größe hätte sie eher ein »Har Har« erwartet. Sie lächelte schmallippig, und nach ein paar Sekunden kriegte sich der Riesenhobbit wieder ein.

»Weißt du«, sagte er, »das ist eine Denkfalle, in die ihr Prosumenten da getappt seid. Leben wie vor hundert Jahren, das war doch genauso scheiße wie unser Leben heute. Oder sogar noch schlimmer. Wenn du als Mensch wirklich artgerecht leben willst, musst du viel weiter zurückgehen. Du musst dich bewegen wie die Urzeitmenschen. Essen wie sie. Dich kleiden wie sie. Das ist es, wie Menschen leben sollten. Dafür sind sie gemacht.«

»Aha. Und Sie tun das?«

»So gut ich kann«, sagte er stolz.

Lou musterte ihn von Kopf bis Zeh. »Sie glauben aber nicht wirklich, dass Steinzeitmenschen solche Teile an den Füßen hatten, oder?«

»Pfiiihiiihiii«, wieherte der Mann wieder. »Nein, natürlich nicht. Die sind früher barfuß gelaufen. Aber sie lebten ja auch nicht in Berlin. Wenn du hier einen Schritt barfuß gehst, dann stehst du links in einem Hundehaufen und rechts in Glasscherben. Du, die Dinger hier sind genial, mit denen kannst du das trotzdem machen. Da hast du auch mitten in der Großstadt ein Barfuß-Feeling wie in der Steinzeit. Und du gehst nicht auf den Fersen, sondern auf den Ballen. Dafür sind Menschenfüße nun mal einfach geschaffen, alles andere macht sie krank. Hast du das gewusst?«

»Nö«, meinte Lou. »Und die Klamotten, die Sie da tragen, die geben Ihnen vermutlich ein Fell-Feeling wie in der Steinzeit.«

»Gar nicht so falsch«, sagte der Hobbit. »Das sind Funktionsklamotten, die genau wie Fell die Feuchtigkeit von der Haut weg nach außen transportieren.« Er hob den Arm und schnupperte unter seiner Achsel. »Echter, animalischer Männerschweiß! Gehört zum Menschen-Feeling dazu, pfiiihiiihiii.« Dann riss er erneut einige Blätter Dill von einem Kräuterbüschel und warf sie sich in den Rachen. »Du hast übrigens Bleistifte in den Haaren. Weißt du das?«, sagte er schmatzend.

Lou fühlte, wie sie langsam, aber sicher zum hobbitfressenden Ork mutierte. Wenn der Typ nicht sofort hier verschwand, konnte sie für nichts mehr garantieren. »Ich will Sie nicht aufhalten«, sagte sie und hörte selbst, dass ihre Stimme bebte. »Vermutlich müssen Sie noch nach Mordor und da einen Ring verbrennen. Und ich mach jetzt wohl besser hier weiter.«

Wie auf ein Stichwort klingelte das Telefon und übertönte das »Pfiiihiihiii« des Mannes. Erleichtert stellte Lou fest, dass er die Hand zum Gruß hob und den Packraum verließ.

Puh! Glück gehabt! Sie eilte ins Büro, aber sie war nicht schnell genug, das Klingeln verstummte. Die Nummer wurde auf dem Display nicht angezeigt.

Schlecht gelaunt begann Lou mit dem Packen der Kisten. Normalerweise liebte sie es, erdige Wurzeln und duftende Kräuter in die Pfandkisten zu sortieren, aber wenn dieser Bigfoot aus Mittelerde wirklich ein Bote des Schicksals war, dann musste sie jetzt wohl über einen Jobwechsel nachdenken. Und selbst, wenn der Hobbit kein Prophet war, konnte Lou seine Worte nicht einfach beiseiteschieben. Sie hatte das alles eben ja nicht zum ersten Mal gehört.

Ob Helen doch recht hatte? Sie sagte schon seit Monaten den Untergang von Biofit voraus. »Boah, seid ihr mit eurem Sortiment spaßresistent«, hatte sie ausgerufen, als Lou sie im Winter als Kundin gewinnen wollte und gemeinsam mit ihr die Firmenhomepage studiert hatte. »Ihr kommt rüber wie rechthaberische Prinzipienreiter. Bei euch ist kein Endorphin im Blut, sondern Moralin. Und dann dreht ihr den Leuten in den grauen, grauslichen Wintermonaten auch noch blähenden Kohl an. Nee, wie kann man nur? Ich glaub, wer regelmäßig bei euch einkauft, der will sich selbst bestrafen. Früher haben sich die Leute gegeißelt, wenn sie sich als Sünder fühlten, heute kaufen sie bei Biofit. Aber irgendwann hat jeder genug gebüßt, so viel kann man doch gar nicht sündigen.« Helen hatte Lou empfohlen, das Sortiment mit kreativen Angeboten aufzupeppen: Wildkräutersalate mit Blüten. Brennnesseln. Giersch. Portulak. In feinen Restaurants wurde längst Unkraut zu Höchstpreisen serviert, da sollte Biofit nach Meinung von Helen mitmischen. Einfach nur mit einem alten Lastwagen die Bio-Bauernhöfe Brandenburgs abzuklappern, wie der Chef es tat, mit diesem Konzept konnte man Helen zufolge auf Dauer niemanden für regionales Essen begeistern.

Lou schnaubte. Feine Restaurants. Höchstpreise. Aufpeppen. Das war typisch Helen. Natürlich hatte sie unrecht, und der Hobbit auch. Von wegen spaßresistent. Die beiden hatte ja keine Ahnung, die konnten einfach nicht über den Tellerrand ihrer Feinschmeckermenüs blicken. Nicht alle Menschen auf der Welt dachten dauernd nur an Gewinn und Genuss, Lou kannte genug Gegenbeispiele.

Wütend feuerte sie ein paar sandige Kartoffeln in eine der Kisten. Oh nein, sie würde nicht kündigen! Sie würde sich nicht dem Mainstream anpassen. Sie glaubte an das Konzept von Biofit, und sie würde stattdessen mehr Power ins Marketing stecken. Die Begleitbriefe für die Kisten zum Beispiel, die mussten besser werden, sachlicher, klüger, lehrreicher, und gleichzeitig emotionaler. Und das Angebot musste vielfältiger werden. Oh ja, sie würde kämpfen!

Ohne sich telefonisch mit dem Chef abzustimmen, ging Lou in den kühlen Lagerraum im Keller und wuchtete den Korb mit den letzten Erdbeeräpfeln nach oben. Die empfindlichen Winterfrüchte würden sich ohnehin nicht mehr lange halten. Sie verteilte die Äpfel auf die Kisten und beschloss, im heutigen Kundenbrief besonders auf sie hinzuweisen.

Schon um elf war sie mit den Kisten fertig, schneller als sonst, kein Wunder bei der geringen Anzahl. Auch der Kundenbrief war rasch verfasst, denn Lou wusste genau, was sie schreiben wollte. Zufrieden verteilte sie die Zettel auf die fertigen Kisten und stellte sie für den Fahrer bereit, der die Ware zu den Kunden bringen würde.

Dann packte Lou zwei Erdbeeräpfel für Herrn Brandt in eine Papiertüte, nahm sich den allerletzten als Wegzehrung mit und ging los. Die Äpfel waren wirklich lecker!

Als Lou vor der Jugendstilfassade des Nachbarhauses stand und bei Herrn Brandt klingelte, passierte nichts. Niemand rief in die Sprechanlage und niemand drückte auf den Türöffner. Das war nicht ungewöhnlich, Herr Brandt hörte die Klingel oft nicht beim ersten Mal.

Als Lou zum siebten Mal auf den Knopf drückte, öffnete die Frau aus der Wohnung über Herrn Brandt das

Fenster, und Lou konnte sie überreden, den Hausmeister anzurufen.

Zehn Minuten später war der Mann da und schloss mit einem Zweitschlüssel die Tür auf. Die kleinen Härchen an Lous Armen stellten sich auf, als sie die Wohnung betrat, und sie fröstelte trotz der Wärme. Etwas in ihr wusste längst, was geschehen war. Ihr Handy klingelte, es spielte Beethovens Neunte, Jannas Melodie, doch die Freundin musste jetzt warten. Lou drückte das Gespräch weg.

Herr Brandt saß im Wohnzimmer in seinem Ohrensessel. Seine Augen waren weit geöffnet und zum Fenster gewandt, doch das Sonnenlicht, das die wächserne Blässe seines Gesichts unbarmherzig ausleuchtete, sah er nicht mehr. Er war tot.

Biofit Obst und Gemüse – wir liefern Natur!

Liebe Kundinnen und Kunden,

in unserer Gemüsekiste finden Sie heute knackiges Gemüse direkt vom Feld, in den Morgenstunden geerntet, also ganz taufrisch und voller Vitamine. Und Sie finden eine Rarität, die ich Ihnen besonders ans Herz legen möchte, da Sie sie vielleicht nicht auf den ersten Blick erkennen. Als Stammkunden wissen Sie: Unser Obst und Gemüse sieht manchmal unscheinbarer aus als die hochgetunten Techno-Produkte, die Sie in den Gemüseabteilungen der Supermärkte finden. Aber unsere Produkte haben es in sich!

Unter den Äpfeln in dieser Kiste finden Sie einige, die ein bisschen verschrumpelter aussehen als die anderen. Bevor Sie diese Äpfel aber Ihrem Kaninchen verfüttern, schließen Sie die Augen und beißen hinein.

Na, was schmecken Sie? Erdbeeren?

Was Sie in Händen halten, ist ein ganz besonders aromatischer Apfel, eine uralte Sorte namens *Weißer Winterkalvill,* kompliziert im Anbau und nur noch selten erhältlich. Diese Äpfel werden im Dezember reif und müssen dann noch einige Wochen gelagert werden, damit sie ihr volles Aroma erreichen.

Vor hundert Jahren gab es noch ungefähr zwanzigtausend Apfelsorten. Tausende sind schon ausgestorben, und in vielen Geschäften werden heute nur noch fünf oder sechs angeboten. Wir von Biofit setzen uns dafür ein, dass die Vielfalt auf dem Obst- und Gemüsemarkt erhalten bleibt. Und durch Ihre Bestellungen bei uns fördern Sie diesen Anbau mit.

Liebe Kunden, überall in den Läden liegen schon Erdbeeren aus Italien und Spanien. Wenn wir unseren Appetit darauf aber ein paar Tage bezwingen und sie erst dann kaufen, wenn sie auch bei uns auf biologisch gedüngten Feldern wachsen, dann tun wir nicht nur uns selbst etwas Gutes, sondern helfen auch der Umwelt und unserem ganzen Planeten.

Lassen Sie sich den Apfel mit Erdbeer-Aroma auf der Zunge zergehen, und freuen Sie sich mit uns auf die Erdbeeren, die gerade auf den Feldern unserer Vertragspartner prächtig heranwachsen und in kurzer Zeit an Sie ausgeliefert werden! Wir können doch warten! Wir müssen nicht jeden Tag leben, als wäre er unser letzter.

Leben – glücklich leben! – umfasst immer auch die Freude auf morgen!

Einen wunderschönen, sonnigen Frühlingstag wünscht

Lou Antoni, Biofit Obst und Gemüse

4

Ein Erdmännchen müsste man sein, dachte Janna. Ein Erdmännchen könnte jetzt seine Ohren zuklappen, dann müsste es sich das nicht länger anhören. Und ein Erdmännchen wäre immun gegen Gift. Auch das wäre im Moment hilfreich.

Janna stand vorm Haus und wartete auf Helen. Von fern hörte sie die Glocken der Pfarrkirche Mater Dolorosa, die der leidenden Mutter Christi geweiht waren, und von Nahem die Stimme ihrer eigenen leidenden Mutter, die ganz allein ihr gewidmet war. Die wummernden Glocken brachten ihr Trommelfell zum Vibrieren und die schrille Stimme der Mutter ihre Nerven. Eine fiese Mischung!

Leider war Janna kein Erdmännchen. Sosehr sie sich auch darauf konzentrierte, ihre Ohren zuzuklappen, sie hörte jedes Wort, und das Gift, das darin enthalten war, entfaltete seine Wirkung. »Irgendzwie ist das doch seltsam!«, schimpfte Hedda Mahler gerade. Sie bebte vor Entrüstung, selbst ihre braun gefärbten Löckchen wippten bei jedem Wort vor lauter Zorn, und wie immer, wenn sie erregt war, zeigte sie die seltsame Marotte, hinter alle Wortbildungen mit »irgend« ein Z einzubauen. »Wieso willst du diese Helen dabeihaben und nicht mich? Ich bin schließlich nicht irgendzwer, ich bin deine Mutter! Ich sollte mit dir da hingehen! Ich! Das gehört sich so!«

»Mutti, wir können da nicht einfach *hingehen!*« Janna wedelte mit dem Zettel, auf dem sie die Adresse der Polizeidienststelle notiert hatte, in der Lilly wartete. »Das ist außerhalb der Stadt, in Brandenburg. Wir müssen hin*fahren*, und wie sollen wir das tun, ohne Auto? Da du ja freundlicherweise verhindert hast, dass die Polizei Lilly nach Hause bringt, bin ich froh und dankbar über Helens Hilfe.«

»Verhindert?«, fragte ihre Mutter. »Ich habe nichts verhindert! Ich weiß nur, was sich gehört! Wenn man einen Fehler gemacht hat, dann bittet man nicht irgendzeinen wildfremden Menschen um Hilfe. Dann steht man selbst dafür ein. Und das habe ich dem Wachtmeister auch gesagt! Bleiben Sie, wo Sie sind, hab ich gesagt, und machen Sie Ihre Arbeit. Ich kümmere mich um diese Angelegenheit, wenn's meine Tochter schon nicht tut. Und ich habe ihm angehört, dass er froh darüber war. Das ist schließlich ein viel beschäftigter Mann.«

»Mutti, ich habe keinen Fehler begangen. Lilly ist ausgebüxt, weil sie etwas erleben wollte. Das ist ganz normal, Kinder tun so was.«

»Normal soll das sein?«, fragte Hedda Mahler mit schriller Stimme. »Also, bei mir hat es so etwas nicht gegeben! Bei mir nicht! Du bist nie weggelaufen! Nie!«

Weil ich mich nicht getraut habe, dachte Janna. Weil ich nie Lillys Selbstbewusstsein hatte und weil ich wusste, dass ich mir danach wochenlang dein Lamento hätte anhören müssen. Aber das sagte sie nicht, es hätte ja doch nichts genützt. Stattdessen konzentrierte sie sich fest auf ihre Ohren. Zack und zu. Einfach nicht hinhören. Fest an etwas anderes denken! Deswegen konnten Erdmännchen in Familienrudeln überleben, da war Janna sicher. Nur deswegen!

Sie dachte an Lilly. Ihre Mutter hatte mit ihr am Telefon

gesprochen, es ging ihr gut, sie war offenbar bester Laune gewesen. Sie hatte Janna sogar einen Brief hinterlassen, den sie eben im Briefkasten entdeckt hatte. Alles war in Ordnung, Ohren zu und durch.

Trotz aller Konzentration drangen Fetzen aus dem Wortschwall ihrer Mutter in ihr Bewusstsein. Immer! Nie! Typisch! Aber Janna blendete sie aus und dachte an Helen. Gleich würde sie hier sein. Sie hatte versprochen, zu kommen, und was Helen versprach, das hielt sie auch.

Es war schwer gewesen, Helen an den Apparat zu bekommen. Was für eine seltsame Sekretärin sie hatte! »Frau Berg ruft in einer halben Stunde zurück«, hatte das Mädchen in den Hörer gepiepst und dann noch hastig hinzugesetzt: »Das ist jetzt nicht persönlich gemeint, auch wenn's unfreundlich klingt. Aber Frau Berg kann sich nicht immer um alles kümmern, das geht leider nicht. Sie muss Prioritäten setzen und die wichtigen Dinge zuerst tun, verstehen Sie?«

Das hatte dann doch irgendwie persönlich geklungen, fand Janna, aber natürlich wusste sie, dass Helen das niemals so gesagt haben konnte. Das war überhaupt nicht ihr Stil.

Als Helen dann selbst am Apparat war, hatte sie tatsächlich ganz andere Prioritäten gesetzt. Sie hatte sofort angeboten, Janna zu helfen, und sich sogar spontan den Rest des Tages dafür freigenommen. Und sie hatte nicht geklungen, als wäre das ein Opfer, für das Janna ihr lebenslang dankbar sein musste. Im Gegenteil, sie wirkte fast, als würde sie sich freuen, der Agentur zu entkommen. Helen war wirklich der warmherzigste, freundlichste Mensch, den Janna kannte, auch wenn sie das hinter ihrer direkten, sachlichen Art zu verbergen versuchte. Und gleich würde Helen hier sein. GLEICH!

»Und wie du wieder aussiehst!« Ihre Mutter war immer noch nicht fertig. »Ob die dir das Kind überhaupt geben? Und wenn sie dich fragen, wo der Vater ist? Was sie dann wohl denken! Vielleicht schalten sie dann das Jugendamt ein. Irgendzwie könnte ich das sogar verstehen! Sie müssen ja überprüfen, vor welchen Verhältnissen das Kind geflohen ist! Ich komme wohl doch besser mit!«

Ein Erdmännchen müsste jetzt nicht streiten, dachte Janna. Bei Erdmännchen hatten immer die Mütter der Jungtiere das Sagen. Nicht die Großmütter. Eine schöne Sitte!

»Danke, Mutti«, sagte sie bemüht freundlich. »Das ist nicht nötig!«

»Oh doch! Das ist es!«

»Nein«, sagte Janna fest und wich dem Blick ihrer Mutter nicht aus. »Nein, Mutti, nein!« In den Augen ihrer Mutter flackerte plötzlich Unsicherheit auf und vielleicht sogar Gekränktheit, aber dann war dieser kurze Moment vorüber, und Hedda Mahler wirkte nur noch verärgert.

»So!«, sagte sie. »Jetzt reicht's! Weißt du was, Kind? Diese Suppe kannst du allein auslöffeln. Ohne mich. Jawohl!«

»Aber das ...«

»Nein«, sagte Hedda Mahler. »Darüber müssen wir nicht mehr diskutieren! Bei diesem unfreundlichen Tonfall, den du am Leibe hast, helfe ich dir nicht. Irgendzwann ist Schluss! Ich komme nicht mit, und damit basta!«

»Aber ... Okay!« Mit einem Anflug von schlechtem Gewissen beobachtete Janna, wie ihre Mutter auf dem Absatz ihres leukoplastfarbenen Gesundheitsschuhs kehrtmachte und mit wehender Strickweste im Haus verschwand.

Janna hatte erreicht, was sie wollte, aber sie fühlte keinen Triumph, sie hatte im Gegenteil ein schlechtes Gewissen. Woran das lag, wusste sie selbst nicht, aber sie kannte dieses Gefühl nur zu gut. Ihre Mutter beherrschte die hohe Kunst, es zu erzeugen. Ob sich Erdmännchen-Mütter auch so fühlten, wenn sie sich durchgesetzt hatten?

Ein Auto bog um die Ecke, und Janna sah auf. Puh, zum Glück war es Helen in ihrem Wagen. Das silberne Ungetüm glitt in eine Parklücke, und Janna stieg ein.

Helens viertüriges Coupé sah nicht nur teuer aus, es hörte sich auch so an. Die Tür fiel mit einem satten Plopp ins Schloss, und der Blinker pochte entspannt wie der Herzschlag eines schlafenden Tigers. Als Helen Gas gab und aus der Parkbucht fuhr, hörte Janna, wie der Tiger unter der Motorhaube erwachte. Helen liebte Autos, sie war oft und gern unterwegs. In ihren Neuwagen hatte sie sogar einen Kindersitz einbauen lassen, um auch Ausflüge mit Lilly machen zu können. Leider arbeitete sie so viel, dass es selten dazu kam.

Janna griff nach dem Gurt und schnallte sich an. »Danke, dass du gleich zurückgerufen hast. Und vielen, vielen Dank, dass du gekommen bist!«

»Dafür nicht!« Helen lächelte. Sie trug ein elegantes, weißes Kostüm, das nicht einmal im Sitzen unvorteilhafte Falten schlug, und sah umwerfend darin aus. »Ich wollte mir sowieso den Rest des Tages freinehmen. Mir reicht's für heute.« Mit ihrer Aufsteckfrisur erinnerte sie Janna an die junge Grace Kelly. Kein Wunder, dass fast jeder, der Helen kennenlernte, sie irgendwann als »schöne Helena« bezeichnete. »Wo steckt Lilly?«, fragte Helen. »Hast du eine Adresse? Kannst du sie ins Navi eingeben?«

Janna nickte, zog einen Zettel aus der Hosentasche und tippte Straße und Hausnummer ein.

»Wir müssen vorher noch kurz bei Lou vorbei«, sagte Helen, »ich hab sie angerufen, sie will auch mit.«

Janna musste vor Rührung ein bisschen schniefen. Sie selbst hatte Lou nicht erreicht und nach dem Gespräch mit Helen beschlossen, dass sie nicht auch noch die Tagesplanung ihrer anderen Freundin umkrempeln musste. »Ihr seid lieb!«

Helen zuckte mit den Achseln und antwortete mit einem einzigen Wort. »Elefantentanten.«

Janna lächelte. Elefantentanten, so nannten sich Helen und Lou seit Lillys Geburt. Eigentlich stammte die Bezeichnung sogar schon aus den letzten Schwangerschaftswochen. Das Wort war an dem Tag erstmals gefallen, an dem Janna sich im siebten Monat von Daniel, Lillys Vater, getrennt hatte.

Janna hatte ihre Zukunft bis zu diesem Moment klar vor Augen gehabt: Sie wollte heiraten, in einer gleichberechtigten Partnerschaft leben, sich den Broterwerb mit ihrem Mann teilen und mindestens drei Kinder großziehen. Und Daniel hatte immer betont, dass er sich all das auch wünschte. Aber dann hatte Janna auf seinem Schreibtisch ein Flugticket entdeckt, und Daniel erzählte ihr ganz nebenbei, dass er mit Freunden eine Trekkingtour in den neuseeländischen Alpen gebucht hatte. Der Tag seines Abflugs lag genau zwei Wochen vor Lillys Geburtstermin. »Wenn das Kind kommt, bin ich längst wieder da«, hatte er argumentiert. »Die ersten verspäten sich doch immer.« Die Idee, dass Janna in diesen Wochen nicht gern allein sein würde, war ihm gar nicht gekommen.

An diesem Tag hatte Janna erkannt, dass Daniel eine Art

menschliche Tischrakete war: Die Verpackung versprach ein wahres Feuerwerk, aber wenn man dieses Wunder der Technik starten wollte, machte es leise »puff«, und die angebliche Rakete versprühte nur ein paar Konfettischnipsel, mit ein bisschen Glück vielleicht auch ein rosa Plastikschwein oder ein kleines grünes Kleeblatt. Feuerwerk? Fehlanzeige! Er war, wie er war, und man konnte ihn nicht ändern. Er würde nie ein Mensch sein, auf den sie sich verlassen konnte.

Janna traf an diesem Tag die Entscheidung, sich nicht länger selbst zu betrügen und von unerreichbaren Idealen zu träumen. Sie sagte die geplante Hochzeit ab, trennte sich gegen den Widerstand beider Familien von Daniel und zog in die kleine Einliegerwohnung im Haus ihrer Mutter am Rand eines der Berliner Villenviertel. Sie wollte keine faulen Kompromisse leben.

Obwohl sie damals sicher gewesen war, das Richtige zu tun, hatte sie beim Umzug geweint. Sie war nun allein, und bald würde sie auch noch allein*erziehend* sein. Das war das Schlimmste daran.

Alleinernährend, alleineinkleidend, alleinkochend, all das traute sie sich zu. Aber der Gedanke, die Verantwortung für ihr Kind von nun an ganz allein zu tragen, machte ihr Angst. Sie fürchtete sich nicht vor den Entscheidungen, die sie in den kommenden Jahren allein würde treffen müssen. Waldorf oder Montessori, Antibiotikum oder homöopathische Globuli, Barbieschloss oder Holzpuppenhaus, diesen Fragen fühlte sie sich gewachsen. Aber sie fand es beängstigend, der einzige Mensch auf der Welt zu sein, der traurig sein würde, wenn Lilly trauerte, der Verzweiflung spüren würde, wenn Lilly litt, und der zutiefst glücklich sein würde, wenn Lilly Erfolge feierte. Allein am

Krankenbett. Allein beim Blockflötenvorspiel. Allein auf Lillys Abi-Fest. Wie konnte sie das schaffen?

Helen und Lou hatten ihr damals Taschentücher gereicht und ihr angeboten, als Patentanten für das Baby zu sorgen. Doch Janna wollte ihr Kind nicht taufen lassen.

»Dann machen wir eben eine Elefantentaufe«, hatte Lou plötzlich gesagt, und als Janna sie fragend ansah, fügte sie hinzu: »Kleine Elefanten werden nicht nur von ihren Müttern aufgezogen, sondern auch von ihren Tanten. Helen und ich, wir werden Lillys Elefantentanten sein.«

Janna musste lächeln, als sie an diese Taufe dachte. Schon kurz nach Lillys Geburt waren die drei Freundinnen mit dem Neugeborenen in den Zoo gefahren. Vorm Elefantengehege hatten Helen und Lou feierlich geschworen, sich so um Lilly zu kümmern, als sei sie ihr eigenes Kind. »Wer erzieht den kleinen Elefanten?«, hatte Helen das Gedicht von James Krüss zitiert. »Nicht der Vater, sondern nur die Tanten!« Und dabei war es geblieben.

»Warum ist Lilly denn weggelaufen?« Helens Frage riss Janna aus ihren Gedanken.

»Im Briefkasten war ein Brief von ihr.« Janna nahm den Umschlag aus ihrer Handtasche. »Der erklärt nicht alles, aber doch einiges.«

Die Ampel an der nächsten Kreuzung sprang auf Rot. Helen stoppte den Wagen, und Janna reichte ihr den Brief.

»Libe Mami«, hatte Lilly geschrieben. *»Wie get es dir? Mir get es gut. Ich kann hoite nich zum Essen komen. Ich hab ein Abentoier. Hoite abent bin ich wieda da. Fiele Grüse.*

Deine Lilly.«

»Ein Abenteuer?«, fragte Helen. »Na, das ist vielleicht eine Rübe!«

Jetzt musste Janna selbst lachen.

»Und wieso ist sie bei der Polizei gelandet?«, wollte Helen wissen.

»Beim Überqueren einer Straße ist Lilly offenbar fast vor ein Auto gelaufen, und so wurde eine Polizeistreife auf sie aufmerksam. Die Beamten haben sie dann mitgenommen. Zum Glück, sonst wäre sie jetzt irgendwo ganz allein unterwegs, und keiner wüsste, wo.«

»Warum haben sie deine Mutter alarmiert und nicht dich?« Helen bremste scharf, denn vor ihrem Wagen scherte ein Radfahrer aus.

»Der Polizist hat es zuerst bei mir versucht, aber ich bin nicht ans Telefon gegangen. Ich habe gearbeitet. Sie haben dann meine Mutter erreicht, und die wollte mir Bescheid sagen. Aber ich dachte, dass sie wieder mal nur von mir bespaßt werden will, du kennst sie ja. Deswegen habe ich mich tot gestellt und die Tür nicht geöffnet. Tja, natürlich war sie stinksauer, als ich dann irgendwann doch aufgetaucht bin. Zu diesem Zeitpunkt hatte sie sich schon in der Rolle der Lilly-Retterin gesehen und ihren Heiligenschein aufgesetzt. Sie war, nun ja, nennen wir es wortreich.«

»Oh«, sagte Helen nur. Details waren nicht nötig, Helen kannte ihre Mutter seit vielen Jahren. Janna grinste, als sie daran dachte, dass Helen Hedda Mahler heimlich »Frau Mahlzahn« nannte, nach dem Drachen aus *Jim Knopf*. Dass ihre Mutter sich aber wie der Drache im Kinderbuch eines Tages in einen »Goldenen Drachen der Weisheit« verwandeln würde, schloss Janna aus.

»Du solltest ausziehen«, schlug Helen vor. »Wenigstens ein paar Straßen weiter. Dann könnte deine Mutter dir immer noch bei Lillys Betreuung helfen, aber du hättest ein bisschen mehr Freiraum.«

»Kein Geld«, sagte Janna knapp. »Wo wartet Lou?«

»Vorm Laden. Und was ist mit Daniel? Es gibt Gesetze. Er müsste Unterhalt zahlen.«

»Oh Helen, nicht schon wieder diese Diskussion! Von dem Stinkstiefel will ich kein Geld! Entschuldige mich bitte einen Moment, ich muss kurz meine Mails checken.«

Janna zog ihr Handy aus der Tasche und starrte aufs Display. Da waren keine Mails, das wusste sie. Sie hatte nur zu dieser Notlüge gegriffen, um das Gespräch beenden zu können. Erstens wusste sie genau, was Helen über dieses Thema dachte, und zweitens war jetzt der falsche Zeitpunkt, um eine Entscheidung zu treffen. Eine übereilte Kurzschlusshandlung war bestimmt nicht das, was Lilly brauchte. Würde Janna aus ihrer Wohnung ausziehen, hätte sie Streit mit ihrer Mutter. Würde sie Unterhalt von Daniel annehmen, würde sie ihm damit automatisch Rechte einräumen, so zumindest empfand sie es, und dann hatte sie über kurz oder lang auch Streit mit dem Vater ihres Kindes. Und Streit mit allen, die Lilly liebte, konnte ja nun wirklich nicht das Beste für eine Siebenjährige sein.

Janna sah aus dem Fenster und überlegte, ob ihre Mutter recht hatte. Was fehlte Lilly? Hatte sie wirklich nur ein Abenteuer gesucht? Oder hatte Janna Fehler gemacht? Von Lilly konnte Janna auf diese Fragen keine Antwort erwarten, das Kind war noch zu klein, um seine Gefühle in Worte zu fassen. Und wenn Janna ehrlich war, konnte sie den Vorwurf ihrer Mutter nicht ganz von sich weisen. Irgendetwas lief in ihrem Leben wirklich falsch. Die Wohnung bei ihrer Mutter, der unsichere Beruf, die ewige Geldknappheit, bei genauer Betrachtung war doch alles ein Provisorium, eine Übergangslösung. Und Janna wusste genau, dass sie so nicht weitermachen konnte. Sie war erwachsen, sie wollte sich nicht mehr täglich wie ein trotziger Teenie gegen ihre Mutter wehren, sie brauchte Pläne, Perspektiven, einen Neuanfang. Aber sie hatte überhaupt keine Ahnung, was sie wirklich ändern konnte. Sie war komplett ratlos, und deswegen reagierte sie seit Jahren auf all ihre Probleme nur noch wie ein erschrockenes Kaninchen: Sie duckte sich und verharrte starr, bis die Gefahr vorüber war. Nur dass Geldknappheit oder Mutterfrust leider nicht einfach vorübergingen wie ein Jäger oder ein Fuchs. Janna seufzte. Was sie wollte, war einfach: das Beste für ihr Kind. Aber da gab es ein Problem. Sie hatte leider keine Ahnung, was das Beste für Lilly war, und diese Unsicherheit musste ihre taffe Räuber-Lilly einfach spüren. Gut möglich, dass sie einfach die Initiative ergriffen hatte und stellvertretend für ihre Karnickelmutter losgezogen war, um für sie beide ein neues Leben zu suchen.

Janna steckte das Handy zurück in die Handtasche und atmete tief ein. So ging das nicht weiter, das war klar. *Sie* war die Mutter. *Sie* musste etwas tun. Sie würde auch etwas tun. Aber jetzt würde sie erst einmal ihr Kind abholen.

Ein paar Minuten später bog der Wagen in die Straße ein, in der Lou arbeitete. Zwischen einem winzigen Friseurgeschäft und einem arabischen Shisha-Laden hatte der Obst- und Gemüselieferservice Biofit ein paar Lagerräume angemietet. Unter einer Kastanie stand Lou und winkte. Sie trug Jeans und T-Shirt, war ungeschminkt und hatte ihre rotbraunen Locken achtlos aufgesteckt. Obwohl sie blass und müde wirkte, sah sie hübsch aus. Ihr Porzellanteint schimmerte auch ohne Make-up und Puder makellos, und die Strähnen, die sich aus ihrer Frisur gelöst hatten, betonten ihr zartes Gesicht. Trotz des sonnigen Wetters hatte sich die zierliche Lou in den großen, bunten Strickschal eingehüllt, den sie im Frühling statt eines Mantels trug.

Helen steuerte den Wagen an den Straßenrand, und Lou riss die Tür auf. »Hey, ihr zwei!« Sie ließ sich auf den Rücksitz fallen.

Janna lächelte Lou im Rückspiegel zu. »Danke, dass du mitkommst!«

Lou nickte nur. »Wo ist Lilly, was ist passiert?«

Janna drückte ihr Lillys Brief in die Hand und erklärte ihr die Situation.

»In fünfhundert Metern links abbiegen«, sagte Frau Navi.

»Rechts«, widersprach Lou.

Helen setzte den Blinker und bog links ab. Lou seufzte und verdrehte die Augen.

»Rechts ging nicht, das ist eine Sackgasse«, erklärte Helen, und weil Lou schwieg, fügte sie noch beschwichtigend hinzu: »Als Fahrradfahrer weiß man so was nicht, da mogelt man sich immer überall durch.«

»Bloß weil ich kein Auto habe, bin ich nicht doof«, fauchte Lou. »Die haben die Verkehrsführung seit Freitag geändert. Das ist keine Sackgasse mehr.«

Jetzt war es Helen, die schwieg.

»Ach, tut mir leid, ich weiß, du hast es nicht so gemeint.« Lou seufzte. »Sorry, Leute. Ich hab heute einfach einen schlechten Tag.«

»Lass es bitte nicht an mir aus, ich bin heute auch dünnhäutig.« Helens Stimme klang ungewöhnlich scharf.

»Warum denn?«, wollte Janna wissen.

»Vermutlich das Alter.« Helen bremste abrupt, obwohl die Ampel an der Kreuzung eben erst auf Gelb gesprungen war. »Leute!«, rief sie aus. »Wisst ihr eigentlich, dass wir uns jetzt schon seit fünfzehn Jahren kennen? Fünfzehn! Und mir kommt das so kurz vor. Überlegt mal, noch mal fünfzehn Jahre, und wir sind fünfzig!«

»Klar, wir werden immer älter«, sagte Lou. »Aber da müssen wir durch. Überleg mal, was wäre die Alternative?«

Janna schmunzelte. Sie kannte Helen und Lou seit dem Publizistik-Studium. Im zweiten Semester war sie zufällig mit den beiden in dieselbe Lerngruppe geraten, und schnell stellte sich heraus, dass die drei sich bei der Lösung medienrechtlicher Fallaufgaben optimal ergänzten. Bald gaben sie sich aus Jux englische Namen: Die zielstrebige Helen mit ihrer unbezwingbaren Logik war »The Brain«. Sie löste die Lernaufgaben im selben Tempo, in dem Janna ihren Stuhl zurechtrückte, Stifte und Papier bereitlegte, die Aufgabe noch mal durchlas und drei Salzstangen als Nervennahrung verspeiste. Lou mit ihren Hennahaaren und ihren Öko-Bio-Flattergewändern wirkte unkonventionell und flippig, aber beim Arbeiten entpuppte sie sich als gesetzestreue Prinzipienreiterin, deswegen trug sie den Spitznamen »Morality«. Und Janna war »The Voice«, weil sie es schaffte, selbst die langweiligsten Zusammenhänge spannend zusammenzufassen, und, ja, okay, weil sie nach Ansicht ihrer Freundinnen eine Klappe hatte, so groß wie das Brandenburger Tor. Meistens jedenfalls.

Janna blickte aus dem Fenster auf die vorübergleitenden Ladenzeilen und entspannte sich, als sie an all die Diskussionen der vergangenen Jahre zurückdachte. Bald hatten die Freundinnen festgestellt, dass ihre Arbeitsteilung sich auch in anderen Lebenslagen bewährte. Sie trafen sich weiter und diskutierten nun sämtliche Probleme, die ihnen das Leben stellte. Egal ob Liebeskummer oder Autopanne,

Bewerbungsschreiben oder Wohnungssuche, Erziehungs- oder Renovierungsfragen, immer gab es einen ethisch-moralischen Aspekt, den Lou zu ihrer Aufgabe machen konnte, einen taktisch-logischen für Helen »The Brain«, und immer benötigte man zum Schluss jemanden, der die Ergebnisse in Worte verpackte. Das funktionierte nun schon seit fünfzehn Jahren, und Janna hoffte, dass sie gemeinsam mit Helen und Lou auch für ihr aktuelles Halte-es-kaum-noch-bei-Mutti-aus-Problem eine Lösung finden würde.

So langsam fragte sie sich allerdings, ob sie in diesem Auto die Einzige war, die ein Problem hatte. Die geduldige Helen wirkte ungewöhnlich gereizt, und die fröhliche, manchmal schnippische Lou still und in sich gekehrt.

»Helen, was ist los?«, wandte sie sich nach links. »Du wirkst gestresst.«

»Ach, ich hab mir heute ein Eigentor geschossen.« Sie warf einen raschen Blick in den Rückspiegel und überholte ein Motorrad. »Eigentlich ist das nicht schlimm, ihr werdet vermutlich sogar darüber lachen. Aber mich hat's irgendwie doch getroffen.« Helen fuhr jetzt in einen Tunnel, und das Auto schaltete von selbst die Scheinwerfer ein.

»Na komm, spuck es aus, wir lachen auch nicht«, meinte Lou.

»Tut ihr doch.«

»Och, komm schon!«, murrte Lou. »Irgendwann musst du es uns ja doch erzählen.«

»Na gut, dann lacht eben. Es war so: Ich habe höchstpersönlich in der Agentur ein Gesundheits- und Fitnessprogramm für alle Angestellten initiiert. Im ersten Schritt wurden dabei alle Mitarbeiter elektronisch auf Gesundheitsrisiken und Schwachstellen gescannt. Dazu musste jeder von uns einen Fragebogen ausfüllen.« Nüchtern und sachlich erklärte sie das Konzept und endete mit den Worten. »Tja, und jetzt hat das Programm die Mega-Schwachstelle der Agentur Schröbner und Partner identifiziert. Und das bin angeblich ich.«

Keiner lachte. Etwa zehn Sekunden lang. Dann prusteten Janna und Lou los. Helen ein Gesundheitsrisiko? Sie war robust wie ein Ackergaul und in den vergangenen Jahren nicht einen Tag krank gewesen. Sie kannte nicht mal Kopfweh, selbst nach größeren Mengen Alkohol.

»Ha, ha, ha«, sagte Helen.

»Geht's ums Rauchen?«, wollte Janna wissen, als sie sich etwas beruhigt hatte.

»Auch«, gab Helen zu. »Aber eigentlich um meine ganze Lebensweise. Das Programm behauptet zum Beispiel, dass ich einsam bin. Und wer einsam ist, hat kein langes Leben vor sich. Irgendwie so haben die argumentiert.«

Jetzt lachte niemand mehr. Helen einsam? Ausgerechnet Helen? Das war Jannas erster Gedanke. Konnte eine so schöne Frau wie Helen, die ihre Männer fast so oft wechselte wie ihre Seidenunterwäsche, überhaupt einsam sein? Aber natürlich war das möglich, rein theoretisch zumindest. Aber doch nicht bei Helen. Oder doch?

»Natürlich bist du nicht einsam«, widersprach Lou. »Du hast doch uns.«

Helen nickte, aber sie wirkte nicht überzeugt. »So, Lulumaus, und jetzt du«, wechselte sie das Thema. »Was hat dir die Kresse verhagelt?«

»Herr Brandt ist gestorben, der nette alte Herr von gegenüber.« Lous Stimme klang brüchig, als sie weitersprach. »Ich habe ihn tot in seiner Wohnung gefunden, als ich ihm ein paar Äpfel vorbeibringen wollte.«

»Oh nein!«, rief Helen. »Arme Lou!«

Janna sah, wie Lou aufsteigende Tränen wegblinzelte.

»Kein Mitleid«, widersprach Lou trotzdem energisch. »Das habe ich nicht verdient. Herr Brandt hat mich heute um etwas gebeten, und ich habe ihm seinen letzten Wunsch verwehrt. Er wollte so gern Erdbeeren essen. Tja, und ich habe ihm Äpfel gebracht.« Sie schnaubte wütend, und ihre Stimme wurde lauter. »Ich habe nämlich Prinzipien, wisst ihr? Erdbeerenessen im April ist böse, das tut die gute Lou nicht. Und, nein, sie unterstützt so etwas auch bei anderen nicht. Sie ist IMMER konsequent, bis hin zur Herzlosigkeit.« Sie rieb sich mit der Hand über die Augen.

»Louisa Maria Antoni«, sagte Janna streng. »Du bist nicht herzlos, sonst wärst du jetzt nicht so traurig. Und du konntest doch nicht wissen, dass Herr Brandt sterben würde.«

Mit unbestechlicher Logik analysierte Helen die Situation: »Du warst diejenige, die ihn gefunden hat, richtig? Selbst wenn du ihm Erdbeeren hättest bringen wollen, wäre er gestorben, bevor er sie bekommen hätte.«

»Trotzdem«, sagte Lou leise. Und dann sagte sie gar nichts mehr und sah schweigend aus dem Fenster.

Seltsam, dachte Janna, als der Wagen die Stadtgrenze passierte und durch einen lichten Laubwald fuhr. Wir drei leben unter Bedingungen, wie sie unterschiedlicher nicht sein könnten, aber keine von uns ist glücklich. Und plötzlich verspürte Janna Sehnsucht nach einem »Abentoier«.

Aufzeichnung auf dem Aufnahmegerät einer Polizeistation in der Nähe von Berlin

Lilly: Du? Was ist das für ein Knopf?

Praktikantin: Das ist der Aufnahmeknopf. Wenn es hier rot leuchtet, nimmt das Gerät alles auf, was wir sagen.

Lilly: Es leuchtet.

Praktikantin: Ja, weil du draufgedrückt hast. Jetzt nimmt es auf.

Lilly (flüstert): Kann uns jetzt jemand hören?

Praktikantin: Nein, niemand. Wir können jetzt aufnehmen, was wir sagen, und es uns später immer wieder anhören.

Lilly (wieder lauter): Wozu brauchst du das?

Praktikantin: Bei einem Verhör von einem Dieb zum Beispiel kann ich es benutzen. Damit kann ich alles aufnehmen, was der Dieb sagt. Wie er eingebrochen ist und wo er die Beute versteckt hat und so. Ich muss das ja alles aufschreiben, weißt du, aber die Leute reden oft so schnell, dass ich gar nicht mitkomme. Wenn ich es aufnehme, kann ich es hinterher in Ruhe anhören und mitschreiben.

Lilly: Kannst du mich auch mal verhören?

Praktikantin: Okay, setz dich hin. (Stühle rücken)

Lilly: Kannst anfangen.

Praktikantin: Montag, 14. April, Gespräch mit Lilly Mahler, sieben Jahre alt, Ausreißerin. Lilly, warum bist du von zu Hause weggelaufen?

Lilly: Bin ich doch gar nicht. Ich mache nur eine Wanderung. Ich komm ja wieder. Was ist das da für ein Knopf? Der mit dem schwarzen Punkt?

Praktikantin: Damit kann man das Gerät stoppen. Wohin wolltest du denn wandern?

Lilly: In die Welt hinaus. Und ein Picknick machen.

Praktikantin: Und warum?

Lilly: Nur so. Was passiert, wenn man hier dreht?

Praktikantin: Dann wird es lauter. Ist es denn zu Hause nicht schön?

Lilly: Doch. Darf ich mal drehen?

Praktikantin: Ja. SIND DEINE ELTERN DENN NICHT LIEB ZU DIR?

Lilly: DOCH. ICH MACH ES JETZT WIEDER LEISER.

Praktikantin: OKAY. Lilly, warum hast du deine Eltern denn zu deinem Picknick nicht mitgenommen?

Lilly: Große Leute wollen so was nicht.

Praktikantin: Woher weißt du das?

Lilly: Weiß ich halt. Kann ich jetzt mal das Gefängnis sehen?

Praktikantin: Wir haben hier kein Gefängnis, nur eine Arrestzelle. Lilly, vielleicht musst du den großen Leuten deutlich und direkt sagen, was du willst.

Lilly: Kann sein. Und wo sind die Diebe? Kann ich mal einen sehen?

Praktikantin: Die sind auch nicht hier. Die bringen wir mit dem Polizeiauto in ein richtiges Gefängnis.

Lilly: Und wenn jemand Kerzen klaut?

Praktikantin: Was? Wieso Kerzen?

Lilly: Wenn jemand in der Kirche Kerzen klaut, was machst du dann?

Praktikantin: So was macht doch keiner.

Lilly: Die liegen da doch einfach rum, und keiner passt darauf auf. Die kann man leicht klauen. Und wenn man nur eine nimmt, merkt das keiner.

Praktikantin: Dafür kommt man nicht ins Gefängnis.

Lilly: Wieso? Darf man das denn?

Praktikantin: Nein, das darf man nicht. Aber der liebe Gott sieht alles, der passt selbst auf seine Kerzen auf.

Lilly: Wie denn?

Praktikantin: Ich glaube, er macht dem Dieb ein schlechtes Gewissen. Der fühlt sich dann traurig und unwohl, und zwar so lange, bis er die Kerze zurückbringt.

Lilly: Und ... und wenn er sie nicht mehr hat?

Praktikantin: Dann bezahlt er der Kirche eben das Geld dafür.

Lilly: Und wenn die Kirche weit weg ist? Weil da Ferien waren, und der Dieb hat da Urlaub gemacht, und jetzt ist er wieder zu Hause?

Praktikantin: Dann kann er das Geld auch in jeder anderen Kirche zurückzahlen. Oder er schenkt es einem sehr armen Menschen. Das ist dann für den lieben Gott auch wie zurückgeben.

Lilly: Was kostet eine Kerze? Mehr als zwei Euro? Mehr hab ich nicht.

Praktikantin: Lilly, sollen wir mal kurz rüber zur Kirche gehen?

Lilly: ... uki.

5

»Musik?«, fragte Lou. Auf der Rückfahrt vom Polizeirevier saß sie auf dem Beifahrersitz und hatte die Herrschaft über das Armaturenbrett. Janna wollte hinten bei Lilly sitzen, denn nach dem Aufenthalt bei der Polizei hielt sie das Kind wohl für verunsichert und schutzbedürftig.

Lou schmunzelte. Verunsichert? Lilly? Von wegen! Die Polizisten hatten ihr ein tolles Programm geboten. Sie durfte mit Blaulicht durch die Stadt fahren, Handschellen tragen, eine echte Pistole sehen, ein Verhör nachstellen und mit einem Polizeihund Gassi gehen. Gern wäre sie noch länger geblieben, Janna konnte sie nur mit der Aussicht auf eine Pizza beim Italiener aus dem Revier locken.

Die Pizza hatte Lilly mit gutem Appetit verputzt, und jetzt hüpfte sie auf ihrem Kindersitz herum wie ein blondbezopfter Springfrosch im Ringel-T-Shirt. Sie plapperte ohne Pause.

Deswegen auch Lous Frage nach der Musik. Sie hoffte, Lilly durch Beschallung eine Weile zum Schweigen zu bringen. Der Tod von Herrn Brandt lag noch immer wie eine graue Wolke über Lou, und sie sehnte sich nach einer Ruhepause, in der sie nachdenken konnte.

»Jaaa! Musik!«, krähte Lilly, und Lou schaltete das Radio ein. Sanfte Geigen ertönten.

»Uääh«, protestierte Lilly. »Nicht so was! Was Fetziges!«

Lou wählte einen anderen Sender. Jetzt dröhnte eine

Professorenstimme aus den Boxen. »Wenn wir Kant wirklich verstehen wollen, müssen wir uns klarmachen, was er unter einer Maxime versteht«, leierte der Mann.

Lilly wollte Kant nicht wirklich verstehen. »Weiter!«

Lou wählte den nächsten Sender, endlich ertönte Musik. »Ist es wahre Liebe, uuuhuhuhuuu, die nie mehr vergeht, uuuhuhuhuuu?«, dröhnte es durch den Wagen. Lous Hand zuckte schon in Richtung des Radios, um den Krach zu beenden, aber da hatte sie Lillys Musikgeschmack falsch eingeschätzt.

»Halt!«, kommandierte das Kind. »Das ist schön.« Und dann klappte Lilly ihr Mäulchen zu, und Lou beobachtete im Spiegel, wie die Kleine zufrieden zur Musik wippte.

»Lass das an«, raunte Helen. »Und im Handschuhfach sind Gummibärchen. Damit kannst du sie noch eine Weile beschäftigen.«

Sind die bio?, wollte Lou schon fragen, aber dann biss sie sich auf die Zunge. Auf Prinzipien war sie heute schon genug herumgeritten. Sie nahm die Tüte leise aus dem Fach, suchte ein rotes Bärchen heraus und reichte es wortlos über ihre Schulter. Mal sehen, wann Lilly es bemerken würde.

Erst passierte gar nichts. Lou schwieg und wartete. Plötzlich hörte sie ein leises Quieken und spürte weiche, etwas klebrige Kinderfinger an ihrer Hand, nur für einen kurzen Moment. Dann war das Bärchen weg.

Niedlich. Das fühlte sich ähnlich an wie damals, als sie in einem Wildgehege ein Reh mit einer Nuss gefüttert hatte. Lou wartete einen Moment, dann reichte sie ein weiteres Bärchen nach hinten. Wieder eine sanfte Berührung, dann war es verschwunden.

»Im Wagen vor mir fährt ein junges Mädchen«, sang Henry Valentino im Radio.

Im Wagen hinter mir sitzt ein kleines Mädchen, dachte Lou.

Und plötzlich hörte sie von hinten einen zarten Ton. Ein feines Stimmchen gesellte sich zu dem rauen Gesang von Valentino, hangelte sich an den Radiotönen entlang und wurde mit jedem Refrain kräftiger.

»Rrrratam. Rrrratam. Laratatatam«, sang Lilly.

Lou schloss die Augen und spürte, wie es ihr mit jedem »Ratam« ein bisschen besser ging. Der Gedanke an Herrn Brandt tat auf einmal nicht mehr so weh. Er war alt gewesen, und er hatte ein erfülltes Leben geführt, das hatte er selbst immer betont. Außerdem hatte er sich vor dem Tod nicht gefürchtet, im Gegenteil, er hatte sich auf ein Wiedersehen mit seiner Frau gefreut. Und er musste keine Schmerzen erleiden, keinen Krankenhausaufenthalt durchstehen, er hinterließ keine Kinder, die ihn brauchten, und hatte, soweit Lou das beurteilen konnte, mit niemandem einen Streit gehabt, der noch geklärt werden musste. Ein solches Ende konnte man sich nur wünschen.

Warum dann dieses Gefühl von Trauer, das Lou nicht mehr losließ? Sie vermisste Herrn Brandt, ja, klar, aber sie hatte ihn doch kaum gekannt, und in ihrem Leben hatte er nur eine winzige Nebenrolle gespielt, genau wie sie in seinem. Gab es da noch etwas anderes, das dieses Gefühl in ihr auslöste?

Nachdenklich betrachtete Lou die jungen Eichen, die den Straßenrand säumten, und nickte. Ja, sie hatte wohl noch andere Gründe.

»Ratam. Ratam. Laratatatam«, sang Lilly. Lou reichte ein weiteres Gummibärchen nach hinten und schob sich selbst auch eines in den Mund. Trotz Industriezucker und Konservierungsstoffen schmeckte es unerwartet gut. Und mit diesem Zuckertier im Mund konnte sie endlich den Gedanken zulassen, den sie seit heute Mittag verdrängte. Was wäre, wenn ihr eigenes Leben jetzt enden würde? Wäre es ein erfülltes Leben gewesen?

Obwohl es warm war, zog Lou ihren Schal enger um ihre Schultern. Träume nicht dein Leben, lebe deinen Traum, das war früher ihr Motto gewesen, so kitschig es auch war. Aber was hatte sie daraus gemacht? Sie packte Gemüsekisten, sie moralisierte, monologisierte und missionierte. Das Motto, das sie in Wahrheit lebte, lautete: Lebe nicht deine Träume, rede darüber und nerve andere damit.

»Ratam. Ratam. Laratatatam«, sang Lilly wieder, und Lou musste trotz dieser deprimierenden Bilanz lächeln. Lilly grübelte nicht übers Leben nach, sie hatte kein Motto, sie nahm die Dinge, wie sie kamen, oder versuchte, sie zu ändern. Wenn Lilly ein Lied mochte, dann sang sie mit. Und wenn sie Sehnsucht nach einem »Abentoier« hatte, dann suchte sie sich eben eins. Aber niemals versuchte sie, andere zu ändern oder sie zu besseren Menschen zu formen. Lou reichte noch ein Gummibärchen nach hinten und beschloss, mehr Zeit mit Lilly zu verbringen. Und sie beschloss noch etwas: Sie würde endlich suchen, wonach sie sich sehnte. Sehn-Suche statt Sehn-Sucht.

Das Lied war zu Ende, und dröhnend begann eine Blasmusikkapelle zu spielen.

»Ich muss mal«, quäkte Lilly.

Helen schaltete das Radio ab und warf einen Blick in den Rückspiegel. »Wie lange kannst du es noch aushalten?«, wollte sie wissen.

Lilly zappelte auf ihrem Sitz herum und presste die Beine zusammen. »Gar nicht mehr«, quäkte sie kläglich.

Janna sah ihre Tochter streng an. »Och, Lilly, das kann doch gar nicht sein. Du warst doch eben erst in der Pizzeria auf der Toilette!«

»Wenn sie es doch sagt«, meinte Lou. »Warum zwingt man Kinder immer dazu, ihre natürlichen Bedürfnisse zu unterdrücken? Essen, obwohl sie satt sind. Schlafen, obwohl sie sich wach fühlen. Jacken anziehen, obwohl sie nicht frieren. Und durchhalten, obwohl sie mal müssen. Mit Erwachsenen würde man das nicht machen. Wenn ich jetzt mal müsste, würdest du auch nicht rumdiskutieren.«

Lou sah im Rückspiegel, wie Janna die Augen verdrehte.

»Ich muss wirklich«, quengelte Lilly. »Jetzt!«

Seufzend setzte Helen den Blinker und bog von der Landstraße in einen schmalen Weg ein, der von Bäumen gesäumt war. Der grasüberwucherte Kiesweg war schmal und führte kerzengerade auf einen fernen grauen Fleck zu.

Plötzlich rumpelte das Auto durch ein Schlagloch, und ein scharfes, metallisches Kratzen zerriss die Stille »Autsch. Mein armer Unterboden.« Helen verzog ihr Gesicht, als hätte ihr das Schlagloch persönlich wehgetan.

»Ist jetzt was kaputt?«, fragte Lilly. Sie wirkte kein bisschen erschrocken, nur neugierig.

Helen atmete tief durch. »Nein, wahrscheinlich nicht, ich bin ja zum Glück langsam gefahren.« Sie fuhr in Schrittgeschwindigkeit weiter, und der graue Fleck zwischen den Bäumen wurde größer.

Lou kniff die Augen zusammen. »Da vorne ist ein Haus«, sagte sie. »Da kann Lilly nicht hinpinkeln.«

»Ja, aber hier kann ich auch nicht anhalten, sonst versperre ich die Durchfahrt«, meinte Helen. Unruhig zappelte Lilly auf ihrem Kindersitz hin und her.

Die letzten Bäume der Allee glitten an ihnen vorbei und gaben die Sicht auf einen weiten Vorplatz und ein großes Gutshaus frei. Die Fensterläden hingen schief in den Angeln, einige lagen im Unkraut auf dem Boden. Die Scheiben waren blind vor Schmutz. An der grauen Fassade war der Putz an einigen Stellen abgefallen, die roten Ziegelsteine darunter wirkten wie offene Wunden.

Lou lächelte Lilly im Spiegel der Sonnenblende aufmunternd zu. »Ich glaube, da wohnt keiner mehr«, meinte sie. »Geh einfach ins Gebüsch.« Dann betrachtete sie das Haus genauer. Trotz der offensichtlichen Schäden besaß es einen Charme, dem Lou sich nicht entziehen konnte. War es die Größe des Gebäudes? Oder die Harmonie der Fassade? Vielleicht riefen auch die hohen Sprossenfenster und die Freitreppe, die zum Eingangsportal hinaufführte, diesen Eindruck hervor. Das ganze Gebäude strömte Ruhe und Gelassenheit aus. Es musste mindestens zweihundert Jahre alt sein, und Lou fand, dass es aussah, als hätten bisher nur glückliche Menschen darin gelebt. Ein in den Boden gerammtes Schild mit der Internetadresse eines Maklers verriet, dass es zum Verkauf stand. Ein weiteres Schild mit der Aufschrift »Zum See« zeigte auf einen Trampelpfad, der durch hohes Gras auf einen Laubwald zuführte.

»Was für eine Bruchbude«, sagte Helen.

»Bruchbude?« Lou schüttelte langsam den Kopf. Altehrwürdig war das Wort, das ihr in den Sinn kam.

»Neuberechnung in Gang«, verkündete Frau Navi, und für Lou klangen die drei Wörter wie eine Verheißung.

Helen stellte den Motor ab, Lilly stieg aus und verschwand hinter einem Gebüsch. Als sie sichtlich erleichtert wieder zum Vorschein kam, machte sie jedoch keine Anstalten, einzusteigen. »Ich will den See sehen«, verkündete sie durch die geöffnete Tür.

Janna schüttelte den Kopf. »Steig jetzt ein, Lilly. Du hast für heute genug gesehen.«

»Böttä!«

»Pass mal auf, mein Fräulein! Helen, Lou und ich, wir waren jetzt drei Stunden lang unterwegs, um dich nach deinem Abenteuer einzusammeln. Jetzt reicht es. Wir fahren zurück.«

»Böttäää«, quengelte Lilly erneut. Sie hatte ganz runde Augen vor lauter Hoffen, Sehnen und Wünschen.

Lou sah auf die Uhr. Erst halb vier. »Ach kommt, warum denn eigentlich nicht? Wenn wir schon mal hier sind!« Ohne auf eine Antwort zu warten, öffnete sie die Beifahrertür und stieg aus. »Los, Räuber-Lilly, wir schauen uns jetzt den See an. Die anderen können ja hierbleiben. Seid ihr einverstanden? Wir beeilen uns.« Und dann begann sie zu singen. »Wenn ich den See seh, brauch ich kein Meer mehr ...«

Lilly lachte und zeigte dabei zwei hasenartige Schneidezähne, die für ihr winziges Gesichtchen noch viel zu groß waren. Dabei sah sie so niedlich aus, dass auch ihre Mutter mitlachen musste. Lilly wertete das als Zustimmung, stieß einen Jubelschrei aus und rannte den Trampelpfad entlang. Janna seufzte und stieg ebenfalls aus. Zusammen mit Helen folgte sie dem Kind Richtung See.

Nachdenklich ging Lou den anderen hinterher und

betrachtete die steinumfassten Beete, an denen der Weg vorbeiführte. Hier waren früher bestimmt Gemüse, Kartoffeln und Kräuter gezogen worden. Jetzt wuchs nur noch Unkraut zwischen den Steinen. Etwas weiter entfernt sah Lou auch mehrere Schuppen und eine große Scheune.

Plötzlich blieb sie stehen und hielt verzückt den Atem an. »Seht mal, ein Stall! Hier könnte man Hühner halten! Frei laufende, glückliche Hühner, federweich, sensibel, gesellig und wachsam. Flatternd, pickend, leise gackernd.«

Janna drehte sich um und sah Lou entgeistert an. »Sag mal, was ist denn mit dir los? Hast du Hühnerwahn, oder was?«

»Die Lage unterm Walnussbaum ist für einen Hühnerstall ideal«, erklärte Lou. »Der Baum gibt nicht nur Schatten, er hält auch Insekten fern. Das ist bei Hühnern ganz wichtig. Wegen Milben.«

»Woher weißt du denn so was?«, wollte Janna wissen.

Lou sah sie nicht an. »Ach, hab ich mal gelesen.« Sie wollte auf keinen Fall zugeben, dass sie zu Hause einen ganzen Ordner voll Info-Material über Hühner besaß. Janna und Helen machte sich oft genug über ihren Bio-Spleen lustig, denen musste sie nicht auch noch beichten, wie viel Zeit sie mit Bauernhof-Träumen verbrachte. Und es waren ja wirklich nur Träume. Auf dem schmalen Balkon ihres WG-Zimmers konnte Lou nicht einmal einen Kolibri halten. Sie seufzte, als sie an ihre umfangreiche Materialsammlung dachte. Was nützten Hühner in Gedanken?

Lilly war schon am Waldrand und wand sich geschickt wie ein Aal durch die Zweige. Helen und Janna folgten langsamer.

Die beiden schienen auf dem Waldweg nicht wirklich in

ihrem Element zu sein. Janna trug eine zarte, flatternde Bluse, die sich ständig in Dornen und Ästen verhakte, und Helen blieb mit ihren cremefarbenen Pumps immer wieder im sumpfigen Waldboden stecken. Lou war froh über ihre robusten Jeans, das unempfindliche blaue T-Shirt und die bequemen Sandalen. In dieser Kleidung konnte sie sich beim Gang durch den Wald auf die blühenden Buschwindröschen und den Gesang der Amseln konzentrieren.

»Lilly! Warte!«, rief Janna ihrer Tochter nach. Aber Lilly wartete nicht. Sie rannte voraus und war schon am Ufer, als Janna und Helen noch den Pfad entlangtrampelten, laut wie eine Horde Wildschweine. Klein, dünn und mit wippenden Zöpfchen stand sie unter einer zartgrünen Trauerweide und sah dort aus wie eins der Kinder von Bullerbü.

Lou beobachtete das kleine Mädchen. Sie hatte beschlossen, niemals Kinder in eine Welt wie diese zu setzen, aber sie war glücklich, dass Lilly schon da war.

Das Kind betrachtete gerade einen Holzsteg, der weit in den See hineinragte. »Darf ich?«, fragte es.

Lou ging ein paar Schritte auf den Steg und hüpfte zwei Mal, um den Zustand des Holzes zu überprüfen. Das Ding wirkte stabil, und sie nickte. Auch Janna erhob keine Einwände. Sofort streifte Lilly Schuhe und Strümpfe ab, flitzte über die Bretter und setzte sich vorn an die Spitze des Steges, wo sie ihre Füße ins Wasser baumeln ließ.

»Ist das nicht zu kalt?«, rief Janna, aber Lilly schüttelte den Kopf.

Lou kniete sich auf die sonnenwarmen Holzbretter des Steges und tauchte ihre Finger in das klare Seewasser. Doch. Das Wasser war kalt, aber sie würde Lilly nicht verpetzen.

An Füßen in kaltem Wasser war ihres Wissens nach noch keiner gestorben. Winzige Fische flitzten erschrocken umher, aufgeschreckt von den Bewegungen an der Wasseroberfläche. Es gluckste im Schilf. Die Luft roch nach Pfefferminze, und von fern hörte man den Ruf eines Kuckucks. »Zauberhaft«, sagte Lou, als ein schillerndes Insekt an ihr vorbeiflitzte. »Hier gibt es Libellen.«

»Grauenhaft«, widersprach Helen und wedelte mit den Händen vorm Gesicht. »Hier gibt es Mücken.«

Lou zuckte mit den Schultern. »Wenn du ein Frosch wärst, würdest du sie mögen.«

»Ich bin aber kein Frosch.«

»Ich frage mich«, überlegte Lou, »ob Mücken wohl beliebter wären, wenn sie bunt schillern würden, in allen Farben des Regenbogens.«

»Bei mir nicht«, knurrte Helen. »Selbst wenn sie aus reinem Gold wären, würde ich sie hassen. Schon allein ihr Geräusch erinnert mich an einen Zahnarztbohrer.«

Janna richtete sich kerzengerade auf. »Mücken sind viel harmloser als ihr Ruf«, dozierte sie mit Oberlehrerinnenstimme. »Ich habe zu diesem Thema gerade einen Artikel geschrieben. Wusstet ihr, dass …«

»Janna!«, unterbrach Helen sie scharf. »Was ich eigentlich sagen wollte: Ich würde gern zum Auto zurückgehen.«

Mit gekränktem Gesicht klappte Janna den Mund zu.

»Leute, wir sollten wirklich zurück«, meinte Lou, nur um einer scharfen Erwiderung Jannas zuvorzukommen. Wie konnte man an einem solchen Ort streiten?

»Och, menno!«, quengelte Lilly, aber ein Blick ihrer Mutter brachte sie zum Schweigen. Sie rappelte sich auf, schlurfte zurück zu ihren Schuhen und ließ sich neben ihnen auf den Steg plumpsen.

Lou sah, wie sie damit kämpfte, ihre Socken über die nassen Füße zu streifen. »Komm, ich helfe dir«, sagte sie.

»Man könnte ...«, sagte Lilly und schnappte nach Luft. »Man könnte ... man könnte ... man könnte ...« Wenn sie aufgeregt war, hatte sie manchmal einen Hänger.

»Was denn, Mäuschen?«, fragte Lou. Sie ging in die Hocke, um Lillys Schuh zu binden, und in einer spontanen Geste drückte das Mädchen seine Nase in Lous Wange.

»Duhu, Louhu«, sagte sie etwas ruhiger und lehnte den Kopf an Lous Schulter. »Man könnte doch da drüben an den Baum ein langes Seil binden. Und dann könnte man daran schaukeln und sich ins Wasser plumpsen lassen.«

Lou hob den Kopf und blinzelte gegen die Sonne, um den Ast zu betrachten. »Ja, das ginge«, meinte sie. »Und an den Steg könnte man ein Boot binden. Wenn man nämlich auf den See hinausrudert und eine Angel mitnimmt, könnte man sich einen Fisch zum Abendessen fangen.«

Lilly hüpfte von einem Bein aufs andere. »Ja. Und dann könnte man ein Lagerfeuer am Ufer machen und den Fisch grillen«, schlug sie vor.

»Könnte, könnte, könnte«, sagte Helen. »Könntet ihr euch vielleicht mal beeilen? Ich schlage schon Wurzeln und treibe kleine, grüne Blätter aus. Und dieser Vogel da drüben sieht mich so nachdenklich an, ich glaube, der will in meinem Haarknoten ein Nest bauen.«

Lilly kicherte. »Fertig«, krähte sie. »Welchen Weg nehmen wir?«

Vom Ufer führten zwei Pfade in den Wald. Auf dem linken waren sie gekommen, er endete am Parkplatz, der rechte war schmaler und führte in Richtung des Gutshauses. Lou erinnerte sich an eines ihrer Lieblingsgedichte von Robert Frost, leise zitierte sie den Schlussvers: »Im Wald zwei Wege boten sich mir dar. Und ich nahm den, der weniger betreten war. Und dies veränderte mein Leben.«

Janna lächelte. »Wie hübsch. Also rechts.«

»Bist du sicher, dass es nicht heißt: Und dies *beendete* mein Leben?«, knurrte Helen.

»Sag mal, Helen, kann es sein, dass es dir hier nicht gefällt?« Janna zog eine Augenbraue hoch.

»Mensch, bist du sensibel«, antwortete Helen.

Eigentlich seltsam, dachte Lou. Helen kleidete und benahm sich oft nach Gutsherrenart, aber sie fand das Gutshaus am See grässlich. Und sie selbst wehrte sich sonst immer gegen Kapitalismus und Konsum, aber beim Anblick einer alten Kapitalistenvilla erwachten in ihr plötzlich Grundbesitzergelüste.

Der schmale Pfad verlief in einem weiten Bogen durch den Wald, und Lilly lief gemeinsam mit Lou voraus. Der Weg endete in einem verwilderten Park hinter dem Herrenhaus. Lilly zeigte auf die beiden Schuppen, die rechts und links an das Gebäude angebaut waren. »Das Haus sieht aus, als ob es Ohren hätte«, sagte sie. Der rechte Schuppen war von Efeu überwuchert, aber der linke schien noch in Benutzung zu sein, zumindest hatte jemand die Tür von den Kletterpflanzen befreit. Lilly bahnte sich einen Weg quer durch das hohe Gras, um den Anbau näher unter die Lupe zu nehmen, und Lou sah, wie sie an der Tür rüttelte.

»Offen«, jubelte das Kind. »Boah, toll!« Und schon war Lilly in dem kleinen Nebengebäude verschwunden, Lou hörte ihre Stimme dumpf durch die Bretter dröhnen. »Hey, guckt mal, hier hat früher mal ein König gewohnt!«

»Lilly, das tut man nicht«, rief Lou und blieb vor der Tür stehen. Sie hatte ein mulmiges Gefühl. Einerseits wollte sie das Innere des Anbaus unbedingt erkunden, andererseits wusste sie, dass das Hausfriedensbruch war. Spießerin, flüsterte eine Stimme in ihrem Kopf. Memme. Weichei. Um-Erlaubnis-Fragerin. Sie straffte die Schultern und wagte den Schritt in den Schuppen.

Im Dämmerlicht des Anbaus konnte Lou zunächst nichts erkennen, aber nach kurzer Zeit hatten sich ihre Augen an das schwache Licht gewöhnt. Was Lilly als königlich empfunden hatte, war ein grauenhaft hässlicher Sessel aus rotem Plüsch mit verschnörkelten Goldornamenten an den Armlehnen und oberhalb der Rückenlehne. Eine Art Thron. Auch die Spiegel, die seitlich an der Wand lehnten, wirkten vermutlich aufgrund ihrer goldverzierten Rahmen aus Lillys Sicht königlich. Tatsächlich waren die Kunststoffrahmen aber billig und geschmacklos. Bis auf die wenigen Möbel war der Schuppen leer.

Aber Lou erspähte eine weitere Tür an der rechten Wand, sie musste ins Haus führen. Und in dieser Tür steckte ein Schlüssel.

Auch Lilly hatte die Tür entdeckt. »Sollen wir?«, fragte sie.

»Eigentlich darf man das ja nicht«, meinte Lou.

»Im Gefängnis ist es gar nicht so schlimm«, erklärte das Kind. »Die Polizistin hat es gesagt. Man hat gar keine Kette mit einer Kugel am Fuß. Und man kriegt auch nicht dauernd nur Wasser und Brot.«

»Ach, ins Gefängnis kommt man dafür bestimmt nicht«, meinte Lou.

»Na, dann«, sagte Lilly beruhigt und drehte den Schlüssel um.

Jetzt hatten auch Janna und Helen den Schuppen erreicht. »Spinnt ihr«, fragte Helen, sie blieb zögernd an der Tür stehen. »Was macht ihr da?«

»Wonach sieht's denn aus?«, fragte Lou.

Janna war den beiden in den Schuppen gefolgt, ihre Augen blitzten vor Tatendrang. »Hey, ein leeres Haus, eine offene Tür, kein Mensch in der Nähe, das ist doch wie im Film. Nix wie rein!«

»Genau«, meinte Helen. »Wie im Film. Und im Film fragt man sich immer, warum die Leute so doof sind und so ein Haus freiwillig betreten. Spätestens beim ersten Schritt über die Schwelle setzt unheimliche Musik ein, und ein paar Augenblicke später passiert was.«

»Was denn?«, piepste Lilly, zog die Stirn in sorgenvolle Falten und huschte mit unsicherem Blick zu ihrer Mutter. Lou wunderte sich, dass dieses Räuberkind anscheinend doch so etwas wie Furcht kannte.

Janna legte Lilly den Arm um die Schulter. »Ach, nichts Schlimmes. In Abenteuerfilmen finden die Leute in dem Haus einen Schatz. In Liebesfilmen treffen sie dort die Liebe ihres Lebens. Und manchmal entdecken sie auf dem Dachboden auch alte Briefe und erfahren mehr über ihre Herkunft. Aber das ist nur in Filmen so. Im echten Leben passiert in solchen Häusern leider meistens gar nichts.« Sie wandte sich an Helen und Lou. »Los Leute, versuchen wir unser Glück. Wenn jemand kommt, sagen wir einfach, dass wir das Haus kaufen wollen. Wo ist das Problem?« Sie öffnete die Tür und betrat das Gebäude. Ihre Schritte hallten durch die Stille des leeren Hauses.

Der Raum, in den man durch den Anbau gelangte, war

früher wohl eine große Küche gewesen. Es gab zwar keinen Herd und keine Spüle mehr, aber an den Wänden und am Boden sah man schöne alte Fliesen. Das Loch in der Wand neben dem Fenster war vermutlich für einen Dunstabzug vorgesehen, jetzt nisteten Spatzen darin, die aufgeregt tschilpten.

Als Lilly die Vögel sah, wurde sie mutiger und rannte in den nächsten Raum. »Oh! Hier hat der König gewohnt!«, rief sie. Neugierig folgte Lou ihr.

Lilly stand in einem großen Raum mit Stuckdecke, zupfte an einem der roten Samtvorhänge, die an den Fenstern hingen, und wirbelte damit eine Staubwolke auf. An den Wänden sah Lou noch Reste einer rotgoldenen Tapete.

»Hier stand der Thron!«, vermutete Lilly.

Lou streckte die Arme aus und drehte sich einmal um ihre eigene Achse. »Toll! Was für ein schöner, großer Raum.«

Helen trat hinter sie. »Toll«, konterte sie. »Was für ein winziger Holzofen. Damit wird es hier im Winter niemals warm.«

Von dem großen Saal gelangten sie in einen kleinen Flur und von dort in einen hellblau gekachelten Raum. »Das war mal das Badezimmer«, stellte Lilly fest. »Aber der König hat sein Klo und seine Dusche mitgenommen. Vielleicht waren die aus Gold.«

Als sie den Gebäudeflügel durchschritten hatten, erreichten sie die Empfangshalle in der Mitte des Gebäudes. Lou blieb stehen und ließ den hohen Raum mit den schwarz-weißen Bodenfliesen auf sich wirken. »Hier sieht's ein bisschen aus wie bei *Dinner for One*«, meinte sie. »Der hohe Saal, die Bodenfliesen, und im Hintergrund die breite, dunkle Treppe. Nur der Tisch fehlt, und das Tigerfell.«

»Erinnert mich eher an das Treppenhaus in der *Rocky Horror Picture Show*«, entgegnete Helen.

Janna grinste. Offenbar fand sie Helens schlechte Laune amüsant. Lou beschloss, das genauso zu sehen und Helen einfach zu ignorieren. Sie ging zu dem Fenster neben dem Eingangsportal und blickte durch die schmutzigen Scheiben auf die Vortreppe und auf Helens Auto, das davor parkte.

»Kommt jemand?«, fragte Lilly. Als Lou den Kopf schüttelte, öffnete Lilly die nächste Tür.

Auf der anderen Seite der Eingangshalle befand sich eine komplette Einliegerwohnung mit drei Zimmern, einer Küche, die viel kleiner war als die auf der anderen Gebäudeseite, und einem winzigen Duschbad. Mit dem welligen PVC-Belag auf dem Boden, der braun geblümten Tapete und den hellgelben Badezimmerfliesen verströmte die Wohnung eine triste Nachkriegsatmosphäre. Hier war nichts königlich.

»Da haben bestimmt die Diener gewohnt«, vermutete Lilly. Sie kehrte um und schritt langsam und majestätisch die ausgetretenen Stufen der schönen, alten Holztreppe hinauf, als würde ein weiter Rock samt Krinoline um ihre Knöchel schwingen. Kaum oben angelangt vergaß sie aber ihre Würde, und Lou hörte, wie ihre Füße durch die Zimmer galoppierten.

»Ein Zimmer. Mit Waschbecken«, rief sie nach unten. Und kurz darauf: »Noch ein Zimmer. Mit Waschbecken. Und wieder ein Zimmer …«

»… mit Waschbecken«, erriet Lou, die inzwischen auch oben angelangt war.

»Genau«, jubelte Lilly.

Die ehemals großen Räume des Obergeschosses waren durch Zwischenwände in zehn kleine Kammern unterteilt worden, und tatsächlich hatten alle ein eigenes Waschbecken. Außerdem gab es zwei Badezimmer. »Das könnte mal ein Landgasthof gewesen sein«, vermutete Lou.

Lilly schüttelte den Kopf. »Nein, ich glaube, hier haben die Prinzessinnen gewohnt.«

»Was das mal war, will ich lieber nicht so genau wissen«, sagte Helen und zupfte ein Stück roter Folie von einer der Fensterscheiben.

Janna lachte. »Das ist der Beweis, dass Schönheit immer im Auge des Betrachters liegt«, meinte sie. »Für Lilly war dieses Haus mal ein Durchreisequartier für einen König. Für Lou ist es Landidylle pur. Und für Helen ein heruntergekommenes Horrorhaus, in dem irgendwo Norman Bates aus *Psycho* lauert.«

»Was ist Psycho?«, fragte Lilly.

»Egal, Schatz«, wich Janna aus. »Wollen wir mal auf den Balkon gehen?«

Lou öffnete die hohe, zweiflügelige Sprossentür nach draußen und betrat vorsichtig den steinernen Vorbau. Er wirkte stabil. Von hier aus hatte man einen zauberhaften Blick auf den See.

»Atemberaubend«, murmelte Lou.

»In der Tat«, gab Helen ihr recht. Sie betrachtete allerdings nicht die Aussicht, sondern die brüchigen Pfeiler der Balustrade.

»Och, Helen, du olle Spaßbremse. Guck doch mal, von hier aus könnte man sogar die Hühner sehen, wenn man welche hätte.«

»Du bist selbst ein verrücktes Huhn«, sagte Helen kopfschüttelnd.

Sie besichtigten noch den Dachboden, der leider bis auf ein paar Mäuseköttel leer war, und beendeten dann ihren Rundgang.

Als Lilly ins Auto stieg, war sie enttäuscht, dass in dem Haus nichts passiert war. Sie hatte keinen Schatz gefunden, nicht die Liebe ihres Lebens getroffen, und auf dem Dachboden waren nicht einmal ein paar Briefe des Königs gewesen.

Das Auto bog in die Allee, und Lou warf einen letzten Blick auf das Haus. Im Gegensatz zu Lilly hatte sie das Gefühl, dass darin doch etwas passiert war. Noch nie hatte sie sich so geborgen und heimisch gefühlt wie in diesen alten Gemäuern. Und plötzlich wusste sie, was sie wollte: ein altes Haus mit Garten. Und Hühner.

Aus Lous Notizen zum Thema Hühner

Das Huhn ist genetisch betrachtet der engste noch lebende Verwandte des Tyrannosaurus Rex. *Huch!*

Hühner sind Allesfresser. Sie picken nicht nur Körner, sondern auch Insekten, Schnecken, Würmer und sogar Mäuse.
Kein Wunder, bei der Verwandtschaft …

Die Blutkörperchen von Hühnern sind eiförmig. *Höhöhö.*

Hähne krähen immer etwa zwei Stunden vor Sonnenaufgang.
Woher wissen sie vorher, wann die Sonne aufgeht?

Hähne haben keinen Penis. *Oha. Und der T-Rex?*

Man muss mindestens sechs Hühner pro Hahn haben, sonst hüpft der Gockel so oft auf die wenigen Hennen, dass sie auf dem Rücken alle Federn verlieren. *Tsss. Und das unten ohne …*

Hühner legen auch Eier, wenn kein Hahn da ist, um die Eier zu befruchten. *Dann besser nur Mädels halten? Vermutlich verzichten die leichten Herzens auf den Typ, siehe oben, und ich kann ausschlafen.*

Hühner legen mehr Eier, wenn sie Pop-Musik hören. *Vielleicht »Wings« von Birdy?*

6

Am nächsten Morgen um neun saß Helen mit geschlossenen Augen in ihrem Auto. Der Wagen stand auf dem Parkplatz der Agentur, und Helen harrte schon seit zehn Minuten auf dem Fahrersitz aus, ohne sich zu rühren. Sie hatte keine Lust, den Wagen zu verlassen, keine Lust, die Agentur zu betreten, und keine Lust, zu arbeiten. Diese Unlust war nichts Neues, sie hatte sie in den vergangenen Wochen immer öfter gespürt, aber seit dem Online-Test hatte sie sich verstärkt. Helen fühlte sich alt. Sie wollte einfach nur im Auto sitzen und nichts tun, aber langfristig war das natürlich keine Lösung.

Jemand klopfte ans Fenster, und Helen riss die Augen auf. Marc Beckmann, Kreativleiter Text bei Schröbner und Partner, stand am Beifahrerfenster und winkte ihr durch die Scheibe zu. Er sah sie fragend an und legte den Kopf schräg. Helen griff nach ihrem Handy und hob es hoch, zum Zeichen, dass sie auf einen dringenden Telefonanruf wartete. Er nickte, hob die Hand zum Gruß und verließ den Parkplatz mit schnellen Schritten.

Helen sah ihm nach. Er hielt den Rücken kerzengerade, sein Anzug saß perfekt, sein Gang strahlte Kraft und Dynamik aus. Marc Beckmann hatte Lust auf seine Arbeit, das sah man.

Sie nicht, aber das durfte niemand merken. Sie atmete tief durch und beschloss, jetzt sofort auszusteigen und ähnlich kraftvoll und dynamisch auf die Agentur zuzueilen. Wenn man sich nicht so fühlte, musste man die Power eben spielen. Das waren die Regeln.

Als Helen wenig später äußerlich hochmotiviert das Foyer betrat, stoppte sie allerdings jäh. Was war das? Bis gestern hatten grauer Beton und glänzend weiße Möbel das elegante Ambiente geprägt. Jetzt sah man davon fast nichts mehr. Meterhohe Palmwedel und Bananenstauden wippten im Lufthauch der Klimaanlage. Auf der Empfangstheke wucherten Farne und Efeu, davor plätscherte ein Zimmerbrunnen samt Wasserfall laut vor sich hin. Ein Schild verkündete: »Entdecke den Urwald in dir!«

Helen verzog das Gesicht, als hätte sie Zahnweh. Oh nein! War das etwa Teil des neuen Fitness- und Gesundheitskonzeptes? Agenturchef Philipp Schröbner hatte vor einer Woche ein Meeting anberaumt, bei dem der neue Fitness-Coach seine Verbesserungsvorschläge zu Arbeitsumfeld und Raumklima präsentieren wollte. Aber Helen hatte nicht daran teilnehmen können, und so hatte Schröbner das Konzept zusammen mit seinem Partner Vincent Pfister ohne Helens Mitwirkung abgesegnet. Vermutlich stand sie gerade vor dem Ergebnis.

Helen war Kummer gewöhnt, was die Gestaltung der Agenturräume betraf. Die Deko stand immer in engem Zusammenhang zu den aktuellen Hobbys von Schröbners Frau Patty. Mit Grauen dachte Helen an Pattys China-Phase zurück, als überall rote Papier-Lampions und bunte Drachenmasken gehangen hatten. Oder an ihre Kunst-Phase: Patty hatte einen New Yorker Bildhauer kennengelernt, und monatelang diente das Foyer als Ausstellungsraum für bizarr verformte, nackte Körperskulpturen aus Sandstein auf massiven Holzblöcken.

Helen hatte daher mit einigem gerechnet, als von einer

Umgestaltung der Räume die Rede war. Eine Deko, in der man gut die nächste Folge des Dschungelcamps drehen konnte, hatte sie allerdings nicht erwartet.

Frau Jelluschek, die Empfangsdame, wirkte hinter dem ganzen Gestrüpp schon jetzt gereizt wie eine Natter. Zum Glück gluckste und gurgelte der Brunnen so laut, dass Helen nicht verstehen konnte, was sie vor sich hinzischte. Nett und freundlich war es garantiert nicht.

Helen nahm den Aufzug und fuhr in den dritten Stock. Dort stellte sie fest, dass über Nacht auch die Gänge und sogar ihr eigenes Sekretariat begrünt worden waren. Zum Glück war ihr Schreibtisch noch so, wie sie ihn kannte. Sie ließ sich auf ihren Ledersessel fallen und fuhr den Computer hoch. Irgendwie hätte sie sich nicht gewundert, wenn sogar der Desktop-Hintergrund Schlingpflanzen gezeigt hätte, aber zum Glück war es nicht so.

Lange konnte Helen sich allerdings nicht über das Grünzeug ärgern, das überall in den Fluren aufgetaucht war. Unter ihren Mails entdeckte sie nämlich ein Schreiben von Schröbner persönlich, es war an alle Mitarbeiter aus dem Kreativbereich gerichtet. Helen überflog den Text mit gerunzelter Stirn. Peacock Books, eine internationale Verlagsgruppe mit Sitz in New York, plante offenbar ein neues Buch-Programm für den deutschsprachigen Raum. Um was es dabei genau ging, war noch geheim, nur eines stand fest: Die Planung für dieses Großprojekt sollte von Anfang an in enger Zusammenarbeit mit einer deutschen Werbeagentur vorangetrieben werden. Die Rede war von einem Großauftrag, für den jeder Agenturchef seine Seele verkaufen würde. Die Konkurrenz allerdings war ebenfalls groß und die Agentur Schröbner und Partner im Vergleich zu den Mitbewerbern klein. »Unsere Gewinnchancen sind also ungefähr so hoch wie bei einem Lottogewinn«, schrieb Philipp Schröbner in seiner Mail. Aber Schröbner wäre nicht Schröbner, wenn er nicht eine Methode gefunden hätte, aus seinen Mitarbeitern alles herauszukitzeln, und so fuhr er fort: »Ihr wisst ja: Fast alles auf der Welt ist wahrscheinlicher als ein Lottogewinn. Aber trotzdem gewinnt jede Woche ein Mensch im Lotto. Allerdings nur, wenn er mitspielt. Leute, ich weiß, dass wir gerade keine Kapazitäten frei haben, um Zeit in ein Projekt mit so ungewissem Ausgang zu investieren. Aber wie wäre es denn, wenn sich jeder von uns eine Woche lang spielerisch Gedanken zu diesem Thema machen würde, ganz nebenbei, bei einem Feierabendbier oder am Wochenende. Und am kommenden Montag sammeln wir dann die Ideen, ich wähle die beste aus und schicke sie ins Rennen. Na, wie wär's? Habt ihr Sportsgeist? Habt ihr Biss? Seid ihr jung und dynamisch genug, um euch dieser Herausforderung zu stellen? An die Tasten, fertig, los! Im Anhang findet ihr die Details.«

Die letzten Sätze waren es, die Helen alarmierten. Fühlt ihr euch jung und dynamisch genug? Da klingelte etwas in ihrem Kopf. Meinte Philipp damit etwa sie? Kannte er die Ergebnisse ihres Online-Tests und spielte darauf an? Aber nach kurzer Überlegung verwarf Helen den Gedanken. Die Mail war schließlich an viele Mitarbeiter gerichtet, jeder konnte gemeint sein. Außerdem lagen ihre Testergebnisse erst seit gestern vor, und sie sollten vertraulich behandelt werden. Sicher wusste Schröbner nichts von ihnen, er hätte sich ja gezielt Zugang dazu verschaffen müssen, und das traute Helen ihm dann doch nicht zu. Wahrscheinlicher war es, dass er nur allgemein auf die Fitness-Kampagne anspielte und mit diesen letzten Sätzen versuchte, den Ehrgeiz aller Mitarbeiter anzustacheln, damit sie alles gaben und auch in ihrer Freizeit arbeiteten.

Helen ärgerte sich über diese Mail. Dass in ihrer Branche Arbeit und Freizeit ineinander übergingen, war klar. Das war nicht das Problem. Was sie aber wirklich störte, war die Tatsache, dass Philipp nicht auf Teamarbeit setzte, sondern einen Konkurrenzkampf entfachte. Das entsprach nicht der Philosophie der Agentur.

Na, eigentlich egal. Sie würde sich nicht vor diesen Karren spannen lassen. Helen beschloss, sich am Wochenende zu Hause ein paar Gedanken zu dem Projekt zu machen, wenn dabei etwas herauskam, war es gut, wenn nicht, dann nicht. Sie schob die Mail in ihren To-do-Ordner, ohne den Anhang zu öffnen, und über dem ganz normalen Tagesgeschäft vergaß sie das Schreiben bald.

Helen hatte geglaubt, die Begrünung der Agentur sei die einzige Veränderung, mit der sie klarkommen musste. Aber das neue Fitnesskonzept forderte noch weitere Opfer von ihr. Als sie eine Arbeitspause benötigte und sich dafür aus der Kaffeeküche einen Espresso holen wollte, traf sie ein weiterer Schock: Die Kaffeemaschine, ein schnaubendes, schäumendes Ungetüm, das auf Knopfdruck neun verschiedene Heißgetränke herstellen konnte, war weg. An ihrer Stelle stand jetzt ein kleiner Kühlschrank mit Glastür. »Smoothie-Woche« verkündete ein Computerausdruck an der Wand über diesem Gerät. Und darunter stand: »Noch nie war es so einfach, Obst und Gemüse zu essen. Wir trinken es einfach!« Im Inneren des Kühlschranks sah Helen Glaskrüge mit grünem, gelbem und rotem Inhalt. Power-Drink. Energy-Booster. Creativity Flash, so hießen diese breiigen Flüssigkeiten laut Aufdruck, und sie bestanden aus Zutaten wie Sellerie, Tomate,

Gurke und Avocado, kombiniert mit Früchten wie Blaubeeren, Kiwis, Mangos und Bananen. Allein der Anblick dieser merkwürdigen Mixturen verursachte in Helens Magen ein saures Brennen.

So langsam empfand sie das Fitnesskonzept als bedrohlich. Ohne Kaffeemaschine fühlte Helen sich in ihren Grundfesten erschüttert. Sie eilte zurück in ihr Büro und bat die Sekretärin des Chefs telefonisch um eine Zusammenfassung aller geplanten Veränderungen im Zuge des Fitnessprogramms. Aber offenbar gab es kein Protokoll des Meetings, und die Herren waren außer Haus.

»Fragen Sie doch Marc Beckmann«, sagte Frau Bernhardt. »Er war bei dem Meeting auch dabei.«

»Marc Beckmann?«, fragte Helen. Sie musste sich verhört haben. Beckmann hatte in der Agentur mit solchen Themen überhaupt nichts zu tun.

»Ja, er ist ganz spontan dazugebeten worden, er kennt sich im Fitness- und Gesundheitsbereich ja sehr gut aus.«

»Ach so? Gut. Danke.« Helen legte wütend auf. Natürlich würde sie Marc Beckmann nicht fragen. Den nicht! Darauf wartete er ja nur. Marc Beckmann sah sich selbst ganz eindeutig als Helens schärfsten Konkurrenten. Sie lachte höhnisch. Um ihr Konkurrenz zu machen, brauchte es Metzger, und keine Würstchen.

Sie beschloss, sich stattdessen von den Änderungen überraschen zu lassen. Rückgängig machen konnte sie sie zu diesem Zeitpunkt ohnehin nicht mehr.

An diesem Tag entdeckte Helen keine Veränderungen mehr, und sie hoffte, dass es damit vorbei war. Als sie am nächsten Morgen statt ihres geliebten Kaffees eine Zigarette rauchen wollte, traf sie die Umgestaltung des Raucherzimmers daher unvorbereitet. Auch hier schienen sich über Nacht unsichtbare Heinzelmännchen zu schaffen gemacht zu haben. Es wehte jetzt ein frischer Wind, und zwar im wahrsten Sinne des Wortes. Beide Fenster standen sperrangelweit offen, und ein eingebauter Mechanismus sorgte dafür, dass man sie auch nicht mehr schließen konnte. In dem kleinen Raum zog es wie in einem Großraumwagen der deutschen Bahn. Anders als in einem Zugabteil gab es im Raucherzimmer aber keine Sitzgelegenheiten mehr. Die bequemen Ledersessel, die bis gestern hier gestanden hatten, waren verschwunden. Das einzige Möbelstück weit und breit war ein wackeliger Bistro-Tisch mit einem Aschenbecher. Und dieser Aschenbecher hatte es in sich. Helen fand ihn so dermaßen daneben, dass er schon fast wieder cool war. Das knochenfarbene Porzellanmonstrum hatte die Form eines Totenkopfes. Man musste die Schädeldecke anheben, um Asche abstreifen oder Kippen ausdrücken zu können, und die Reste der Zigaretten verblieben dann dort, wo beim Menschen eigentlich das Gehirn sein sollte. Das hatte was, erkannte Helen mit Profi-Blick. Die Prospekte zum Thema Raucherentwöhnung, die neben dem Aschenbecher lagen, empfand sie allerdings als too much. In einem Werbespot oder einer Filmszene hätte sie die Flyer gestrichen. Die Botschaft war auch ohne diese Zugabe deutlich genug.

Wirklich fies waren die raumhohen Spiegel, die an drei Wänden des kleinen Raums und sogar an der Decke angebracht waren. Egal, wo Helen hinsah, immer sah sie sich selbst, unbarmherzig ausgeleuchtet von auffallend grellen Halogen-Spots. Entsetzt schloss sie die Augen. In dem gelblichen Scheinwerferlicht wirkte jedes Fältchen um ihre Lippen, das beim Ziehen an der Zigarette entstand, wie eine tiefe Furche. Die Poren an ihren Nasenflügeln glichen Kratern, durch das Weiß ihrer Augen zogen sich geplatzte Äderchen wie die Flussarme des Mississippideltas, und ihre Haare wirkten glanzlos und vergilbt. Sie grinste probehalber, und die verlebte Frau im Spiegel entblößte Zähne, die farblich an die eines Pferdes erinnerten.

Helen sah in diesen Spiegeln tatsächlich alt aus, vielleicht nicht ganz wie die zweiundsiebzig Jahre, die sie laut des Online-Tests bereits erreicht haben sollte, aber auch ganz sicher nicht mehr wie fünfunddreißig. Und plötzlich fühlte sie sich auch alt. Vor zwei Stunden, bei der Fahrt zur Agentur, hatte sie endlich wieder etwas bessere Laune gehabt. Sie hatte sogar mit dem Gedanken gespielt, sich abends mit ihrem aktuellen »Bedman« zu treffen. Aber jetzt verwarf sie die Idee. Elias war Kunststudent, sieben Jahre jünger als Helen, und er liebte es, sie nackt zu malen. Der Gedanke an seinen aufmerksamen Blick auf ihrer Haut hatte heute früh noch geprickelt wie Champagner. Auch jetzt bekam sie bei dem Gedanken daran Gänsehaut, allerdings aus Panik. Sie hatte das Aktgemälde, das Elias seit einigen Wochen von ihr malte, noch nicht sehen dürfen und war bisher davon ausgegangen, darauf ungefähr so auszusehen wie die Venus von Botticelli, natürlich ohne Muschel, stattdessen dahingegossen auf weiße Laken. Aber was, wenn sie auf dem Bild eher einer der Frauen ähnelte, die Otto Dix gemalt hatte, müde, enttäuscht, verbraucht?

Verdammt noch mal! Helen schüttelte den Kopf. Sie stand noch nicht mit einem Bein im Grab, egal, was dieser blöde Raum ihr vorgaukeln wollte. Sie war Profi genug, um ihre Stimmung zu analysieren. War das der Koffeinentzug? Die Konfrontation mit dem Totenkopf? Das

Licht? Sie verglich ihre Hand mit der im Spiegel und stellte fest, dass die reflektierende Fläche ihr Bild fast unmerklich vergrößerte. Und das Halogenlicht schien die Farbe von Haut, Haaren und Zähnen gezielt gelblich zu färben. Wie raffiniert!

Aber obwohl Helen nun wusste, dass ihr momentanes Befinden durch Manipulation künstlich hervorgerufen worden war, konnte sie sich dem Eindruck ihres Spiegelbildes nicht mehr entziehen, und ihre Laune sank weit unter den Gefrierpunkt.

Sie drückte ihre Zigarette in der Schädelschale des grinsenden Totenkopfs aus und verließ den zugigen Raum.

Schlecht gelaunt ging sie durch die Flure zurück zu ihrem Büro und stellte fest, dass überall Mitarbeiter in Grüppchen zusammenstanden und über ihre Ideen für Peacock diskutierten. Mist, daran hatte sie überhaupt nicht mehr gedacht. Sie setzte eine ausdruckslose Miene auf, damit niemand bemerkte, dass sie bis jetzt nicht einmal den Anhang geöffnet hatte und daher gar nicht wusste, worum es überhaupt ging. Marc Beckmann schien vor Ideen nur so zu sprudeln. Täuschte Helen sich, oder warf er ihr wirklich einen lauernden Blick zu?

Helen eilte zurück in ihr Büro. Bevor sie aber über Beckmanns Verhalten nachdenken konnte, klingelte ihr Telefon.

Lou war am Apparat. »Sorry, dass ich dich bei der Arbeit störe«, sagte sie. »Ich weiß, das ist jetzt ungünstig.« Sie schniefte. »Eigentlich hätte es Zeit bis heute Abend.« Das klang merkwürdig gepresst. »Aber ich muss mal eben ...«, Lou atmete schwer, »ein bisschen Dampffffffff ...«

Und dann schluchzte und schniefte Lou plötzlich in den Hörer, und Helen verstand nur noch Worte wie

»Hngngn« oder »Hundannhaterbwwbwwbwwwwwiiiiekannernur«.

»Lou!«, rief Helen in den Hörer. »Lulu! Hörst du mich? Einatmen. Gaaanz ruhig. Und jetzt ausatmen. Sooo. Super. Und jetzt noch mal. Einatmen. Komm schon! Das geht. Und ausatmen. Und jetzt erzähl mal gaaanz langsam, was passiert ist.«

»Bwwwbwwwbwww«, weinte Lou schon wieder. Erst nach einer Weile konnte Helen sich zusammenreimen, was passiert war: Lou hatte ihren Job verloren. Offenbar hatte sie am Montag auf eigene Faust Gemüsekisten zusammengestellt und dabei gedankenlos einen Korb teurer Tafeläpfel verteilt, die ihr Chef angeblich bewusst zurückgehalten hatte. Jetzt hatte der Chef das Fehlen der Äpfel bemerkt, er war stinksauer, und Lou musste ihre Sachen packen.

»Das ist ja wohl nicht wahr!«, sagte Helen. »Ich glaub's nicht. Dieser Gemüsekuschler mit dem Geschäftssinn eines Zweifingerfaultiers setzt seine Firma in den Sand, und dann nutzt er einen an den Haaren herbeigezogenen Vorwand, um dich zu entlassen, nur weil er sich keine Mitarbeiterin mehr leisten kann.«

»Aber …«, entgegnete Lou.

»Nichts aber! Wem bitte schön wollte er denn die Äpfel für teures Geld verkaufen, so ganz ohne Kundschaft? Die wären doch in den nächsten Tagen sowieso zu Kompost zerfallen. Nee, echt, Lou, den Schuh ziehst du dir nicht an! Den Auftragsrückgang bei Biofit hast du ja wohl nicht zu verantworten.« Lou wollte etwas sagen, aber Helen war noch nicht fertig. »Weißt du was? Den verklagen wir. Wir gehen vor Gericht. Wir machen ihn fertig. Mein Anwalt nimmt dieses Erbsenhirn so lange ins Kreuzverhör, bis es Püree wird.«

Jetzt kam wieder ein bisschen Schwung in Lou. »Helen, wo lebst du?«, widersprach sie. »Überall werden Leute wegen kleinerer Fehler entlassen. Fakt ist: Ich habe mich falsch verhalten. Ich habe ohne Berechtigung Ware verteilt. Und einen der Äpfel habe ich sogar selbst gegessen, das ist ja fast schon Diebstahl. Das rechtfertigt eine sofortige Kündigung.«

»Ja, klar. Du bist wirklich ein ganz verkommenes Subjekt, und deine Tat offenbart eine besorgniserregende kriminelle Energie. Wahrscheinlich hast du auch schon mal ein Radieschen fallen lassen oder die Kresse nicht richtig gegossen. Gib's zu!«

Jetzt musste Lou kichern, und Helen wurde mutiger. »Weißt du, Lou, was dir da passiert ist, tut mir wirklich leid. Einerseits. Aber andererseits auch wieder nicht. Ein Mensch mit deinen Fähigkeiten, mit deinem Wissen, deiner Fantasie und Kreativität kann doch nicht sein Leben lang Gemüsekisten packen. Nimm's mir nicht übel, aber ich bin sogar ein bisschen froh, dass das Schicksal dir mit dieser Kündigung mal ordentlich in den Hintern tritt und dich damit aus der Bequemzone herauskatapultiert, auch wenn's vielleicht erst mal wehtut. Und das bisschen Geld, das du mit den Kisten verdient hast, kannst du nun wirklich auch mit jedem anderen Mini-Job erarbeiten. Du brauchst ja echt nicht viel zum Leben.«

Lou schniefte nur noch leise. »Du meinst, ich sollte was ganz Neues anfangen?«, fragte sie.

»Exakt! Ein Neustart, das ist es. Man muss alte Ufer verlassen, um neue zu erreichen«, sagte Helen. »Gibt es denn gar nichts, das du dir schon lange wünschst? Etwas, das du lieber tun willst als alles andere auf der Welt?«

»Vielleicht schon«, gab Lou zu. »Ich muss mal drüber nachdenken.«

»Na, dann los! Wann, wenn nicht jetzt?«, fragte Helen. »Ich hab mal gehört, dass man am Ende seines Lebens nie die Dinge bereut, die man getan hat, sondern immer diejenigen, die man nicht getan hat.«

»Helen?«, fragte Lou leise.

»Ja?«

»Hast recht. Danke.«

Nach dem Telefongespräch mit Lou musste Helen die verplauderte Arbeitszeit einholen und kam wieder nicht dazu, sich mit dem Peacock-Projekt zu befassen. Sie verschob es auf Freitag.

In einem kurzen Moment der Besinnung war sie aber so ehrlich, sich selbst einzugestehen, dass sie natürlich trotzdem genug Zeit gehabt hätte, die Datei kurz zu öffnen und nachzulesen, um was es bei diesem Ideenwettbewerb eigentlich ging. Aber sie tat es auch aus Trotz nicht. Schröbners Versuch, aus Kollegen Konkurrenten zu machen, passte ihr nicht. Genauer gesagt, fand sie ihn beschissen. Vielleicht würde sie die Sache sogar ganz boykottieren.

Am Freitag musste Helen allerdings einsehen, dass sie sich das nicht leisten konnte. Bei einem gemeinsamen Mittagessen mit dem Führungsteam brachte Marc Beckmann, der bei Tisch zugegen war, obwohl er dort eigentlich gar nichts zu suchen hatte, die Sprache immer wieder auf Peacock. Er strahlte mal wieder Dynamik aus und zeigte so viel Biss, dass seine Zähne beim Kauen knirschten. Oder kam es Helen nur so vor? Sie selbst wich dem Thema aus. Dabei wurde ihr klar, wie blass und farblos sie neben dem charismatischen, dunkelhaarigen Schönling wirken musste. Mist, Mist, Mist. Wenn sie am Montag nicht einmal die lahmste Idee vorweisen konnte, während Beckmann ein Feuerwerk zündete, wäre sie bald nicht mehr die Einzige, die ihn an ihrem Stuhl sägen hörte. Aber sie wäre vielleicht die Einzige, die das störte. Also sollte sie am Montag besser ein brillantes Konzept für Peacock vorlegen. Mist!

Als Helen nach dem Mittagessen aus der Kantine zurückkehrte, sah sie einen Mann vor ihrer Bürotür stehen. Er war ganz in die Betrachtung des silbernen Türschilds versunken. »Helen Berg«, murmelte er. »Chief of Creation! Wow! Die Herrin der Schöpfung, nicht schlecht.«

Der Mann war sehr groß. Er hatte kinnlanges, blondes Haar, das er nach hinten gekämmt trug. Sein Körper wirkte sehnig und muskulös. Ein Kunde? Eher nicht, Kunden kamen fast ausnahmslos in Nadelstreifen. In dem Muscle Shirt, das kräftige Bizepse enthüllte, und der schlammfarbenen Lederhose wirkte der Mann eher wie Tarzan auf Heimaturlaub.

»Kann ich Ihnen helfen?«, fragte Helen frostig. Sie mochte es nicht, wenn Frau Jelluschek Besucher den Empfang passieren und in die oberen Stockwerke kommen ließ, ohne telefonisch abzuklären, ob sie willkommen waren. Aber vermutlich hatte sich der Typ unbemerkt an einer Liane durch den Urwald im Foyer gehangelt. Vom Aussehen her passte das.

»Bist du das? Helen Berg?« Der Mann grinste sie an. Seine Zähne wirkten auffallend weiß in dem braun gebrannten Gesicht. Ekelhaft jugendlich weiß, fand Helen und dachte an ihre eigenen im Spiegelbild des Raucherzimmers. Sie verbarg ihr Gebiss hinter einem schmallippigen Lächeln, verschränkte die Arme vor der Brust und sagte nichts.

»Die Herrin der Schöpfung!«, wiederholte der Typ. »Wow! Gott ist eine Frau! Das wusste ich ja gar nicht.«

»Kann ich Ihnen *irgendwie* weiterhelfen?« Helen bemühte sich, noch frostiger zu klingen als zuvor.

»Du mir? Nö. Ich dir, deswegen bin ich hier.«

Helen wurde nervös. Ein Psycho! Was, wenn er zudringlich wurde? War Evelina schon aus der Mittagspause zurück? War überhaupt schon jemand hier auf dem Flur?

Plötzlich streckte der Mann die Hand aus, und Helen zuckte zurück. Nach einer Schrecksekunde realisierte sie, dass er ihr nur seine Karte reichen wollte, und sie entspannte sich wieder.

»Jesper Knudsen«, sagte er und entblößte wieder seine Zähne. »Wir sind verabredet. Ich bin dein Coach!«

Helens Laune sank in sich zusammen wie das Pfifferlingsoufflé, das sie eben gegessen hatte. Mist! Der Fitness-Fuzzi, den hatte sie ja ganz vergessen! Und sie würde ihn auch gern weiterhin vergessen, denn sie hatte jetzt weder Zeit noch Lust, sich mit diesem grinsenden Gesundheits-Guru über ihr Alter, ihren erschlafften Body und ihre hinfällige Gesundheit zu unterhalten. Aber wie sollte sie den Mucki-Mann loswerden?

Helen wollte die Tür zum Zimmer ihrer Sekretärin, hinter dem sich ihr eigenes Büro befand, aufschließen, doch ihre Finger zitterten, und ihr Schlüssel fiel zu Boden. Sie bückte sich, aber Knudsen war schneller. Mit geradezu affenartiger Geschwindigkeit ergriff er den Schlüssel und öffnete die Tür. Er betrat den Raum, drehte sich zu ihr und ließ den Schlüssel an zwei Fingern direkt vor ihrer Nase baumeln. »Bitteschön, Chief of Creation«, sagte er. Dann gab er ein merkwürdiges Geräusch von sich, hoch und schrill: »Pfiiihiiihiii.« Es dauerte eine Weile, bis Helen begriff, dass er lachte.

Als er wieder zu Atem gekommen war, merkte Helen, dass er ihre kritisch hochgezogene Augenbraue nicht als Missbilligung deutete, sondern offenbar als Interesse an seinem Innenleben. »Es gibt ja schon krasse Anglizismen«, teilte er ihr mit. »Chief of Creation, das ist einfach zu schön, da kann man nicht ernst bleiben.«

Helen wedelte mit der Visitenkarte in ihrer Hand. »Down-Aging-Coach.« Sie betonte die Silben überdeutlich. »Auch nicht schlecht. Runter-Alterungs-Betreuer hätte nicht halb so gut geklungen.«

»Pfiiihiiihiii«, wieherte Jesper Knudsen. »Stimmt. Witzig. Runter-Alterungs-Betreuer!«

Helen schüttelte den Kopf. War sie bei *Versteckte Kamera* gelandet? Der Typ war zum Fremdschämen peinlich. Sie warf die Visitenkarte auf Evelinas Schreibtisch. »Ich bin ebenfalls erheitert, glauben Sie mir«, sagte sie. »Aber wenn wir beide es schaffen könnten, unsere überschäumende Fröhlichkeit zu bezwingen, würden wir rascher zum Zweck Ihres Besuchs kommen, und das wäre hilfreich. Ich bin nämlich sehr beschäftigt!«

Er wollte etwas antworten, wurde aber unterbrochen, denn Evelina betrat das Vorzimmer. Ihr Gesichtchen verfärbte sich dunkelrosa, als sie den durchtrainierten Verjüngungs-Jünger sah. »Huuuhuuu, Jesper«, säuselte sie. »Das ist aber schön! Willst du zu mir?«

»Heute nicht, Baby, heute habe ich einen Termin mit Gott.« Er wies mit dem Kinn in Helens Richtung. »Aber wir beide, wir sehen uns nächste Woche wieder. Und bis dahin machst du schön deine Übungen! Versprochen?«

»Ja«, hauchte Evelina und warf ihm einen Elfenblick aus babyblauen Kulleraugen zu.

»Evelina«, sagte Helen scharf. »Könnten Sie uns bitte zwei Tassen Kaffee bringen.« Und an Knudsen gewandt fügte sie hinzu: »Zucker? Milch?«

Er schüttelte den Kopf. »Kein Kaffee. Für mich bitte nur ein Ingwerwasser.«

»Ich fürchte, das haben wir nicht«, erwiderte Helen.

»Doch!«, sagte Evelina. »Natürlich haben wir Ingwerwasser. Aber Kaffee haben wir nicht mehr.« Stolz wies sie auf einen Glaskrug, der auf ihrem Schreibtisch stand. In ihm schwappte eine trübe, gelbliche Flüssigkeit, in der ein paar schlaffe Zweige mit dunkelgrünen Blättern trieben. Helen hatte das Ganze für eine Blumenvase mit halbvermodertem Inhalt gehalten. Das war aber offensichtlich nicht der Fall.

»Quellwasser mit Ingwer und Minze«, verkündete Evelina und plinkerte mit den Augen. »Genau wie du es magst, Jesper!«

»Suuuper«, lobte Knudsen. Er wandte sich an Helen. »Statt Kaffee sollte man lieber dreimal täglich ein Glas Ingwerwasser trinken. Das regt an, ohne zu übersäuern, und tut der Darmflora gut. Zu viel Kaffee macht nicht wach, sondern müde.«

»Also, Evelina, dann bringen Sie bitte ein Ingwerwasser für Herrn Knudsen und seinen Darm«, sagte Helen. »Und eine Tasse Kaffee für mich. Egal, woher Sie die nehmen. Geht das? Und, Herr Knudsen, wenn Sie bitte noch kurz hier warten würden, ich muss noch einen wichtigen Telefonanruf tätigen.« Sie ging in ihr Büro und schloss die Tür, ohne auf Knudsens Antwort zu warten. Mit drei Schritten war sie an ihrem Schreibtisch, ließ sich auf den Ledersessel fallen und wählte die Durchwahl ihres Chefs.

»Helen?«

»Philipp, was ist das für ein Urviech, das du da für unser Fitnessprogramm engagiert hast?«

»Jesper?«, fragte Philipp Schröbner. »Toller Typ! So natural. So basic. So strong. Ich wusste, dass du ihn lieben würdest, Patty ist auch hin und weg. Warum fragst du?«

Helen schloss die Augen und ballte die Hand zur Faust, aber ihre Stimme klang unverändert, als sie weitersprach. »Ach, nur so, ich habe gleich einen Termin mit ihm und wollte mich vorbereiten.«

»Musst du nicht, lass dich einfach überraschen.« Philipp machte eine kurze Pause, und Helen hörte, wie er mit einem Kugelschreiber auf seinen Schreibtisch trommelte. »Hel? Hab gehört, dass es bei dir ein paar Gesundheitsprobleme gibt. Sei mal ein bisschen locker, relax! Jesper kriegt das in den Griff. Okay?«

»Alles klar«, murmelte Helen.

»Wie weit bist du mit dem Konzept für Peacock? Wäre schön, wenn von dir was käme.«

»Läuft gut, ich bin dran«, sagte sie und spürte, wie sich ihr Magen zusammenzog. Plötzlich bereute sie das üppige Mittagessen, das sie eingenommen hatte.

»Okay. Ich freu mich drauf. Bye.« Klick. Weg war er.

Wütend warf Helen den Hörer auf die Station. So viel zum Thema anonyme Befragung. Und so viel auch zum Thema Jesper Knudsen.

Als sie sich in ihrem Bürosessel zurücklehnte, wurde ihr

die Bedeutung dieses Telefongesprächs in vollem Umfang bewusst. Natürlich kannte Philipp Schröbner die Ergebnisse ihrer Online-Befragung! Und natürlich hatte er sie in der Peacock-Mail mit dem kleinen Seitenhieb auf das Alter gemeint! Was Schröbner ihr da eben durch die Blume zu verstehen gegeben hatte, war eine klare Botschaft: Tu was! Überzeuge mich, dass du deinem Job noch gewachsen bist.

Sie fuhr den Computer hoch und öffnete nervös den Anhang der Mail. Erstaunt stellte sie fest, dass er nur aus wenigen Zeilen bestand.

Was Peacock wollte, war ebenso größenwahnsinnig wie banal: ein Konzept für einen Bestseller. Einen Megabestseller. Ein Sachbuch, gern auch einen Ratgeber aus dem Bereich Mode, Lifestyle, Gesundheit oder Kochen. Eine Idee, die das Potenzial hatte, ganz groß rauszukommen. Folgebücher. Lizenzen. Merchandising im ganz großen Stil. Helen zuckte mit den Schultern. Klar. Nichts leichter als das. Bestseller zu ersinnen, tolle Idee, das hatte ja in der Buchbranche vorher auch noch nie jemand versucht. Und die genannten Themenbereiche klangen auch unglaublich innovativ. Da sprudelte man ja vor unverbrauchten Ideen nur so über. Helen lachte böse.

Aber galliger Galgenhumor half jetzt nicht weiter, das wusste sie. Sie musste kämpfen. Ihr blieben noch zweieinhalb Tage.

Das Telefon klingelte, und Helen sah Jannas Nummer auf dem Display. Janna! The Voice! Die beste Texterin der Welt, die schickte der Himmel. Helen griff zum Hörer, bevor Evelina das Gespräch annehmen konnte. »Gut, dass du anrufst«, sagte sie leise. »Ich brauch dich! Hast du heute Abend Zeit?«

»Ja«, sagte Janna. »Das heißt, jein. Lou braucht uns auch, sie hat eben angerufen, es gibt offenbar Neuigkeiten, sagt sie, wir müssen dringend reden.«

»Puh! Endlich!« Helen hatte sich schon Sorgen gemacht, denn Lou hatte sich die letzten beiden Abende zu Hause eingeigelt und jede Aufforderung von Helen und Janna zu einem Mädelsabend mit Rund-um-die-Uhr-Rede-Lizenz abgelehnt. Sie wolle allein sein und nachdenken, hatte sie gesagt. Das war bei Lou kein gutes Zeichen. »Wie ging es ihr heute?«, fragte Helen. »Was gibt es denn Neues? Hat sie sich schon irgendwo beworben?«

»Sie klang gut, aber sie hat gesagt, es ginge nicht um den Job. Mehr wollte sie am Telefon nicht erzählen.«

»Das hört sich ja mysteriös an.« Helen runzelte die Stirn und fluchte im nächsten Moment im Stillen. Vermutlich bekam sie davon Falten. »Wann treffen wir uns heute Abend?«

»Um acht bei mir?«, schlug Janna vor. »Dann ist Lilly im Bett.«

»Super, danke, bis später.«

So, mit etwas Glück würde sie das Peacock-Problem heute Abend mit ihren Freundinnen lösen. Wenn Lous geheimnisvoller Notfall Zeit dafür ließ. Blieben nur noch Jesper Knudsen und ihre angebliche Vergreisung. Sie brauchte eine Strategie, der Mann musste weg. Sie konnte nicht zulassen, dass er sie weiterhin alt aussehen ließ.

Als sein Pfihihiii-Lachen zum dritten Mal durchs Vorzimmer schallte, stand ihr Entschluss fest: Sie würde sich verjüngen, und zwar in Rekordzeit. Sie würde die Jahre abwerfen wie ein Bär sein Winterfell, und gleichzeitig würde sie dafür sorgen, dass diese Lifestyle-Labertasche um Jahre alterte. Von diesem grotesken Gesundheits-

Guru würde sie sich nicht länger provozieren lassen, von dem nicht! Leise murmelte sie vor sich hin: »Wer zuletzt lacht, lebt am längsten.«

Helen griff zum Hörer und unterbrach das scheinbar sehr amüsante Geplänkel zwischen Evelina und Knudsen mit einem schrillen Klingelton an Evelinas Apparat. »Schicken Sie Jesper bitte mit zwei Gläsern Ingwerwasser herein, Evelina. Und ich möchte in der nächsten Stunde nicht gestört werden.«

Als Knudsen mit den Gläsern in ihrem Büro erschien, saß Helen mit gespitztem Bleistift an ihrem Konferenztisch. »Legen wir los, Jesper?«, fragte sie und lächelte mit gebleckten Zähnen. Wenn man mit einem Lächeln töten könnte, wäre der gute Mann jetzt mausetot.

»Jep. Deine Werte sind nicht gut«, sagte Knudsen und stellte ihr Glas so heftig vor ihr ab, dass etwas von der trüben Brühe auf ihren Block schwappte.

»Ich weiß«, sagte Helen, zog ein Taschentuch aus der Tasche und tupfte damit die Flüssigkeit auf.

»Um genau zu sein, hast du die schlechtesten Ergebnisse in der gesamten Agentur.«

»Das hat sich bereits herumgesprochen.« Helen warf das Taschentuch in den Papierkorb.

Knudsen ging auf diese Spitze nicht ein. »Wir müssen was tun. Die Werte sind wirklich schlecht.«

Das hatte er bereits erwähnt. Mehrfach! Offenbar erwartete er, dass Helen widersprach oder sich verteidigte, aber dazu würde sie sich nicht hinreißen lassen. Sie nickte nur. »Fangen wir an.«

Knudsen stützte seine Ellenbogen auf den Tisch und legte die Fingerspitzen aneinander. »Der Mensch ist von Natur aus ein Jäger und Sammler«, dozierte er. »Er benötigt Bewegung. Fünf bis zehn Kilometer am Tag hat ein Steinzeitmensch früher locker zurückgelegt, bis er seine Nahrung zusammen hatte. Das musst du auch schaffen, Helen. Laufen, laufen, laufen, egal wann und wo. Du läufst ab jetzt zur Arbeit, du läufst zum Einkaufen, du benutzt keine Rolltreppe mehr und natürlich auch keinen Aufzug. Jeder Schritt zählt.«

Helen zog ihr Smartphone aus der Tasche ihres Kostüms und drückte ein paar Tasten.

»Was tust du?«, fragte Knudsen und runzelte die Stirn.

»Mooooment. So, jetzt! Das ist eine Bewegungs-App. Das Ding zählt jeden meiner Schritte. Und bevor ich nicht mindestens zehn Kilometer gesammelt habe, ist der Tag für mich ab jetzt nicht beendet. Weiter. Was noch?«

Knudsen presste die Lippen aufeinander und schwieg einen Moment. Helen hatte ihn offenbar aus dem Konzept gebracht. Aber er fing sich rasch wieder. »Tagesende. Da wären wir schon beim nächsten Punkt: ausreichend Schlaf! Spätestens um zehn Uhr solltest du all deine Kilometer drauf haben, denn dann ist der Tag für dich ab jetzt definitiv vorbei. Um halb elf solltest du schlafen. In der Steinzeit war es zu diesem Zeitpunkt draußen schon dunkel, und das Feuer in der Höhle war heruntergebra... Was machst du denn jetzt schon wieder?«

»Meine neue Schlafenszeit einprogrammieren«, murmelte Helen, während sie ihr Handy bearbeitete. Wenn der glaubte, er könnte sie mit seinen überzogenen Regeln aus der Reserve locken, hatte er sich getäuscht. »So, das hätten wir!« Sie sah ihn auffordernd an. »Wie sieht's mit der Ernährung aus?«, wollte sie wissen. »Vegetarisch? Vegan? Vollwert? Low fat? Low carb? No milk? No wheat?«

»Urkost. Steinzeiternährung.«

»Darauf hätte ich eigentlich kommen können.« Helen griff erneut nach ihrem Handy. »Warte mal, ich bestell mir schnell das passende Kochbuch. So. Okay, alles klar, ich hab's.«

»Der Mensch ist auch nur ein Tier«, erklärte Jesper Knudsen und beäugte sie misstrauisch. Anscheinend traute er dem Frieden nicht. »Er muss artgerechte Nahrung zu sich nehmen.«

»Schon kapiert.«

»Ackerbau, Viehzucht, Getreide- und Milchprodukte, dafür sind wir nicht gemacht. Zivilisationskost bewirkt Zivilisationskrankheiten. Klar?«

»Klar«, sagte Helen gepresst. Gott, der Kerl war wirklich ein seltenes Exemplar von Vollpfosten. »Mammutlende, Säbelzahntigerkotelett, Höhlenbärschnitzel. Kein Problem, wird gemacht. Muss ich's auch selbst jagen und am Stück in die Höhle schleppen, oder darf ich mir das liefern lassen? Und ess ich den Höhlenbär blutig oder medium?«

»Pfiiihiiihiii«, prustete Jesper.

Sein Lachen klang bei genauem Hinhören allerdings ziemlich verkrampft. Ein wildes, freies, natürliches Höhlenmenschengelächter hätte Helen sich anders vorgestellt. Sie überlegte, ob sie etwas in diese Richtung sagen sollte, unterließ es dann aber. Das würde sie sich für einen der nächsten Termine aufheben.

Jesper schwadronierte unbeirrt weiter. »Du isst Fleisch, am besten Wild. Außerdem Fisch. Meeresfrüchte. Eier. Obst. Gemüse. Pilze. Kräuter. Nüsse. Kastanien. Und ganz wichtig, jetzt kommen wir zu den Dingen, die du nicht mehr isst: Getreideprodukte, Milchprodukte, Zucker.

Alkohol. Im Klartext: kein Brot. Keinen Kuchen. Kein Eis. Keinen Yoghurt. Keinen …«

»Jaha! Ich hab das Prinzip verstanden. Ich lass alles Unurzeitliche weg.«

»Kein Widerspruch?« In seinen Augen blitzte erneut Misstrauen auf.

»Nein«, antwortete Helen. »Das zieh ich durch. Ich will's doch selbst!« Sie notierte ein paar Stichworte auf ihrem Notizblock.

»Nikotin gibt's natürlich nicht mehr, also keine Zigaretten. Und keinen Kaffee.« Er beobachtete ihr Gesicht, als er das sagte.

»Okay«, sagte Helen, griff nach dem Ingwerwasser und nahm einen Schluck, ohne die Miene zu verziehen.

»Getränke«, griff Knudsen das Thema auf. »Schon mal was von grünen Smoothies gehört?«

»Jep. Gehört und gesehen. In der Kaffeeküche.«

»Sellerie, Kräuter, Früchte, Spinat, Rucola, Brennnesseln, sogar Tannennadeln, alles ist genießbar, wenn man es mit einem ordentlichen Mixer lang genug zerkleinert. Ohne Zucker. Ohne Salz. Die Höhlenmenschen hatten das auch nicht.«

»Hatten die Mixer?«

»Pfiiihiiihiii«, prustete Knudsen. »Natürlich nicht. Die haben das Zeug stundenlang gekaut. Wenn man das tut, kann man selbst Grünzeug verdauen, von dem man normalerweise Sprühstuhl bekommt.«

Iiiiihhh, dachte Helen, aber sie ließ sich nichts anmerken. »Ist das dann alles?«

»Nein«, erwiderte Knudsen. »Das ist nur das Intensivprogramm für den Anfang. Natürlich musst du gleichzeitig auch was für deine Seele tun.«

»Kein Problem. Yoga? Meditation? Autogenes Training? Eine Familienaufstellung? Ein Dialog mit meinem inneren Kind? Oder eher mit meinem inneren Höhlenmenschen? Sex? Musik? Kultur? Feuermachen? Höhlentänze?«

»Natur«, sagte Jesper Knudsen. »Natur pur! Du brauchst Pflanzen in diesem Raum. Und du musst so oft wie möglich raus. Du musst die Jahreszeiten spüren. Das Wetter. Die Elemente. Feuer, Erde, Wasser, Luft. Du musst ... Was machst du denn jetzt schon wieder?«

Helen bearbeitete mit flinken Fingern ihr Handy. »Warte kurz«, bat sie. »Ich bestell mir im Internet einen Grill. Einen Blumentopf für den Balkon. Erde. Natürlich eine Gießkanne. Und, ja, das ist gut, einen Ventilator. Für die Luft.«

»Pfiiihiiihiii«, machte Jesper Knudsen. Aber diesmal klang sein Lachen noch krampfiger. Und seine Augen blitzten wütend.

Anscheinend hatte er Helens Kampfansage verstanden.

Helens Brainstorming-Liste
Buchtitel für Bestseller

1. Die beliebtesten Wörter in Filmtiteln waren seit 1949:

1. Liebe
2. Mann
3. Frau
4. Nacht
5. Welt
6. Leben
7. Tag
8. Mädchen
9. Tod
10. Abenteuer
11. Stadt
12. Hölle
13. Zeit
14. Geheimnis
15. Sex
16. Geschichte

Zur Hölle mit den Männern?
Frauen, Nacht und Welt?
Kommt Zeit, kommt Sex?
Eine Nacht fürs Leben?
Das Geheimnis des Mädchens?
Stadt der Liebe?

Komplett unbrauchbar!!!

Vielleicht in Verbindung mit »plötzlich« oder »tatsächlich«?

Plötzlich Sex. Plötzlich Hölle. Tatsächlich Frau.

Um Himmels willen, nein!

2. Immer wieder gern genommen: Postkartensprüche als Buchtitel. Noch frei:

Nimm das Leben nicht zu ernst, du kommst da eh nicht lebend raus

Wahr, aber zu lang, außerdem zwei Verneinungen.
Das versteht kein Mensch.

Ich war dumm und rauchte das Geld

Super! Nur, was steht drin in einem Buch, das so heißt?

3. Anlehnung an Bewährtes?

Darm mit Charme, Galle in der Falle, Zeh mit Weh, Hadern mit Adern, Zufrieden mit Hämorrhoiden???

Ich bin dann mal ... da/ ... nett/ ... fett

Doof!!!

4. Provokative Titel

Wer das liest, ist doof

GAAAH! MIR FÄLLT NICHTS EIN!!!

7

Janna freute sich auf die geplante Krisensitzung. Sie war neugierig, was Lou erzählen wollte – sie hatte sich aufgeregt angehört, aber auf gute Art und Weise. Sie war außerdem gespannt, bei welcher Aufgabe Helen Hilfe benötigte. Und nicht zuletzt wollte sie mit den beiden Freundinnen auch noch einmal über ihre eigenen Probleme sprechen. Vielleicht konnte sie so das Gedankenkarussell stoppen, das sich seit ein paar Stunden in ihrem Kopf drehte. Ich muss etwas tun, ich muss etwas tun, ich muss etwas tun, das wiederholte eine Stimme in ihrem Kopf unermüdlich. Und Janna antwortete darauf ebenso unermüdlich: Was denn? Was denn? Was denn? Aber darauf entgegnete die blöde Stimme in ihrem Kopf leider nichts.

Heute früh war zunächst alles wie immer gewesen. Janna hatte gearbeitet, und ihre Mutter hatte versucht, sie dabei zu stören.

Janna hatte an einem Text für den Reiseführer USA-Ostküste gearbeitet. Er sollte von Hoover handeln, einem sprechenden Seehund, der bis 1985 im Bostoner Aquarium gelebt hatte. Hoover konnte wirklich und wahrhaftig menschliche Sprachlaute nachahmen, und wenn er durch sein Becken paddelte, pöbelte er oft Besucher an: »Hey you! Get outta here« – He du! Raus hier. Diesen Satz hatte er als Baby oft gehört, wenn er sich heimlich an Fischvorräte anschlich, und er hatte ihn zeit seines Lebens oft und gern zitiert. Inzwischen war sein Enkel

Chuck das neue Sprachwunder des New England Aquariums in Boston.

Ein schönes Thema für eine Sonderseite im Reiseführer, fand Janna, vor allem da sich so ein Text fast wie von selbst schrieb. Eigentlich. Aber kaum hatte Janna die Überschrift in die Tastatur gehackt, klingelte die Türglocke. Janna reagierte zunächst entspannt. Nach der Sache mit Lilly und der Polizei hatte sie beschlossen, ihrer Mutter nicht länger auszuweichen. Sie wollte ihr ab sofort immer die Tür öffnen, wenn sie klingelte, und sie würde auch ans Telefon gehen, wenn sie anrief, aber sie würde sich von ihrer Mutter nie wieder länger als exakt fünf Minuten von der Arbeit abhalten lassen, so der Plan. Freundlich, aber bestimmt würde sie auf ihre Arbeitszeiten hinweisen und das Gespräch mit ihrer Mutter auf einen späteren Zeitpunkt verlegen. Das kostete viel weniger Kraft als ein Streit, und es war nicht so nervig wie dieses ewige Versteckspiel.

Helen hatte Janna auf der Rückfahrt von Lillys »Abentoier« zu dieser Strategie geraten. Sie arbeitete seit Jahren erfolgreich nach dem Motto »freundlich, aber bestimmt« und war damit ganz schön weit gekommen. Und in den vergangenen Tagen war Janna damit auch gut gefahren. Deswegen erhob sie sich jetzt, atmete tief durch und legte sich auf dem Weg zur Tür passende Sätze bereit.

Als Janna die Tür aufriss, war sie verblüfft. Da stand niemand. Aber dann senkte sie den Blick und stellte fest, dass ihre Mutter zu ihren Füßen kniete. Sie kauerte vor Jannas Fußmatte und zupfte kleine Flusen aus dem grauen Filz. »Wie das hier wieder aussieht«, murmelte sie vor sich hin.

»Hallo Mutti«, sagte Janna freundlich.

Hedda Mahler stützte sich mit der Hand am Türrahmen und erhob sich ächzend.

»Hier, für dich«, sagte sie. Erst drückte sie Janna die Flusen in die Hand und dann eine Zeitschrift. Janna erkannte die aktuelle Ausgabe von *Optimize*. »Da steht ein interessanter Artikel drin«, sagte Hedda Mahler. »Du solltest ihn lesen.«

Janna nahm die Zeitschrift entgegen und lächelte. »Ich danke dir sehr dafür, Mutti«, sagte sie freundlich. »Ich werde ihn nachher lesen. Jetzt muss ich arbeiten.« Na, wenn das nicht bestimmt war. Helen wäre stolz auf sie, da war sie sicher.

»Da steht was über Steinzeitmenschen drin«, erklärte ihre Mutter.

»Ich werde es lesen.« Janna nickte zum Abschied.

»Als der Mensch sich zum intelligenten Wesen entwickelte, wuchs sein Gehirn. Es ist inzwischen neunmal so groß wie bei anderen Säugetieren unserer Körpergröße. Und damit wuchs natürlich auch der menschliche Kopf.«

»Interessant. Ich freue mich aufs Lesen, aber jetzt muss ich …«

Ihre Mutter sprach lauter. »Und mit einem so großen Kopf passten die Babys nicht mehr durch den Geburtskanal ihrer Mütter. Deswegen kamen sie früher zur Welt. Alle menschlichen Babys sind also quasi von Natur aus Frühgeburten. Merkt man ja auch irgendzwie. Pferdefohlen zum Beispiel können direkt nach der Geburt aufstehen, loslaufen und wiehern. Menschen nicht!«

»Sicher. Nur ich …«

Ihre Mutter sprach noch lauter. »Und weil die Menschen als Frühgeborene auf die Welt kamen, dauerte es lange, bis sie reif und erwachsen waren. Die Kindheit verlängerte sich.«

»Mutti!«

»Lass mich ausreden«, fauchte der Mutterdrache, und Janna wich zurück.

Ihre Mutter sprach weiter, als ob nichts gewesen wäre: »Und damit vermehrte sich auch die Arbeit der Mütter. Ist doch klar. Das konnte die Menschheit nur durch Arbeitsteilung leisten und deswegen wurden die Steinzeitmenschen monogam. Mann und Frau taten sich zusammen. Er ging auf die Jagd, und sie blieb bei den Kindern in der Höhle. Sonst wäre die Menschheit ausgestorben. AUSGESTORBEN.« Das letzte Wort betonte Hedda Mahler nachdrücklich.

»Aber ...«

Jetzt senkte ihre Mutter die Stimme bedeutungsschwer. »Ich finde ja irgendzwie, dass Lilly einen ziemlich großen Kopf hat.« Sie nickte mehrfach. »Na, lies es mal«, sagte sie dann. »Wir können später darüber reden. Ich nehme jetzt erst mal deine Fußmatte mit nach oben und bürste sie.«

Ächzend bückte Hedda Mahler sich nach der Matte.

Janna schloss die Tür, lehnte sich von innen an die Haustür und rutschte langsam zu Boden. Na toll. Das hatte ja prima geklappt. Gut, mehr als fünf Minuten hatte das Gespräch nicht gedauert, aber an Arbeit war jetzt auch nicht mehr zu denken, denn ein überaus unangenehmer Gedanke nistete sich in Jannas Gehirnzellen ein. In den vergangenen Tagen hatten sich die Zeichen gemehrt, aber Janna hatte gehofft, dass sie sich irrte. Jetzt war kein Zweifel mehr möglich: Daniel, Lillys Vater, war mal wieder in der Stadt.

Berufsbedingt war Daniel selten in Berlin, aber jedes

Mal, wenn er da war, erfuhr ihre Mutter Wochen vorher davon. Nur zu diesem Zweck nämlich pflegte sie eine Bekanntschaft zu einer von Daniels Tanten. Und jedes Mal, wenn er da war, versuchte Hedda Mahler mit allen ihr zur Verfügung stehenden Tricks, eine Versöhnung zwischen Daniel und Janna zu arrangieren. Sie konnte oder wollte einfach nicht begreifen, dass die beiden gar keinen Streit führten, den sie beilegen konnten, sie waren sich nämlich schlicht und ergreifend egal.

Aber wenn Janna versuchte, ihrer Mutter diese Zusammenhänge zu erklären, biss sie auf Granit. Kein Streit? Umso besser, fand Hedda Mahler. Dann stand einem Zusammenleben ja nichts mehr im Weg. Und so arbeitete sie weiter an ihrem Lieblingsplan, der Familienzusammenführung von Janna, Daniel und Lilly.

Ihre Verkuppelungsmethode bestand aus mehr oder weniger durchsichtigen Manipulationsversuchen. Auch diesmal war sie wieder kreativ gewesen. Am Dienstag hatte ihre Mutter Lilly vom Einkaufen eine Barbie-Puppe, einen Barbie-Ken und ein kleines, blondes Barbie-Mädchen mitgebracht. Damit Lilly »Vater-Mutter-Kind« spielen konnte, wie sie sagte. Am Mittwoch hatte sie Lilly ein Buch über die berühmtesten Brücken der Welt geschenkt. Daniel war Ingenieur, er plante und konstruierte Brücken auf der ganzen Welt.

Und jetzt *Optimize*. Nachdem ihre Mutter in Lilly Papa-Wünsche zu wecken versucht hatte, nahm sie Janna ins Visier. Das mit den Steinzeitmenschen war eindeutig ein Appell an ihr Gewissen. Als Alleinerziehende überleben zu können, ohne Ernährer? Undenkbar!

Natürlich sah Janna Daniel fast jedes Mal, wenn er in Berlin war, egal ob ihre Mutter sich einmischte oder nicht.

Irgendwann rief er immer an und verabredete sich mit Lilly. Das war okay. Janna freute sich, wenn Lilly ihren Vater regelmäßig sah, und das Kind kam von diesen Treffen auch stets fröhlich zurück. Aber mehr war nicht notwendig.

Ihre Mutter sah das leider anders, und Janna wusste genau, was in den kommenden Tagen auf sie zukommen würde: unzählige Diskussionen mit ihrer Mutter. Sie vergrub ihr Gesicht in den Händen. Das musste doch irgendzwie, irgendzwo, irgendzwann einmal aufhören.

Oder nicht? Nein, vermutlich nicht. Ihre Mutter war hartnäckig wie ein Staubsaugervertreter, wenn es um dieses Thema ging. Ich sollte ausziehen, dachte Janna. Ich sollte eine hübsche, kleine Wohnung mieten und meine Mutter nur noch manchmal sonntags zum Kaffee besuchen, so wie alle anderen das mit ihren Eltern halten. Nur wie?

Sie erhob sich, schlurfte zurück in die Küche und setzte sich wieder an den Küchentisch. Als freie Journalistin verdiente sie nicht genug, um sich die Miete für eine Dreizimmerwohnung leisten zu können, und einen festen Job wollte sie nicht annehmen. Selbst wenn es ihr gelingen sollte, einen Halbtagsjob zu ergattern, war das keine Lösung. Die Arbeit in den Redaktionen begann selten vor neun oder zehn Uhr und ging in der Mittagszeit so langsam in die heiße Phase über. Janna wollte aber nach Schulschluss für Lilly da sein. Wenn ihr Kind schon keinen Vater hatte, dem es wirklich wichtig war, sollte es wenigstens eine Mutter haben, auf die Verlass war.

Und da begann das Gedankenkarussell sich zu drehen: Ich muss etwas tun, das kann so doch nicht ewig weitergehen. Nur was? WAS DENN?

In diesem Moment hatte Lou angerufen, und Janna war froh über diese Störung gewesen.

»Wichtige Neuigkeiten!«, hatte sie vergnügt mitgeteilt. »Können wir uns heute Abend treffen?«

»Klar«, meinte Janna. »Ein neuer Job?« Toll, dass Lou zwei Tage nach ihrer Kündigung schon wieder so vergnügt geklungen hatte.

»Viel besser!«, hatte Lou angekündigt. »Aber das erzähl ich dir nicht am Telefon.«

»Okay, dann um acht bei mir.«

Nach diesem kurzen Gespräch hatte Janna noch eine Stunde lang vergeblich versucht, Worte für sprechende Seehunde zu finden, aber es gelang ihr nicht. Da war dieses blöde Karussell in ihrem Kopf.

Als Lilly nach Hause kam und Jannas Arbeitsphase damit beendet war, stand auf dem Bildschirm ihres Laptops nur die Überschrift für das Hoover-Kapitel. Sie lautete »Hey you! Get outta here«. Der fett gedruckte Schriftzug kam Janna vor wie ihr eigener unausgesprochener, sehnlichster Wunsch an ihre Mutter.

Nach dem Mittagessen rief Janna deswegen Helen an und lud sie für den Abend ein. Vielleicht hatten die Freundinnen eine Idee, was sie tun konnte.

Um kurz vor acht lag Lilly schon im Bett, schlief aber noch nicht. Klein und blass vor Müdigkeit lag sie in ihrer Piratenbettwäsche und rief alle paar Minuten nach ihrer Mutter. Hunger, Pipi, zu warm, zu kalt, sie wollte einfach nicht schlafen, obwohl ihr die Augen schon fast von selbst zufielen. Sie war aufgeregt, denn am Nachmittag war sie mit ihrer Freundin und deren Eltern erstmals in einem Tiergeschäft gewesen, und nun war sie fasziniert von all den Möglichkeiten, die sich dort boten. Dass man Tiere einfach im Geschäft kaufen konnte, hatte sie bisher nicht gewusst. Janna setzte sich an ihr Bett und versuchte, das Kind zu beruhigen.

»Ich will eine Maus haben«, sagte Lilly und rieb sich die Augen. »Können wir vielleicht eine kaufen?«

Janna schüttelte den Kopf. »Nein, Mäuse riechen nicht gut. Und sie wollen auch lieber frei sein, sie leben nicht gern in Käfigen.«

»Meine muss ja nicht im Käfig wohnen, sie kann in der ganzen Wohnung und auf dem Balkon rumlaufen«, schlug Lilly vor. Sie gähnte.

»Jetzt schlaf erst mal, kleine Maus.«

»Also ja?«

»Also nein.«

»Och menno. Können wir dann wenigstens einen Gecko kaufen?«

»Schlaf jetzt, Lilly.«

»Menno.« Trotz ihres Protests kuschelte Lilly sich tiefer in ihre Kissen, und wenige Sekunden später verrieten ihre Atemzüge, dass sie eingeschlafen war.

Janna schlich sich leise in die Küche, füllte Knabberzeug in Schälchen und stellte zwei Flaschen Weißwein kalt. Kaum war sie fertig, klingelte es an der Tür.

»Ich habe eine grandiose Idee!«, rief Lou und stürmte ohne Willkommensgruß an Janna vorbei. Sie warf ihren bunten Riesenschal über die Garderobe und eilte in die Küche, wo sie zwei Flaschen aus ihrer Tasche zog. Janna betrachtete die Etiketten. Eine enthielt Kartoffelschnaps aus Brandenburg, und eine Rhabarbersaft.

»Hast du Eiswürfel? Sag bitte, dass du welche hast!« Lou fuhr sich mit beiden Händen durch das rotbraune Haar, ihre Augen funkelten vor Energie und Tatendrang.

»Ja, hab ich«, sagte Janna besänftigend, aber Lou beruhigte sich nicht. Sie war aufgeregter als Lilly wegen ihrer Maus. Mit Klirren und Klappern durchwühlte sie Jannas Schrankfächer, bis sie einen Glaskrug gefunden hatte. Erst schüttete sie den Rhabarbersaft hinein, dann eine große Menge des Schnapses. Zuletzt gab sie noch mehrere Tütchen braunen Vanillezucker in das bräunliche Getränk und rührte lange um.

Bevor Janna aber in Erfahrung bringen konnte, was mit Lou los war, klingelte es erneut, und Helen stand vor der Tür. Sie trug einen hellgrauen Jogginganzug und Turnschuhe, ihre blonden Haare waren zu einem Pferdeschwanz zusammengefasst, sie wirkte verschwitzt.

»Ich bin hergelaufen«, erklärte sie atemlos und starrte auf ihr Smartphone. »Ha! Super! Ich habe mein Tagessoll fast erfüllt. Den Rest schaffe ich beim Heimweg!« Über ihrer Schulter hing eine große Einkaufstasche. »Hab uns was mitgebracht.«

Auch Helen eilte sofort in die Küche. Liebevoll schubste sie Lou beiseite und packte den Inhalt ihres Shoppers aus. Zum Vorschein kamen Spinatblätter, einige Stücke Ingwer, eine halbe, bereits geschälte Ananas in Frischhaltefolie, ein Bund Rucola, eine Sellerieknolle, eine Gurke, drei Bananen und ein Pürierstab.

»Was wird das?«, wollte Lou wissen.

»Ein Drink«, antwortete Helen knapp.

»Und was kommt da sonst noch rein? Wodka vielleicht, wie in eine Bloody Mary? Ich hätte noch Kartoffelschnaps übrig, das ist ja nichts anderes. Wobei ich da eigentlich was Besseres gemacht habe.« Lou zeigte auf ihren Krug und die Cocktailgläser, die sie bereits gefüllt hatte.

»Kein Alkohol!«, protestierte Helen. »Alkohol ist ein

Zellgift. Außerdem gab es in der Steinzeit noch keinen Wodka, und ich ernähre mich seit heute mit Urkost. Hey, wusstet ihr, dass die damals Grünzeug essen konnten, das wir heute gar nicht mehr vertragen?«

»Steinzeiternährung? Dein Stamm muss weit herumgekommen sein«, meinte Lou und betrachtete skeptisch die Bananen und die Ananas.

Helen ging nicht darauf ein. »Und wisst ihr auch, warum sie das konnten?«, fragte sie.

Schweigen. Weder Janna noch Lou hakten nach.

»Weil sie gründlicher kauten«, verkündete Helen, als würde sie damit ein Geheimnis lüften. »Sie zerkleinerten das Zeug mit ihren Backenzähnen in mikroskopisch kleine Bestandteile und verdauten es quasi im Mund schon vor. Und das mach ich jetzt für uns mit diesem Pürierstab!«

»Igitt«, sagte Lou.

Was folgte, war eine Diskussion zwischen Helen und Lou, und Janna stellte verwundert fest, dass die beiden heute mit vertauschten Rollen stritten. Gesunde Ernährung war normalerweise Lous Thema. Jetzt aber trat sie vehement dafür ein, sich diesen Abend mit größeren Mengen ihres merkwürdigen Mix-Getränks schönzutrinken. Und Helen, ausgerechnet Helen, machte sich plötzlich für eine Ernährung stark, die sich am Essverhalten von Fred Feuerstein und Barney Geröllheimer orientierte, und pürierte mit Höllenlärm Obst und Gemüse zu einem graubraunen Brei. Und warum? Weil sie sich alt fühlte! Seit diesem Online-Test in der Firma war Helen wirklich seltsam drauf.

»Helen, wie setzt sich dieses merkwürdige Testergebnis eigentlich zusammen?«, wollte Lou wissen. »Du bist doch nie krank. Wieso musst ausgerechnet du jetzt Karnickelfutter essen?«

Helen dachte nach. »Irgendwie wurden die Antworten zu den Fragen in bestimmte Kategorien eingeteilt, und dafür gab es dann Minuspunkte oder Pluspunkte. Die Pluspunkte waren ungünstig, denn sie wurden zum tatsächlichen Alter dazugezählt. Man ist also damit auf dem Papier gealtert, wenn man welche hatte.«

»Und wie alt warst du?«

Helen senkte den Blick. »Zweiundsiebzig.«

Lou pfiff durch die Zähne. »Wahnsinn. Und wenn du auf Alkohol verzichtest, wie viel bringt dir das?«

»Drei Jahre.«

»Und das Smoothie-Zeug?« Janna stippte ihren Finger in das inzwischen fertige Gebräu und leckte daran. »Bäh! Bist du sicher, dass das Lebenszeit bringt und keine kostet?«

»Noch mal drei Jahre«, sagte Helen.

»Okay.« Lou verschränkte die Arme vor der Brust. »Wenn du also ab jetzt dein Leben lang keinen Tropfen Alkohol mehr trinkst und stattdessen Smoothies schlürfst, bist du rein rechnerisch sechsundsechzig. Toll.«

»Könntest du nicht erst morgen mit deiner Verjüngung anfangen?«, fragte Janna. »Dieser Abend heute, der macht dich doch auch nur ein paar Minuten älter. Und wenn man bedenkt, wie viele Abende du noch vor dir hast, an denen du traurig an Gemüseplörre nippst, bist du vielleicht ganz froh, wenn dieses Leben ein paar Minuten früher endet.«

Helen seufzte abgrundtief. »Mensch, ich mach das ja auch nicht, weil ich wirklich daran glaube«, gab sie zu. »Ich mach das, weil ich muss. Mein Ruf in der Firma hängt davon ab. Alle machen das gerade, sogar Marc Beckmann, und der ist laut Testergebnis siebenundzwanzig, obwohl er in echt zweiunddreißig ist. Es hilft nichts: Wenn ich diesen bekloppten Steinzeit-Tarzan vom Baum schütteln will, muss ich erst mal nach seinen Regeln spielen.«

»Hallo? Helen?«, sagte Lou. »Hier sieht dich doch gerade keiner aus deiner Firma. Jetzt kipp den Glibber in den Ausguss, und nimm endlich dieses Glas! Der Rhabarbersaft ist bio!«

»Smoothie oder Pangalaktischer Donnergurgler, das ist hier die Frage«, deklamierte Janna.

Helen zögerte kurz, dann grinste sie und griff nach dem Cocktailglas.

»Sag mal«, meinte Lou ein paar Minuten später, als sie im Wohnzimmer auf Jannas alten, aber gemütlichen Sesseln saßen. »Drei Jahre, sechs Jahre, das ist ja wirklich nicht viel. Kannst du nichts tun, womit du mehr Jahre auf einmal loswirst?«

»Nicht mehr rauchen«, überlegte Helen. »Das bringt sieben.«

»Dann bist du bei neunundfünfzig. Was noch?«

»Weniger arbeiten. Das bringt noch mal neun. Aber wie soll das gehen? Philipp will, dass wir auch abends und am Wochenende arbeiten. Stellt euch vor, ich muss bis Montag ein Exposé für einen ultimativen, lebensverändernden, bestsellerverdächtigen Ratgeber liefern, sonst riskiere ich meinen Job.« Sie nippte an ihrem Drink.

»Ach? Du schreibst einen Bestseller?« Auch Janna nippte vorsichtig an ihrem Glas. Oha! Lecker! Sie nahm einen großen Schluck.

»Nur das Konzept dafür«, antwortete Helen. »Das Buch schreibt dann später irgendwer, aber nur, wenn was daraus wird und mein Konzept das beste ist.«

»Ich könnte das Buch schreiben«, schlug Janna vor, zog die Beine an und kuschelte sich tiefer in ihren Sessel.

»Kannst du machen«, sagte Helen. »Aber dafür brauchen wir ein Konzept, das besser ist als das aller anderen. Ich wette, dass jeder aus der Kreativabteilung eins einreicht. Jeder, der Biss hat.« Sie seufzte.

Jannas Glas war leer, und Lou füllte es erneut.

»Na, falls du deinen Job verlierst, dann bist du wenigstens gleich neun Jahre jünger, weil du nicht mehr arbeitest«, sagte Janna. »Aber dann bissu fünfzig. Dann kommst du in die Wechseljahre und dann bissu noch mieser drauf als sowieso schon.«

»Wie könntest du denn sonst noch Jahre abgeben?«, fragte Lou, und Janna wunderte sich, dass sie so auf dem Thema herumritt. Und sie wunderte sich auch ein bisschen über ihre Aussprache. Wieso wirkte der Alkohol bei ihr eigentlich immer schneller als bei allen anderen?

»Mehr Familienanschluss. Das bringt sogar ganze zehn Jahre. Aber meine Familie lebt in Kanada.«

»Das mit der Familie ist sofisso Quatsch«, sagte Janna. »Familienanschluss wirkt definitiv nicht lebensverlängernd. Ich weiß, wovon ich rede.« Und sie erzählte den Freundinnen von ihrem neuen und gleichzeitig uralten Mutterproblem. Das dauerte ziemlich lange, weil sie im Laufe des Gesprächs manchmal vergaß, was sie bereits erwähnt hatte – und noch zwei weitere Gläser von Lous Gebräu trank, was ihrem Hirn aber auch nicht so recht auf die Sprünge half. Aber schlimm war das nicht, Helen und Lou hörten von diesem Problem ja nicht zum ersten Mal.

»Schade, dass wir nicht tauschen können«, meinte Lou irgendwann. »Ich hab zu viel Zeit, Helen hat zu viel Arbeit und zu viel Geld, Janna hat zu viel Familie. Wenn man das ein bisschen besser verteilen könnte, hätten wir alle ein optimales Leben.«

»Mussuns innen Mixer tun und Schmusis aus uns machen«, schlug Janna vor.

»Ja«, meinte Helen und trank den Rest ihres Glases in einem Zug leer. »Mixen. Dann wäre unser Leben leichter verdaulich. Oh Mann, mir steht die Agentur echt bis Oberkante Unterlippe. Ich soll mich dauernd optimieren, schneller, besser, jünger, gesünder werden. Aber wofür? Ich weiß doch gar nicht, für wen oder was ich arbeite. Ich habe weder ein Kind wie du, Janna, noch Ideale wie Lou. Und ich selbst will's schon lange nicht mehr. Es langweilt mich.« Sie starrte traurig in ihr leeres Glas.

»Dasne Phase«, sagte Janna. »Dasbaldrum.«

»Nein«, wiedersprach Helen. »Das ist schon lange so. Ich gebe es nur nie zu.«

»Sonkack«, sagte Janna, streckte die Hand aus und streichelte Helens Arm.

»Na«, sagte Lou vergnügt. »Gut, dass es mich gibt. Ihr habt die Probleme, und ich hab die Lösung. Jannilein, hörst du mir zu? Du bist ja blau wie ein Schlumpf.«

»Gar nicht. Schör dich.«

»Was?«

»Iiich hööör dich!«

Lou grinste. »Merkt ihr nicht, wie das alles zusammenpasst? Helen, du weißt nicht, für wen du dich schindest? Okay, ich weiß es: Tu es für uns. Wir könnten deine Familie sein, dein Lebenssinn oder zumindest dein Ansporn für die Arbeit. Wir drei, Janna, Lilly und ich. Und du, Janna, willst weg von deiner Mutter, aber du willst nicht allein mit der Verantwortung für Lilly und den Alltag sein? Kein Problem: Helen und ich teilen das mit dir!«

Lou sah begeistert in die Runde. »Und ich, ich brauche eine Möglichkeit, meine Träume zu leben, und dafür brauche ich Geld, viel mehr, als ich habe. Aber wovon ich mehr als genug habe, das ist Zeit. Und die könnte ich euch geben. Euch und Lilly. Versteht ihr denn nicht, wie einfach alles ist? Wir kaufen dieses Haus. Das Gutshaus am See. Wir kaufen es zu dritt, wir wohnen da in einer WG und helfen uns gegenseitig.«

»Pfiiihiiihiii«, machte Helen, bevor sie brüllend anfing zu lachen. Was war das denn? Janna und Lou sahen sich fragend an, dann zuckte Janna mit den Achseln. Oder versuchte es zumindest. Sie war sich nicht ganz sicher, mit welchem Körperteil sie zuckte.

»Also, was meint ihr dazu?«, fragte Lou.

Meinen? Ach so, zu der WG. »Brauchssu Geld für«, sagte Janna bedauernd.

»Das hat doch Helen. Kapiert doch endlich! Das ist die Lösung. Helen hätte ab sofort eine Familie und eine Lebensaufgabe. Das Landleben würde ihren Blutdruck senken, und sie wäre automatisch allein durch diesen Schritt Jahrzehnte jünger. Sie müsste natürlich zur Arbeit pendeln, aber sie würde trotzdem enorm viel Zeit und Geld sparen, und alle Down-Aging-Berater dieser Welt könnten sie mal.« Sie wandte sich an Janna. »Und du könntest mehr arbeiten, ohne dass Lilly in eine Kita müsste. Ich kann ja so lange auf sie aufpassen. Ich kümmere mich um Haus und Garten, ich schaffe Hühner und Ziegen an und pflanze Obst und Gemüse. Das wird ein Kinderparadies!«

»Und wovon lebst du?«, fragte Helen.

»Ist doch klar«, grinste Lou. »Von dem Geld, das ihr verdient.«

»Aha«, sagte Helen nur.

»Hey, ich werde das Haus mit der Kraft meiner Hände in ein blühendes Paradies verwandeln und so den Wert unserer Immobilie steigern. Davon haben wir alle was, vor allem du, Helen. Und als Gegenleistung dafür und für die Haushalts- und Babysitterdienste übernehmt ihr meinen Anteil an den paar Anschaffungen, die trotz meines Gartens und meiner Hühner unumgänglich sind. Was vermutlich nicht viel Geld ist, keine Panik!«

»So stellst du dir das also vor«, meinte Helen.

»Ja«, sagte Lou. »Genau so. All unsere Probleme wären damit gelöst.«

»Hmpf«, machte Helen zweifelnd. »Ich wette, dafür hätten wir dann aber jede Menge neue.«

»Wenigstens wären es mal andere Probleme!«, entgegnete Lou.

»Hmpf«, machte Helen wieder und fragte dann: »Wer kommt mit, eine rauchen?« Sie erhob sich aus ihrem Sessel.

Janna versuchte dasselbe – und schaffte es beim dritten Anlauf. Mann, sie war wirklich blau wie ein Schlumpf. Sie hoffte, dass die Abendluft ihre Gedanken klären würde, die zunehmend in einem nach Rhabarber und Schnaps riechenden Nebel versanken. Irgendwie klang das, was Lou da sagte, gar nicht so schlecht. Aber etwas daran war dann auch wieder nicht so gut. Gut. Nicht gut. Bäh … viel zu kompliziert.

Auf dem Balkon lehnte Janna sich ans Geländer, um Halt zu finden. Die Luft war warm und weich, und auf der Birke in Nachbars Garten sang eine Amsel. Plötzlich machte ihr der Gedanke Angst, an ihrem Leben etwas zu verändern. Vielleicht sollte sie eher ihre Einstellung zu allem ändern, zu ihrer Mutter, zu Daniel, zu ihrem ganzen

Leben. »Eigentlich happichs doch gut hier. Eigentlich kann alles bleim, wie es ist«, sagte sie.

Helen und Lou antworteten nicht. Ihr Schweigen sagte mehr als tausend Worte.

»Ich happs gut. Wirklich«, bekräftigte Janna.

»Weißt du«, sagte Lou vorsichtig, »manchmal muss man alte Ufer verlassen, um neue zu erreichen!«

Vom oberen Balkon ertönte plötzlich ein Geräusch. Stuhlbeine schrappten über Fliesen. »Bei der Titanic war's anders«, sagte eine Stimme von oben. »Die wäre mal besser am alten Ufer geblieben.« Wieder schrappte der Stuhl über den Boden.

Janna zuckte mit den Achseln – ja, diesmal waren es definitiv die Achseln –, wies mit dem Kinn in Richtung Wohnzimmer und malte dann ein wackliges Fragezeichen in die Luft. Sollen wir lieber wieder reingehen, hieß das.

Lou schüttelte den Kopf. »Für eine neue Frisur muss man alte Zöpfe abschneiden«, sagte sie laut und deutlich und blickte nach oben. Die Antwort ließ nicht lange auf sich warten. »Oh nein, das muss man nicht. Es gibt ganz entzückende Aufsteckfrisuren!«

Janna seufzte und nahm einen Schluck aus ihrem Glas. Eiswürfel klirrten.

»Janna Antonia Mahler! Trinkst du etwa Alkohol?«, fragte die Stimme schneidend und fuhr dann fort: »Also, ich kann auch ohne Alkohol fröhlich sein!«

Janna stand plötzlich aufrecht wie ein Zinnsoldat. Sie fühlte sich fast wieder nüchtern. »Okay«, sagte sie. »Gehen wir rein und reden noch mal über das Haus.«

»Schbinabei«, sagte sie eine halbe Stunde später. Lou hatte eben eine flammende Rede über ihre gemeinsame Zukunft gehalten, und mit jedem Schluck Donnergurgler fand Janna die Idee besser.

»Was?«, fragte Lou.

»Iich biiin daaabeiii«, wiederholte Janna.

»Ichnich«, sagte Helen. »Sorry, nee, echnich.« Zufrieden stellte Janna fest, dass auch Helens Aussprache undeutlicher wurde. Nur Lou konnte noch richtig gut reden. Auffallend gut. Lag vielleicht daran, dass sie fast nichts trank.

»Okay«, sagte Lou jetzt zu Helen. »Dann krieg halt deinen Burnout.« Sie kuschelte sich in ihren Sessel und sah Helen trotzig an.

»Du willst«, sagte Helen langsam. Sie machte eine Pause, holte mit einem tiefen Atemzug Schwung und setzte noch einmal an. »Du willst, dass ich ein Leben führe, das mir überhaupt nicht liegt.«

»Woher weißt du denn, dass es dir nicht liegt?«, fuhr Lou auf. »Das Leben, das dir angeblich so supergut liegt, gefällt dir doch längst nicht mehr. Probier doch einfach mal ein anderes!«

»Psssst. Lass mich ausreden.« Helen setzte ein drittes Mal an. »Du willst, dass ich ein Leben führe, das mir überhaupt nicht liegt«, wiederholte sie. »Und, ja, okay, ich mach das, wenn …« Sie hob einen Zeigefinger und sah aus wie der Lehrer Lämpel in Lillys Max-und-Moritz-Buch. Janna musste kichern, und Helen warf ihr einen vernichtenden Blick zu. »Wenn du für mich auch etwas tust«, fuhr Helen fort. »Etwas, das dir überhaupt nicht liegt. Und nur wenn du's schaffst, mach ich mit.«

»Is ja wie im Märchen«, sagte Janna.

»Was muss ich tun?«, wollte Lou wissen.

»Schreib mir ein Exposé. Für einen Bestseller. Einen Megabestseller. Bis Sonntagabend. Wenn es besser ist als das, was ich aushecke, wenn Schröbner es also nimmt, hast du gewonnen. Hey, was machst du denn da?«

Lou hatte ihr Smartphone gezückt und tippte auf dem Display herum. »Ich schreib eine Mail an den Makler und mach einen Besichtigungstermin mit ihm aus«, sagte sie. »Wann könnt ihr? Morgen um zwei? Vielleicht können wir den Preis noch ein bisschen drücken.«

Helen verdrehte die Augen. »Den Termin brauchsu nicht. Das mit dem Bestseller, das schaffst du nie.«

»Doch«, sagte Lou. »Den Termin brauche ich auf alle Fälle. Ich kaufe dieses Haus, und wenn ihr nicht mitmacht, dann kaufe ich es eben allein.«

»Schgommit«, sagte Janna.

»Wie bitte?«, fragte Lou.

»Iiich kooomme miiit!«, wiederholte Janna.

»Na, ob du das morgen früh noch weißt?« Lou sah sie mit gerunzelter Stirn an.

»Schreippsauf«, antwortete Janna. »Schreipps mir iwo hin, wo ich's wiederfind.«

Lou betrachtete sie einen Moment nachdenklich. »Du hast es gewollt«, sagte sie dann grinsend.

Am nächsten Morgen erwachte Janna mit einem Brummschädel. Sie öffnete die schmerzenden Augen und riskierte einen Blick auf den Wecker. Das hätte sie nicht tun sollen. Es war unerträglich hell da draußen in der Welt, und der Wecker behauptete, es sei schon halb elf! Um Himmels willen, Lilly, das Frühstück, die Schule. Janna fuhr hoch, sprang aus dem Bett und stieß sich den Zeh an ihrem Nachttisch an.

Sch... Aua!

Der jähe Schmerz jagte den Restalkohol aus ihrem Gehirn, und es begann widerwillig und träge mit geringfügiger Aktivität. Das reichte immerhin aus, um Janna daran zu erinnern, dass heute Samstag war und damit schulfrei. Es reichte aber leider auch aus, um die Erinnerung an den Vorabend zu wecken. Janna sank zurück auf die Bettkante und ließ sich mit ausgestreckten Armen auf die Decke zurückfallen. Wie war das noch gewesen? Wieder mal mit Helen und Lou die Welt gerettet, wieder mal Lösungen für alle Probleme gefunden, wieder mal das Leben von Grund auf neu geplant. Also alles wie immer.

Witzig, die Gespräche mit Helen und Lou hatten sie sogar bis in den Schlaf begleitet. Sie hatte geträumt, dass es diesmal nicht beim Reden über ein verändertes Leben bleiben sollte. Von einer Wette hatte sie geträumt, einer Art Schwur auf einen gemeinsamen Neubeginn. Aber jetzt war sie wach, und jetzt hieß es wie bei einem Monopoly-Spiel »Zurück auf Los«. Auf Alltagslos. Frühstück machen, nach Lilly sehen, alles von vorn.

Sie rappelte sich auf und trat vor die Spiegeltür ihres Schrankes. Verdammt, was zum Teufel ... da war etwas Schwarzes auf ihrer Stirn. Sie trat einen Schritt näher. Da stand etwas in schwarzer Schrift über ihren Augenbrauen. Leider in Spiegelschrift. Oder eben nicht in Spiegelschrift, aber der Spiegel machte daraus Spiegelschrift, und die Buchstaben waren schief und krumm hingekritzelt, sie konnte sie nicht entziffern.

Janna schloss die Augen. Schon am frühen Morgen war das Leben heute wieder unerträglich kompliziert. Sie überlegte kurz, dann gab sie sich einen Ruck, ging zum Schminktisch und suchte nach einem Handspiegel. Nach mehreren vergeblichen Versuchen gelang es ihr, ihn so zu halten, dass sie die krakelige Schrift lesen konnte.

Auf ihrer Stirn stand: »Maklertermin!«

Mittelbrandenburgische Volksbank – Immobilienservice

Exposé
Haus mit Seele sucht neue Besitzer

Möchten Sie morgens eine Runde in einem idyllischen See schwimmen und sich anschließend nach nur kurzer Fahrt in den Trubel der Großstadt stürzen? Würden Sie gern eigenes Gemüse im Garten ziehen und die weiteren Zutaten für Ihre Küche in Berlins Gourmetläden kaufen? Sollen Ihre Kinder in der Natur aufwachsen und gleichzeitig die Bildungschancen einer Kulturmetropole nutzen können? Suchen Sie also ein Haus, in dem all Ihre Träume wahr werden?

Wir haben es für Sie gefunden!

Das ehemalige Gutshaus Bukow mit mehreren Nebengebäuden liegt auf einem idyllischen Seegrundstück in der Nähe von Trepenick. Der nächste Nachbar lebt 500 Meter entfernt. Ein vom Grundstück abzweigender Weg führt direkt zum Seeufer mit Steg (Entfernung vom Haus: ca. 150 m).

Das um 1820 in massiver Bauweise errichtete, zweigeschossige Haus mit einer Wohnfläche von 300 Quadratmetern ist teilunterkellert. Später erfolgten zwei Anbauten und die Errichtung mehrerer Schuppen und Tierställe. Auf dem Grundstück befindet sich außerdem eine massiv gebaute Scheune mit einer Einraumwohnung.

Das Wohnhaus wurde zeitweise gewerblich genutzt. Es verfügt über insgesamt zehn Räume im Obergeschoss, alle mit eigenem Waschbecken, außerdem sind im Haus insgesamt drei

Bäder und eine Küche vorgesehen. Der ehemalige Gastronomieraum im Erdgeschoss könnte als Wohnzimmer genutzt werden.

Eine separate Dreiraumwohnung mit Küche und zusätzlichem Bad im Erdgeschoss kann vermietet werden. Das Haus ist ohne größere Umbauten gut als Ein- bis Zweifamilienhaus oder als Wohngemeinschaft nutzbar. Auch die Einrichtung eines kleineren Gastronomiebetriebs ist möglich.

Die Immobilie steht seit einem Jahr leer und ist renovierungsbedürftig.

Preis: 300 000 €

8

»Wie riecht's denn hier?« Henry schlurfte in seinem alten, braun gestreiften Bademantel durch die WG-Küche und füllte Wasser in einen Teekessel.

Lou saß am Küchentisch, ihren Laptop vor sich, und suchte im Internet nach Informationen über Bestseller. »Weiß nicht. Wie denn?«, fragte sie geistesabwesend.

»Nach Weihnachtsplätzchen«, meinte Henry und schnupperte in ihre Richtung.

»Ach so. Das bin ich«, gab Lou zu. »Das ist mein neues Parfüm.«

»Riecht essbar«, meinte Henry, und Lou war nicht sicher, ob das als Kompliment gemeint war. Aber sie fragte nicht nach, denn es war ihr egal, was Henry über ihren Vanilleduft dachte. Sie roch ja nicht zum Spaß so, und auch nicht, um ihm zu gefallen.

Seit Lou das Haus am See gesehen hatte, wusste sie, was sie wollte. Sie wollte dort leben. Und um ihr Ziel zu erreichen, war sie bereit, alles zu tun, was in ihrer Macht stand. Sie war sogar bereit, ihre eigenen ethisch-moralischen Grundsätze ein bisschen flexibler zu handhaben. Sie war bereit, zu tricksen.

Die Sache mit dem Rhabarber-Cocktail hatte schon mal ganz gut geklappt. Unter Alkoholeinfluss hatten Janna und Helen in einen Maklertermin eingewilligt. Heute war dann bei beiden zwar in jeder Hinsicht Ernüchterung eingetreten – in Jannas Fall kombiniert mit Meckern darüber, dass sie heute Morgen zehn Minuten damit zubringen musste, ihre Stirn von Lillys angeblich wasserlöslichem Filzstift zu befreien –, aber da war es schon zu spät gewesen. Lou hatte bereits einen Termin mit dem Makler vereinbart, der die Immobilie im Internet anbot. Das hatte Lou den Freundinnen gegenüber zumindest behauptet, tatsächlich hatte sie den Besichtigungstermin schon am Donnerstag verabredet.

Janna und Helen hatten knurrend eingewilligt, sie zu begleiten, und in einer Stunde war es so weit. Sie würden sich das Anwesen noch einmal offiziell zeigen lassen, wobei Lou alle Register ziehen wollte.

Deswegen auch der Vanilleduft. Erst vor Kurzem hatte Lou einen Zeitungsartikel über die Tricks von Hausverkäufern gelesen, und eine Passage darin hatte sie verblüfft: Kaufentscheidungen wurden offenbar viel emotionaler getroffen, als man bisher dachte. Der Verstand spielte dabei so gut wie gar keine Rolle. Und die Gefühle von Käufern konnte man beeinflussen, zum Beispiel, indem man vor dem Besichtigungstermin in dem Kaufobjekt einen Kuchen backte. Der warme Vanilleduft weckte Kindheitsträume, die potenziellen Käufer fühlten sich im Haus geborgen und übersahen Schäden und Schönheitsfehler. Damit ließ sich doch etwas anfangen, fand Lou. Einen Kuchen konnte sie in dem alten Herrenhaus zwar nicht backen, aber die Sache mit dem Vanilleduft ging auch ohne Teigschüssel. Sie hatte einfach Vanilleessenz gekauft und sich ein paar Tropfen davon auf die Handgelenke und hinter die Ohrläppchen getupft.

»Wolfgang ist heute ein bisschen schlapp«, sagte Henry und goss den fertigen Tee in eine Tasse. »Wundere dich nicht, wenn er unmotiviert wirkt. Das ist die Hitze.«

Lou zuckte zusammen. Wolfgang! Henrys Hund! Den hatte sie ja ganz vergessen! »Du gehst heute in den Zoo?«, fragte sie und versuchte, sich ihre Nervosität nicht anmerken zu lassen.

»Klar«, sagte Henry und sah sie erstaunt an.

Klar, dachte jetzt auch Lou. Die Frage war wirklich doof. Heute war Samstag, und samstags ging Henry immer mit seinem vierjährigen Sohn in den Zoo. Er würde da auch hingehen, wenn es hageln würde, wenn Außerirdische vor dem Brandenburger Tor landen würden oder wenn er morgens beim Aufstehen feststellen müsste, dass ihm nachts ein Bein abgefallen war. Henry war klug, witzig, lieb und freundlich, und Lou mochte ihn sehr, aber sie wusste auch, dass er objektiv betrachtet das war, was man wunderlich nannte. Er hatte feste Gewohnheiten, und auf ihnen bewegte er sich durch seinen Alltag wie eine Straßenbahn auf ihren Schienen. Wenn sich eine seiner Routinen änderte, entgleiste er, dann ging es ihm schlecht. Samstag war Zootag. Basta. Um Punkt zwei würde Henry bei seiner Ex klingeln, Max abholen und auf der immer gleichen Route mit ihm durch den Zoo wandern. Und Wolfgang konnte nicht mit, der Geruch der Raubkatzen stresste den Hund. Also sollte Lou sich um ihn kümmern – wie jeden Samstag.

»Achte darauf, dass er genug trinkt!«, bat Henry jetzt. Lou nickte und überlegte fieberhaft, was sie tun sollte. In diesem Moment kam Melly in die Küche, die dritte WG-Bewohnerin, was Lou als Wink des Schicksals wertete. Ob sie vielleicht einspringen konnte?

Melly tapste barfuß zum Kühlschrank, nahm eine braune Milchflasche heraus, legte den Kopf in den Nacken und trank mit geschlossenen Augen. Ihr Schlaf-Shirt war so kurz, dass Lou ihren Po sehen konnte.

»Du hast keine Unterhose an«, sagte Henry freundlich. Er meinte das nicht anzüglich, das wusste Lou. Henry war einfach der Ansicht, dass Menschen grundsätzlich Unterwäsche trugen, und er hatte wohl den Verdacht, dass Melly ihren Schlüppi schlicht vergessen hatte.

Melly zuckte mit den Schultern. Vielleicht hatte sie ihn wirklich vergessen, das war durchaus möglich.

»Hast du heute was vor?«, fragte Lou.

»Muss arbeiten«, murmelte Melly. Sie kellnerte am Wochenende manchmal in einem asiatischen Bistro in Charlottenburg. Pech gehabt.

Dann musste Wolfgang eben mit zum Maklertermin. Ob Helen damit einverstanden war, den Hund in ihrem Auto mitzunehmen? Hoffentlich! Lilly zumindest würde begeistert sein, sie liebte das zottelige, graue Tier mit den witzigen, weißen Augenbrauen. Und anders als Lou fand Lilly es auch überhaupt nicht peinlich, den Hund öffentlich bei seinem Namen zu rufen. Lilly war da ähnlich wie Henry. Sie nahm Wörter wörtlich, und ein Hund, der vom Wolf abstammte und daher auch wie ein Wolf ging, konnte ihrer Meinung nach ruhig Wolfgang heißen. Sie begriff überhaupt nicht, warum alle lachten, wenn sie den Namen hörten.

Helen sah tatsächlich nicht begeistert aus, als sie den Hund erblickte, aber Lou breitete einfach eine Decke über den Rücksitz, auf die Wolfgang sich artig setzte. Trotzdem rümpfte Helen die Nase und fragte, ob er stubenrein sei. Das feinfühlige Tier schien Helens Abneigung zu spüren, doch anstatt sich davon abschrecken zu lassen oder Gleiches mit Gleichem zu vergelten, versuchte Wolfgang,

Helen von seinem Charme zu überzeugen. Erst wedelte er mit seinem haarigen Hinterteil, dann, als sie losgefahren waren, fiepte er ein Freudenlied für Helen, und um ihre Laune endgültig zu seinen Gunsten zu beeinflussen, versuchte er auch noch, ihr Ohr vom Rücksitz aus mit seiner langen, rosaroten Zunge zu erreichen. Lou konnte ihn gerade noch rechtzeitig zurückziehen.

Lilly kicherte. Helen nicht.

»Ich habe die ganze Nacht über dein Peacock-Projekt nachgedacht«, sagte Lou schnell. »Und ich habe eine interessante Entdeckung gemacht.«

»Du riechst gut«, flüsterte Lilly ihr zu. Das war die einzige Reaktion auf Lous Eröffnung.

»Ich habe also eine interessante Entdeckung gemacht«, sagte Lou noch einmal, »und ihr müsst jetzt fragen: welche denn, liebe Lou?«

»Welche?« Janna gähnte.

Lou seufzte, gab sich damit aber zufrieden. »Habt ihr mal einen Blick auf die Ratgeber-Bestsellerliste geworfen?«, wollte sie wissen, bereute aber die Frage sofort, denn das Gespräch verlief ja doch ziemlich schleppend, um es mal freundlich auszudrücken, und mit einer Antwort war bei dieser Stimmung garantiert nicht zu rechnen. Lou wartete also nicht ab, ob jemand reagieren würde, sondern beantwortete ihre Frage selbst. »Da gibt es auffallend viele Kochbücher. Außerdem unzählige Diätratgeber. Und Sexbücher.«

»Ja«, sagte Helen.

Lou beschloss, diesen Kommentar als ersten Erfolg zu verbuchen. Immerhin war das eine Reaktion. Sie fuhr fort: »Und dann schlägt man eine Zeitung auf und liest Statistiken über die Deutschen, und da steht dann: Nie haben wir so wenig gekocht wie heute, nie waren wir so dick und nie hatten wir so wenig Sex.«

»Aha«, sagte Janna und gähnte.

»Versteht ihr nicht, was das heißt?«, fragte Lou. »Die Leute wollen offenbar Bücher über genau die Themen lesen, die in ihrem Leben zu kurz kommen. Wir müssen uns also nicht fragen: Was tun Menschen heutzutage? Wir müssen unser Augenmerk darauf richten, was sie eben nicht tun, aber liebend gern täten. Was fehlt ihnen? Darüber schreiben wir ein Buch.«

»Ein Buch über Mäuse?«, schlug Lilly vor. »Oder eins über Hunde?« Sie bedachte Wolfgang, der sich neben ihr zusammengerollt hatte, mit einem zärtlichen Blick. »Ich habe ein Leberwurstbrötchen in meinem Rucksack. Darf ich ihm ein Stück davon geben?«

»Nein«, sagte Helen.

»Klar«, meinte Lou. Janna sagte nichts, weder zu Lous Idee noch zum Leberwurstbrötchen, und Lou gab ihre Bemühungen erst einmal auf. Aber nur vorübergehend.

Der Rest der Fahrt verlief schweigend. Man hörte nur Wolfgangs zufriedenes Schmatzen, als er sich Lillys Brötchen einverleibte.

Als Helen den Wagen langsam über die holprige Zufahrt zum Herrenhaus steuerte, spürte Lou wieder dieses Gefühl von Zuhause in sich. Ja, sie tat das Richtige. Hier gehörte sie hin, sie musste um dieses Haus kämpfen. Vor der Eingangstreppe parkte ein schwarzer SUV, der Makler war also schon da, jetzt wurde es ernst. Sie klinkte den Karabiner der Leine in Wolfgangs Halsband und lächelte Lilly an. »Willst du ihn führen?«

Lilly nickte so heftig, dass ihr Pferdeschwanz tanzte.

»Wenn wir hier wohnen, können wir bestimmt auch einen Hund haben«, überlegte Lou laut. Ein Blick in Lillys Gesicht verriet ihr, dass sie bereits eine Kaufinteressentin für das Haus gewonnen hatte. »Mäuse haben wir sowieso«, flüsterte sie ihr noch schnell zu. »Die wohnen schon hier.«

Das Eingangsportal des Hauses stand offen, und dort wartete ein Mann. Er war Ende dreißig, groß und dunkelhaarig. Lou blinzelte gegen die Sonne und stellte erleichtert fest, dass der Typ nicht so gelackt wirkte, wie sie es bei einem Makler erwartet hatte. Er trug zwar Anzug und Krawatte, und unter seinen Arm hatte er eine schwarze Ledermappe geklemmt, aber sein dunkles Haar hatte ganz offensichtlich schon lange keinen Kontakt mehr mit einem Kamm gehabt, er hatte einen Dreitagebart, und unter seinen Augen sah man dunkle Schatten. Die Kombination aus korrekt und nachlässig wirkte sexy, fand Lou.

Janna sah das offenbar auch so. Lou bemerkte ein Glitzern in ihrem Blick, das sie an das Funkeln in Wolfgangs Augen beim Anblick des Leberwurstbrötchens erinnerte. Das lief ja bestens!

Die Schuhe des Maklers, allerdings, puh, die waren gewöhnungsbedürftig. Nein, falsches Wort, es war bestimmt unmöglich, sich an diese Schuhe zu gewöhnen. Obwohl Lou wirklich aufgeschlossen für Themen wie Nachhaltigkeit und Recycling war, fand selbst sie, dass die Schuhe ihr Verfallsdatum mehr als überschritten hatten. Sie wirkten ausgelatscht, abgeschabt und sahen aus, als würden sie riechen. Und sie waren braun. Zum schwarzen Anzug trug dieser Mann braune Schuhe! Und wenn das schon ihr auffiel, würde der Anblick dieser Schuhe Helen mit ihrem Modebewusstsein sicher wieder ein paar Lebensjahre kosten, da war Lou sicher.

»Lou Antoni«, sagte sie schnell und reichte dem Makler die Hand. »Wir haben telefoniert!« Sie wies auf die beiden anderen. »Meine Freundinnen, Janna Mahler und Helen Berg. Und das da drüben im Gebüsch sind Wolfgang und Lilly.«

Der Mann lächelte, als er sah, wie Wolfgang Lilly schnuppernd und hechelnd von Strauch zu Strauch zog. »Mein Name ist Benkeff. Mein Kollege, Herr Schäfer, mit dem Sie den Termin ausgemacht haben, kann heute leider nicht. Aber ich freue mich, Sie kennenzulernen. Sie kommen aus Berlin?«

»Ja, und wir überlegen, aufs Land zu ziehen. Vor ein paar Tagen sind wir zufällig an diesem Haus vorbeigefahren, nun wollten wir es uns gerne genauer ansehen.«

Lou schielte zum Haus und versuchte, nicht allzu begeistert auszusehen, sie wollte schließlich den Kaufpreis drücken. Aber das war schwer. Vor ihrem inneren Auge sah sie alles schon vor sich: In ein paar Wochen würde fröhliches Hämmern durch die geöffneten Fenster dringen, glückliche Hühner würden leise gackernd im sandigen Boden scharren, Lilly würde in Badehose über den Wiesenpfad laufen.

»Ganz schön hier«, sagte sie und versuchte, dabei genauso mäkelig auszusehen wie Helen, die sich mit gerunzelter Stirn umsah.

Benkeff nickte. »Das ist eine sehr interessante Immobilie«, sagte er. »Das Seegrundstück ist in seiner Lage einmalig und eigentlich unbezahlbar. Wenn man hier alles abreißen würde, könnte man das Grundstück für einen

Spitzenpreis verkaufen und ein Hotel oder eine Ferienanlage bauen.«

Ach du dickes Ei! Abreißen?! Hotel? Lou zuckte zusammen, als sie das hörte.

»Aber das geht leider nicht«, sagte Benkeff, und Lou entspannte sich wieder. »Das Haus und die Nebengebäude sind denkmalgeschützt, wer sie kauft, muss sie erhalten. Und für ein Hotel ist das Haus viel zu klein. Für Investoren ist es damit uninteressant.«

»Denkmalgeschützt?«, fragte Helen. Sie sprach das Wort aus, als hätte er »pestrattenverseucht« gesagt.

»Ja, das Gutshaus stammt aus dem neunzehnten Jahrhundert. Der Architekt war ein Schüler eines Schülers von Jacques-François Blondel.«

Lou bemühte sich um einen intelligenten Gesichtsausdruck, um zu verbergen, dass ihr der Name nichts sagte. Janna nickte zwar beeindruckt, aber Lou war sicher, dass auch sie nur bluffte.

Der Makler wandte sich jetzt direkt an Janna. Sehr gut, dachte Lou. Er sollte sie ruhig um den Finger wickeln! »Bis zur Wiedervereinigung war das Haus eine Begegnungsstätte für Kinder und Jugendliche. Danach stand es eine Weile leer, und zuletzt wurde es, äh, gewerblich genutzt.«

»Gewerblich?«, hakte Helen nach.

»In der Tat.« Benkeff grinste. Er wirkte verlegen. »Die Lage erwies sich als … verkehrsgünstig.«

»Verkehrsgünstig«, wiederholte Helen und runzelte die Stirn.

»Und warum steht das Haus jetzt zum Verkauf? Blieben die Kunden aus? Lief das Restaurant nicht?«

»Kundschaft gab es reichlich«, sagte Benkeff. »Aber die

Betreiber haben es mit den Steuergesetzen nicht so eng gesehen. Irgendwann sahen die Behörden dann rot.«

»Rot?«, fragte Helen.

Er nickte. »Es kam zum Prozess, und danach musste der Betreiber vorm Finanzamt die Hosen runterlassen. Und das war's dann.«

»Die Hosen runterlassen.« Helen schnaubte.

Lou sah sie von der Seite an. Warum wiederholte sie dauernd, was der Makler sagte? Was hatte sie denn?

Helen verstand die unausgesprochene Frage auch ohne Worte. »Ich habe die Adresse gegoogelt«, erklärte sie und wandte sich an den Makler. »Und ich frage mich, ob und wann Sie uns mitteilen werden, dass dieses Haus noch bis vor einem Jahr als Bordell genutzt wurde.«

»Das erwähne ich immer erst im Obergeschoss«, meinte Benkeff, und um seine Augen erschienen Lachfältchen. »Wenn wir in den Zimmern stehen. Vor den Waschbecken. Aber das beeinflusst die Kaufentscheidung eigentlich nie.«

»Was beeinflusst sie denn?«, fragte Lou schnell, um das Thema zu wechseln. Ein Bordell? Shit! Wenn Frau Mahlzahn das erfuhr, war garantiert die Hölle los!

»Ja, das wüsste ich auch gern«, sagte Helen. »Dieses angebliche Schnäppchen steht ja jetzt immerhin schon seit einem Jahr leer. Warum kauft es keiner?«

»Der Sanierungsaufwand wird, je nach Anspruch und Nutzung, ungefähr bei einer Millionen Euro liegen«, sagte der Makler. »Das wirkt auf manche Leute abschreckend.«

»Uff«, sagte Janna.

Lou wünschte, er hätte auch dieses Thema frühestens im Dachgeschoss angesprochen.

»Eine Million?«, fragte Helen und setzte ihre Sonnenbrille ab. »So verrottet wirkt das Haus gar nicht.«

»Da sind die Ställe mit drin, der Schuppen, die Außenanlagen. Und nach einer solchen Sanierung hätte das Haus quasi Neubaustandard. Aber wer mit weniger zufrieden ist, kann hier natürlich auch billiger wohnen. Andererseits, wenn man die ganze Anlage saniert, dann hat man für 1,3 Millionen Euro ein exklusives Domizil am See im Berliner Umland. Das ist beim derzeitigen Zinssatz eine großartige Geldanlage. Und das Haus steht zwar seit einem Jahr leer, aber erst seit Kurzem zum Verkauf.«

Lou atmete tief durch und versuchte, ganz ruhig zu bleiben. »Wir *sind* mit weniger zufrieden«, meinte sie. »Und außerdem saniere ich selbst.«

Benkeff nickte. »Wenn Sie mir dann ins Haus folgen wollen?«

Lilly wollte nicht, sie wollte lieber Wolfgang den See zeigen und verschwand nach vielen Ermahnungen ihrer Mutter mit dem Hund im Wald. Janna, Helen und Lou folgten dem Makler ins Haus und besichtigten es ein zweites Mal, ohne Benkeff gegenüber zu erwähnen, dass sie die Räume bereits kannten.

Lou hatte dabei nicht das Gefühl, dass der Makler Mängel verschwieg oder den tatsächlichen Zustand des Hauses beschönigte. Für ihren Geschmack hätte er die Villa ruhig stärker anpreisen können. Aber als sie Helens Gesichtsausdruck sah, wurde ihr klar, dass alle Anpreisungen nichts bringen würden. Obwohl Lou sich stets in ihrer Nähe aufhielt und mit den Armen wedelte, um möglichst viel Vanilleduft zu verströmen, sah Helen aus, als hätte sie Spinnen gefrühstückt.

»Wir lassen uns das noch mal durch den Kopf gehen«, sagte Lou, als Benkeff ihnen das Haus, die Ställe, die beeindruckende Scheune und das Grundstück gezeigt hatte.

»Wir melden uns«, bestätigte Janna, die sich bei der Besichtigung zurückgehalten hatte, und schenkte Benkeff ein strahlendes Lächeln.

Er nickte. »Sie können sich gern noch hier umsehen«, sagte er. »Verbringen Sie ruhig den Nachmittag am See, Sie waren heute die letzten Interessenten, niemand wird Sie hier stören. Und wenn Sie Finanzierungsfragen haben, unsere Bank macht Ihnen gern ein gutes Angebot. Wir kennen die Immobilie ja in- und auswendig, das geht schnell und unkompliziert.«

»Wir kommen gern darauf zurück«, sagte Lou. »An wen können wir uns da wenden?«

Statt einer Antwort griff Benkeff in die Tasche seines Sakkos, zog einige Visitenkarten heraus und suchte die passende heraus. »Hier, bitte schön, vereinbaren Sie einfach einen Termin.«

Lou nahm die Karte entgegen und drehte sie um. Darauf standen die Kontaktdaten von Ben Käfer, einem Kreditberater bei der Mittelbrandenburgischen Volksbank in Trepenick. »Ach, ich weiß nicht«, überlegte Janna laut. »Diese Kredit-Fuzzis wird man ja nie wieder los, wenn man sie einmal angesprochen hat.«

Lou lächelte den Makler schnell an. »Ich melde mich bei Herrn Käfer«, sagte sie, deutlich freundlicher als Janna.

Benkeff sah ein wenig verwirrt zwischen Janna und Lou hin und her, setzte dann aber wieder ein Lächeln auf. »Wie Sie möchten.« Dann verabschiedete er sich, stieg in seinen Geländewagen und fuhr ab.

Als das Motorengeräusch verklungen war, senkte sich eine spannungsgeladene Stille über das Anwesen. Nach kurzem Zögern brach Helen das Schweigen. »Wir können ja mal darüber nachdenken, ob wir nicht in Berlin irgendwo zusammenziehen. Drei Wohnungen im selben Haus. Na, wie klingt das?«

»Langweilig«, sagte Lou.

»Mit so einem Altbau halst man sich nur Probleme auf.« Helen betrachtete das Haus und schüttelte den Kopf. »Janna, sag du doch auch mal was!«

»Ich kann einen Satz nicht vergessen, den Lou gestern gesagt hat«, murmelte Janna. *»Wenigstens wären es mal andere Probleme.«*

Lou knuffte Helen in die Seite. »Hey, du bist doch so wohlhabend, du könntest nicht nur das Haus locker finanzieren, sondern auch die Sanierung. Jetzt trau dich doch mal was.«

Helen schüttelte abwehrend den Kopf. Vom Seeufer hörte man Hundebellen und Kinderlachen.

»Hey, Helen, wir haben einen Deal. Wenn Schröbner mein Exposé annimmt, dann kaufen wir das Haus. Wenn nicht, dann nicht. Das Schicksal soll entscheiden.«

»Na toll«, sagte Helen. »Dann heißt das Schicksal also Philipp Schröbner. Aber dummerweise ist Marc Beckmann dem Schicksal schon in den Arsch gekrochen, deshalb wird es deinen Vorschlag nicht annehmen, egal, wie gut er wird.«

»Maaamaaa«, rief Lilly, die plötzlich am Waldrand erschienen war. »Darf ich mit den Füüüßen ins Wasser?«

»Neiiiiiin«, rief Janna so laut, dass Lou sich den Finger ins Ohr steckte, um ihr Trommelfell zu schützen.

»Suuuper! Daaanke!«, antwortete Lilly und rannte zurück zum See. Wenig später jaulte Wolfgang und klang dabei wie ein Wolfshund. »Awuuu.«

Janna seufzte.

»Kann sie schwimmen?«, fragte Helen nervös.

»Ja. Aber lasst uns trotzdem nach ihr sehen, man weiß ja nie.« Janna wandte sich zum Gehen. Als sie an Lou vorbeilief, raunte sie ihr leise zu: »Ich helfe dir mit dem Exposé! Heute Abend, okay?« Sie lächelte Lou an, glättete aber ihre Gesichtszüge sofort, als sie bemerkte, wie misstrauisch Helen zu ihnen herübersah. Vermutlich um Helen abzulenken, sagte Janna laut: »Lou, irgendwie riechst du heute gut.«

Als Lou an diesem Abend bei Janna klingelte, schlief Lilly schon, und Wolfgang war wieder in Henrys Obhut. Nur schweren Herzens hatte Lilly sich von ihrem Freund getrennt, und auch Wolfgang hatte herzzerreißend gefiept, als er sich von der lustigen Leberwurstspenderin verabschieden sollte.

»Heute gibt es keinen Alkohol. Nur Rhabarbersaft.« Lou grinste, als sie die Flasche aus ihrer Tasche zog und auf Jannas Küchentisch stellte. Sie war fest entschlossen, heute so lange durchzuarbeiten, bis eine brauchbare Idee für einen Bestseller gefunden war.

Bevor sie loslegen konnten, musste allerdings erst der Tisch abgeräumt werden, den noch die Überreste von Jannas und Lillys Abendessen zierten. Und eine Sache wollte Lou vorher auch noch klären: »Warum hilfst du mir eigentlich beim Exposé? Stehst du hinter dem Plan? Willst du wirklich in diesem Haus am See leben?«, fragte sie, während sie Teller, Müslischalen und Gläser zu einem wackligen Bauwerk auftürmte und Janna heißes Wasser in die Spüle einließ.

»Echt, Lou, ich will dir nichts vormachen.« Vorsichtig entzog Janna Lou den Geschirrturm und baute ihn wieder auseinander. »Ich weiß nicht, ob das mit dem Hauskauf eine gute Idee ist. Deswegen lasse ich jetzt einfach mal das Schicksal entscheiden. Wenn Schröbner uns nimmt, bin ich dabei. Wenn nicht, auch gut, dann sollte es eben nicht sein.« Sie nahm ein Glas, versenkte es im Spülwasser und reinigte es mit einem Schwamm. Dann trocknete sie es ab und räumte es in den Schrank. Sie wandte sich zum Tisch und nahm das nächste Glas. »Endlich mal Unklarheiten«, fuhr sie fort. »Aufregungen. Risiken. Pannen. Konflikte. Lösungen. Wir werden uns streiten und vertragen, wir werden verzweifeln und ausflippen vor Freude. Wir werden endlich mal wieder mit allen Synapsen leben. Und was kann uns schon passieren? Im schlimmsten Fall verkaufen wir den Palast eben wieder. Wenn wir Glück haben auch noch mit Gewinn.« Sie nahm einen Teller und wusch ihn ab.

»Machst du das immer so umständlich?«, fragte Lou und wies mit dem Kinn auf das Spülbecken. »Ich versenke das Geschirr immer stapelweise im Wasser und lasse es nach dem Abwaschen lufttrocknen.«

»So lebt es länger und wird sauberer.« Janna drückte Lou einen Lappen in die Hand. »Wisch bitte mal den Tisch.«

Plötzlich klingelte Jannas Handy, Helens Nummer erschien auf dem Display.

»Uff«, sagte sie leise. »Helen. Sie sitzt garantiert auch gerade an dem Exposé. Bestimmt hofft sie, dass ich ihr helfe.«

»Nicht drangehen«, bat Lou. »Du hast sowieso nasse Pfoten. Und außerdem hilfst du ihr ja, sie weiß es nur nicht. Wenn unser Exposé gut ist, rettest du schließlich ihren Job.«

»Aber findest du nicht, dass wir Helen anlügen? Ihr

habt doch eine Wette laufen, und sie denkt, dass du das Exposé allein schreibst.«

»Das habe ich nie behauptet«, sagte Lou bestimmt. »Und du lügst Helen ja nicht an, du gehst nur einfach mal heute und morgen nicht ans Telefon.«

Das Handy verstummte.

Nachdenklich reinigte Janna ein Messer. »Dein Ansatz heute auf der Hinfahrt war gut«, meinte sie. »Wir müssen ein Thema finden, das bei den meisten Lesern im Leben zu kurz kommt, obwohl sie Sehnsucht danach haben. Also los. Denken wir mal an uns. Was fehlt uns selbst im Leben?«

»Sex«, sagte Lou.

Janna hätte fast das Messer fallen lassen. »Hey, ich ...« Sie schluckte. »Ja, okay, hast recht, ist ein trauriges Thema!« Sie nickte.

»Dich meinte ich doch gar nicht«, sagte Lou und wischte ein paar Brotkrümel von der Tischplatte auf den Boden. »Ich dachte eigentlich, du hättest was laufen. War da nicht dieser alleinerziehende Vater in Lillys Musikschulkurs?«

»Ja. Der war da. Aber jetzt ist er weg.« Janna knallte einen Topfdeckel in die Schublade unterm Herd. »Hier bei mir konnten wir uns nie treffen, wegen meiner Mutter. Sie wäre durchgedreht. Und bei ihm ging es auch nicht, wegen seiner Ex-Frau. Die beiden verbringen ihr Trennungsjahr im selben Haus auf unterschiedlichen Etagen. Sie haben sich darauf geeinigt, dass keiner einen neuen Partner ins alte Familiennest mitbringt. Mit den Kindern konnten wir nichts gemeinsam unternehmen, weil die sich nicht leiden können. Und dann alle paar Wochen ein Treffen im Hotel, das bringt's dann auf Dauer auch nicht, sorry, nee.« Sie schüttelte traurig den Kopf. »Und was ist mit dir? Da gab's doch diesen Lehrer aus Kreuzberg.« Sie drückte Lou einen Besen in die Hand.

»Tja«, meinte Lou und fegte achtlos den Boden. »Er nimmt gerade beziehungsmäßig eine Auszeit. Sechs Monate lang. Kein Sex, keine Liebe bis zum einunddreißigsten September. Er will sich selbst neu definieren, und das geht nur ganz allein, sagt er.«

»September, das ist doch bald«, meinte Janna lahm.

»Klar. Aber jetzt habe ich mich neu definiert. Pfff, der kann mich mal.«

»Also ist Sex unser Thema?« Janna zog den Stöpsel aus dem Abfluss.

»Nee, ich finde nicht. Dieses Defizit ist in der Buchbranche längst angekommen. Da können wir nur noch dem Trend hinterherhecheln, oder?« Lou stützte sich auf den Besenstil und sah Janna fragend an.

Janna nickte. »Das kommt ja auch immer in Wellen, und wenn Sex jetzt gerade boomt, dann folgt darauf demnächst wohl eher eine No-Sex-Welle. Was fehlt uns denn sonst noch im Leben?«

»Spaß!«, sagte Lou, richtete sich auf und schwenkte den Besenstil, als würde sie mit ihm Tango tanzen.

Janna grinste, antwortete aber ganz sachlich. »Ja, aber auf dem Sektor tummeln sich schon die ganzen Comedy-Leute, und die sind bekannt aus Funk und Fernsehen.« Sie trocknete ihre Hände an einem Handtuch. »Dagegen kommen wir nicht an.«

»Entspannung«, überlegte Lou.

»Uääh. Klingt total nach Senioren«, meinte Janna.

»Na und? Das ist doch eine kaufkräftige Zielgruppe! Aber wenn dir Entspannung zu alt klingt, dann nennen wir es eben Chillen«, überlegte Lou.

»Und dann ein Buch mit Entspannungsübungen? Yoga? Meditation? Gähn!«

»Hmm«, brummte Lou und räumte den Besen auf. »Wir brauchen so was wie damals *Simplify your Life*. Weißt du noch?« Sie lehnte sich an den Tisch und verschränkte die Arme.

»Klar«, sagte Janna. »Das war wie eine Seuche. Ausmisten. Ballast abwerfen, damit das Leben einfacher wird. Alle haben plötzlich alles weggeschmissen, was sie besaßen. Sogar meine Mutter hat mitgemacht. Sie hat allerdings das Motto ein bisschen abgewandelt. *Simplify your daughter's life*. Sie hat meine Sachen weggeworfen.«

Lou lachte. »Das war ein Megabestseller«, sagte sie. »Ich hab's gegoogelt: über zwanzig Millionen Exemplare in zwanzig Sprachen. Bei dem englischen Titel dachten wohl alle, das sei der neuste Trend aus den Staaten, dabei war's ein deutscher Pfarrer, der die Idee hatte, zusammen mit einem Co-Autor. Die beiden haben dann noch ein paar zugkräftige Slogans gehabt: Leben statt gelebt werden, mehr Zeit fürs Wesentliche, blablabla. Und schon entstand eine komplett neue Lebensphilosophie, die alle Alltagsbereiche durchdrang. *Simplify your life, simplify your love, simplify your time* und so weiter und so fort.«

»Cool!« Janna holte ihren Laptop und fuhr ihn hoch. »So was machen wir auch! Wir packen die Leute bei ihrem Frust und ihren Sehnsüchten.«

»Puh.« Lou sank auf einen der Stühle. »Das ist eigentlich eklig, viel zu kommerziell. Aber der Zweck heiligt die Mittel, es muss wohl sein. Wo fangen wir an?«

»Na, wo wohl?«, fragte Janna zurück. »Da, wo zurzeit alle anfangen, wenn sie was verkaufen wollen: in der Steinzeit.«

»Stimmt«, sagte Lou. »Helens Coach, deine Mutter, neulich dieser komische Kunde mit den Hobbitfüßen, von dem ich dir erzählt habe, alle argumentieren doch zurzeit mit dem wahren Menschsein, und das leiten sie von den Urmenschen ab, über die man ja zum Glück so wenig weiß, dass man ihnen alles unterschieben kann.«

Janna nickte. »Das ist im Prinzip das alte Lied namens ›Früher war alles besser‹, nur in neuer Tonart. Oder besser: in uralter Tonart. Auf der Knochenflöte gespielt. Auf diesen Zug springen wir auf. Und ich weiß auch schon, wo wir was für unser Exposé klauen können. Erst mal wecken wir Ängste, und dann zeigen wir die Lösung. Warte mal.«

Sie öffnete ihr Mailprogramm, suchte die alte Nachricht von *Optimize* und schob den Bildschirm in Lous Richtung, damit sie lesen konnte, was dort stand. »Schönheit, Gesundheit, Erfolg und Liebesglück sind keine Fragen des Schicksals. Sie sind harte Arbeit, und man erreicht sie nur auf einem einzigen Weg: Man muss seine Stärken trainieren und darf seinen Schwächen niemals Raum geben. Selbstoptimierung heißt das Zauberwort.«

»Ist ja widerlich«, sagte Lou.

»Ja, aber gut formuliert. Und, guck mal, das mit den Problembären ist auch gut, das nehmen wir auch.«

Sie kopierte ganze Passagen der Optimize-Mail in eine Datei und begann, eine neue Einleitung dafür zu schreiben.

Exposé Sachbuch

Arbeitstitel:
Natural Born Chillers
Lebensverändernder Bestseller

Idee:

Überlegen Sie mal: Warum haben die Menschen wohl einst das Rad erfunden? Und später die Glühbirne? Und die Thermomix-Multifunktions-Küchenmaschine? Ist doch klar: Sie wollten es bequemer haben, sie wollten mehr chillen.

Seit Jahrtausenden arbeitet die Menschheit darauf hin, entspannter zu leben. Sie tut es aber nicht, sie arbeitet sich immer noch zu Tode.

Na, so langsam sollte sie aber mal damit anfangen!

Dieses Buch führt den modernen Menschen endlich zu seinen wahren Wurzeln, einem Leben mit viel Freizeit, Spaß und Entspannung.

Thema:

Von klein auf erzählen uns alle: Schönheit, Gesundheit, Erfolg und Liebesglück sind keine Frage des Schicksals. Sie sind das Ergebnis harter Arbeit, und dabei gibt es Gewinner und Verlierer. Und die Methode der Gewinner ist leicht: Fleiß! Man muss nur alle Schwächen ablegen und alle Stärken trainieren, dann hat man keine Probleme mehr. Selbstoptimierung heißt das Zauberwort für mehr Lebensglück.

Aber irgendwo gibt es wohl doch noch ein anderes Problem. Oder warum haben Frauen sonst trotz ausgeklügelter Diäten, Fitnesstrainings, Beauty-Behandlungen und Psycho-Coachings noch immer Problemhaut und Problemhaare, Problemzonen, Problembeziehungen und Problemkinder? Und warum mutieren Männer immer mehr zu beziehungsunfähigen Problembären? Sollten wir die Sache mit der Selbstoptimierung vielleicht doch noch einmal überdenken?

Ein Blick in die Steinzeit zeigt: Ja, das sollten wir dringend! Ausgrabungsfunde beweisen nämlich, dass unsere Vorfahren kein bisschen fleißig waren. Selbstoptimierung kannten sie gar nicht. Sie haben stets nur so lange gearbeitet, bis ihr Magen gefüllt war. Warum hätten sie auch länger jagen und sammeln sollen? Es gab ja keine Kühlschränke! Und wenn sie satt waren, haben sie ihr Leben genossen, und zwar mit einer Kompromisslosigkeit, die uns heute fremd ist. Durchgearbeitete Nächte gab es damals auch noch nicht. Wie auch? Es war ja nach Sonnenuntergang dunkel, und am Lagerfeuer konnte man auch nicht viel tun, da war's einfach nur gemütlich.

Aus diesen und weiteren interessanten Fakten sollten wir endlich die richtigen Schlüsse ziehen: Der Mensch ist zur fleißigen Arbeit einfach nicht geschaffen. Selbstoptimierung? Nein, danke!

Schluss mit dem lebenslangen Kampf gegen unseren inneren Schweinehund! Wir sind zum Chillen geboren und müssen endlich Ja sagen zu dem faulen und antriebslosen Menschen, der wir sowieso rein genetisch betrachtet sind.

Entspannung, Faulsein, Nichtstun, Rumlungern am Lagerfeuer – all das ist der Schlüssel zu Gesundheit und Glück. Die neue Steinzeitformel lautet daher »In der Höhle liegt die Kraft«.

Dieses Buch vereint Wissen, Weltanschauung und wahre Menschlichkeit zu einer mitreißenden neuen Lebensphilosophie. Arbeitest du noch, oder chillst du schon?

Weitere Buchtitel:

Zu dem geplanten Sachbuch *Natural Born Chillers* ist eine große Zahl an ergänzenden Einzeltiteln denkbar:

Soft-Chilling – die Steinzeitformel für Frauen
Power-Chilling – die Steinzeitformel für Männer
Chill mal, Alter – das Steinzeit-Erziehungsbuch
Chilly lässt locker – ein Entspannungsbilderbuch für Kids
Chill dich nach oben – Karriere ohne Stress
Chillen statt Pillen – relaxt zu mehr Gesundheit
Chillen beim Grillen – ein entspanntes Kochbuch

Ideen für Merchandising und Linzenzvergaben:

Chill-Kleidung, Chill-Kissen und -Kuscheldecken, Chill-Musik Chill-Mobiliar, Chill-Spielzeug, Chill-Wellnessprodukte, Chill-Gewürze . . .

Schluss mit dem Arbeiten! Wenn Sie als Mensch ein artgerechtes Leben führen wollen, chillen Sie mit!

9

Helen war nackt. Sie kniete auf dem farbbekleckten Sofa in Elias' Atelier, das notdürftig von einem weißen Laken verdeckt war, und über ihre Taille floss ein weißer Seidenschal, der sich zwischen ihren Schenkeln verlor. Elias hatte sich viel Zeit gelassen, um ihn zu drapieren.

Helen hatte sich von ihm überreden lassen, an diesem Sonntagnachmittag Modell zu sitzen. Über das Exposé für Peacock konnte sie schließlich genauso gut auf seinem Sofa nachdenken wie zu Hause. Vielleicht sogar besser. Sie musste wirklich mal raus aus ihrer Wohnung, weg vom Computer, weg von den vielen zerknüllten Papieren auf ihrem Schreibtisch.

Seit dem frühen Morgen hatte sie das Internet nach Ideen für einen Bestseller durchsucht, aber keine war brauchbar gewesen. Und mit jeder Minute stieg der Druck. Sie hatte jetzt zwei, nein eigentlich sogar drei Herausforderer: Philipp Schröbner, dem sie zeigen musste, dass sie fit und trendy war. Marc Beckmann, der an dem Ast sägte, auf dem sie saß. Und jetzt auch noch Lou, mit der sie im Rausch diesen bescheuerten Haus-Deal abgeschlossen hatte. So ein Mist, dass Janna nicht erreichbar war. Mit ihr hätten sich Helens Chancen verdoppelt, ach was, vervierfacht. Mindestens. Aber ohne Janna war sie offenbar chancenlos.

Helen hatte schon alles versucht. Auf Wikipedia hatte sie heute früh eine Liste der erfolgsreichsten Bücher aller Zeiten entdeckt. Auf den Spitzenplätzen standen Werke, die man in drei Kategorien einteilen konnte. Erstens religiöse Werke, allen voran die Bibel. Zweitens kommunistische Werke. Es hatte schon Vorteile, wenn man die Lektüre eines Buches von staatlicher Seite aus verordnen konnte. Drittens chinesische Bücher. In einem Land mit mehr als einer Milliarde Menschen hatten vermutlich schon Nischenbücher wie »Warum krümeln Kekse« Auflagen, von denen Autoren hierzulande Dollarzeichen in die Pupillen bekamen. Aber was konnte sie mit diesem Wissen anfangen? Sollte sie ein Exposé für ein Telefonbuch von Shanghai vorschlagen? Oder eine neue Religion gründen? Oder sollte sie die Leute zum Kauf ihres Buches zwingen? Wie denn? Mit einem Buchtitel wie »Kaufen Sie dieses Buch, oder ich stalke Sie im Internet«?

Helen hatte diese Ideen verworfen und sich stattdessen die aktuellen deutschsprachigen Bestsellerlisten angesehen. Lou hatte schon recht gehabt, darunter waren viele Sex-, Diät- und Kochbücher. Aber wenn man zum Beispiel auf die Sachbuch-Liste schaute, gab es auch philosophische Titel, Tierbücher, Moderatgeber, Erziehungshilfen oder Bücher speziell für Senioren. Thematisch konnte Helen keine Schwerpunkte ausmachen. Ihrer Meinung nach stachen vielmehr zwei Kategorien von Büchern aus diesen Listen heraus. Erstens Werke von Fernsehpromis und zweitens Bücher mit witzigen Titeln. Der Inhalt schien in beiden Fällen zweitrangig.

Mit einem Fernsehpromi konnte Helen leider nicht dienen, deswegen hatte sie viele Stunden damit verbracht, das Internet nach lustigen Facebook-Sprüchen, T-Shirt-Sprüchen, Sponti-Sprüchen, Twitter-Sprüchen, Sprüchen für Wandtattoos und Frühstücksbrettchen zu durchsuchen. Aber immer, wenn sie etwas gefunden zu haben glaubte, war der Titel schon vergeben. Und was übrig blieb, bewegte sich auf dem Niveau von »Zeige mir deinen Klingelton, und ich errate deinen Schulabschluss«. Die Buch-Charts würde sie damit garantiert nicht stürmen.

Helen seufzte, als sie an die ergebnislosen Stunden dachte, aber Elias sah nicht auf. Er schraffierte gerade eine Fläche des Bildes mit Bleistift, was offenbar seine ganze Aufmerksamkeit beanspruchte. Seine dunklen Locken fielen ihm in die Stirn. Nach vielen Wochen Arbeit war er noch immer nicht mit der Bleistiftskizze für das Ölgemälde fertig. Heute wollte er sie aber beenden und mit der Farbe beginnen.

»Darf ich das Bild mal sehen?«, fragte Helen. Sie wurde den Gedanken an die Gemälde von Otto Dix seit dem Blick in den Raucherzimmerspiegel nicht mehr los.

»Erst, wenn es fertig ist.« Er musterte sie konzentriert mit schmalen Augen und zeichnete dann eine gerade Linie aufs Papier.

»Die Skizze ist doch gleich fertig.«

»Geduld. Du siehst es heute noch. Gleich kommt die Farbe, das dauert nicht so lang wie die Zeichnung. Und …« Er trat neben die Staffelei und warf ihr einen langen Blick aus seinen dunklen Augen zu. Einen sehr langen Blick. Sie spürte ein Prickeln in ihrem Schoß.

»Und was?«, fragte sie kokett.

»Es wird dir gefallen.« Seine Stimme war plötzlich rau und tief. Die kleinen Härchen an Helens Armen stellten sich auf, als wüsste ihr Körper etwas, das ihr Bewusstsein erst langsam erfasste.

Tatsächlich, Elias legte jetzt den Stift weg und zog sich mit einer einzigen Armbewegung sein Shirt über den Kopf. Er öffnete den Knopf seiner Jeans, ließ die Hose über die

Hüften gleiten und zu Boden sinken. Der Slip folgte. Ein Schritt zur Seite, und Elias war nackt. Er hatte einen Körper wie ein griechischer Gott.

»Was wird das? Aktionskunst?« Helen ließ ihn nicht aus den Augen. Sie atmete schneller.

»Es wird dir gefallen«, wiederholte er noch einmal mit Timbre in der Stimme. Dann griff er nach einer Farbtube und kam langsam auf sie zu.

»Blau?«, flüsterte Helen.

»Ultramarinblau. Spezialfarbe für Bodypaintings.« Er ballte seine Faust um die Tube. Blaue Farbe schlängelte sich heraus, er fing sie mit der Hand auf und ließ die Tube achtlos fallen. Langsam verrieb er die cremige Substanz zwischen seinen Handflächen.

Helen schloss die Augen, stütze die Hände hinter sich aufs Sofa und lehnte sich zurück. Sie ahnte, was kommen würde. Und tatsächlich. Plötzlich spürte sie seine Hände an ihren Brüsten. Sanft kreisend verteilte er die Farbe. Mit den Knospen ließ er sich besonders viel Zeit.

Helen zog das Seidentuch von ihrem Körper und warf es zu Boden. Elias nutzte die Gelegenheit, um nach einer weiteren Farbtube zu angeln. »Gold«, wisperte er ganz nah an Helens Ohr. »Die Farbe der Lust.« Seine Hände glitten zwischen ihre Schenkel, und Helen stöhnte leise auf.

»Jetzt das Bild«, sagte Elias mit rauer Stimme. Er ergriff Helens Hand und zog sie vom Sofa. Wie im Traum folgte sie ihm hinter die Staffelei.

Das Bild, das sie dort sah, überraschte Helen. Wochenlang hatte sie Elias Modell gesessen, aber auf der Leinwand waren nur geometrische Formen, Quadrate, Rauten, Dreiecke, schraffiert, schattiert, gepixelt. Die Vierecke zeigten nicht einmal die Konturen eines Frauenkörpers. Genauso gut hätte ihm ein Geodreieck Model sitzen können.

»Das ist nur der Hintergrund«, raunte Elias ihr zu. »Die Hauptsache kommt jetzt.« Sanft drückte er ihren Oberkörper nach vorn, bis ihre Brüste die Leinwand berührten. »Hab keine Angst«, raunte er. »Die Staffelei steht stabil.«

Nicht nur die Staffelei, dachte Helen, als Elias von hinten in sie eindrang und ihren Körper mit kraftvollen Stößen über die Leinwand gleiten ließ.

Als Helen eine Stunde später durch die Straßen der Stadt nach Hause fuhr, fragte sie sich, ob es ihr etwas ausmachte, dass eine ganze Wand in dem meterhohen Atelier von Elias mit ähnlichen Bildern geschmückt war. Sechzehn waren es, um genau zu sein. Sie hatte diesen Farbklecks-kunstwerken bisher nie Beachtung geschenkt, jetzt sah sie sie mit anderen Augen. Das Wort »Aktgemälde« bekam hier eine ganz neue Bedeutung. Die Farben und die Positionen der Kleckse ähnelten sich auf eindeutige Weise, nur die Hintergründe waren unterschiedlich gestaltet. Ihr Bild war das einzige mit geometrischen Ecken und Kanten gewesen, bei den anderen dominierten weiche, fließende Ornamente den Hintergrund. Hatte das eine Bedeutung? War ihre Persönlichkeit kantig? Oder ihre Figur?

Helen blinkte und bog in die Einfahrt zu der Tiefgarage ein, in der sie einen Stellplatz gemietet hatte. Sie lenkte das Auto in ihre Parklücke und beschloss, nicht länger über Elias und seine Bilder nachzudenken. Sie würde sich einfach darüber freuen, dass Elias nicht den Verfall eines Frauenkörpers als zentrales Motiv für sein Werk mit dem Titel »Helen, 27. April« gewählt hatte. Selbst wenn sie für

Elias nur eine von vielen war, spielte das keine Rolle. Auch er war nur eine Episode in ihrem Leben. Und selbst wenn sein auf den ersten Blick so variationsreiches Liebesspiel offenbar doch nur aus immer gleichen Routinen bestand, was machte das schon? Der heutige Liebesakt für die Fertigstellung dieses Aktgemäldes war ein gelungener Schlusspunkt hinter dieser Affäre, fand Helen, und vermutlich war das von Elias sogar so gedacht gewesen. Alles war also gut, wie es war.

Helen wusste, sie sollte sich jetzt dringend wieder auf wirklich wichtige Dinge konzentrieren. Auf das Peacock-Projekt. Wenn ihr nicht bald etwas einfiel, musste sie die ganze Nacht durcharbeiten.

Am nächsten Tag traf Helen später als sonst in der Agentur ein. Sie war bis vier Uhr morgens wach gewesen, aber sie hatte noch immer kein Exposé. Sie fühlte sich kraftlos und müde.

Im Aufzug traf Helen Marc Beckmann, der im Gegensatz zu ihr gut ausgeschlafen wirkte. Ungefragt erzählte er ihr von den drei exzellenten Exposés, die er schon am Freitag an Schröbner weitergeleitet hatte. »Und Sie?«, fragte er und wippte auf den Zehenspitzen, was ihn noch größer machte, als er es ohnehin schon war.

»Ich habe mich auf eins konzentriert«, meinte Helen und bemühte sich, trotz ihrer geringen Körpergröße von oben auf ihn herabzusehen, eine Technik, die sie ganz gut beherrschte. »Wir schicken ja ohnehin nur eins weiter. Warum also drei? Arbeiten Sie immer nach dem Schrotflintenprinzip?«

»Sie haben da Farbe am Ohr«, sagte Marc Beckmann,

und Helens künstlich aufgeblasenes Selbstbewusstsein sackte in sich zusammen wie ein Boxer nach dem Knockout.

Als der Aufzug mit einem melodischen Ton im dritten Stock anhielt, eilte Helen in den Toilettenraum und reinigte ihr Ohr von den ultramarinblauen Farbresten, die sie dort tatsächlich entdeckte. Sie lächelte müde. Spuren der Leidenschaft sahen normalerweise anders aus, aber vielleicht durfte man mit gefühlten zweiundsiebzig Jahren da nicht mehr so wählerisch sein.

»Ich habe Ihr Büro ein bisschen hübscher gemacht«, sagte Evelina, als Helen endlich in ihrem Vorzimmer eintraf.

Helen hielt den Atem an, öffnete die Tür und stellte fest, dass Evelina ganze Arbeit geleistet hatte. Von den Wänden kringelten sich Lianen. Neben dem Konferenztisch wuchsen hüfthohe, exotische Gräser, auf dem Schreibtisch wucherten Farne, Orchideen schmückten die Fensterbank.

Der Raum wirkte wie ein Labor aus Jurassic Park, und Helen hätte sich nicht gewundert, wenn plötzlich eine kreischende Echse hinter dem Papierkorb hervorgestürzt wäre und sie ins Bein gebissen hätte. Helen überlegte kurz, ob sie einen Wutanfall bekommen sollte, stellte dann aber fest, dass sie gar nicht wütend war. Es war ihr egal. Vermutlich hätte sie nicht einmal reagiert, wenn tatsächlich ein Mini-Reptil zum Angriff übergangen wäre; für mehr als ein Dino-Frühstück war sie heute ohnehin nicht gut, und so könnte sie wenigstens noch einem anderen Lebewesen als Energiequelle dienen.

»Toll, danke.« Das war alles, was Helen zu Evelina sagte. In dreißig Minuten erwartete Schröbner ihr Exposé, und das war's dann. Wenn nicht noch ein Wunder geschah, würde sie ohnehin nicht mehr lange in diesem Zimmer residieren. Marc Beckmann ließ vermutlich schon heimlich ein neues Türschild mit seinem Namenszug anfertigen.

Evelina stand unschlüssig an der Tür. Sie wartete offenbar auf ein wortreicheres Lob ihrer Chefin, aber als es ausblieb, verschwand sie.

Kaum war sie weg, schob Helen das Farngestrüpp auf ihrem Schreibtisch beiseite, startete ihren Computer und rief ihre Mails ab. Tatsächlich, da war eine Nachricht von Lou. Helen atmete tief durch. Eine letzte Chance. Keine große, aber immerhin. Sie öffnete den Anhang und begann zu lesen. »Lebensverändernder Bestseller«, gleich nach dem Arbeitstitel, das ging natürlich gar nicht, das war viel zu dick aufgetragen, auch wenn Lou hoffte, dass dieser Text ihr Leben verändern würde. Helen löschte die Zeile und las weiter.

Das Rad? Die Glühbirne? Und dann der Thermomix? Was für eine seltsame Mischung. Sie schüttelte den Kopf. Hatte Lou beim Schreiben schon wieder Kartoffelschnaps getrunken? Und dann: In der Steinzeit gab es keine Kühlschränke? Arbeitest du noch oder chillst du schon? Hallo?

Zischend atmete Helen aus und starrte auf den Bildschirm. Das war doch wohl nicht Lous Ernst! Welche Ausgrabungsfunde sollten denn bitte schön beweisen, dass die Menschheit zum Chillen geboren war? Dieses Exposé war unerträglich, es war peinlich, lächerlich und schlecht.

Helen las den Text ein zweites Mal, aber dadurch wurde er nicht besser. Sie sank in sich zusammen und vergrub das Gesicht in den Händen. Wenn sie das an Philipp Schröbner weiterleiten würde, wäre dies das Ende ihrer Karriere, so viel war sicher. Wenn sie nichts weiterleitete, war sie aber auch weg vom Fenster. Das war's dann also.

Pling. Auf Helens Bildschirm ploppte eine Mail auf. Von Lou, das war ja klar. »Du hast es versprochen«, stand da.

Ein paar Minuten später kam die nächste. »Weichei.«

Und wenige Augenblicke danach die dritte: »Wenn du den Text nicht abschickst, sage ich deinem Steinzeit-Coach, dass du immer noch rauchst.«

Pling. Wieder Lou. »Frau oder Memme?«

Pling. »Mal ehrlich: Was hast du denn zu verlieren?«

Müde nickte Helen. Da hatte Lou recht. Sie hatte nichts zu verlieren. Sie hatte die Wahl zwischen einer Kündigung und einer Kündigung plus Streit mit Lou. Mit zitternden Händen klickte sie daher auf »Weiterleiten« und schickte das Exposé an ihren Chef.

Sie stützte den Ellbogen auf, legte ihr Kinn in die Handfläche und starrte den Bildschirm an. Jetzt gab es kein Zurück mehr. Das Exposé kam genau in diesem Moment bei Philipp Schröbner an. Ihr Schicksal war besiegelt. Sie beendete rasch das Mailprogramm, um nicht noch mehr Botschaften von Lou lesen zu müssen. Sie wollte mit ihrem Kummer allein sein.

Helen hätte jetzt gern einen Espresso getrunken und mindestens eine Zigarette geraucht, aber Kaffee gab es nicht, Ingwerwasser war definitiv keine Alternative, und dem Raucherzimmer fühlte Helen sich in ihrer derzeitigen Verfassung nicht gewachsen. Sie überlegte, ob eines der Farnblätter oder einer der Grashalme wohl eine berauschende Wirkung hätte, wenn man das Kraut kaute oder rauchte, beschloss aber, sich besser keine selbstverschuldete Vergiftung zu verpassen. Stattdessen stand sie auf, um das Gebäude zu verlassen und sich irgendwo da draußen einen Coffee to go zu besorgen. To go – schon dem Namen nach schien dies ein passendes Getränk für den Tag ihrer Kündigung zu sein.

Wenig später schlenderte Helen den Ku'damm entlang und betrachtete ein Schaufenster mit kopflosen Puppen, die Kleider in Nude, Rosé und anderen Pudertönen trugen. In der rechten Hand hielt sie eine Zigarette, in der linken einen Plastikbecher mit einem XL-Cappuccino. Unter den Arm hatte sie eine Bäckertüte geklemmt, in der sich eine Vanillebrezel befand. Nervennahrung. Jetzt war doch sowieso alles egal.

Als sie Jesper Knudsen bemerkte, war es zu spät, um noch unbemerkt zu verschwinden, denn er hatte sie schon erblickt.

Knudsen lehnte im Schatten eines Baumes an einer Litfaßsäule und ließ seinen Blick süffisant grinsend von Helens ausgestreckter rechter Hand, in der die Zigarette qualmte, zu ihrer linken wandern, in der der Becher dampfte. Er selbst hielt einen Apfel in der Hand und biss krachend hinein. Jetzt stoppte ein Auto neben ihm, und Knudsen stieg ein. Als der Wagen an Helen vorbeiglitt, hob er die Hand wie die Queen, wenn sie im Bentley durch London rollte. Helen erwiderte seinen Blick, aber sie grüßte nicht zurück. In wenigen Minuten konnten ihr Jesper Knudsen und sein Urzeitterror egal sein. Helen war bereits von einer anderen Steinzeitkeule erlegt worden, denn Lou war schneller gewesen als er. In einem Punkt zumindest hatte Lou recht. In der Höhle lag tatsächlich eine erstaunliche Sprengkraft.

Helen hatte erwartet, dass Philipp Schröbner sie rufen lassen würde, aber er kam zwei Tage später höchstpersönlich in ihr Büro. Als sie gemeinsam an Helens Konferenztisch saßen, suchte er nach Worten. »Es ist ...«, sagte er, nahm die schwarze Hornbrille ab und massierte mit Daumen und Zeigefinger seine schmale Nasenwurzel.

Helen nickte. »Ich weiß. Aber in der kurzen Zeit ...«

»Wir müssen ...« Er setzte die Brille wieder auf.

Helen beschloss, ihm die Wahrheit zu sagen. »Phil, es war eine Art Wette. Alles oder nichts.«

»Ist es das nicht immer?«, fragte er.

Helen nickte wieder. Klar. So konnte man das sehen. Das ganze Leben war ein Wettbewerb um alles oder nichts.

»Manche werden unter Zeitdruck besser. Manche gehen in die Knie«, fuhr Schröbner fort. »Ich war doch sehr erstaunt über die qualitativen Unterschiede bei den eingereichten Vorschlägen.« Er machte eine Pause und dachte nach. »Ich frage mich, ob wir etwas Ähnliches nicht als Einstellungstest konzipieren könnten, es würde uns vor so mancher Enttäuschung bewahren. Aber das ist ein anderes Thema, damit möchte ich dich jetzt nicht behelligen.«

Helen nickte wieder. Mit der Einstellung von neuen Mitarbeitern würde sie künftig nichts mehr zu tun haben, das war klar. Sie nickte und nickte und kam sich dabei langsam vor wie ein Wackeldackel, aber sie konnte nicht damit aufhören.

»Helen«, setzte Schröbner noch einmal an. »Ich mach's kurz, du weißt es ja selbst. Dein Exposé ist krass, es ist bizarr, es ist gewagt, es ist manipulativ. Es ist simpel gestrickt, nicht besonders intelligent, es bewegt sich auf

Stammtischniveau, und es ist eingängig. Es ist wie eine Art Gehirnwurm, den man nicht mehr loswird.«

Helen sackte zusammen.

Jetzt sah er sie direkt an. »Hel, ich rede nicht länger drumherum, es ist genial. Schlicht und ergreifend genial. Aber das weißt du ja.«

»Wie bitte?«

»Es ist unverwechselbar. Crazy. Powerfully written. Genau das, was wir gesucht haben.« Er stand auf und reichte Helen die Hand, um ihr zu gratulieren.

Langsam sickerte die Bedeutung seiner Worte in Helens Bewusstsein. »Crazy«, murmelte sie. Ja, das war es wirklich.

Schröbner erhob sich. »Ich wollte dir das nur rasch persönlich sagen, feiern werden wir später. Ich muss leider los. Patty wartet unten.«

»Phil?« Helen musste unbedingt noch etwas wissen.

»Ja?«

»Eine Frage: Was hat Marc Beckmann eingereicht?«

»Oh, gut, dass du es ansprichst. Über Beckmann müssen wir mal reden. Seine Texte gehörten eindeutig in die Rubrik Enttäuschung.« Schröbner dachte kurz nach. »Warte mal, was war das noch? Einer betraf einen Diätratgeber. Komische Sache. Man soll angeblich nur noch Nahrungsmittel essen, die vorher stundenlang weichgekocht wurden, und zwar in einem Erdloch mit heißen Steinen, so wie das die Aborigines machen. Oder, nee, warte, es waren die Maori. Hangi heißt das Loch. Der Diäteffekt beruht dann wohl darauf, dass die Leute ewig auf ihr Essen warten müssen. Es dauert nämlich fünf bis sechs Stunden, bis es gar ist. Außerdem hat Beckmann den Vorschlag gemacht, die Biografie einer Nonne zu schreiben. Einer Nonne, die schon tot ist.

Sie soll Naturheilmittel im Kloster hergestellt haben und selbst hundert Jahre alt geworden sein. Im Anhang gibt's dann Rezepte. Die Nonne gab's natürlich nie, die wollte Beckmann erfinden, samt Grab, zu dem man pilgern kann. Wie soll das gehen? Das kommt doch raus! Und den dritten Vorschlag habe ich vergessen. Irgendwas mit Tieren. Ach ja, ein Börsenbroker will sich von der Brooklyn Bridge stürzen, wird von einem Hund oder einem Kaninchen gerettet, nein, ich glaub, es war ein Frettchen, und dieses Tier verändert dann sein Leben, irgendwie so. Alles Quatsch. Na, wir reden später drüber. Jetzt feiere erst mal deinen Erfolg.«

Er klopfte zum Zeichen des Abschieds mit den Fingerknöcheln auf den Tisch. »Hel, weiter so.« Dann war er weg.

Helen ging mit steifen Schritten zu ihrem Schreibtisch. Sie ließ sich auf den Ledersessel fallen und legte den Kopf zwischen das Grünzeug. Feiern? Ihr war nicht nach Feiern zumute. Sie war komplett erschlagen vom Wirrwarr ihrer Gefühle. Was hieß das denn jetzt? Sie wusste es nicht. Sie wusste gar nichts mehr.

Klar schien nur eins: Sie war nicht entlassen worden. Im Gegenteil, dank Lous Exposé war sie jetzt im Kreativbereich vermutlich wirklich so etwas wie Gott. Und Marc Beckmann war in der Agentur Geschichte. Selbst Jesper Knudsen konnte Helen jetzt nichts mehr anhaben. Ein einziges Fingerschnippen von ihr, und Knudsen galt in der Agentur nur noch als schrill kicherndes Steinzeitwürstchen. Selbst wenn Helen rauchen würde wie Helmut Schmidt, selbst wenn sie Espresso trinken würde, bis ihr das Blut schwarz durch die Adern rann, er konnte ihr nicht mehr schaden. Solange sie Leistung brachte, konnte sie rein rechnerisch bestimmt auch hundertzwei sein, es würde niemanden kümmern.

Helen versuchte, ihre Gedanken zu ordnen, aber sie sausten wie Lous buntschillernde Mücken durch ihren Kopf.

Autsch! Mücken. Helen richtete sich auf. Bei diesem Stichwort stand ihr plötzlich neongrell vor Augen, was die Annahme des Exposés für ihr Privatleben bedeutete. Sie musste jetzt aufs Land ziehen, sie hatte es versprochen. Mist! In ein Haus, das sie hasste, mit Janna, Lilly und Lou, die sie liebte. Das ging natürlich gar nicht.

Oder ging es doch? Irgendetwas an der Idee gefiel ihr sogar. Aber sie konnte doch nicht komplett gegen ihr eigenes Wesen, gegen ihren Charakter, ihre Vorlieben und Eigenarten leben. Sie auf dem Lande, das war ungefähr so, als würde man einen Pudel im Yellowstone-Nationalpark auswildern. Andererseits konnte sie auch kein Versprechen brechen, das sie ihren besten Freundinnen gegeben hatte. Und irgendetwas in ihr war schließlich gar nicht ganz abgeneigt. Oder waren das die Nerven? Machte sie jetzt schlapp?

Helen rappelte sich auf, schob zwei Farntöpfe zur Seite, griff nach Stift und Papier und zeichnete eine Tabelle mit zwei Spalten. Pro und Contra Hauskauf.

Die Liste mit den Gegenargumenten verlängerte sich schnell. Helen hasste Kälte, Zugluft, lange Fahrten zur Arbeit, sie verabscheute Dreck und Baulärm, und sie fand jede handwerkliche Tätigkeit einschließlich Gartenarbeit abscheulich. Tiere mochte sie nicht besonders. Pflanzen auch nicht. Und selbst Wasser war nicht ihr natürliches Element.

Aber es gab durchaus auch Einträge auf der Pro-Seite,

das gab sie ehrlich zu: Sie fühlte sich in ihrer schicken Stadtwohnung oft einsam. Sie vermisste Leben, Trubel, Gesellschaft, Lachen. Sie fühlte sich seit Monaten ausgepowert und arbeitete längst nicht mehr gern. Und immer, wenn sie mit Janna, Lilly und Lou zusammen war, ging es ihr besser. Die drei waren ihre Familie und ihre beste Medizin. Außerdem waren die Zinsen gerade rekordverdächtig niedrig, und ihr Anlageberater riet ihr ohnehin ständig zum Kauf einer Immobilie. Vielleicht war die Sache einen Versuch wert?

Helen betrachtete die Liste und dachte nach. Schließlich entschied sie sich für eine Strategie in zwei Schritten. Erster Schritt: Sie würde noch einmal versuchen, die Freundinnen von dem Plan abzubringen. Vielleicht gab es ja doch eine Lösung, bei der sie die Vorteile einer WG mit den Freundinnen nutzen konnte, ohne die Nachteile des Landlebens in Kauf nehmen zu müssen. Sie konnten ein Haus in Berlin kaufen und dort zusammenziehen. Lou hatte diesen Vorschlag zwar als langweilig abgetan, aber vielleicht ließ sie sich ja doch überzeugen. Und bei Janna würde sie vermutlich offene Türen einrennen. Mit einem Kind in der Pampa zu sitzen, das war schließlich alles andere als optimal. Helen beschloss, die Freundinnen zu sich einzuladen, und diesmal würden sie dabei nur Smoothies trinken, keinen einzigen Tropfen Alkohol. Außerdem würde Helen sich auf das Gespräch vorbereiten wie auf ein berufliches Meeting. Sie würde vorher Argumente sammeln, um die beiden davon zu überzeugen, dass sie selbst eigentlich auch nicht wirklich in dieses Horrorhaus ziehen wollten. Erst wenn sie mit diesem ersten Schritt gescheitert war, würde sie zum zweiten übergehen. Erst dann würde sie nachgeben und die Bedingungen für den Hauskauf diskutieren.

Helen griff zum Hörer und wählte Jannas Nummer.

»Gut, dass du anrufst! Ich habe den Braten gerochen«, rief Janna in den Hörer.

»Was? Wieso?«, fragte Helen alarmiert. War sie so leicht zu durchschauen?

»Ich habe den Braten im wahrsten Sinne des Wortes gerochen. Meine Mutter hat ihn im Ofen, der Duft zieht durchs ganze Haus.«

»Äh ...«, meinte Helen.

»Weißt du, was sie gefragt hat?«, wollte Janna wissen. »Wollt ihr zum Abendessen hochkommen, du und Lilly, das hat sie gefragt, ganz nebenbei. Klar, sag ich, wir kommen. Und sie: schön, bis später. Und jetzt riecht es im ganzen Haus nach Braten, dabei isst meine Mutter abends normalerweise nur ein Tomatenbrot. Das kann doch nur eins bedeuten.«

»Aha. Und was?«

»Daniel kommt.«

»Du spinnst«, sagte Helen. »Seit Tagen kreisen deine Gedanken nur noch um Daniel. Ich dachte, er wäre Vergangenheit.«

»Ist er ja auch«, sagte Janna. »Für mich zumindest. Aber für meine Mutter ist Daniel süßeste Zukunft, vor allem, seit er auch noch diese Professur an der TU hat.«

»Daniel ist jetzt auch noch Professor? Er schwimmt ja echt im Geld. Meine Güte, warum nimmst du von ihm nichts für Lillys Unterhalt an? Das steht dir doch zu.«

»Helen, das ist jetzt nicht der Punkt. Ich will da heute Abend nicht hin. Ich will ihn nicht sehen.«

»Na und? Kein Problem, dann sag halt ab. Du hast ja auch keine Zeit, du kannst gar nicht, du hast nämlich schon eine Verabredung. Du kommst zu mir. Schick Lilly allein hoch, dann hast du gleich zwei Babysitter für heute Abend.«

»Ich komme zu dir?«, fragte Janna hoffnungsvoll.

»Ja. Und Lou kommt auch, sie weiß es nur noch nicht. Ich muss mit euch reden.«

»Nee, oder?«

»Um acht?«

»Oh, oh! Helen! Sag es!«

»Ich …«

»Helen! Sprich es aus. Los!«

»Um acht, und ihr müsst nichts mitbringen.«

»HELEN! SAG ES! HAT SCHROEBNER DAS EXPOSÉ GENOMMEN?«

»Schrei nicht so. Ja. Hat er«, gab Helen zu.

»Wow!« Janna war erst sprachlos, dann brach sie in ein Freudengeheul aus.

In Helens Wohnung war alles weiß. Die Wände, die Türen, die Möbel, die Ledersofas, sogar das Parkett. Nur die Gemälde an der Wand waren bunt und fröhlich. Sie stammten nicht von Elias, und inzwischen war Helen froh, dass er ihr bisher noch kein Bild geschenkt hatte. Sie hätte sich seit gestern doch nur gefragt, was es wirklich zeigte.

»Setz dich«, sagte Helen, als sie Janna ins Wohnzimmer führte. »Lou ist noch nicht da. Was möchtest du trinken?«

Janna lächelte Helen an. »Heute lieber mal nur Wasser. Weiß Lou schon, dass ihr Konzept Schröbner überzeugt hat?«

Helen verdrehte die Augen. »Ihr Freudenschrei hat

mein Trommelfell geschrottet. Ich hab einen Tinnitus, weil ich den Hörer nicht weit genug weggehalten habe.«

Es klingelte, und Helen ging in den Flur, um auf den Türöffner zu drücken.

»Huhu«, rief Lou schon im Treppenhaus. »Ich habe für Freitag einen Termin bei diesem Kreditberater vereinbart. Um fünf. Helen, da musst du dir mal ein bisschen früher freinehmen, geht das? Na, dürfte ja kein Problem sein, jetzt, wo du dank mir und Janna der Star der Agentur bist.«

»Dank dir *und Janna?*«, fragte Helen.

»Dank Janna und mir, wollte ich natürlich sagen«, korrigierte Lou sich fröhlich. Dann klappte sie den Mund zu und riss entsetzt die Augen auf. Offenbar wurde ihr gerade erst bewusst, was sie da gesagt hatte.

»Oh, Helen, wir wollten doch nur …«, stammelte sie und verstummte dann.

»Warte!«, sagte Helen. »Ihr habt das zusammen geschrieben?« Helen drehte sich zu Janna um, die ihr in den Flur gefolgt war und nun angestrengt ihre Fingernägel betrachtete. »Du hast Lou geholfen?«, fragte sie.

Janna blickte auf. »Helen, das war doch nur, weil …«

»Ihr habt mich angelogen«, sagte Helen und marschierte ins Wohnzimmer. Sie ließ sich auf einen Ledersessel sinken. »Ihr habt euch gegen mich verbündet und mich angelogen.«

»Helen, sei nicht sauer.« Janna stellte sich vor sie, Lou im Schlepptau. »Du weißt doch, dass wir nicht fies sein wollten. Wir fanden einfach, dass es auch für dich das Beste wäre. Wir wollten dir helfen, deinen Job zu behalten. Hättest du mitgetextet, wäre wieder irgendwas Kluges rausgekommen. Das kauft doch kein Mensch. Jetzt mach's mal nicht dramatischer, als es ist.«

Doch, beschloss Helen mit grimmiger Entschlossenheit. Genau das würde sie jetzt tun. Sie würde die Sache dramatisieren. Sie hatte sich zwar schon gedacht, dass das Exposé vermutlich nicht allein auf Lous Mist gewachsen war, aber sie würde jetzt zu denselben Waffen greifen wie Janna und Lou, sie würde auch tricksen. Ein kleiner Streit vor dem geplanten Gespräch würde die beiden vielleicht zugänglicher für Helens Argumente gegen den Hauskauf machen.

Helens Notizzettel: Argumente gegen das Haus

- Das Haus ist voll von Mäusen.

- Hanta. Typhus. Kopfgrind. Nagerpest. Das sind nur vier von vielen Krankheiten, die Mäuse übertragen.

- Kopfgrind heißt auch Glatzflechte.

- Kopfgrind, Kopfgrind, KOPFGRIND. (Ich muss das Wort nur so oft sagen, bis Janna und Lou der Kopf juckt.)

- Nagerpest hat dieselben Symptome wie PEST.

- Die Krankheiten können durch das Einatmen von Mäusekot im Staub übertragen werden. Einmal Scheune fegen, das war's!

- Es ist ganz schön gemein, Hühnern dauernd ihre Eier wegzunehmen, nur damit sie neue legen.

- Beim Holzhacken kann man sich ein Bein abhacken.

- Niemand lädt ein Kind zum Geburtstag ein, das in einem ehemaligen Puff wohnt – oder schickt sein Kind auf eine Geburtstagsfeier in einem ehemaligen Puff.

- KOPFGRIND!!!

10

Janna zog Helens Haustür hinter sich zu und eilte die dunkle Straße entlang. Sie wollte hier weg, sie brauchte eine Pause. Feine Regentropfen trafen kühl auf ihr Gesicht, aber der leichte Nieselregen störte sie nicht, im Gegenteil, sie fand ihn erfrischend.

»Ich muss nach Hause, zu Lilly«, das hatte sie eben zu Helen und Lou gesagt und sich rasch verabschiedet. Aber hier draußen in der kühlen Dunkelheit spürte sie plötzlich, dass ihr Zuhause der letzte Ort war, an dem sie jetzt sein wollte. Sie hatte keine Lust auf Daniel, der bestimmt noch da war, sie hatte keine Lust auf die Redefluten ihrer Mutter, und sie hatte auch keine Lust darauf, unbemerkt in ihre Wohnung zu schleichen und dort hinter verschlossenen Rollläden leise darauf zu warten, dass oben alles still wurde. Janna beschloss, zur nächsten S-Bahn-Station zu laufen, statt die U-Bahn zu nehmen. Das verzögerte die Heimkehr, und die Bewegung würde ihr guttun.

Leider tauchte das Schild mit dem grünen S schneller als erwartet vor ihr auf. Noch zehn Minuten Fahrt und fünf weitere Minuten Fußweg, dann würde sie zu Hause sein. Viel zu schnell. Sollte sie vielleicht die ganze Strecke zu Fuß gehen? Sie blieb stehen und dachte nach.

»Entschuldigung. Darf ich mal?«, fragte eine Stimme neben ihr. Sie sah auf und bemerkte, dass sie vor der Tür einer Kneipe stand, über der ein Schild mit verschnörkelter Schrift hing: *La Cave*. Die Frau, die sie angesprochen hatte, wollte offensichtlich hinein, und Janna stand ihr im Weg.

Janna entschuldigte sich und trat einen Schritt zur Seite. Dann gab sie einem spontanen Impuls nach und folgte der Frau in das Dämmerlicht der Bar.

Im Inneren des *La Cave* empfing Janna ein ungewöhnliches Ambiente. Die Gäste saßen auf abgesägten Baumstämmen um niedrige Holzstapel, die als Tische dienten. Eine Glasplatte sorgte für eine ebene Fläche über den Holzscheiten. Die Wände des Raums waren von der Decke bis zum Boden mit flauschigem, weißem Lammfell verkleidet, und die Lampen bestanden aus merkwürdigen Gebilden, die wie drahtumwickelte Anhäufungen heller Äste oder Knochen aussahen, durch die gedämpftes Licht schimmerte. Im Hintergrund hörte man Trommeln und Flötentöne.

Janna ließ sich auf einen der Baumstämme fallen und lehnte sich an die Fellwand hinter ihr.

»Was darf ich dir bringen?« Der Mann, der plötzlich vor ihr stand, trug Jeans und ein Hemd aus weichem, braunem Wildleder. Er hatte eben noch an der Theke gelehnt und sich mit dem Barmann unterhalten. War das wirklich der Kellner? Janna griff nach der Getränkekarte und wählte den erstbesten Cocktail, der ihr ins Auge fiel. »Einmal Fit und Sexy, bitte.«

»Willst du den Drink?«, fragte der Typ, ein großer Blonder mit fliehender Stirn. »Oder lieber mich?« Er grinste sie an.

»Nur das Getränk, bitte«, sagte Janna kühl. Aus den Augenwinkeln beobachtete sie, dass am Nebentisch eine junge Frau bediente. Der Typ mit dem Old-Shatterhand-Hemd war vermutlich gar nicht hier angestellt, der zog nur eine zweitklassige Balz-Show ab. Das würde auch das blöde Grinsen des Barmannes erklären. Haha, sehr witzig. Janna zog ihr Handy aus der Tasche und starrte aufs Display, um beschäftigt zu wirken. Als ihr Glas kam, sah sie nicht auf. Sie wollte den blonden Neandertaler nicht zur nächsten Anmache ermutigen.

Der Cocktail schmeckte nach Ananas, Kokos und nur schwach nach Alkohol, das Ganze war gut gekühlt, mit viel Eis, und der Preis war auch okay. Zufrieden kuschelte Janna sich tiefer in das Fell. Endlich kam sie zur Ruhe und konnte über den Abend nachdenken.

Warum war sie bei der Diskussion über das Haus nur so dermaßen ausgeflippt? Sie konnte es sich selbst nicht erklären, das war sonst überhaupt nicht ihre Art. Sie hatte komplett die Nerven verloren und Helen mit einem Wortschwall übergossen, einem wahren Tsunami aus Vorwürfen und Anschuldigungen, den Helen nun wirklich nicht verdient hatte. Und dann auch noch wegen einer Sache, die Janna doch eigentlich egal sein konnte. Das Ganze war doch genau genommen ein Streit zwischen Lou und Helen gewesen. Lou wollte unbedingt in dieses Haus am See ziehen, und Helen hatte ihr erst Hoffnungen gemacht und sie dann mit fadenscheinigen Argumenten hängen lassen. Warum war Lou so ruhig geblieben, während sie, Janna, losgebrüllt hatte wie ein gereizter Stier? Sie wusste es nicht.

In ihre Gedanken versunken rührte Janna mit dem Strohhalm in ihrem Getränk und entdeckte, dass zwischen den Eiswürfeln kleine Stücke von Pfefferminzblättern schwammen. Sie sog am Strohhalm und beobachtete, wie die Blättchen die durchsichtige Röhre hinaufwirbelten. War es ihr nicht ähnlich ergangen? Sie war in die Sache mit dem Hauskauf hineingeraten wie ein Blatt in einen Sog.

Eine bewusste Entscheidung pro oder contra hatte sie nie getroffen, alles hatte sich wie von selbst ergeben. Erst war da Lillys Abenteuerlust gewesen, die sie nachdenklich gemacht hatte. Dann war sie von Lous Begeisterung mitgerissen worden und hatte ihr bei dem Exposé geholfen. Und als Schröbner dann wirklich angebissen hatte, war ihr das wie ein Zeichen des Schicksals erschienen. Alles entwickelte sich zum Selbstläufer, also musste sie auf dem richtigen Weg sein.

Janna hatte gar nicht gemerkt, wie sehr sie sich diesen Neuanfang tatsächlich herbeisehnte. Aber als Helen heute Abend immer mehr Einwände vorbrachte, hatte Jannas Stimmung sich langsam, aber sicher eingetrübt wie das Wasserglas, das Lilly heute beim Malen für ihren Pinsel benutzt hatte. Erst hatten Sonnengelb und Rosarot vorgeherrscht, aber mit jedem Wort von Helen waren schwarzgraue Schlieren aufgetaucht. Sie hatten sich mit allem vermischt, und schnell war aus dem Regenbogengemisch ein einziges unerfreuliches Schmuddelbraun geworden. Und dann hatte Helen diese beiden Sätze gesagt, und in Jannas Kopf war eine Sicherung durchgebrannt.

Janna nahm noch einen Schluck von ihrem Cocktail und sah sich um. Der Typ in dem Lederhemd zwinkerte ihr zu. Argh! Schnell wandte sie den Blick ab, sie wollte ihre Ruhe haben, nachdenken.

Eigentlich waren Helens Sätze harmlos gewesen. »Janna, du musst auch an Lilly denken. Niemand lädt ein Kind zum Geburtstag ein, das in einem ehemaligen Puff wohnt.«

Und Janna war explodiert wie ein Chinakracher. Sie war aufgesprungen, hatte Luft geholt und losgelegt. Ihr Gesicht war ganz heiß vor Wut geworden. »Mir reicht's!«, hatte sie gebrüllt. »Jeder Depp erinnert mich zurzeit daran, dass ich an meine Tochter denken soll. Jeder ruft mir dauernd ins Gedächtnis, dass ich Mutter bin und deswegen nicht mehr tun und lassen kann, was ich will. Als ob ich das nicht wüsste. Als ob ich mein Geld für Fingernägel, Botox und Silikon ausgeben und nachts in Leopardenleggings an der Tankstelle herumlungern würde. Als ob! Dabei denke ich von morgens bis abends pausenlos an mein Kind, und wer Augen im Kopf hat, der kann das auch sehen! Tag für Tag sitze ich in ausgeleierten Jogginghosen am Laptop, um Geld für uns beide zu verdienen, und auch, um da zu sein, wenn Lilly nach Hause kommt. Trotzdem höre ich ständig: Du musst an dein Kind denken. Du musst an dein Kind denken. Du musst an dein Kind denken. Und wisst ihr was? Das Beste für Lilly ist seltsamerweise immer genau das, was auch das Beste für meine jeweiligen Gesprächspartner ist.« Sie hatte höhnisch aufgelacht. »Und das ist natürlich keine miese Manipulation. Nein! Das ist ganz selbstlos. Alle wollen ja bloß verhindern, dass ich meine Tochter vergesse. Du auch, Helen, oder?« Janna hatte Helen durchdringend angestarrt, und die errötete sofort. Helen bereute ihre Worte sichtlich, aber trotzdem hatte Janna nicht lockergelassen. »Mal ehrlich, Helen, was sind das denn für Argumente, die du da anbringst? Kopfgrind? Nagerpest? Geht's noch? Meine Güte, wenn wir krank werden, rufen wir eben einen Arzt. Wir sind in Brandenburg und nicht im brasilianischen Urwald. Und was war es noch? Ach so, ja, Lilly wird nicht mehr von anderen Kindern zum Geburtstag eingeladen, wenn sie in einem ehemaligen Puff wohnt? Pfff, da kann ich ja nur lachen. Hast du eine Ahnung, wie oft sie hier in Berlin zum Geburtstag eingeladen wird? Als Kind einer alleinerziehenden Mutter? In einem Villenviertel, in dem fast alle anderen Kinder Vater *und* Mutter und außerdem noch mindestens zwei Geschwister, einen Familienhund, ein Au-pair-Mädchen und ein Klettergerüst aus Massivholz im Garten haben? Ein Mal wurde sie in diesem Schuljahr eingeladen. Ein einziges Mal. Und in ihrer Klasse sind sechsundzwanzig Kinder. Gut möglich, dass Lilly in Trepenick leichter Freunde findet als hier. Aber auf diese Idee kommst du ja gar nicht!«

»Janna, ich ...«

Helen sah wirklich bekümmert aus, aber Janna war immer noch auf hundertachtzig. »Du kannst mir eins glauben, meine Liebe: Ich denke Tag und Nacht an mein Kind. Und weißt du was? Trotzdem habe ich keine Ahnung, was das Beste für Lilly ist. Ich kann da nur raten. Jetzt frage ich mich: Woher wisst ihr anderen eigentlich immer alles besser? Gibt es irgendwo eine Gebrauchsanleitung für Lilly, und ich bin die Einzige, die sie nicht gelesen hat?«

An dieser Stelle ihres Wutausbruchs hatte Janna mit der Faust gegen die Wand geschlagen, woraufhin Helen zusammengezuckt war, vermutlich wegen der Nachbarn, die jenseits der Wand wohnten. Aber die waren Janna egal. Der Schlag hatte geholfen, Dampf abzulassen. »Okay«, sagte sie etwas ruhiger. »Es stimmt. Ich weiß nicht, was gut für Lilly ist. Aber ich weiß, was schlecht für sie ist, und dazu gehört die Situation, in der wir gerade leben, sie und ich. Ich bin fünfunddreißig. Ich wohne noch bei meiner Mutter. Ich schreibe im Akkord Reiseführertexte, ohne auch nur ein einziges Mal im Jahr zu verreisen. Ich bekomme dafür einen Hungerlohn. Was bin ich nur für ein Vorbild für meine selbstbewusste, witzige, kluge Tochter? Habt ihr darüber mal nachgedacht?«

Lautes Gelächter am Nebentisch riss Janna aus ihren Gedanken. Sie beobachtete die Frau, der sie bereits vor der Tür begegnet war. Sie unterhielt sich lebhaft mit einer Freundin, beide sahen aus wie erfolgreiche Power-Frauen. Fit und sexy. Helen hätte gut zu den beiden gepasst. Janna seufzte und nippte an ihrem Drink.

Schon während ihres Wutausbruchs hatte sie gespürt, wie ungerecht sie gewesen war. Was hatte sie noch zu Helen gesagt? Jeder Depp würde sagen, sie denke nicht an ihr Kind? So ein Quatsch. Ihre Mutter war die Einzige, die das tat, und jetzt hatte Helen ein einziges Mal aus taktischen Gründen ins selbe Horn geblasen. Das war unfair von ihr gewesen, aber es war doch kein Grund, allen Frust auf Helen abzuladen, und das wusste Janna genau. Nur anscheinend hatte sie ihn abladen müssen, sonst wäre sie ja nicht so ausgeflippt, und dass Helen mit ihren Einwänden die Hauspläne von Lou unerwartet zum Scheitern gebracht und den Frust damit noch erhöht hatte, war offensichtlich zu viel gewesen. Das hatte ihr Hirn komplett gelähmt, und als ihr Denken wieder eingesetzt hatte, war es zu spät gewesen. Sie hatte viel mehr von sich preisgegeben, als sie gewollt hatte – ganz abgesehen davon, dass sie sich ausgesprochen schlecht benommen hatte. Kraftlos war Janna nach ihrem Wutanfall auf Helens Sofa gesunken und hatte sich kleinlaut bei ihren Freundinnen entschuldigt.

Aber Helen und Lou hatten ihr keine Vorwürfe gemacht, sondern sich links und rechts neben sie aufs Sofa gesetzt und sie einfach in den Arm genommen. Und Helen hatte sich wiederum bei ihr, Janna, entschuldigt. Dafür, dass sie beim Thema Hauskauf so wankelmütig war, aber vor allem dafür, dass sie versucht hatte, Janna zu manipulieren. Und dann hatte Helen vorgeschlagen, das Thema einfach mal nüchtern und sachlich von Anfang bis Ende durchzudiskutieren. Ein richtiges, echtes Problemlösungsgespräch. So wie früher. Sie hatten zwei Stunden lang geredet, gemeinsam eine Pro- und Contra-Liste aufgestellt, und nach einigem Hin und Her hatten sie sich einstimmig für einen Kompromiss entschieden. Hauskauf ja, allerdings mit einer Einschränkung: Sie würden das Ganze nicht als festen Zukunftsplan, sondern als Experiment sehen, als eine Art Forschungsprojekt. Und sie würden, wie bei jedem Forschungsprojekt, eine zeitliche Frist setzen. Fünf Jahre wollten sie zusammen am See leben, in fünf Jahren wollten sie das Herrenhaus modernisieren. Dann würden sie weitersehen.

Helen hatte nach diesem Gespräch immer noch nachdenklich gewirkt, aber der Vorschlag war von ihr selbst gekommen, und Janna hatte nicht den Eindruck gehabt, dass Helen ihre Entscheidung übereilt getroffen hatte. Sie hatten also mit einem Glas Sekt auf ihren Entschluss angestoßen, bis Janna sich verabschiedet hatte, um ein bisschen allein sein zu können. Sie war verwirrt, und trotz der guten Lösung saß ihr der Streit noch in den Knochen. Und dann war da noch ein Gefühl, über das sie nachdenken wollte. Auf der einen Seite spürte sie eine Art Triumph. Sie hatte sich heute Abend ausnahmsweise mal nicht wie ein ängstliches Kaninchen verhalten oder eben wie ein Blatt, das durch Zufall in einen Strudel geraten war. Im Gegenteil, sie hatte gebrüllt wie ein Löwe und den Strudel selbst ausgelöst. Aber jetzt war die Sache entschieden, ihr Leben würde sich von Grund auf ändern, sodass sich in ihren Triumph noch ein weiteres Gefühl mischte: nagende Unsicherheit. Lilly und sie als Gutsherrinnen – war das wirk-

lich ihr neues Leben? Oder war das im wahrsten Sinne des Wortes eine Schnaps-Idee?

Jannas Glas war leer, und sie winkte der Kellnerin. Die nickte, nahm aber erst noch eine Bestellung der beiden Frauen am Nebentisch – oder besser am Nebenholzstapel – auf. Während Janna wartete, streichelte sie mit den Fingern das weiche Fell an der Wand hinter ihr. Es erinnerte sie an das Lammfell, das sie vor sieben Jahren in Lillys Kinderwagen gelegt hatte. Wie klein Lilly damals gewesen war. Und wie schnell die Zeit vergangen war. Noch einmal sieben Jahre, und Lilly würde vierzehn sein. Fast erwachsen.

»Fellkraulen«, sagte plötzlich eine Stimme neben ihr. Sie blickte zur Seite und bemerkte den Neandertaler. Die Kellnerin war verschwunden.

»Wie bitte?«, fragte Janna.

»Fellkraulen.« Er zeigte auf ihre Hand, mit der sie noch immer das Lammfell streichelte. »Das ist ein uraltes menschliches Bedürfnis. Es stammt aus der Steinzeit, als wir alle noch Fell hatten und unser ganzes Sozialleben aus gegenseitigem Fellkraulen bestand. Und auch heute noch hat Fellkraulen eine ganz archaische Wirkung auf uns Menschen. Es beruhigt und macht glücklich. Möchtest du noch etwas trinken? Oder soll ich …«

»Danke, ich möchte zahlen«, sagte Janna mit schneidender Stimme. Brrr. War der nervig.

»Das geht aufs Haus.«

»Garantiert nicht.«

»Na, dann«, sagte der Typ achselzuckend. »Acht Knochen fünfzig.« Er gab ein merkwürdiges Geräusch von sich, vermutlich ein Lachen. Es klang wie »Pfiiihiiihiiiii«.

Gespräch zwischen Janna und Lilly

Janna: Was möchtest du zum Frühstück, Mäuschen?
Lilly: Mäuse essen Körner.
Janna: Also Müsli?
Lilly: Also Popcorn.
Janna: Popcorn ist kein richtiges Frühstück.
Lilly: Darf ich dann Cornflakes?
Janna: Von mir aus.
Lilly: Julia sagt, Popcorn ist aus Mais, den man heiß macht. Und Cornflakes sind aus Mais, den man platt drückt. Ist plattdrücken besser als heiß machen?
Janna: Lilly, ich weiß es nicht.
Lilly: Darf ich dann doch Popcorn?
Janna: Wir haben keins.
Lilly: Menno.
Janna: Menno sagt man nicht.
Lilly: Wieso? Menno ist doch kein schlimmes Wort.
Janna: Hmpf.
Lilly: Kaufst du mir Popcorn?
Janna: Mal sehen.
Lilly: Was sehen?
Janna: Ich guck mal nach, ob Popcorn gesünder ist als Cornflakes.
Lilly: Wo?
Janna: Im Internet.
Lilly: Uki.
Janna: Du, Lilly?

Lilly (mit vollem Mund): Waf?

Janna: Das neulich mit dem Weglaufen. Planst du noch mehr solche Abenteuer?

Lilly: Ja.

Janna: Was denn zum Beispiel?

Lilly: Ich will einen Wurm fangen. Heute Nacht. Im Park.

Janna: Wie bitte???

Lilly: Die Würmer liegen in der Nacht auf der Wiese. Dann schleicht man sich ganz vorsichtig ran, damit sie einen nicht hören. Man schnappt zu und wickelt sich den Wurm ums Handgelenk. Und dann hat man ihn. Julia hat's gesagt. Ihr Papa macht das so, und der ist Angler.

Janna: Lilly, wozu brauchst du denn einen Wurm?

Lilly: Wenn ich keine Maus kriege, will ich einen Wurm als Haustier.

Janna: Du gehst nachts nicht allein in den Park!

Lilly: Neiiin, mit Julia.

Janna: Auch nicht.

Lilly: Menno. Immer darf ich nie was.

Janna: Lilly, ich muss dich mal was fragen.

Lilly (mit vollem Mund): Waf?

Janna: Dieses Haus neulich, am See. Willst du da wohnen? Für immer, mein ich.

Lilly: Uki.

Janna: Ähm. Und wenn's dir da nicht gefällt?

Lilly: Aber da gefällt es mir doch.

Janna: Du müsstest auf eine andere Schule gehen, mit anderen Kindern. Und Oma würde nicht mitkommen.

Lilly: Uki.

Janna: Und wenn du Julia vermisst? Oder Oma?

Lilly: Dann besuche ich sie.

Janna: Uki.

11

Zwei Tage später saß Janna wieder auf dem Beifahrersitz, während Helen ihren Wagen zum dritten Mal in die schmale Allee zum Herrenhaus lenkte. Janna, Helen und Lou hatten vereinbart, auf dem Weg zum Banktermin in Trepenick noch ein letztes Mal zu testen, welche Gefühle der Anblick des Hauses in ihnen weckte.

Krrrk! Ein scharfes, metallisches Kratzen.

»Mrrrg!« Helen stieß ein unartikuliertes Grunzen aus.

»Hel, also wirklich! Du müsstest dieses Schlagloch doch langsam kennen«, meinte Lou von hinten.

Sehr hilfreich, dachte Janna und wünschte, Lou hätte nichts gesagt.

Helen schlug mit der Hand aufs Lenkrad. »Das Schlagloch, das ich persönlich kenne, kommt erst da vorn beim zweiten Baum«, schimpfte sie. »Die Bekanntschaft mit diesem habe ich noch nicht gemacht.«

Lou lehnte sich vor und klemmte sich zwischen die beiden Vordersitze, um auf einer Höhe mit Janna und Helen zu sein. »Sobald das Haus uns gehört, füllen wir alle Schlaglöcher mit Kies auf«, sagte sie.

Helen schnaubte. »Aha. Und wo bekommen wir den Kies her? Nur so eine Frage.«

Lou lächelte sanft. »Aus dem Baumarkt natürlich.«

»Aus dem Baumarkt«, wiederholte Helen. »Dass ich darauf nicht gekommen bin! Natürlich! Da gibt's doch immer diese riesigen Kieshaufen neben der Kasse. Klar.«

Seufzend zog Lou sich wieder nach hinten zurück.

Janna sah Helen von der Seite an. Mit ruckartigen Bewegungen kurbelte sie am Lenkrad, um möglichst jedem Loch auszuweichen, und starrte dabei auf den Weg, als sei er ihr persönlicher Feind.

Nicht gut. Gar nicht gut. Es musste ausgesprochen werden, dachte Janna, und jetzt war der letzte Moment. Als Helen den Wagen auf dem Vorplatz des Herrenhauses stoppte, nahm sie daher all ihren Mut zusammen. »Helen, bei dir scheinen sich die Gefühle beim Anblick des Hauses im roten Bereich einzupendeln. Deswegen jetzt ein offenes Wort: Wenn du hier nicht leben willst, musst du das auch nicht.« Sie suchte nach Worten. »Hel, ich habe nachgedacht. Bloß weil ich neulich die Nerven verloren habe, musst du nicht in den sauren Apfel beißen. Lou und ich, wir sind dir nicht böse, wenn du einen Rückzieher machst. Falls du nur uns zuliebe hierherziehst, streiten wir uns in den nächsten Jahren und sind irgendwann keine Freundinnen mehr. Das ist es nicht wert. Du musst es aber jetzt sagen.«

Vom Rücksitz kam nichts. Lou saß ganz still.

Helen zog den Zündschlüssel, und das Wagengeräusch verstummte. Sie lehnte sich zurück und betrachtete das Haus, das in der Abendsonne lag. »Okay, ich geb's zu«, sagte sie leise. »Ich habe ein bisschen Angst. Ich bin echt angespannt. Und dieser Weg hier, der macht mich fertig. Aber ich habe die Sache gründlich durchdacht, und ich will unser Projekt durchziehen. Unter den Bedingungen, die wir ausgehandelt haben, mache ich mit. Mit einem eindeutigen Ja. Ohne weiteres Wenn und Aber.«

Lou seufzte erleichtert und wühlte in ihrer Handtasche. »Ich hab was für euch«, sagte sie. »Ich wollte es euch hier geben. Oben auf der Treppe. Kommt mal mit.«

»Moment«, sagte Helen. »Jetzt müsst ihr mir erst mal dieselbe Frage beantworten: Wollt ihr wirklich hier leben?«

»Klar!«, sagte Lou wie aus der Pistole geschossen.

»Und du, Janna?« Helen sah Janna von der Seite an.

»Ich?«, fragte Janna zurück und sah sich um. Wald, Wiesen, ein See, ein altes Haus. Überall Abenteuer für Lilly. Weit und breit keine Mutter. Zwei Menschen an ihrer Seite, mit denen sie seit fünfzehn Jahren durch dick und dünn ging. »Ja«, sagte Janna, und noch mal kräftiger: »Ja, ich will.«

Janna schritt bewusst langsam die Treppe hinauf und ließ ihre Hand über das steinerne Geländer gleiten. Das würde nun bald ihr neues Zuhause sein. Wie viele Menschen hier wohl schon vor ihr gewohnt hatten? In zweihundert Jahren?

Oben vor dem Portal zog Lou eine kleine Papiertüte aus ihrer Tasche und schüttete den Inhalt auf ihre Handfläche. Janna sah drei sonderbar geformte silberne Schlüsselanhänger.

»Wir bekommen bald Schlüssel für dieses Haus«, erklärte Lou. »Und das sind unsere Anhänger dafür.« Sie reichte Helen und Janna jeweils eines der Schmuckstücke. Kühl und schwer lag es in Jannas Hand. Das fein ziselierte Metall war reich mit Ornamenten und Symbolen verziert, die Form erinnerte sie auf den ersten Blick an eine Tulpe.

»Man nennt dieses Zeichen in der arabischen Welt Hamsa«, erklärte Lou. »Das bedeutet fünf. Und wenn ihr genau hinseht, erkennt ihr, dass es eine Hand mit fünf Fingern darstellt. Eine Segenshand. Sie wehrt böse Mächte ab, sie ist ein Symbol für Kraft und Glück.« Lou lächelte ein bisschen schief und sah aus, als wäre ihr der gefühlvolle Moment, den sie mit diesen Schlüsselanhängern heraufbeschworen hatte, fast ein bisschen unangenehm. »Fünf, das passt doch. Ein Finger für jedes Jahr, das wir hierbleiben wollen.«

Janna nahm Lou in den Arm. »Das passt sehr gut«, sagte sie leise. »Kraft und Glück für fünf Jahre.«

»Hilft es auch gegen Kopfgrind?«, wollte Helen wissen und drehte das Schmuckstück in ihrer Hand.

»Helen!« Janna funkelte die Freundin böse an.

Reuevoll legte jetzt auch Helen ihren Arm um Lous Schulter. »Okay«, sagte sie. »Fünf Jahre. Wie ausgemacht. Wir versuchen fünf Jahre lang, hier heimisch zu werden, und wenn's nicht klappt, starten wir danach neu.«

Janna sah sich in der Volksbankfiliale in Trepenick um, während Lou sich an die Angestellte am Schalter wandte. »Wir haben einen Termin mit …«, sie zögerte kurz und blickte auf die Visitenkarte in ihrer Hand, »… Ben Käfer.«

Die blonde Frau auf der anderen Seite der Glasscheibe lächelte höflich. »Einen Moment bitte.« Sie griff zum Telefon und wählte zwei Ziffern. »Herr Käfer? Ihre Kundinnen sind da.« Sie wandte sich an Janna, Helen und Lou. »Wenn Sie bitte in der Sitzgruppe warten würden.«

Janna und Lou ließen sich in die schwarzen Kunstledersessel sinken, die im Hintergrund bereitstanden, doch Helen blieb stehen und betrachtete den Schaukasten mit den Immobilienangeboten neben der Tür. Janna beobachtete ihren Gesichtsausdruck. Stand Helen wirklich so felsenfest hinter dem Kauf, wie sie behauptet hatte? Oder wusste sie immer noch nicht, was sie wirklich wollte? Wovor hatte sie Angst? Machte sie sich Sorgen ums Geld? Nein, vermutlich nicht. Als Geldanlage war das Haus keine schlechte Option. Würde sie das kulturelle Angebot der Großstadt vermissen? Nein, das nutzte Helen ohnehin schon lange nicht mehr, dazu arbeitete sie viel zu viel. Waren es dann die Flexibilität, die Einkaufsmöglichkeiten, die Restaurants, die ihr fehlen würden? Kaum. Helen konnte ja ihre Stadtwohnung behalten, sie hatte jederzeit die Möglichkeit, über Nacht in Berlin zu bleiben und zu tun und zu lassen, was sie wollte.

Was war es dann? Ganz offensichtlich hatte sie gemischte Gefühle, das konnte sie nicht verbergen. Ihr Gesicht wirkte angespannt, sie hatte Schatten unter den Augen und sah alle paar Sekunden auf ihre Uhr.

Doch Janna hatte keine Zeit, länger darüber nachzudenken. In der holzvertäfelten Seitenwand neben der Sitzgruppe öffnete sich jetzt eine Tür, und ein Mann betrat den Schalterraum. Sie erkannte den Makler, der ihnen das Haus gezeigt hatte, Benkeff. Auch heute trug er Anzug und Krawatte, aber diesmal passten seine Schuhe zum Outfit, sie waren nagelneu und schwarz. Er war sorgfältig rasiert, hatte seine dunklen Haare ordentlich gekämmt und sah geradezu beunruhigend gut aus. Neben so jemandem konnte man als Normalmensch nur ungepflegt, verlebt, verwaschen und fusselig aussehen, dachte Janna. Bei dem Besichtigungstermin hatte er wenigstens ein paar Makel gehabt, da hatte er ihr besser gefallen. Die Blondine am Schalter reckte den Hals, und ihre Nasenflügel bebten wie die einer witternden Hirschkuh. Janna hätte sich nicht gewundert, wenn sie einen Brunftschrei ausgestoßen hätte. Oder machten so etwas im Tierreich nur die Männchen?

Benkeff zumindest tat nichts dergleichen. Er nahm seine Kollegin nicht einmal wahr, wie Janna zufrieden feststellte. »Wie schön, dass wir uns wiedersehen!«, sagte er und reichte ihr lächelnd die Hand. Anschließend begrüßte er Helen und Lou.

»Wo sind denn Lilly und ihre haariger Freund?«, wollte er wissen.

»Die haben wir heute zu Hause gelassen, sie würden sich nur langweilen«, meinte Janna.

»Und Ihr Mann konnte nicht mit mitkommen?«

»Mein Mann?«

»Lillys Vater. Oder regeln Sie finanzielle Dinge allein?«

»Ich regele alles allein«, sagte Janna. »Ich bin von Lillys Vater getrennt.« Täuschte sie sich, oder blitzte da etwas in Benkeffs Augen auf, das nach mehr als höflichem Interesse aussah? Sie sah genauer hin, aber sie hatte sich wohl geirrt, sein Gesichtsausdruck war zwar freundlich, doch distanziert. Vermutlich war das nur eine Routinefrage gewesen, mit der er mehr über seine Kundin herausfinden wollte.

Jetzt mischte Lou sich in das Gespräch ein. »Wir haben einen Termin mit Herrn Käfer«, sagte sie. »Wir wollen uns wegen eines Kredits für das Haus beraten lassen. Gut, dass wir Sie auch treffen. Wir hoffen nämlich, dass Sie uns beim Preis für das Haus noch etwas entgegenkommen können.«

Er runzelte kurz die Stirn und sah sie fragend an, fing sich aber rasch wieder. »Wenn Sie mir bitte folgen, hier entlang«, antwortete er. »Geradeaus und dann rechts, in mein Büro. Dort können wir alles besprechen.«

Janna, die sich erhoben hatte und gerade ihr Kleid glatt strich, horchte auf. »Alles?«, fragte sie irritiert. »Ihr Büro? Ähm, sind Sie …?«

»Ben Käfer, ja.« Er grinste sie an.

Janna spürte, wie sie errötete. Ben Käfer? Nicht Benkeff? Aua, das war peinlich. »Entschuldigen Sie, ich hatte Ihren Namen beim Besichtigungstermin wohl nicht richtig verstanden«, erklärte sie hastig. »Und ich hatte nicht kapiert, dass Sie gleichzeitig auch Kreditberater sind. Ich ...« Fieberhaft überlegte sie, was sie nach dem Besichtigungstermin zu ihm gesagt hatte. Irgendetwas über anhängliche Kreditberater? Nett war es nicht gewesen, daran zumindest erinnerte sie sich.

»Sie hatten ja recht«, sagte Käfer, der ihren Gesichtsausdruck richtig deutete. »Man wird mich wirklich nur sehr schwer wieder los.« Er sah etwas länger als üblich in ihre Augen, aber bevor Janna feststellen konnte, ob das ein Flirt werden sollte, senkte er den Blick, und wieder schien es ihr, als hätte sie sich alles nur eingebildet. Verwirrt folgte sie ihm in sein Büro.

Lou schien das Missverständnis amüsant zu finden. »Na, jetzt nutzen wir Ihre Beharrlichkeit einfach mal aus und löchern Sie mit Fragen.« Gut gelaunt ließ sie sich auf einen der Stühle an Käfers Besprechungstisch fallen. Helen nahm damenhaft Platz, schlug die Beine übereinander und wirkte in dieser Pose ähnlich makellos wie Ben Käfer.

Janna setzte sich nur zögernd. Sie fühlte sich ganz und gar nicht perfekt, eher wie der personifizierte Makel, daher beschloss sie, in der nächsten halben Stunde einfach mal die Klappe zu halten. Wer nichts sagte, tappte auch nicht in Fettnäpfchen.

Reden war auch überhaupt nicht nötig, das übernahm Lou. Wortreich erklärte sie Ben Käfer ihren Finanzierungsplan.

»Interessant«, murmelte er. »Spannend. Sehr spannend.«

Lou lächelte glücklich, aber Janna befürchtete, dass es kein gutes Zeichen war, wenn ein Finanzberater eine Kostenaufstellung spannend fand. Und tatsächlich, jetzt runzelte Käfer die Stirn, blätterte in seinen Unterlagen, notierte Zahlen, berechnete Summen, und mit jedem Satz, den Lou sagte, wurde seine Miene finsterer.

»Verstehen Sie?«, fasste Lou alles noch einmal zusammen. »Wir machen das so: Helen kauft das Haus und vermietet ein paar Zimmer günstig an Janna und mich.«

»Ja«, sagte Käfer, aber sein Ja klang eher wie ein Nein, fand Janna.

»Dann spart Helen Steuern, das habe ich gelesen«, fuhr Lou fort. »Sie kann den eigengenutzten Teil mit ihrem Kapital kaufen und für den vermieteten Teil einen Kredit aufnehmen, und die Zinsen kann sie dann absetzen.«

»Ja«, sagte Käfer und hörte sich dabei wieder an, als würde er Nein sagen.

»Und wir, Janna und vor allem ich, wir renovieren das Haus, dadurch wird für uns die Miete günstiger. Dafür steigt für Helen der Wert des Hauses. Und in fünf Jahren sehen wir dann weiter. Wenn wir uns wohlfühlen, bleiben wir, wenn's nicht so gut läuft, verkauft Helen das Haus mit Gewinn. Ist ein Experiment, wissen Sie. Es wäre aber schön, wenn der Kaufpreis ein bisschen günstiger würde, dann hätten wir mehr Geld für die Renovierung übrig.«

Käfer tippte ein paar Zahlen in einen Taschenrechner ein und auf seiner Stirn erschienen tiefe Falten. »Nein«, meinte er schließlich, und dieses Nein klang auch eindeutig nach Nein. »Das klappt so nicht. Preislich kann ich Ihnen leider gar nicht entgegenkommen.« Er zögerte. »Sie müssen das verstehen, wir haben ein Gutachten für das

Haus, und dreihunderttausend ist es mindestens wert. Und das bekommen wir auch. Es gibt einige Interessenten, und ich erhalte täglich weitere Anrufe.«

Janna zog eine Augenbraue hoch. Sagten das nicht alle, die den Preis in die Höhe treiben wollten?

Käfer schien ihre Gedanken zu durchschauen. »Sie können natürlich pokern und abwarten, ob alle anderen Interessenten plötzlich abspringen. Dann könnte es doch Verhandlungsspielraum geben. Aber im Moment sieht es nicht danach aus.« Er schaute von einer zur anderen. »Und nun zu Ihrem Fünfjahresplan.« Wieder hackte er ein paar Zahlen in den Taschenrechner. »Wenn Sie das Haus innerhalb der Spekulationsfrist von zehn Jahren wieder verkaufen, müssen Sie bei teilweiser Vermietung den Wertzuwachs versteuern. Falls Sie einen erzielen. Kann aber auch sein, dass der Marktwert sinkt, zurzeit drängen ja alle in die Stadt. Und dann hängt Frau Berg mit den Verlusten ganz allein drin. Außerdem noch ein Wort zu den Nebenkosten: Notarkosten, Grunderwerbssteuer, Maklergebühren. Darauf bleibt Frau Berg auch sitzen, und bei einem Wiederverkauf schmälert das den Gewinn. Mal ganz abgesehen von den Zinsen, die vermutlich steigen werden, was die Nachfrage auf dem Markt senken könnte.«

An dieser Stelle klinkte Janna sich aus dem Gespräch aus. Alles, was sie an seinem Monolog verstanden hatte, waren die Worte »klappt nicht« und »Verlust«, und wieder trübte sich ihre Laune wie Lillys Wasserfarbenglas, dunkle Schlieren breiteten sich aus. Sie steckte die Hand in ihre Handtasche und umschloss den Schlüsselanhänger. Eben auf der Freitreppe war sie noch in Feierstimmung gewesen, jetzt fragte sie sich, wie Lou, Helen und sie so naiv gewesen sein konnten. Natürlich klappte das nicht. Wenn man so einfach zu einer Villa am See kommen konnte, wie sie sich das gedacht hatten, dann hätte ja wohl jeder eine Villa am See.

Janna blickte in die Runde. Lou wirkte verzweifelt. Helens Miene verriet nicht, was sie dachte, als sie fragte: »Was heißt das konkret?«

»Ganz konkret: Wenn Sie in fünf Jahren verkaufen, ist es wahrscheinlich, dass Sie Verlust machen. Trotz Ihrer Eigenleistungen.«

Jetzt beugte Käfer sich vor und sah Helen direkt an. »Frau Berg, wenn Sie das wirklich wollen, bekommen Sie den Kredit natürlich. Gar kein Problem. Sie haben ja ausreichend Eigenkapital. Trotzdem will ich wenigstens einmal gesagt haben, was ich jetzt sage: Wenn Sie die Sache so durchziehen, wie Sie das planen, dann treffen Sie sich mit großer Wahrscheinlichkeit alle drei irgendwann vor Gericht wieder. Eine von Ihnen will vielleicht in ein paar Monaten schon wieder aus dem Projekt aussteigen, und dann bleiben die anderen beiden auf einem Trümmerhaufen zurück.«

»Vor Gericht?«, fragte Lou. »Niemals. Wir sind Freundinnen.«

Käfer nickte. »Und es wäre schön, wenn Sie das auch bleiben könnten. Aber bei einem solchen Deal ist das fast unmöglich.«

»Was schlagen Sie vor?«, fragte Helen. »Gibt es eine Alternative?«

Er hatte die Antwort sofort parat. »Sie sollten das Haus und das Grundstück lieber aufteilen. Wenn jede von Ihnen einen eigenen Teil erwirbt, dann ist das eine klare Sache und Sie können auch einzeln aus dem Projekt aussteigen, ohne dass für die anderen alles kippt. Jede von Ihnen trägt so finanziell nur ihr eigenes Risiko. Das erhöht Ihren Entscheidungsspielraum.«

Janna betrachtete Lou, die weiter mit Käfer diskutierte. Ihre Wangen waren vor Aufregung rosa, sie redete und gestikulierte, schmiedete Pläne und entwarf Zukunftsszenarien. Sie brannte für ihren Plan, aber sie hatte deutlich erkennbar keine Ahnung von Geld, Krediten, Hausrenovierung und all dem Kram. Helen wirkte in ihrem schwarzen Hosenanzug und mit der teuren Sonnenbrille im blonden Haar schon in dieser Kleinstadtbank fehl am Platz. Nach Dreck, Arbeit, Umbau und Renovierung sah sie nun wirklich nicht aus. Und dann sie selbst, ohne Mann, ohne Geld, aber mit Kind. Drei völlig unterschiedliche Frauen. Irgendwie konnte Janna verstehen, dass der Banker sie warnte. Und ein Streit, möglicherweise vor Gericht, war das Letzte, was passieren durfte. Das war es wirklich nicht wert.

Ben Käfer lehnte sich zurück, während Lou weiterredete, sein Blick ruhte länger als notwendig auf Helen, und Janna spürte einen kleinen Stich in der Herzgegend. Wie albern, schimpfte sie sich selbst. Sie benahm sich ja wie ein Teenie. Kaum war da ein attraktiver Mann, betrachtete sie eine ihrer beiden besten Freundinnen als Konkurrentin. Dabei war dieser gelackte Bankster doch überhaupt nicht ihr Typ. Er passte eindeutig besser zu Helen und ihrem Sex-and-the-City-Flair.

»Wie würde das mit einer Teilung funktionieren?«, fragte Lou nun.

»Das wäre problemlos möglich«, antwortete Käfer. »Wir sprechen hier ja nicht über außergewöhnlich hohe Summen. Rechnen Sie das doch noch mal durch: Man könnte das Haus und das Grundstück wie folgt teilen:

Frau Berg kauft das Sahnestück, das Erdgeschoss, zusammen mit dem Park, also dem Stück Land, das sich direkt zwischen dem Haus und dem See befindet. Dafür zahlt sie, sagen wir mal, etwas mehr als die Hälfte des Kaufpreises. Den Rest teilen sich Frau Mahler und Frau Antoni, plus Nebenkosten natürlich. Jede von Ihnen würde also jeweils die Hälfte der Obergeschosswohnung plus einen der beiden Seitenstreifen des Grundstücks finanzieren. Frau Antoni würde vielleicht die Seite mit den Ställen erwerben wollen, und Frau Mahler die mit der Scheune. Sie bräuchten dafür jede Pi mal Daumen fünfundzwanzigtausend Euro Eigenkapital und hätten eine monatliche Belastung von … Moment … Ungefähr einhundertfünfzig Euro. Wenn Sie das genauer wissen möchten, rechne ich es gern einmal durch.«

Janna schüttelte den Kopf. »Lou und ich, wir haben keine fünfundzwanzigtausend«, sagte sie.

»Doch«, widersprach Lou. »Ich schon.«

Alle sahen sie an.

»Du hast was?«, hakte Janna nach.

»Haben ist vielleicht das falsche Wort«, räumte Lou ein. »Aber ich kann das Geld bekommen. Mein Vater hat meinen Bruder beim Hausbau unterstützt, und wenn ich mal baue oder ein Haus kaufe, bekomme ich denselben Betrag. Das ist sogar mehr, als ich hier brauche.«

Janna pfiff durch die Zähne. »Wow!« Sie seufzte. »Tja, dann bin ich wohl das Problem. Ich zumindest habe nicht genug Geld.«

Ben Käfer kritzelte wieder ein paar Zahlen auf einen Block.

»Vielleicht könnte deine Mutter …?«, fragte Lou, korrigierte sich aber sofort, als sie Jannas Gesicht sah. »Klar, sie könnte, sie würde aber nicht.«

»Ich habe ein Sparbuch«, überlegte Janna. »Noch von meinem Vater. Ich hab's eigentlich für Lilly beiseitegelegt.«

»Wie viel?«, fragte Helen.

»Fünfzehntausend, schätze ich.«

»Vielleicht solltest du nicht gerade Lillys Geld ...«, sagte Helen, unterbrach sich dann aber rasch. »Na, das weißt du ja selbst am besten.«

»Ich sehe das nicht so eng«, meinte Janna. »Meine Mutter ist ja quasi Großgrundbesitzerin. Sie hat von meinem Vater außer unserem Wohnhaus noch drei Mietshäuser in Berlin geerbt. Mir gibt sie davon nichts, solange ich nicht in geordneten Verhältnissen lebe, so wie sie sich das wünscht. Aber Lilly ist ihr einziges Enkelkind. Falls sie je Geld für ihre Ausbildung brauchen sollte, wird meine Mutter sie garantiert unterstützen. Ich finde den Gedanken daher gar nicht so falsch, dass ich als Lillys Mutter mein Geld lieber in Lillys Gegenwart als in ihre Zukunft investieren sollte.«

Auf der Stirn von Ben Käfer entstanden erneut Denkfalten.

»Wenn das so ist, habe ich eine Idee, wie Sie Ihren Anteil an den Kosten noch senken könnten. Sie könnten eine vierte Person mit ins Boot nehmen. Wenn Frau Mahler ihren Anteil noch einmal teilt, käme Sie mit Ihrem Eigenkapital hin. Sie müssten ja niemanden mit ins Haus nehmen. Sie könnten einen Teil des Grundstücks verkaufen.«

Janna zuckte mit den Schultern. »Wiesen und ein paar Bäume? Wer sollte das kaufen wollen?«

Käfer beugte sich vor. »Oh, ich wüsste jemanden, der Interesse an einer ausgebauten Scheune mit Seezugang haben könnte.«

Lou sah nicht begeistert aus. »Die Scheune brauchen wir für das Tierfutter«, wandte sie ein.

»Sie haben doch noch mehrere Nebengebäude. Da ist viel Platz für Futter.« Käfer lehnte sich zurück und verschränkte die Arme vor der Brust.

»Wir können ja mal darüber nachdenken«, sagte Lou gedehnt.

»Aber lieber nicht zu lange.« Käfer schüttelte bedauernd den Kopf. »Morgen kommt ein Paar aus Berlin, um den Hof zu besichtigen.«

Toll, dachte Jana, ihr Stimmungswasserglas war nun vollkommen schwarz. Sie seufzte, und Käfer wandte sich ihr zu. »Ist Ihre Begeisterung für den Puff verpufft?« Um seine Augen erscheinen Lachfältchen.

Janna schüttelte den Kopf. »Wer ist es denn, der sich für die Scheune interessieren könnte?«

»Ich«, sagte Ben Käfer. »Ich bin das.«

»Warum eigentlich nicht?«, fragte Janna, als sie wenig später in Helens Auto dem schwarzen SUV von Ben Käfer folgten. »Die Scheune kann man vom Haus aus kaum sehen. Wer da wohnt, ist doch eigentlich egal, man kommt sich garantiert nicht in die Quere. Und ein weiterer Nachbar wäre gar nicht so schlecht.«

Helen nickte. »Ich finde den Gedanken auch beruhigend, dass da noch jemand wohnt«, sagte sie. »Wenn mal was ist, kann man sich gegenseitig helfen.«

Lou löste ihren Pferdeschwanz und schüttelte ihr Haar. »Ich dachte ja erst, dass Käfer da selbst wohnen will«, meinte sie. »Das fand ich schon seltsam, zu dem hätte das gar nicht gepasst. Was will ein Banker in einer renovierungsbedürftigen Scheune am See? Aber einen Künstler wie seinen Bruder kann ich mir in der Scheune ganz gut vorstellen. Und wenn dieser Bruder sich da ein Atelier einrichtet, kommen vielleicht sogar Besucher, die seine Werke sehen wollen. Oder er macht mal eine Vernissage. Eventuell interessieren sich die Besucher dann auch für meine Produkte.«

»Was für Produkte?«, fragte Helen.

»Obst. Gemüse. Eier. Kräuter. Alles, was das Land hergibt.«

»Hmmm«, meinte Janna ausweichend. An Lous Produktion glaubte sie nicht wirklich, aber das wollte sie jetzt nicht diskutieren. »Aber eine Sache finde ich merkwürdig. Warum kauft Ben Käfer ein Atelier für seinen Bruder? Hat er zu viel Geld?«

Lou zuckte mit den Schultern. »Ist doch eine gute Wertanlage. Und vielleicht glaubt er an sein Talent. Oder er hat ihn einfach sehr gern. Kann doch sein.« Sie zog einen Spiegel aus der Handtasche und betrachtete sich darin. Dann betupfte sie ihre Lippen mit einem Gloss, das nach Bienenwachs duftete.

Ben Käfer steuerte den Wagen jetzt in eine Seitenstraße und hielt am Rande eines staubigen Platzes an, der von Garagen umgeben war. Er öffnete die Wagentür und stieg aus.

Helen parkte hinter ihm ein. »Na, ich bin ja mal echt gespannt auf diesen Künstler«, sagte sie. »Sein Bruder ist zumindest ein ganz heißer Käfer.« Sie kicherte über den eigenen Witz, während Janna die Augen verdrehte.

»Findest du?«, fragte sie Helen dann aber.

»Du nicht?«

Janna zuckte mit den Schultern. Vielleicht.

Sie folgten Käfer über den Platz. Eines der Garagentore stand offen, man hörte metallisches Hämmern. »Das ist meine Garage«, erklärte Käfer. »Mein Bruder wohnt zurzeit bei mir und nutzt sie als Atelier.«

Als sie näher kam, sah Janna eine fast raumhohe Skulptur im vorderen Teil der Garage. Sie bestand aus verbogenen Rohren, Stacheldrahtstücken, zerkratzten Autoteilen, zwei Straßenschildern – *Vorfahrt gewähren* und *Sackgasse* – sowie einem großen Zahnrad. Auffallend waren die Schuhe, mit denen die Skulptur gespickt war. Halbschuhe, Sandalen, Badeschlappen, Wanderstiefel, Winterstiefel, Gummistiefel. Alles Herrenschuhe, offenbar alle in derselben Größe.

Janna entdeckte mehrere schwarze Slipper, die auf Augenhöhe angebracht waren. Sie sahen teuer und prinzipiell neuwertig aus. Jetzt waren sie unbrauchbar, denn jemand hatte sie mit überdimensionierten Nägeln durchbohrt und fest an das Schrottkunstwerk geschweißt. Amüsiert beobachtete Janna, wie Helens Blick nachdenklich zu den Füßen von Ben Käfer wanderte und an seinen neuen Schuhen hängen blieb. Er seufzte und nickte. »Alles meine«, gab er zu.

Hinter dem Schrotthaufen tauchte eine Gestalt auf. »Sie sind jetzt Teil von etwas Größerem«, sagte eine Stimme, die der von Ben Käfer ähnelte. Ein merkwürdiges Wesen trat aus dem Schatten der Garage hervor. Es trug einen schmutzigen Blaumann, der um seinen Körper schlackerte, und hielt ein Schweißgerät in der linken Hand. Auf seiner Nase saß eine riesige, runde Sonnenbrille, die Janna an die Augen von Puck, der Fliege aus den Biene-Maja-Filmen, erinnerte. Puck schob die Brille in seine mittelblonden Haare, die am Hinterkopf in filzigen Stacheln abstanden, und Janna sah ein schmales Männergesicht mit freundlichen, blauen Augen. Unterschiedlicher hätten die beiden Brüder nicht aussehen können, der eine hell, der andere dunkel.

»Das ist Frank«, sagte Ben Käfer.

Der Mann mit dem Schweißgerät lächelte. »Und die Skulptur heißt Schuhkunft.« Er streichelte zärtlich über das Zahnrad. »Wie Herkunft, Zukunft oder Ankunft, versteht ihr?«

»Klar«, sagte Lou. »Oder Auskunft.«

»Genau«, nickte der Käferbruder. Er lächelte Lou an. »Auskunft ist gut. Das passt.«

»Wie wäre es denn mit Vernunft, Frank?«, fragte Ben Käfer. In seiner Stimme schwang deutlich Frust mit. »Und mir fällt da auch noch Übereinkunft ein. Das passt auch sehr gut. Und natürlich Notunterkunft. Genau. Notunterkunft.«

»Schon gut, schon gut.« Frank hob beschwichtigend beide Hände. Er wandte sich an Lou. »Ich wohne seit ein paar Wochen bei meinem Bruder. Aber er meint, das sei keine Dauerlösung. Nach der Sache mit den Schuhen ist er ein bisschen gereizt. Er hat Angst um seine Socken, dabei finde ich wirklich nicht, dass Socken eine Schuhkunft haben.«

Lou legte den Kopf schräg und betrachtete das Kunstwerk. »Nein. Keine Socken«, sagte sie entschieden. »Auf gar keinen Fall. Socken wären zu banal.« Sie runzelte die Stirn. »Ich will dir nicht in dein künstlerisches Konzept reinreden, aber ich finde, du solltest Gegenstände wählen, die stärker abstrahieren als Socken. Und rein optisch fände ich es schön, wenn diese Gegenstände zwar alle dasselbe darstellen würden, aber eine größere Variationsbreite aufweisen würden als die Schuhe. Verstehst du, was ich meine?«

»Ja«, sagte Frank, und sein Ja klang wie ein Ja. Er hob die Händen und bewegte sie vor der Skulptur, also wolle er sie beschwören. »Variationen. Und eine starke Metapher. Das ist es.«

Lou trat näher. »Zifferblätter«, schlug sie vor. »Kleine von Armbanduhren, große von Standuhren, vielleicht ein ganz großes von einer Kirchturmuhr. Ganz viele Zifferblätter.«

Frank Käfer riss die Arme hoch, sprang auf Lou zu und drückte sie an sich. »Zifferblätter!«, rief er. »Das ist genial. Das ist die Zukunft der Schuhkunft. Eine Metapher auf die Zeit. Grandios!« Lou wirkte irritiert, aber sie schien sich in dieser Umarmung nicht unwohl zu fühlen.

»Nicht! Meine! Zifferblätter!«, rief Ben Käfer und legte die rechte Hand schützend auf seine Armbanduhr.

Frank grinste. »Hey, Mädels, ich glaub, ich brauche dringend eine neue Bleibe. Ich habe gehört, ihr habt da was in Planung? Eine Scheune?«

»Ich weiß nicht«, sagte Helen und betrachtete ihre Fingernägel. »Lou braucht die Scheune vielleicht für ihre Tierhaltung.« Frank schien ganz und gar nicht in ihr Beuteschema zu passen.

»Quatsch«, sagte Lou. »Ich brauch sie nicht. Wir haben doch noch mehr Nebengebäude.«

Ben Käfer sah erst Janna an, dann Lou und Helen, und zuletzt seinen Bruder. »Dann machen wir den Deal?«, wollte er wissen.

»Na klar«, sagte Frank.

Janna wunderte sich über seine rasche Zusage. »Willst du die Scheune nicht erst besichtigen? Wegen der Lichtverhältnisse und so? Oder uns kennenlernen?«

»Nö«, sagte er. »Licht mach ich mir selbst.« Er wies auf

das Schweißgerät. »Und wer wie ich bei diesem Ordnungsfanatiker überlebt hat, den ich meinen Bruder nenne, der kommt danach mit jedem klar. Wir sind bestimmt ein Dreamteam.«

»Was meint ihr?«, fragte Lou in die Runde. Helens Lächeln wirkte ein bisschen verkrampft, aber sie nickte. »Klar. Warum nicht?«

Janna fand den Typ zwar skurril, aber sympathisch. Und nerviger als ihre Mutter war er garantiert auch nicht. »Okay«, sagte sie. »Versuchen wir's zu viert. Ein Dreamteam im Quadrat. Ich freu mich auf die Nachbarschaft.«

»Ich freue mich auch«, sagte Käfer. Aber seltsamerweise war es nicht Frank, der diese Worte aussprach, obwohl er ja eigentlich ihr neuer Nachbar werden würde, sondern Ben Käfer. Janna warf einen raschen Seitenblick auf Mr Perfect, aber wieder war seine Miene undurchdringlich.

Eintrag im Internet-Lexikon Wikipedia

Frank M. Käfer (* 1984 in Crossen an der Elster) ist ein deutscher Metallskulpteur.

Dieser Artikel oder nachfolgende Abschnitt ist nicht hinreichend mit Belegen (beispielsweise Einzelnachweisen) ausgestattet.
Die fraglichen Angaben werden daher möglicherweise demnächst entfernt.
Bitte hilf der Wikipedia, indem du die Angaben recherchierst und gute Belege einfügst. Näheres ist eventuell auf der Diskussionsseite oder in der Versionsgeschichte angegeben. Bitte entferne zuletzt diese Warnmarkierung.

1. Leben

Frank M. Käfer wurde als zweiter von vier Söhnen in Crossen an der Elster (Thüringen) geboren. Zunächst absolvierte er eine Ausbildung als Hufschmied. Nach einem mehrjährigen Aufenthalt in Giengen an der Brenz hängte Käfer seinen Beruf im wahrsten Sinne des Wortes an den Nagel: Er studierte zwei Semester lang Bildende Kunst an der Universität der Künste Berlin, wo er sich intensiv mit Werkzeugen als Werkstoffen beschäftigte und mit seinen Nagelkunstwerken wahrhaft durchschlagende Erfolge feierte. In dieser Phase seines Schaffens gründete Käfer die avantgardistische Künstlergruppe »Schrott für Schrott«, deren Sprecher er heute ist.

Das Studium brach Käfer ab, weil die meisten Vorlesungen vor 14 Uhr stattfanden, was seinem natürlichen Biorhythmus widersprach und seine Kreativität empfindlichst hemmte.

In seiner Familie galt er danach als schwarzes Schaf.

Aber weil er weiß, dass schwarze Schafe in ihren Herden eine wichtige Funktion erfüllen, nahm er das nie persönlich.

Es ist ja so: Wenn man weiße Schafe durch einzelne schwarze Tiere im Herdenverband frühzeitig daran gewöhnt, dass es auf dieser Welt eben nicht nur weiße Schafe gibt, reagieren sie cool, falls mal ein andersartiges Tier auftaucht, ein Wildschwein oder ein Hund. Und so ist es auch bei Menschen. Schwarze Schafe in Familien erhöhen die psychische Belastbarkeit aller Familienmitglieder.

Es wäre daher nur recht und billig, wenn Frank Käfer in seinem persönlichen Umfeld endlich die Unterstützung bekäme, die er verdient, z. B. durch freiwillige Materialspenden. Aber so ist es nicht. Und man kann's halt nicht erzwingen. Abgesehen von den Materialspenden natürlich.

2. Werk

In seinen Arbeiten verquickt Käfer das Vergängliche mit dem Unvergänglichen, sucht die Widersprüchlichkeit der menschlichen Existenz zu negieren und bricht genau damit rational akzeptable Erklärungen von Lebenszusammenhängen schmerzhaft auf. Dabei ist es vornehmlich der Werkstoff Altmetall, aus dem Käfer seine figurativen Provokationen formt.
Seit 2005 finden verstärkt auch andere Abfallstoffe in seinen Skulpturen Verwendung. Gegenständlichkeit und Abstraktion kennzeichnen sein Werk.

Käfer vertritt die These, dass Künstler grundsätzlich nichts Unvergängliches schaffen können. Nur Müll überdauere die Zeit, so seine ebenso ehrliche wie schonungslose Analyse. In unerbittlicher Konsequenz kennzeichnet Frank M. Käfer daher seit 2012 jeden Gegenstand, den er in den Abfall wirft, mit seinem Namenszug. Seine Kunstwerke hingegen bleiben unsigniert.

3. Ausstellungen

2007 Nägel mit Köpfen (Galerie Schlurm, Giengen a. d. Brenz)
2009 Schrott und Korn (Bio-Bauernhof Fleiner, Schöneiche)
2012 Skulpturen (Hospitalhof Meisenberg)
2014 Frank M. Käfer – das M steht für Gefahr – Facebooksprüche aus Müllbuchstaben (Crossen a. d. Elster, privat)

12

Als Lou zwei Wochen später bei Janna klingelte, zitterten ihre Finger. Sie war vor dem heutigen Notartermin so aufgeregt wie eine Braut vorm Gang zum Standesamt.

»Komme gleich«, rief Janna durch die Sprechanlage.

Lou winkte Henry zu, der mit seinem klapprigen Kombi am Straßenrand wartete. Er deutete ihre Handbewegung richtig und stellte den Motor ab. Lächelnd beobachtete Lou, wie Hund Wolfgang die Wartezeit nutzte, um über den Sitz nach vorn zu springen und es sich auf Herrchens Schoß bequem zu machen. Sie wandte sich wieder dem Haus zu, aber im Inneren blieb alles still. Was machte Janna nur so lange? War sie auch so nervös? Rannte sie genau wie Lou vorhin kopflos hin und her und versuchte, sich zu erinnern, was man für einen Notartermin brauchte? Personalausweis? Vertragskopie? Bankunterlagen? Und machte sie sich auch ein bisschen hübsch für diesen Termin? Lou hatte zur Feier des Tages ein helles Sommerkleid angezogen und ihre Haare in einem plötzlichen Impuls aufgesteckt, wirklich fast wie eine Braut. Gut möglich, dass Janna auch noch vorm Spiegel stand.

Bei genauer Betrachtung gab es ja wirklich Parallelen zwischen einer Heirat und einem Hauskauf, überlegte Lou. Sie würden gleich eine Unterschrift leisten, woraufhin sie zwar keinen Ring, aber doch einen Schlüssel erhalten würden, zumindest wenn alles so klappte wie mit der Vorbesitzerin besprochen. Die hatte nämlich nichts dagegen gehabt, dass Lou gleich einziehen wollte, obwohl das Geld erst in paar Tagen überwiesen sein würde. Lou würde also nach dem Notartermin in Henrys Auto steigen, in dem schon ihr Koffer, ihre Matratze, eine Kiste mit Lebensmitteln und ein paar Umzugskartons warteten, und Henry würde sie nach Bukow fahren, wo ihr Leben neu beginnen sollte.

Lou lächelte. Ob sie ein paar Blechbüchsen hinten an den Auspuff binden sollte? Und in Bukow konnte sie den schwanzwedelnden Wolfgang über die Schwelle tragen, der graue Hund würde nämlich in den nächsten zwei Wochen ihr Lebensgefährte sein. Janna und Helen wollten die Umzugskisten nicht packen, bevor die Wohnung im Erdgeschoss des Gutshauses, die Helen gekauft hatte, geputzt und tapeziert war. Herd, Toilette und Waschmaschine sollten auch installiert sein, bevor sie bereit waren, einzuziehen. Sobald das geschehen war, wollten sie zu viert in der kleinen Wohnung leben, bis das Obergeschoss renoviert war.

Wann Frank umziehen würde, stand noch nicht fest, und damit Lou sich in dem alten Gemäuer nicht einsam fühlen würde, hatte sie Henry dazu überredet, ihr Wolfgang als Wachhund zu leihen.

Peng! Lou horchte auf. Im Haus schlug eine Tür. Jetzt hörte sie Jannas Stimme im Treppenhaus. »Nein, Mutti, du musst *nicht* mitfahren«, sagte diese Stimme. Sie klang gestresst.

»Natürlich muss ich das«, antwortete Hedda Mahler, ihr Tonfall ließ keinen Widerspruch zu. »Vier Augen sehen mehr als zwei. Und mit Immobilien kenne ich mich ja nun wirklich aus.«

»Mutti, wir besichtigen kein Haus, wir unterschreiben nur einen notariell erstellten Kaufvertrag. Den hat mir der

Notar vorher zugeschickt, und Helens Anwalt hat ihn überprüft. Da gibt es nichts zu sehen, das schaffe ich sogar mit geschlossenen Augen.«

»Pah! Du hast ja keine Ahnung!«, widersprach Hedda Mahler, ihre Stimme war jetzt ganz nah. »Zeige mir deinen Hausverkäufer, und ich sage dir, welche Probleme auf dich zukommen.«

»Es ist eine Hausverkäuferin, eine Frau«, sagte Janna.

»Das macht es nicht besser«, gab ihre Mutter zurück.

Die Tür öffnete sich, und Hedda Mahler erschien im Türrahmen wie auf einer Bühne. Sie trug ein fliederfarbenes Kostüm mit passendem Hut, an ihrem Hals schimmerte eine Perlenkette. In ihrem Aufzug sah sie aus wie die englische Queen.

»Oh, guten Tag, Louisa«, sagte Queen Mahler. »Wir sind dann so weit.« Sie neigte ihr Haupt zum Gruß.

Janna, die hinter ihrer Mutter auftauchte, hob die Hände, als flehte sie den Himmel um Gnade an, aber diese Barmherzigkeit blieb ihr verwehrt. Resolut schritt Hedda Mahler auf Henrys Rostlaube zu, und nur eine Naturkatastrophe hätte sie jetzt noch von der Fahrt abhalten können.

Der sanfte, freundliche Henry war aber beileibe keine Naturkatastrophe, er taugte nicht mal als Sturm im Wasserglas. Als er Hedda Mahler sah, schubste er Wolfgang auf die Rückbank, verließ umgehend seinen Wagen und hielt Jannas Mutter formvollendet die Beifahrertür auf.

»Wo ist Lilly?«, fragte Lou, als sie sich neben Wolfgang und Janna auf den Rücksitz fallen ließ.

»Bei einer Freundin«, sagte Janna. »So ein Notartermin ist für sie doch langweilig.« Etwas lauter fügte sie hinzu: »Eigentlich ist er für jeden langweilig. Man geht nur hin, wenn man wirklich muss.« Sie zog einen Block und einen Stift aus ihrer Handtasche, kritzelte etwas auf das oberste Blatt und schob es zu Lou. »Scheiße, was machen wir jetzt?«, stand da.

Lou zuckte mit den Schultern, nahm den Stift und schrieb darunter: »Wir stehen das durch. Was sonst? Du bist doch volljährig. Du kannst kaufen, was du willst.«

Janna rollte wütend mit den Augen und schnappte sich den Stift erneut. »Denk doch mal nach! Mutterdrache meets Puffmutter. Das gibt eine Szene, wie du sie noch nie erlebt hast!«

Shit! Lou schloss entsetzt die Augen. Hedda Mahler würde die Vorbesitzerin treffen. Jetzt verstand sie endlich, warum Janna so nervös war. Das war wirklich ein hochexplosives Treffen, das sie tunlichst verhindern mussten.

»Diese Gutsbesitzerin«, setzte Hedda Mahler an. »Ist sie von Adel? Stammt das Haus aus Familienbesitz?«

»Nein, sie heißt Groß. Martha Groß. Ganz bürgerlich.«

»Groß?«, fragte Hedda. »In meiner Klasse war ein Mädchen, Karin, sie hat später einen Mann namens Groß geheiratet. Ob die verwandt sind? Oder hieß der Klein? Na, ich frag sie nachher einfach mal, ob sie Karin kennt.«

Janna wirkte verzweifelt. »Mutti, ich weiß gar nicht, ob Unbeteiligte an einem Notartermin überhaupt teilnehmen dürfen. Henry ist bestimmt so lieb und bringt dich wieder nach Hause.«

»Papperlapapp«, antwortete Hedda Mahler. »Ich bin nicht unbeteiligt. Ich bin deine Mutter.« Damit war die Diskussion für sie beendet.

Nach kurzer Fahrt bog Henry in die Straße ein, in der sich das Notariat befand. Mist, dachte Lou. Eine Parklücke. Und auch noch direkt vorm richtigen Haus. Gleich waren sie da, und sie hatten immer noch keinen Plan, wie sie Hedda Mahler loswerden konnten. Wenn jetzt nicht gleich ein Wunder geschah, hatten sie verloren. Was würde Jannas Mutter tun, wenn sie durchschaute, welchem Beruf Frau Groß nachging? Lou vermutete, dass sie den Kauf verhindern würde. Irgendwie würde sie das hinbekommen. Oder besser: irgendzwie. Diese winzige Person hatte einen Willen wie ein General. Hilfesuchend sah Lou zu ihrer Freundin, aber von ihr war keine Hilfe zu erwarten. Als Henry einparkte, sank Janna in sich zusammen und legte die Wange an Wolfgangs Kopf. Sie ergab sich in ihr Schicksal, eine Strategie, mit der sie die vergangenen fünfunddreißig Jahre überlebt hatte.

Im Wartebereich des Notariats saß Helen und blätterte in einer Zeitschrift. Sie riss die Augen erstaunt auf, als sie Jannas Mutter sah. Lou suchte verzweifelt nach einer Gelegenheit, um kurz unter vier Augen mit Helen zu sprechen, vielleicht hatte sie ja eine rettende Idee. Aber sie war chancenlos. Als Frank und Ben Käfer eintrafen, sah auch Lou keine Möglichkeit mehr, das Unglück abzuwenden.

»Sie sind also der junge Mann, der die Scheune auf dem Grundstück meiner Tochter kaufen will«, stellte Hedda Mahler mehr fest, als dass sie fragte, und starrte auf Franks feuerrotes T-Shirt. Drei Strichmännchen mit winzigen Strichmännchenpenissen zierten seine Brust, darunter stand der seltsame Spruch »Zieh dich aus und wandere«.

Lou hielt die Luft an. Hätte er gerade heute nicht ein neutraleres Kleidungsstück wählen können?

»Nein, dieser Mann bin ich«, sagte Ben Käfer mit sonorer Stimme. Hedda Mahler drehte sich zu ihm, und ihre Gesichtszüge entspannten sich. Sein Anzug saß perfekt, seine Schuhe glänzten, sein Lächeln war das eines Gentlemans.

Lou atmete langsam aus.

In diesem Moment öffnete sich die Tür, und eine Frau betrat den Raum. Die ältere Dame trug ein hellgelbes Kostüm mit passendem Hut. An ihrem Hals schimmerte eine Perlenkette. Sie sah aus wie Queen Hedda in Hellgelb. Das konnte unmöglich die Bordellchefin sein.

Aber die Frau steuerte direkt auf die Gruppe zu. »Groß«, stellte sie sich vor. »Martha Groß.«

»Gnpf.« Janna gab ein unterdrücktes Schnauben von sich.

»Gesundheit«, sagten beide Königinnen gleichzeitig.

Eineinhalb Stunden später saß Lou neben Henry im Wagen Richtung Gutshof Bukow, Wolfgang zu ihren Füßen. In ihrer Hand hielt sie einen Schlüssel, dunkel, schwer und schnörkellos. Den Hamsa-Schlüsselanhänger hatte sie bereits daran befestigt. Lou war zwar noch nicht offiziell Eigentümerin ihres Anteils des alten Hauses, aber sie fühlte sich schon jetzt als stolze Gutsbesitzerin. Das Fenster war geöffnet, sommerwarme Luft strömte ins Auto, und Lous helles Kleid flatterte im Fahrtwind. Was für ein perfekter Moment. Zufrieden kuschelte sie sich in den Sitz und kraulte Wolfgangs Ohr. Der Notartermin war überraschend ruhig verlaufen. Frank Käfer hatte sich im Hintergrund gehalten, Ben Käfer seriös und solide gewirkt, und Frau Groß und Frau Mahler hatten sich bestens verstanden. Es hatte nicht viel gefehlt, und sie hätten sich zum Tee verabredet. Eigentlich schade, dass Janna das verhindert hatte. Sie hatte nach dem Termin behauptet, ihr sei übel und sie müsse jetzt ganz schnell nach Hause. Und dann hatte sie einfach ein Taxi gerufen und war mit ihrer Mutter weggefahren. Vielleicht war ihr ja wirklich schlecht gewesen. Immerhin hatten die vielen Zwischenfragen von Hedda Mahler den Termin doch sehr in die Länge gezogen. Der Notar war immer nervöser geworden, Janna hatte so lange an ihrem Jackenknopf gedreht, bis er klirrend zu Boden gefallen war, und als endlich alle Dokumente unterschrieben waren, hatten in der Sitzgruppe vor der Tür bereits mehrere Personen mit gereiztem Blick gewartet und die Sekretärin des Notars hatte hektisch telefoniert, um spätere Termine zu verlegen. Na egal, es war geschafft.

Als Henry in den Kiesweg zum Haus einbog, warnte Lou: »Vorsicht, hier gibt es Schlaglöcher.« Aber der alte Kombi holperte ohne Kratzgeräusche über die unebene Fahrbahn, denn er war, anders als Helens Nobelhobel, nicht tiefergelegt. Konnte man Autos eigentlich auch höherlegen? Sie würde das Helen irgendwann mal vorschlagen. Das war vielleicht billiger als die Sanierung des gesamten Weges.

Schließlich tauchte das Gutshaus vor ihnen auf, und Henry pfiff leise durch die Zähne.

»Toll, oder?«, fragte Lou voller Besitzerstolz.

»Ganz schön viel Arbeit, die da vor euch liegt«, meinte er nur.

Wenig später schob Lou den Schlüssel in das alte Schloss. Sie benötigte mehrere Versuche, bis sich die Tür knarzend öffnen ließ. Warmer Modergeruch schlug ihr entgegen, als sie die Eingangshalle betrat. Lou hielt einen Moment inne und ließ den Raum auf sich wirken. Sicher, die schwarzweißen Bodenfliesen waren staubig, die dunkle Treppe verkratzt und ausgetreten, aber Lou fand den Raum trotzdem wunderschön, und sie konnte schon förmlich sehen, wie beides bald glänzen würde. Sie öffnete die beiden Fenster rechts und links neben der Tür und leistete mit Blick auf die großen alten Bäume in der Allee still einen Schwur: Sie würde dieses Haus wieder zum Leben erwecken, und wenn sie sich dabei krumm und bucklig schuften würde. Und wenn irgendjemand sie aus diesem Haus je wieder herausbekommen wollte, dann musste er sie mit den Füßen zuerst hinaustragen.

»Du willst hier wirklich übernachten? Ganz allein?«, fragte Henry.

Lou ging in den Salon und klappte mit beiden Händen die Flügel eines raumhohen Fensters auf. Helles Sonnenlicht flutete in den staubigen Raum. »Ich bin doch nicht allein, ich hab Wolfgang«, rief sie Henry zu.

»Wo sollen deine Sachen hin?« Er betrachtete den schmutzigen Boden. »Ich bin ja echt nicht pingelig, aber auf diesen Dreck würde ich keine Matratze legen. Hast du eine Plane dabei?«

»Spinnst du? Plastik?« Lou schüttelte den Kopf. »Ich habe alte Zeitungen. Und ich glaube, ich schlafe oben, in dem Raum mit dem großen Balkon. Da sitze ich dann heute Abend noch ein bisschen draußen, trinke ein Glas Wein und betrachte die Sterne. Und nachts kann ich die Balkontür offen lassen. Das wird schön.«

»Gibt's hier eigentlich Strom? Oder Wasser?«

»Das Haus war lange unbewohnt, deswegen wurden die Zähler ausgebaut, und im Moment funktioniert das alles nicht. Aber Wasser gibt's im See«, sagte Lou. »Und um Strom kümmere ich mich morgen. Ich habe Kerzen und eine Öllampe. Ist ein bisschen wie Camping.«

Kopfschüttelnd begann Henry, das Auto auszuräumen.

Lou fegte währenddessen das Zimmer im Obergeschoss

und bedeckte den Boden mit Zeitungspapier. Sie rollte die Matratze aus und legte ihren Schlafsack und ihr Dinkelkissen darauf. Am Kopfende stellte sie Öllampe und Streichhölzer bereit, ganz dicht neben ihr Lager legte sie Wolfgangs Hundedecke. »Das wird eine tolle Zeit, Kumpel«, sagte sie und tätschelte seinen Kopf.

»Hast du wirklich keine Angst? Hier wird's nachts ganz schön dunkel, es gibt ja nicht einmal Straßenlaternen.« Henry tauchte hinter ihr auf und setzte vorsichtig einen schweren Umzugskarton auf dem Boden ab.

»Angst? Wovor denn?« Lou zuckte mit den Schultern. »Es weiß doch keiner, dass ich hier bin. Und es ist echt nicht wahrscheinlich, dass ein psychopathischer Axtmörder nur auf Verdacht durch leer stehende Häuser in Brandenburg schleicht, in der Hoffnung, dort ein Opfer zu finden. Seine Trefferquote wäre äußerst gering.«

»Stimmt«, sagte Wolfgang. »Ein Mörder mit einer Axt ist wirklich unwahrscheinlich. Statistisch gesehen sind Messer die häufigsten Mordwaffen, und danach kommen Pistolen und die eigenen Hände. Hab ich mal gelesen.«

»Toll, Henry«, erwiderte Lou. »Ein Satz von dir, und gleich fühlt man sich besser.«

Henry lächelte geschmeichelt. Für Ironie hatte er keinen Sinn.

Eine Stunde später küsste Henry Lou auf die Wange und Wolfgang auf die Nase. Dann stieg er in seinen Kombi, hupte zum Abschied und rumpelte den Kiesweg entlang. Es war schon fast sechs, und er wollte vorm Abendessen zu Hause sein.

Lou setzte sich auf die Freitreppe, legte den Arm um Wolfgang und sah Henry nach, bis sein Auto auf die Landstraße bog und verschwand. Wolfgang fiepte leise und lehnte sich an sie. In diesem Moment hätte Lou auch gern ein bisschen gefiept. Mal ehrlich, es war schon ein bisschen einsam hier. Und still. Und bald auch dunkel. Aber daran würde sie sich gewöhnen. Bestimmt.

Ein Auto bog in die Baumallee ein, es fuhr langsam auf das Gutshaus zu. Die Scheiben spiegelten das Licht der tief stehenden Sonne, deswegen konnte Lou nicht erkennen, wer der Fahrer war. Ein paar Meter vom Vorplatz entfernt stoppte der Wagen, blieb eine Weile stehen und fuhr dann mit aufheulendem Motor im Rückwärtsgang zur Straße zurück. Wie unheimlich, dachte Lou und schauderte. Aber dann rief sie sich zur Ordnung, vermutlich war der Fahrer nur falsch abgebogen.

Sie kraulte Wolfgang hinter den Ohren. »Wollen wir beide einen Abendspaziergang machen und dann früh schlafen?«, fragte sie ihn und ließ die Hand über seinen grauen Rücken gleiten. Das glatte, warme Fell fühlte sich tröstlich an.

Lou beschloss, genau wie ein Farmer im Wilden Westen, zunächst einmal die Grenzen ihres Grundstücks abzuschreiten. Als sie die äußerste Ecke des Besitzes erreicht hatte, sah sie in der Ferne das Haus ihrer nächsten Nachbarn. »Siehst du, wir sind nicht allein«, sagte sie zu Wolfgang.

Dem war das egal. Er steckte mit dem Oberkörper in einem Loch und buddelte sich grunzend noch tiefer ins Erdreich.

»Ey, du bist kein Kaninchen«, sagte Lou und rief den Hund zu sich. Als er kam, entschloss sie sich zu einem Abstecher ans Wasser, um den hechelnden Hund vor dem Schlafengehen trinken zu lassen. Sie wählte den Weg durch den Wald und erreichte nach wenigen Minuten den Holzsteg. Glatt und still lag die Wasseroberfläche vor ihr.

Glatt war sie allerdings nur so lange, bis Wolfgang mit einem Satz hineinsprang und laut schlabbernd trank. Im Schilf quakte ein Frosch, und im Wald hörte man ein lautes Klopfgeräusch, vielleicht von einem Specht. Idylle pur, dachte Lou und lauschte.

Obwohl, ein Specht war das wohl doch nicht. Dafür war das Klopfen zu langsam und zu unregelmäßig. Vielleicht ein Hirsch, der sein Geweih an einen Baum schlug? Lou nahm Wolfgang an die Leine und ging dem Pochen nach. Sie wollte die Geräusche der Natur kennenlernen, die sie umgab.

Doch als Lou den Weg entlangging, den sie vor einigen Wochen mit Janna, Lilly und Helen gewählt hatte, stellte sie fest, dass das Klopfen nicht aus dem Wald kam. Sie folgte einem Pfad, der zu der Baumgruppe führte, in der Franks Scheune stand. Von dort schien das Geräusch zu kommen. Vielleicht besichtigten die Käfer-Brüder gerade das neue Atelier? Vielleicht hämmerten sie schon, um Franks Einzug zu beschleunigen? Lou merkte, wie ihr bei diesem Gedanken leichter zumute wurde. Ein bisschen Gesellschaft an diesem ersten Abend wäre doch nett. Warum hatte sie die beiden eigentlich nicht auf ein Glas Wein eingeladen? Vielleicht konnte sie das ja jetzt nachholen.

Als sie sah, dass an einem Baum unweit der Scheune ein Fahrrad lehnte, blieb Lou stehen. Bei genauerem Hinsehen erkannte sie im Schatten des Gebäudes einen Mann. Er trug ein rotes T-Shirt und wandte ihr den Rücken zu. War das Frank Käfer? Lou ging ein paar Schritte näher. Tatsächlich, die Statur stimmte, das musste er sein.

Lou wollte schon rufen, um sich bemerkbar zu machen, aber Wolfgangs Reaktion hielt sie davon ab. Seltsam, der Hund wich leise knurrend zurück. Lou zog an der Leine, aber Wolfgang stemmte beide Beine in den Boden und weigerte sich, weiterzugehen. Irgendetwas missfiel ihm.

Lou blieb stehen und beobachtete, was an der Scheune geschah. Frank Käfer stand breitbeinig vor einer Holzbank, er wippte in den Knien. Jetzt hob er beide Arme, und Lou erkannte in seinen Händen eine Axt. Aber er schlug nicht zu, er wirkte unentschlossen.

Wollte er die Bank zerstören? Nein, auf der Sitzfläche lag etwas, das er offenbar zerkleinern wollte. Es sah aus wie ein Sack, in dem sich etwas Unförmiges befand. Nur was?

Oh nein! Lou hielt die Luft an. Aus dem Sack ragten Füße. Nackte, blasse Menschenfüße, seltsam starr und leblos.

Frank holte noch weiter aus – und schlug mit aller Kraft zu.

Die zehn häufigsten Mordwaffen von Psychopathen ...

... laut einer italienischen Studie an der Universität Bari, in der 103 Mordfälle untersucht wurden.

1. Messer
2. Pistole
3. Die eigenen Hände
4. Gewehr
5. Stein
6. Gift
7. Feuer
8. Auto
9. Axt, Beil
10. Hammer

13

Lou kniff die Augen zusammen und begann zu zittern, als sie hörte, wie etwas krachend zerbarst. Sie wollte aufschreien, aber aus ihrer Kehle drang nur ein Röcheln. Die Luft um sie herum fühlte sich plötzlich wie Watte an, und ihre Knie wurden weich. Sie würde doch jetzt nicht ohnmächtig werden? Nein! Nicht jetzt!, befahl sie sich und schnappte nach Luft. Sie musste hier weg.

Als sie die Augen wieder aufriss, sah sie, dass Frank noch einmal auf den Sack einschlug. Etwas splitterte, und Lou merkte erneut, wie ihr schummrig wurde.

Doch dann sickerte eine Information in ihr Bewusstsein, die nicht stimmig mit der Szene war, die sie beobachtete, und sie versuchte, zu verstehen. Was war das eben gewesen? Etwas splitterte?

Sie zwang sich, noch einmal genau hinzusehen. Käfer schlug wieder zu, und im Sack zerbrach etwas hohl berstend. Jetzt geriet einer der starren Füße in Bewegung. Er rutschte nach unten und fiel zu Boden. Am Gelenk sah Lou eine scharfkantige Bruchstelle.

Kein Blut. Wirklich nur eine Bruchstelle. Also kein Mensch!

Lou sank gegen den Baumstamm. Ihr Gehirn funktionierte nur noch scheibchenweise, und sie schnappte japsend nach Luft.

Frank Käfer schien zu spüren, dass er nicht mehr allein war. Er hielt inne, drehte sich um und erblickte Lou.

»Hey«, sagte er, ließ die Axt sinken und kam auf sie zu. Zieh dich aus und wandere. Die Aufschrift auf Franks T-Shirt kam Lou in diesem Moment so bizarr vor, dass sie hysterisch kicherte.

»Da bist du ja«, sagte Frank. »Ich wollte dich besuchen, aber du warst nicht da. Ich dachte, du hättest es dir vielleicht anders überlegt und wolltest die erste Nacht doch nicht ganz allein hier draußen verbringen.«

»Ich bin nicht allein«, sagte Lou und zeigte auf Wolfgang, der Käfer jetzt freundlich wedelnd begrüßte. Blöder Hund! Wovor hatte er denn eben Angst gehabt?

Plötzlich verschwamm sein Bild vor ihren Augen. »Huch«, sagte sie noch. Dann fiel sie in tiefe, dunkle Schwärze.

Als Lou wieder zu sich kam, sah sie über sich den Abendhimmel. Sie blinzelte und bewegte die Hände. Dann wackelte sie mit den Füßen und versuchte herauszufinden, wo sie war. Wie es schien, lag sie auf einer Art Bank. Jemand hatte sie mit einem rauen Jutesack zugedeckt, aber ihre Füße waren nackt und ragten über das Ende der Bank hinaus. Lou drehte den Kopf zur Seite und sah Frank Käfer. Er stand neben ihr und hielt eine Axt in seiner Rechten. Jetzt beugte er sich über sie. »Geht's wieder?«, fragte er.

Plötzlich fiel Lou alles wieder ein. »Gaaah!«, schrie sie und sprang auf.

Frank ließ die Axt fallen und machte einen Satz nach hinten. Fast wäre er gestürzt, er fing sich aber wieder. »Mensch«, sagte er und schüttelte fassungslos den Kopf. »Du machst ja Sachen. Ist das Tourette?«

»Nein«, sagte Lou, um Fassung ringend. »Das habe ich nur, wenn ich jemanden dabei überrasche, wie er im Wald auf nackte Frauenkörper einhackt.« Mit spitzen Fingern hob sie den Fuß auf, der vor ihrem kleinen Blackout aus dem Sack gefallen war. Die Zehennägel waren rot lackiert. »Hast du noch mehr solche Hobbys?«

»Oh, sorry«, sagte Frank. »Deswegen bist du umgekippt? Setz dich mal lieber noch ein bisschen.«

Lou hob die Axt auf, behielt sie sicherheitshalber in der Hand und setzte sich. Sie ließ Frank nicht aus den Augen. So ganz traute sie ihm immer noch nicht, obwohl er zerknirscht wie ein kleiner Junge aussah.

»Ich wollte dich echt nicht erschrecken«, sagte er. »Ich habe zwei so Dinger in der Scheune entdeckt, so eine Art Riesengartenzwerge für große Jungs, und ich habe überlegt, ob ich sie künstlerisch nutzen kann. Deswegen habe ich an der einen rumgeklopft. Die andere ist noch da.« Er öffnete die Scheunentür, und Lou stand auf, um zu sehen, was sich dahinter verbarg.

Riesengartenzwerge für große Jungs? Das war keine treffende Beschreibung, fand Lou. Barbie, das war das Erste, was ihr einfiel, als sie die Figur sah. Obwohl Barbie vielleicht auch das falsche Wort war, denn mit Kinderspielzeug hatte dieses Ding eindeutig nichts zu tun. Die langen Haare, die Sanduhrfigur und die enorme Oberweite stimmten zwar ungefähr überein. Aber Barbie hatte keine rosaroten Brustwarzen, und sie stand auch nie so da. Die lebensgroße Puppe in der Scheune hatte den Kopf in den Nacken gelegt. Sie hob einen Arm und wühlte mit der Hand in ihrer blonden Mähne. Mit der anderen Hand schien sie irgendetwas in ihrem winzigen Stringtanga zu suchen. Dem Gesichtsausdruck nach hatte sie es gefunden.

»Uff«, sagte Lou. »Dieses Anwesen birgt anscheinend ein paar Überraschungen.« Sie ließ sich wieder auf die Bank fallen, denn sie fühlte sich nach wie vor wackelig auf den Beinen. »Ich bezweifle allerdings, dass du diese Damen künstlerisch verwerten kannst. Sie sind doch eher, tja, wie soll ich sagen … Nennen wir es mal kommerziell.«

Er nickte. »Hab ich auch gedacht. Aber ich wollte sie nicht einfach wegwerfen. Die sind aus Kunstharz. Das kann man nicht recyceln.«

»Hmmm«, sagte Lou. »Ich sehe das Problem. Vielleicht könntest du die intakte Figur mit einer weißen Masse überziehen, sie würde dann an eine griechische Statue erinnern. Damit könntest du die Frage aufwerfen, inwiefern antike Skulpturen pornografisch sind.«

Frank nickte ernst und betrachtete Porno-Barbie von oben bis unten. »Das ist 'ne Idee!«, murmelte er. »An strategisch wichtigen Stellen könnte ich sie auch noch mit Kressesamen bestreuen und wässern. Dann hätte ich ein lebendes Kunstwerk.«

»Äh … klar. Das wäre eine Möglichkeit.« Aber Lou wollte wirklich keine Porno-Barbie mit Naturbusch im Vorgarten haben, allem künstlerischen Anspruch zum Trotz. »Passt aber nicht so richtig in dein Werk, oder? Versteigere sie doch einfach bei Ebay. Vielleicht mag sie jemand, wie sie ist.«

Er nickte nachdenklich.

»Hast du eigentlich Hunger?«, wollte Lou wissen. »Wie wär's mit einem Picknick? Ich habe selbst gebackenes Brot, Tomatenpaste, Käse und Rotwein aus der Region.«

Eine halbe Stunde später saß Lou mit Frank Käfer auf dem steinernen Balkon des Herrenhauses. Die Sonne war inzwischen untergegangen, und die Wipfel der Bäume hoben sich wie Schattenrisse gegen den dunklen Nachthimmel ab, in dem unzählige Sterne glitzerten. Wolfgang lag in einer Ecke des Balkons auf der Seite und schnarchte. Ein Teelicht spendete ein bisschen Licht. Lou war überrascht, wie mühelos man sich mit Frank unterhalten konnte. Er war eine wirklich angenehme Gesellschaft.

»Wieso soll man sich ausziehen und wandern? Tust du das manchmal?«, fragte sie irgendwann nach dem dritten Glas Wein. Sie legte sich auf den Rücken, weil ihr ein bisschen schwindelig war, betrachtete die Sterne und fragte sich, ob es wirklich so viele waren, wie sie glaubte, oder ob sie schon alles doppelt sah.

»Was?«, fragte Frank. »Ausziehen? Wandern?« Er ließ sich neben ihr nieder.

Lou drehte sich zur Seite und piekte mit ihrem Zeigefinger auf seine Brust.

»Ich mein das da.«

»Ach so«, sagte er und schielte nach unten. »Stammt von einem Nudisten-Treffen.«

»Echt jetzt? Wozu brauchen Nudisten denn T-Shirts? Die sind doch nackt.«

»Das Shirt war für die Parkplatzanweiser. Die standen an der Straße, deswegen mussten sie was anhaben. Ist übrigens nicht meins. Ein Kumpel hat da gejobbt und wollte das Teil hinterher wegwerfen. Aber es war nagelneu, da hab ich's mitgenommen.«

»Und was draufsteht, ist dir egal?«, wollte Lou wissen.

»Nicht ganz«, antwortete er und sah sie an. Er hatte hübsche Wimpern, fand Lou. Ziemlich viele. Oder sah sie die auch schon doppelt? Nein, eher nicht, sonst würde sie ja auch vier Augen und zwei Nasen sehen, und so war es nicht. »Ich hab noch eins von demselben Kumpel«, erzählte er, »und das zieh ich immer nur auf links an.«

»Was steht da drauf?«

»Carglass repariert, Carglass tauscht aus.«

»Ah. Okay.« Lou gab sich Mühe, nicht loszulachen.

Er grinste. »Alle fangen an zu singen, sobald sie das lesen. Es ist grauenhaft.«

Jetzt musste Lou doch lachen. Plötzlich fand sie diesen Käfer sehr niedlich. Lag das am Wein? Versonnen betrachtete sie den Finger, mit dem sie gerade auf Franks Brust gepiekt hatte. Irgendwie würde sie das jetzt gern noch einmal tun. Aber nach dem nächsten Glas würde sie vermutlich auch noch wissen wollen, was auf seinem Slip stand. Wobei sie das auch jetzt schon ganz gern wüsste.

Lou schielte zu der Weinflasche. Tatsächlich, es war noch was drin. Dann müsste sie eigentlich noch zurechnungsfähig sein. Sollte sie? Oder lieber nicht? Sie versuchte, die steinernen Pfeiler des Balkongeländers zu fixieren, was ihr nicht gelang, denn sie tanzten im Kreis. Aber mit ganz viel Willenskraft konnte sie sie dann doch auseinanderhalten. Sie begann, sie abzuzählen. Ich mach es. Der erste Pfeiler. Ich mach es nicht. Der zweite. Ich tu's. Ich lass es. Ja. Nein. Ja. Nein. Ja. NEIN. Der Balkon sagte eindeutig Nein.

Lou seufzte, aber sie beschloss, auf den Rat des Hauses zu hören. Es war schließlich ein Haus mit Charakter und einer Menge Lebenserfahrung. Und es hatte ja recht. Es wäre komplett bescheuert, gleich in ihrer ersten Nacht in Bukow eine Affäre mit dem Mann von nebenan anzufangen. Ein gekränkter Liebhaber mit gebrochenem Herzen in der benachbarten Scheune konnte das gesamte Projekt zum Scheitern bringen. Sie betrachtete das schmale Gesicht des Künstlers und seine geschwungenen Lippen, die auf sie sensibel und verletzlich wirkten. Frankieboy war definitiv kein Mann für eine Nacht.

Dazu war er vermutlich auch viel zu nachhaltig – er warf ja grundsätzlich überhaupt nichts weg, er recycelte sogar seine Zahnpastatuben, indem er sie aufschnitt, von hinten mit Farbresten füllte und dann wieder zuklebte. Und eine nachhaltige, feste Beziehung war das Letzte, was Lou zurzeit wollte. Sie suchte keinen Mann fürs Leben. Sie suchte erst mal ihr Leben, ihr echtes, eigenes, elektrisierendes Lou-Leben.

Am nächsten Morgen erwachte Lou davon, dass jemand an ihrem linken Ohrläppchen knabberte. Sie öffnete vorsichtig ein Auge und stellte fest, dass es Wolfgang war.

»Geh weg, du Monster«, knurrte sie und wunderte sich über die leise Enttäuschung, die sie beim Anblick des Hundes empfand. Bestimmt der Restalkohol. Dass sie ihren Schlafsack und ihr Ohrläppchen nicht mit Frank geteilt hatte, war auf jeden Fall die richtige Entscheidung gewesen.

»Was will das Vieh«, knurrte eine Stimme an ihrem rechten Ohr, und Lou zuckte vor Schreck zusammen. Frank! ? Neben ihr ?

Tatsächlich, da bewegte sich jemand unter dem Schlafsack, mit dem sie sich offenbar nur zugedeckt hatte, statt hineinzuschlüpfen. Und dieser jemand klang wie Frank, roch wie Frank, und das Bein – das nackte Bein –, das jetzt gerade an ihrem entlangstrich, fühlte sich auch wie Franks Bein an, obwohl sie ja genau genommen gar nicht wissen konnte, wie sich Franks Bein anfühlte. Oder doch?

Plötzlich war Lou hellwach, und ihr endlich anspringendes Gehirn präsentierte ihr etwas verschwommene, aber doch recht ausführliche Erinnerungsfetzen von gestern Abend. Der Wein, den sie dann doch noch ausgetrunken hatte. Ihr Finger, der irgendwie den Weg auf Franks Brustkorb gefunden hatte. Das rote T-Shirt, das da zuerst noch gewesen war und dann auf einmal nicht mehr. Und irgendwann war überhaupt nichts mehr zwischen ihnen gewesen. Nur ganz viel Nähe und Sterne am Himmel. Ziemlich viele.

»Frank?«, fragte Lou vorsichtig.

»Guten Morgen«, sagte er leise.

»Du? Frank?«, flüsterte Lou noch einmal.

»Hmmm.«

»Ich weiß nicht, was ich sagen soll.«

»Dann sag doch einfach nichts«, murmelte er.

Aber das ging natürlich nicht. Sie musste etwas sagen, irgendetwas, mit dem sie taktvoll klarstellen konnte, wie das alles gemeint war. Also, nicht so ernst. Oder nein, ernst schon, aber nicht so verbindlich. Und vor allem: nicht so überstürzt. Nur, wie sagte man so was? »Es ist ...«, begann sie. »Ich wollte eigentlich nicht ...«

Jetzt kam Bewegung in ihn. Er wühlte sich aus den Kissen, stützte sein Gesicht in beide Hände und sah sie an. Einen Augenblick lang schien es Lou, als sähe sie so etwas wie Zärtlichkeit in seinem Blick. Dann blinzelte er und wirkte plötzlich nervös und unsicher. Oh Mist, er hatte sich verliebt. Alles, nur das nicht! Sie brauchte Zeit, sie musste sich in ihrem Leben erst wieder zurechtfinden, bevor sie entscheiden konnte, mit wem sie es teilen wollte.

Und sie kannte Frank doch gar nicht. Das ging zu schnell. »Du darfst nicht denken ...«, sagte sie, wusste aber wieder nicht weiter.

»Lou.« Er zögerte. »Ich ... war gestern ein bisschen beschwipst.«

Sie nickte. »Stimmt. Ich auch.«

Er rieb sich die Augen und stöhnte leise auf, vermutlich hatte er Kopfschmerzen.

Lou wusste, sie musste jetzt schnell etwas sagen, um ein für beide Seiten peinliches Gespräch zu verhindern. Aber wie anfangen?

Zu spät. Frank räusperte sich und holte tief Luft. »Es ... tut mir leid ...«, sagte er und stockte.

Moment. Das war ihr Text. Was war da los? Lou starrte Frank entgeistert an. Er sah plötzlich aus wie ein schuldbewusster Schuljunge. »Lou, bitte versteh das nicht falsch, aber ich kann einfach nicht ... also, ich meine, eine feste Beziehung ist für mich nicht ... ach Mist, ich weiß nicht, wie ich das sagen soll, jedes Wort klingt falsch.«

Ohne sein grellrotes T-Shirt sah er viel besser aus. Ganz sanft und vertraut. Nicht mehr wie ein versponnener Kunst-Freak. Einfach nur wie ... Frank. Er warf sich auf den Rücken und starrte an die Decke.

»Schon okay«, sagte Lou und tastete nach seiner Hand. »Mir geht's doch genauso.«

Sie spürte, wie seine Hand sich entspannte. »Echt?«

Sie nickte.

Er atmete auf.

»Und wie machen wir beide jetzt weiter?«, fragte sie, obwohl sie wusste, was er sagen würde, das Typische eben, erst mal Freundschaft und dann alles ganz langsam angehen, irgendwie so.

»Es war eine schöne Nacht, und wir waren uns nah«, sagte er, ohne sie anzusehen. »Aber mehr war nicht, und dabei sollten wir es wohl auch lassen. Weißt du, wir wohnen so dicht beieinander, und es könnte dich kränken, wenn ich ... also, falls auch mal jemand anders ... also, ich meine, du kriegst das ja alles mit, was ich sonst so mache.« Er zögerte und setzte noch hinzu: »Weißt du, ich bin einfach nicht so der Beziehungsmensch. Zu zweit gegen den Rest der Welt, nur damit das Leben leichter wird. Das sind gesellschaftliche Konventionen, die alles Natürliche einengen. Liebe als Konstrukt kapitalistischer Konsumwelt. Das ist doch eine reine Kosten-Nutzen-Analyse. Das brauch ich nicht, ich bin mehr für Offenheit und Vielfalt.«

»Oooookay!« Lou schnappte nach Luft. Mit dieser Gesprächswendung hatte sie nicht gerechnet. Den hatte sie ja ganz falsch eingeschätzt. Sie waren sich nah gewesen, das hatte er selbst gesagt, und jetzt war nicht mal von Freundschaft die Rede, sondern sogar von anderen Frauen. Von wegen nachhaltig in Beziehungen. Das war ja hier eine ziemliche Wegwerfmentalität. Oder – ha – eine Mehrwegmentalität! Anscheinend war er wirklich kein Mann für eine Nacht, sondern ein Mann für unzählige Nächte mit unzähligen Frauen. Frank Käfer, eine Art personifizierte Mehrwegflasche.

Lou drehte sich von ihm weg, auf die Seite, und zog die Beine an. Mehr war nicht, hatte er gesagt, und diese drei Worte waren noch frustrierender als eine Hundezunge im Ohr. Lou tastete nach ihrem T-Shirt. Sie wollte hier raus. Was sie jetzt brauchte, war kaltes Wasser. Ganz viel kaltes Wasser.

Nach einem kurzen Bad im eiskalten See war Lous Kopf wieder klar, und sie beschloss, die Nacht einfach zu vergessen und selbst ihren Freundinnen gegenüber kein Wort darüber zu verlieren. Im Ergebnis hatte sie ja nun genau das, was sie gewollt hatte. Kein Stress, keine Beziehung. Sie persönlich hätte das alles etwas freundlicher formuliert und das Ende offengelassen. Lass uns nichts überstürzen, hätte sie zu ihm gesagt, lass uns sehen, wie sich alles von selbst entwickelt. Aber ein offenes Ende war offenbar nicht sein Ding. Er hatte die Tür zugeknallt. Okay, dann hatten sie jetzt wenigstens klare Verhältnisse, und über alles andere würde sie einfach nicht mehr nachdenken. Sie musste jetzt all ihre Energie darauf verwenden, Strom und Wasser ins Haus zu bekommen, und danach war die Renovierung dran. Wie albern, dass sie sich im ersten Moment abgewiesen gefühlt hatte, nur weil Frank ähnlich empfand wie sie selbst.

Der Strom war kein Problem, ein Anruf bei den Stadtwerken genügte. Am nächsten Tag würde jemand vorbeikommen und einen Zähler installieren, hieß es. Aber die Sache mit dem Wasser war nicht so einfach, wie Lou gedacht hatte. Beim Telefonat mit dem Wasser- und Abwasserverband erfuhr sie, dass die stillgelegten Wasserleitungen des lange unbewohnten Hauses besser nicht ohne vorherige Prüfung in Betrieb genommen werden sollten. »Besser, Sie merken vorher, wenn die Rohre gerostet sind«, sagte der Mann am Telefon. »Wenn erst mal Wasserdruck drauf ist, kann das unangenehm werden.« Es war aber fast unmöglich, einen Installateur an den Apparat zu bekommen, der eine solche Prüfung machen konnte. Überall, wo Lou anrief, erreichte sie nur Anrufbeantworter, und egal, wie verzweifelt die Nachrichten waren, die sie hinterließ, niemand rief zurück. Als sie endlich jemanden erreichte, musste sie zur Kenntnis nehmen, dass es mindestens eine Woche dauern würde, bis sich die Firma darum kümmern konnte. Vielleicht auch zehn Tage. Oder vierzehn. Offenbar war der Meister krank und der Rest der Belegschaft auf Wochen hinaus ausgebucht. Lou bat dennoch darum, in die Auftragsliste aufgenommen zu werden. »Und wenn zwischendurch was frei wird, bitte, bitte, ziehen Sie mich vor, es ist wirklich wichtig.«

Schwierig würde auch die Versorgung mit Lebensmitteln werden. Vorne an der Landstraße gab es eine Haltestelle Bukow, aber der Bus fuhr sie nur fünf Mal täglich an, und Lou musste ihre Einkäufe gut planen. Wenn die Kassenschlange zu lang war oder sie aus einem anderen Grund zu spät zur Haltestelle kam, musste sie die Einkäufe zu Fuß zum Gut schleppen, und für die Strecke benötigte man locker vierzig Minuten.

Aber deswegen ließ Lou den Kopf nicht hängen. Sie selbst kam mit dem Seewasser klar, das konnte sie ja abkochen, wenn sie es trinken wollte. Hauptsache war, dass die Leitungen funktionierten, wenn die anderen einziehen würden. Und wenn sie den Bus verpasste, dann würde sie eben laufen, das war gesund.

Für die erste Woche hatte Lou sich vorgenommen, die Wohnung im Erdgeschoss bewohnbar zu machen. Sie riss den PVC-Belag vom Boden und entdeckte darunter schöne, alte Holzdielen, die allerdings mit Farb- und Klebstoffresten verschandelt waren. Sie rief Janna an und bat sie, im Internet zu recherchieren, was man brauchte, um Dielenböden abzuschleifen. Eine Stunde später rief Janna zurück und riet Lou dringend davon ab, sich an die Dielen zu wagen. »Du brauchst ein riesiges Schleifgerät für die Fläche in der Mitte und ein kleineres für den Rand und die Ecken. Die kann man ausleihen, das ist kein Problem. Aber vorher musst du alle Nägel in den Dielen ganz tief im Holz versenken. Wenn du aus Versehen drüberschleifst, schlagen sie sonst Funken, dann kann der feine Holzstaub Feuer fangen, und du fackelst das ganze Haus ab. Und auch technisch ist das nicht ohne. Wenn du diese riesige Schleifmaschine nicht gleichmäßig über das Holz bewegst, hast du nachher Rillen drin. Aber wie willst du das schaffen, winzig wie du bist? Die Typen in den Filmen auf YouTube, die das machen, haben alle Muckis wie Meister Proper höchstpersönlich. Wahrscheinlicher ist es, dass die Maschine dich über die Dielen zieht. Nee, Lou, lass das mal lieber, wenigstens so lange, bis wir da sind und mit dem Feuerlöscher neben dir stehen können.« Also ließ Lou die Böden, wie sie waren, und wandte sich den Wänden zu.

Frank sah sie in diesen Tagen kaum, da er meistens unterwegs war. Er versuchte gerade, einige seiner Kunstwerke zu verkaufen, um sie bei seinem Umzug nicht mitnehmen zu müssen. Das zumindest hatte er gesagt. Aber vielleicht hatte seine Abwesenheit ja auch andere Gründe. Gut möglich, dass er nach der gemeinsamen Nacht ein bisschen Distanz brauchte. Und vielleicht wollte er Lou auch keine falschen Hoffnungen machen und deswegen lieber nicht allzu viel Zeit mit ihr verbringen. Aber falls er diese Sorge hatte, war sie unbegründet. Lou hatte die Erinnerung an die erste Nacht auf Bukow schon längst in derselben Ecke ihres Herzens verbuddelt, in der sie bereits andere Beziehungsleichen vergraben hatte, zuletzt den Lehrer aus Kreuzberg. Frank und sie, das war ab jetzt eine Zweckgemeinschaft. Sie waren Nachbarn. Sonst nichts. Bei seinen seltenen Besuchen schenkte sie ihm daher wenig Beachtung, und wenn sie mit ihm sprach, dann über Organisatorisches. Einmal lieh sie sich sein Fahrrad, radelte nach Trepenick und besorgte sich im Baumarkt einen dicken Kleisterpinsel, einen scharfen Spachtel, einen Eimer und zwei Wasserkanister. Es war gar nicht so einfach, all diese Schätze mit dem Rad zu transportieren, aber Lou schaffte es mit Mühe und Not. In den kommenden Tagen schleppte sie literweise Wasser vom See zum Haus, pinselte die Wände damit ein und spachtelte die Tapeten ab, die leider so fest klebten, dass sie sich nicht am Stück abziehen ließen. Dabei entdeckte Lou sieben verschiedene Tapetenschichten, einfarbige und geblümte, karierte und gestreifte, und sogar Reste einer Fototapete mit Palmen vor einem Sonnenuntergang. Am Wochenende hatte sie drei von vier Wänden des mittleren Zimmers geschafft. Allerdings nicht bis zur Decke, denn der Raum war hoch, und selbst wenn sie auf dem einzigen Stuhl stand, den sie dabeihatte, konnte sie die Zimmerdecke mit ausgestreckten Armen nicht erreichen. Trotzdem war Lou stolz auf ihre Leistung. Ihre Fingerknöchel waren blutig, und an den Handflächen hatte sie Blasen. Aber die Wände sahen da, wo sie bearbeitet waren, richtig gut aus. Lou hatte sogar alle Löcher im Putz mit Spachtelmasse gefüllt. Jetzt noch Raufaser drauf und gut. Helen und die anderen würden am Samstag zu Besuch kommen, und Lou wollte sie überreden, mit ihr zum Baumarkt zu fahren und eine Leiter zu kaufen. Und das ganze Material, das man zum Tapezieren brauchte. Dann konnte sie das Zimmer am Sonntag fertig machen und am Montag mit der Tapete beginnen. Danach war das zweite Zimmer dran, und beim Umzug am darauffolgenden Wochenende würden sowohl Helen als auch Janna und Lilly frisch tapezierte Räume vorfinden, das hatte Lou sich geschworen.

An die Autos, die immer wieder abends zum Haus kamen, eine Weile parkten und dann mit aufheulendem Motor wieder abfuhren, hatte Lou sich inzwischen gewöhnt. Sie tippte auf ehemalige Puff-Besucher, die hofften, dass der Betrieb wieder aufgenommen worden war. Nun, es würde sich hoffentlich bald herumsprechen, dass Bukow inzwischen nicht mehr gewerblich genutzt wurde.

Als Janna, Helen und Lilly am Samstag durch das Haus streiften, waren die drei wider Erwarten überhaupt nicht begeistert von Lous Erfolgen.

»Hier sieht's ja noch schlimmer aus als vorher.« Das war alles, was Helen sagte, als sie die Wohnung besichtigte. Sie drehte an den Wasserhähnen und runzelte die Stirn. Dann knipste sie erfolglos die Lichtschalter an und aus, und Lou fiel erst jetzt ein, dass der Strommensch nicht wie versprochen gekommen war. Zuletzt verzog Helen sich mit ihrem Handy nach draußen, wo der Empfang besser war als im Haus, und telefonierte fünfundvierzig Minuten lang. Lou hatte keine Ahnung, wen sie anrief, aber sie sah vom Fenster aus, wie sie sich die Haare raufte, redete und gestikulierte.

Janna war einfühlsamer. Auch sie riss zwar entsetzt die Augen auf, als sie den Zustand der Wohnung sah, in die sie in sieben Tagen einziehen wollte. Aber wenigstens versuchte sie, Lou zu helfen, indem sie zum Spachtel griff und zusammen mit ihr die vierte Wand abkratzte.

Nach einer Weile kam Helen zurück und verkündete, dass sie ihren und Jannas Umzug um eine Woche verschoben hatte. Außerdem hatte sie ein paar Connections genutzt und Handwerker engagiert, die ab Dienstag, wenn hoffentlich Strom da sein würde, in der Wohnung hobeln und schleifen, hämmern und sägen, tapezieren und streichen sollten: »Sonst wird das doch nie was.«

Als die drei abends wieder abfuhren, blieb Lou wie ein begossener Pudel zurück. Von wegen, sonst wird das nie was. Sie hätte das schon geschafft, nur halt nicht so schnell. Nicht umsonst hieß es: Gut Ding will Weile haben. Der Kölner Dom zum Beispiel war erst nach sechshundert Jahren Bauzeit fertig gewesen. Aber heutzutage hatte einfach niemand mehr Geduld, auf »gut Ding« zu warten, und nachher beschwerten sich alle über Pfusch am Bau.

Am Montag wurde endlich der Stromzähler eingebaut, und im Haus gab es nun auch wieder Licht.

Als am Dienstag um sieben der erste Lieferwagen auf dem Parkplatz erschien, öffnete Lou den Handwerkern nur die Tür und zog sich dann in den Garten zurück. Wenn ihre Hilfe im Haus nicht mehr gebraucht wurde, würde sie ihre Arbeitszeit eben den Pflanzen widmen. Sie grub die Kräuter- und Gemüsebeete um, legte einen Komposthaufen an und entwarf Pläne für eine Kräuter-Apotheke.

Sie hätte es zwar nicht laut zugegeben, aber die neue Arbeitsteilung gefiel ihr viel besser, und auch Wolfgang war glücklich. Die Arbeit im Haus war ihm zu staubig gewesen, aber im Garten fühlte er sich wohl. Wenn Lou umgrub, buddelte er mit. Wenn sie Wasser holte, trank oder badete er. Und wenn sie Pausen einlegte, ruhte er sich neben ihr im Schatten aus und hoffte darauf, dass sie ihren Proviant mit ihm teilte, was sie natürlich auch tat.

Frank kam in diesen beiden Wochen fast täglich nach Bukow, um die Scheune einzurichten. Mit Reinigungs- und Renovierungsarbeiten hielt er sich, anders als Lou, allerdings nicht auf. »Ich bin voll waschbar bei dreißig Grad, und nach dem Trocknen muss man mich nur an den Haaren ein bisschen in Form ziehen«, sagte er. »Da macht es nichts aus, wenn meine Umgebung ein bisschen schmutzig ist.«

Lou gefiel seine Einstellung, und sie beschloss, sie für sich zu übernehmen. Sie rief Janna an und teilte ihr mit, dass sie die ursprüngliche Zimmereinteilung überdacht hatte. Eigentlich war angedacht gewesen, dass jede der drei Freundinnen in der Übergangszeit eines der drei Zimmer in Helens Wohnung beziehen sollte. Janna wollte ihres mit Lilly teilen, doch jetzt verzichtete Lou auf ihren Raum. Sie würde im Obergeschoss in ihrem Zeitungszimmer bleiben und den Komfort der Einliegerwohnung nur zu den Mahlzeiten und manchmal für eine Dusche nutzen. Lilly konnte also gleich ein Kinderzimmer bekommen und alle ihre Möbel von Anfang an mitnehmen.

»Bist du sicher?«, hakte Janna nach.

»Ganz sicher«, antwortete Lou. Sie wollte nichts nutzen, was sie sich nicht durch Arbeit verdient hatte.

Eines musste Lou aber widerwillig zugeben: Was die Handwerker leisteten, war alles andere als Pfusch am Bau. Sie fabrizierten zwar einen Höllenlärm, aber nach ein paar Tagen hatten sich die schmuddeligen alten Dielen in einen schicken Landhausboden verwandelt. Die alten Tapeten verschwanden wie von Zauberhand von den Wänden, und die neuen waren genauso schnell wieder dran. Innerhalb kürzester Zeit waren Wände und Türen schneeweiß.

Wasser war aber immer noch nicht da, und von dem Installateurbetrieb hatte Lou nie wieder etwas gehört. Was war schlimmer? Ein Wasserschaden im Haus oder ein Streit mit Helen? Gar keine Frage. Lou beschloss, die

Wasserleitungen ohne vorherige Prüfung in Betrieb nehmen zu lassen. Falls sich dabei ein Problem zeigen sollte, konnte man das Wasser garantiert auch wieder abstellen. Dieses Risiko schien kalkulierbar. Was Helen hingegen tun würde, wenn bei ihrem Einzug kein Wasser da war, ließ sich nicht vorhersagen, und Lou wollte es lieber nicht herausfinden.

Am Donnerstag der darauffolgenden Woche erhielt das Haus also endlich den heiß ersehnten Wasseranschluss, und zum Glück waren alle Leitungen dicht. Aber leider stellte sich danach heraus, dass die Wasserhähne in allen zehn Zimmern im Obergeschoss tropften. Und zwar nicht nur ein bisschen. Das Wasser rieselte ohne Unterlass aus den Hähnen und verschwand literweise ungenutzt in der Kanalisation. Lou war verzweifelt, weil sie keine Ahnung hatte, was man in einem solchen Fall tun musste. Es war Ben Käfer, der ihr half, als er zufällig vorbeikam. Er besorgte das passende Werkzeug und schaffte es, alle Hähne zu reparieren. Als am Freitag dann endlich auch noch der Elektriker vorfuhr und einen neuen Herd und eine Waschmaschine installierte, war alles für den Einzug von Janna, Lilly und Helen bereit. Sogar die Kräuter für die Hausapotheke hatte Lou in Töpfen ausgesät, und in manchen davon wuchsen schon kleine grüne Blättchen. Mit chemischen Pharmazeutika mussten sich die Bewohner von Bukow nun in diesem Sommer nicht mehr vergiften.

Als Lou am Samstag neben den beiden Käfer-Jungs auf der Eingangstreppe stand und dem Umzugswagen entgegensah, freute sie sich auf alles, was die Zukunft bringen würde.

Lous Liste

Kräuter, die wir unbedingt brauchen

Bei Prellungen, Verstauchungen: Beinwell
Bei Wunden: Ringelblume
Bei Bienenstichen: Spitzwegerich
Bei Bauchweh: Kamille
Bei Erkältung: Zitronenverbene
Bei Sonnenbrand: Weißer Gänsefuß
Bei PMS: Mönchspfeffer, Frauenmantel
Bei Kopfgrind: Frauenhaarfarn
Bei Gereiztheit: Baldrian
Bei Mutlosigkeit: Johanniskraut
Bei Liebeskummer: Lavendel

14

Helen, Janna und Lilly folgten dem Umzugswagen in Helens Auto. Besorgt beobachtete Janna, wie der Laster an den Zweigen der Alleebäume vorbeischrammte.

»Wir müssen unbedingt die Linden schneiden«, überlegte sie laut.

»Wir«, sagte Helen nur.

»Immer noch schlechte Laune?«, wollte Janna wissen.

»Jep.«

Janna war froh, dass es nicht der Umzug war, der Helen die Stimmung verdorben hatte. Die Situation in der Agentur lag ihr auf dem Magen. Von Peacock war sechs Wochen nach Einreichen des Exposés noch immer keine Antwort gekommen, und keine Nachrichten waren in Helens Branche meistens schlechte Nachrichten. Gut möglich, dass längst eine andere Agentur das Rennen gemacht hatte. Helens Position in der Agentur hatte sich daher wieder verschlechtert, und sowohl Jesper Knudsen als auch Marc Beckmann spürten Aufwind. Janna und Helen hatten die ganze Fahrt über ihre Probleme gesprochen, darüber dass Helen dringend etwas tun müsste, um sich auf ihrem Platz zu behaupten, sich aber kraftlos und müde fühlte. Nur genützt hatte das nichts, Helen war immer noch mies drauf.

Janna runzelte die Stirn. So konnte es auf Dauer nicht weitergehen. Lilly hatte Helen neulich schon heimlich Rumpumpel genannt, nach der Wetterhexe in ihrem Buch

Die kleine Hexe, die immer in einer schwarzen Gewitterwolke erschien. Bei Lillys Worten war Janna hellhörig geworden. Früher wäre niemand auf die Idee gekommen, ausgerechnet Helen so zu nennen. Früher hatte Helen oft und viel gelacht.

Janna dachte an eine Postkarte, die ihr beim Kistenpacken in die Hände gefallen war, darauf hatte ein Satz von Albert Einstein gestanden: Ein Freund ist ein Mensch, der die Melodie deines Herzen kennt und sie dir vorspielt, wenn du sie vergessen hast.

Sie überlegte, wann und wie sie Helen daran erinnern konnte, dass die Melodie ihres Herzens kein Blues war. Vielleicht irgendwann in den kommenden Tagen bei einem Glas Wein auf dem Bootssteg?

Jetzt zumindest war nicht der richtige Moment dafür. Auf der Eingangstreppe des Gutshauses stand Lou, flankiert von Frank und Ben Käfer. Frank war wie immer sonderbar gekleidet, er trug ein übergroßes T-Shirt, dessen Nähte nach außen zeigten. Ben sah in Jeans und Karohemd heute ausnahmsweise mal nicht nach Wall Street, sondern nach kanadischer Wildnis aus, was Janna viel besser gefiel. Helen pfiff leise durch die Zähne, als sie ihn sah, und lächelte.

Sieh mal einer an, dachte Janna. Plötzlich war Rumpumpel zuckersüß, die Gewitterwolke schien sich komplett verzogen zu haben. Dafür spürte Janna jetzt, wie sich ihre eigene Laune verdunkelte. Mist! Sie wollte doch gar nichts von Ben Käfer. Sie fand ihn attraktiv, das war alles, und zwar auf eine komplett emotionslose Art, so, wie sie die Typen in den Prospekten von Herrenausstattern manchmal attraktiv fand. Mit seinem makellosen Aussehen war er ohnehin eher was für Helen.

Lou hatte den Umzug von ihrem Ende aus offensichtlich gut vorbereitet, denn sie verteilte gleich nach der Begrüßung Aufgaben an alle: »Lilly, du gehst mit Wolfgang in den Garten und spielst mit ihm, er langweilt sich heute schon den ganzen Tag. Janna und Helen, wir tragen zu dritt die zerbrechlichen Sachen rein, die im Auto sind. Und wenn die Küchenmöbel stehen, können wir mit dem Einräumen anfangen. Ben und Frank kümmern sich um die Lampen, damit wir heute Abend Licht haben.« Zuletzt wandte sie sich an die Möbelpacker. »Das Prinzip beim Ausräumen ist ganz einfach: Alle Kisten stellen wir erst mal in den Salon, da vorne erst rechts und dann immer geradeaus. Alle Möbel kommen nach links, in die Wohnung im Erdgeschoss. Dabei gilt eine einfach Faustregel: Diejenigen, die schön, edel und makellos sind, gehören in das Zimmer mit der Aufschrift »Helen«. Alle Kindersachen kommen in den Raum mit dem Schild »Lilly«. Und alle normalen Möbel tragen Sie bitte in das Zimmer mit dem Schild »Janna«. Nur den Tisch und die Stühle nicht, die gehören in die Küche.« Die Männer nickten und machten sich an die Arbeit. Viel war es nicht, was sie ausräumen mussten. Da der bewohnbare Platz im Haus begrenzt war, hatten weder Janna noch Helen alles eingepackt, was sie besaßen. Helen würde ihre Berliner Wohnung zunächst behalten, und sie hatte nur das Mobiliar aus ihrem Gästezimmer mitgenommen: Bett, Schrank, Regal, Schreibtisch, ein Stuhl, eine Kommode. Und Janna hatte sich für ihre Schlafzimmermöbel, Lillys Kinderzimmereinrichtung und ihre Küchenmöbel samt Essplatz entschieden. Der Rest würde nach und nach folgen. Es schien realistisch, dass der Lastwagen in einer knappen Stunde leer sein würde, und danach sollten die Möbelpacker mit dem Aufbau der Schränke und Regale beginnen.

Als die beiden Männer die ersten Kisten in den Salon trugen, folgte Helen ihnen. Plötzlich hörte Janna, wie Helen aufkreischte. Ihr Schrei gellte durchs ganze Haus.

Janna stürzte in den Salon, um sie vor einer vermeintlichen Gefahr zu retten, doch Helen stand wohlbehalten mitten im Raum und wedelte nur aufgeregt mit den Händen. »Zurück!«, rief sie. »Raus! Alles wieder raus.«

»Was ist denn los?«, wollte Janna wissen.

»Bäh! Hier ist alles total verdreckt. Alles muss wieder in den Laster, und dann machen wir erst mal sauber. Die Sachen stauben ja total ein, wenn wir sie hier zwischenlagern.«

Jetzt tauchte Lou hinter ihnen auf. »Helen, du spinnst. Hier ist es ein bisschen staubig, na und? Deine Sachen sind doch in Kartons, und der Staub hat keine Beine. Der kriecht da nicht rein.«

Aber Helen ließ sich nicht besänftigen. Sie stoppte die Möbelpacker, verlangte nach einem Besen und begann, den Raum auszufegen.

»Uns egal«, sagten die beiden Träger und zuckten mit den Schultern. »Wir werden nach Stunden bezahlt.«

Janna war die Verzögerung zwar nicht egal, schließlich bezahlte sie die Hälfte des Umzugs, aber sie wollte jetzt keinen Streit anfangen. Also ließ sie Helen gewähren und nutzte die Zeit, um die Einliegerwohnung zu besichtigen.

Es war erstaunlich, was die Handwerker in der kurzen Zeit aus den drei Zimmern gemacht hatten. Der Nachkriegscharme war verschwunden. Die hohen Räume mit den hellen Holzdielenböden und den schneeweißen Wänden und Türen wirkten großzügig und einladend. Helens helle Holzmöbel würden darin richtig edel aussehen, und selbst Lillys und ihre Sachen würden trotz aller Macken gemütlich, bunt und fröhlich wirken.

»Iiih«, brüllte Helen schon wieder. Sie hatte im Badezimmer nach einem Putzeimer gesucht, um den Salon zu wischen, und dabei den Zustand von WC, Badewanne und Waschbecken bemerkt. »Sag mal, Lou, was hast du hier eigentlich in den letzten drei Wochen gemacht? Ferien auf dem Lande oder was?«

Lou schnaubte wütend. »Was ich gemacht habe, willst du wissen?«, fragte sie mit bebender Stimme. »Du willst wirklich wissen, was ich drei Wochen lang getan habe?« Sie streckte ihre Hände aus und drehte die Handflächen nach oben, damit Helen die Schnitte, Schrunden und Schwielen an ihren Fingern sehen konnte.

Doch bevor Helen antworten konnte, schaltete sich Ben Käfer ein. »Frau Berg, darf ich Ihnen vielleicht erst einmal einen Kaffee anbieten? Mein Bruder hat welchen gemacht, wir könnten ihn draußen im Garten trinken. Wenn wir uns hier nicht alle gegenseitig auf den Zehen stehen, sind die Männer mit dem Ausladen viel schneller fertig.«

»Ein Kaffee wäre toll«, sagte Helen. Ihren Plan, den Boden zu wischen, schien sie vergessen zu haben. »Zumal ich vermutlich so schnell keinen mehr bekommen werde. Stellen Sie sich vor, ich durfte meine Kaffeemaschine beim Umzug nicht mitnehmen. Lou wollte sie nicht.«

Lou knurrte leise. »Weil dieses Monstrum so groß ist, dass wir in der winzigen Küche keine Arbeitsfläche mehr hätten, wenn es da stünde. Und weil diese Dinger unökologisch sind. Außerdem braucht die kein Mensch. Mit einer Siebkanne und einem Wasserkocher braut man sowieso den besten Kaffee.«

»Bitte, hier entlang«, sagte Ben Käfer und schob Helen aus Lous Schusslinie.

»Nur, wenn wir uns ab sofort duzen«, sagte Helen und schenkte ihm ihr schönstes Lächeln.

Mit zwiespältigen Gefühlen beobachtete Janna, wie Käfer, oder besser Ben, Helen aus dem Haus manövrierte und den Trägern einen Wink gab, weiterzuarbeiten. Einerseits war sie heilfroh, dass er die beiden Streithennen Helen und Lou getrennt hatte. Andererseits fand sie es aber auch ungerecht, dass Helen für ihr Gezicke auch noch mit einem Kaffee belohnt wurde, während alle anderen schuften mussten. Und irgendetwas piekte da auch ausgesprochen unangenehm in Jannas Herzgegend. Sie verzichtete darauf, über dieses Gefühl nachzudenken, und verzog sich in die Küche, wo sie das Spülbecken schrubbte.

Als die Träger wenig später den großen Esstisch durch die Tür wuchteten, hörte Janna draußen Kies unter Autoreifen knirschen.

»Da kommt jemand!«, rief Lilly, die in ihrem Zimmer am Fenster stand.

»Wer denn?«, fragte Janna und nahm sich einen feuchten Lappen, um den Tisch abzuwischen, den die Möbelpacker gerade abstellten.

»Oma!«, rief Lilly. »Und Papi! Huuuhuuu!«

Janna ließ vor Schreck den Lappen fallen. Ihre Mutter? Und Daniel? Was wollten denn die ausgerechnet heute hier? In drei Schritten war sie in Lillys Zimmer und sah aus dem Fenster. Tatsächlich, da stand Daniels Daimler. Er selbst ging gerade um den Wagen herum, öffnete die Beifahrertür und reichte Jannas Mutter den Arm, um ihr beim Aussteigen behilflich zu sein. Daniel trug eine helle Leinenhose und ein weißes Hemd. Nach einem Umzugshelfer sah er beim besten Willen nicht aus, eher nach einem Feriengast.

Lou trat neben Janna. »Nee, oder?«, sagte sie leise, damit Lilly sie nicht hören konnte, obwohl die ohnehin schon nach draußen flitzte. »Irgendwie haben wir heute mieses Karma.«

»Puh«, sagte Janna. »Wenn das am Karma liegt, dann war ich im letzten Leben was ganz Fieses. Jack the Ripper mindestens. Und jetzt krieg ich's zurück.«

Hedda Mahler presste ihre Handtasche an sich, als würde sie ihr gleich jemand von der Schulter reißen, und marschierte mit entschlossener Miene auf das Haus zu. »Wir wollten doch mal sehen, wohin du das Kind verschleppst«, verkündete sie, als sie Janna am offenen Fenster sah. »Ach, du meine Güte, ist das eine Bruchbude!«

Daniel sagte gar nichts. Er hob die Hand zum Gruß und musterte das Gebäude mit unergründlicher Miene.

»Heute ist kein Besuchstag«, sagte Janna scharf. »Wer kommt, muss helfen.«

Eine Viertelstunde später bereute sie diesen Satz. Ihre Mutter kniete auf einem Kissen mitten auf der Eingangstreppe und jätete Unkraut, das dort in den Ritzen wuchs. »Der Eingangsbereich ist die Visitenkarte eines Hauses«, verkündete sie. Und: »Meine Tochter hat für Wohnkultur leider überhaupt keinen Sinn.«

Wenn die Möbelträger an ihr vorbeigehen wollten, ließ sie sich zwar durchaus dazu herab, zur Seite zu weichen. Aber bis sie sich ächzend erhoben hatte, waren den Trägern schon vor Anstrengung – oder Wut? – die Schläfenadern angeschwollen.

Auch Daniel war nicht wirklich eine Hilfe. Janna hatte ihn gebeten, in Lillys Zimmer ein Bild anzudübeln. Es war riesengroß und zeigte drei große und einen kleinen Elefanten. Lilly liebte dieses Bild, sie hatte es von Helen bekommen. Als Janna aber eine halbe Stunde später in Lillys Zimmer kam, hing das Bild immer noch nicht an der Wand. Daniel stand mit einem Lineal, einer Wasserwaage und einem Bleistift bewaffnet im Raum und zeichnete, ganz Ingenieur, unzählige Hilfslinien auf die frisch gestrichene Wand, um für das Bild exakt die Mitte der Wand zu bestimmen. Auch das Bett hatte er so platziert, dass es an der Wand genau in der Mitte stand. Nach einer Weile hatte er mit seinen Hilfslinien nun endlich die beiden Punkte bestimmt, an denen das Bild befestigt werden musste. Er schob den Bleistift hinters Ohr, um seine Hände freizuhaben, und Janna musste schmunzeln, so süß sah er damit aus. Vermutlich würde er in ein paar Minuten fragen, wo der Bleistift abgeblieben war. Wenn Daniel etwas tat, dann tat er es ganz, er war wie ein großes Kind, das mit allen Sinnen in ein Spiel vertieft war. Er griff nach der Bohrmaschine, wählte umständlich den richtigen Aufsatz, und mit großem Getöse fraß sich der Bohrer in die Wand. Putz rieselte aufs Bett, Daniel rief nach einem Staubsauger, Janna brachte ihn, und wenig später hing das Bild tatsächlich. Aber dann versuchte Daniel, die Zimmertür zu schließen, und stellte fest, dass sie nicht zuging – das Fußende des Betts war im Weg. Er fluchte.

»Ist doch egal«, meinte Janna. »Wir schieben das Bett fünf Zentimeter Richtung Fenster, dann passt es.«

»Dann muss aber auch das Bild weiter nach links«, sagte Daniel.

»Nein«, sagte Janna. »Muss es nicht. Lass es einfach, wie es ist. Lilly will noch mehr Bilder aufhängen, da fällt bald nicht mehr auf, dass es nicht genau in der Mitte hängt.«

»Ich mach das schnell, es dauert nicht lang.« Daniel nahm das Bild wieder ab.

»Daniel, bitte lass es hängen, wir müssen weitermachen. Außerdem will ich nicht überall auf der Wand gekritzelte Linien und kraterartige Löcher haben.«

»Es dauert nicht lang.« Er nahm eine Zange und drehte die Haken aus der Wand. »So viel Zeit muss sein.«

»Daniel, welchen Teil von Nein hast du nicht verstanden?«, fragte Janna gereizt. »Wo hier die Bilder hängen, entscheide immer noch ich.«

Jetzt blickte er wütend auf. »Sollte Lilly das nicht selbst entscheiden? Sollte sie nicht grundsätzlich mehr darüber mitreden, wo und wie sie lebt? Ich bin nicht sicher, ob deine Entscheidungen für Lillys Leben immer klug sind.«

Janna schnappte nach Luft. Hatte Daniel in Lilly ein neues Spielzeug entdeckt? Ging er neuerdings in seiner Vaterrolle auf? Und wie lange würde das diesmal anhalten? »Ach«, sagte sie. »Seit wann interessierst du dich denn für meine Entscheidungen und für Lillys Leben?«

»Immer schon. Ich habe mich nur nie eingemischt, weil ich diplomatisch bin. Aber das wird jetzt anders. Und weißt du auch, warum?« Er sah sie unzufrieden an, und sie fand den Bleistift hinter seinem Ohr nun nicht mehr süß, sondern nur noch kindisch. Sie verzichtete auf eine Antwort, und offenbar erwartete er auch keine, denn er sprach einfach weiter. »Weil Lilly sich bei dir so unwohl fühlt, dass sie versucht hat, wegzulaufen.«

Danke, Mutti, dachte Janna. »Lilly ist nicht weggelaufen, weil sie sich unwohl gefühlt hat«, widersprach sie.

Er zog eine Augenbraue hoch. »Das ist das, was *du* denkst.«

Sie schüttelte frustriert den Kopf. »Daniel, musst du nicht langsam gehen?«

»Nein«, sagte Daniel. »Ich muss jetzt ein Bild gerade aufhängen und mit dir über die Erziehung unserer Tochter reden.«

Erziehung? Unsere Tochter? Das war jetzt hoffentlich nicht wahr. Hatte der Kerl zu viele ZDF-Fernsehserien gesehen? Fehlte nur noch, dass gleich die attraktive neue Freundin von Daniel auftauchte, die bereit war, Lilly künftig ein besseres Zuhause zu bieten. Janna warf einen Blick durch das Fenster, ob da irgendeine neue Katastrophe nahte, aber sie sah nur ihre Mutter auf der Eingangstreppe, und diese Katastrophe kannte sie schon, die war wenigstens nicht neu.

»Daniel, ich stecke mitten im Umzug.« Sie atmete tief durch. »Das ist der falsche Zeitpunkt für eine Diskussion. Könntest du diese Vater-Tochter-Show irgendwann später mal durchziehen? Mich nervt das jetzt echt.«

»Über diesen Umzug wollte ich auch mit dir reden. Das hier ist keine Umgebung für ein Kind.« Er sah sich abschätzig um.

Jannas Stimme wurde ganz leise. »Geh jetzt besser«, sagte sie.

Daniel ignorierte sie und löste den zweiten Haken aus der Wand. »Ich habe mit deiner Mutter darüber gesprochen, und Lilly könnte bei ihr wohnen, wenn du dich nicht in der Lage fühlst, für sie zu sorgen. Und sobald sie größer ist, kann ich sie auch zeitweise zu mir nehmen.«

»Niemand nimmt Lilly zu sich, weder zeitweise noch dauerhaft«, zischte Janna. »Wie redest du überhaupt von ihr? Zu sich nehmen. Sie ist kein Haustier. Und jetzt raus hier.« Die letzten Worte flüsterte sie fast. Sie wollte auf gar keinen Fall wieder so explodieren wie neulich bei Helen, und Flüstern war das wirksamste Mittel gegen Brüllen, das sie kannte.

»Janna, wirklich, du musst dich deiner Verantwortung mal stellen. Du kannst mit deinem Leben nicht dauernd rumexperimentieren. Du bist schließlich erwachsen.«

»Raus«, fauchte Janna. Sie war fest entschlossen, nicht die Kontrolle zu verlieren und Daniel all das an den Kopf zu werfen, was er eigentlich verdient hatte. »Du hast hier gar nichts zu sagen. Du hast ja nicht mal das Sorgerecht für Lilly.«

»Noch nicht.« Daniel verschränkte die Arme vor der Brust. »Aber ich habe einen verdammt guten Anwalt.«

»Raus!«, sagte Janna – laut. Und als Daniel sie jetzt auch noch herablassend anlächelte, war es vorbei mit ihrer Kontrolle. »RAUS!«, brüllte sie.

Jemand räusperte sich an der Tür. Ben Käfer. »Gibt's Probleme?«, fragte er.

»Keine, die wir nicht selbst lösen könnten.« Daniel richtete sich zu seiner vollen Größe auf und sah Ben herausfordernd an.

Janna schloss die Augen und zählte bis drei, dann hatte sie sich wieder im Griff. Hoffentlich. »Ben, wärst du so nett und würdest Daniel hinausbegleiten? Und wenn du mir danach noch helfen könntest, das Bild wieder aufzuhängen, wäre das toll.«

Nach einem kurzen Blickduell mit Ben verließ Daniel widerwillig den Raum.

Abends standen alle Möbel am richtigen Platz, die Betten waren gemacht, und Lou hatte die Kisten in der winzigen

Küche sogar schon ausgeräumt. Sie saß jetzt mit Lilly am Küchentisch, wo die beiden Teig für Stockbrote kneteten, die sie am Lagerfeuer rösten wollten. Helen sah ihnen fasziniert zu, sie hatte offenbar noch nie Stockbrot gegessen. Wie sie sagte, hatte sie bisher noch nicht einmal gewusst, dass es so etwas wie Stockbrot gab. Alle waren bester Laune, nur Janna nicht. Die Rumpumpelwolke grollte jetzt über ihrem Kopf. Erstens wegen Daniel. Die Sache mit dem Anwalt ging ihr nicht aus dem Kopf. Was steckte dahinter? War das wieder mal nur ein Tischfeuerwerk, das wirkungslos verpuffte, oder musste sie ihn diesmal ernst nehmen?

Außerdem hatte sie schlechte Laune wegen ihrer Mutter, die beim hastigen Abschied wütend protestiert hatte. Wobei, hastig war ihr Abgang eigentlich nicht gewesen, das hatte sie nur behauptet. Tatsächlich war Hedda Mahler erst ins Auto gestiegen, nachdem sie sich lang und breit darüber beschwert hatte, dass Janna Daniel und damit auch ihre Mutter vor die Tür setzte, schließlich hatte sie keine andere Mitfahrgelegenheit. Und dann hatte ihre Mutter auch noch verkündet, dass sie in der Zeitschrift *Optimize* ein Internetseminar für Senioren entdeckt hatte. Sie hatte sich angemeldet. Um Janna regelmäßig E-Mails schreiben zu können.

»Da gibt es etwas ganz Wunderbares im Internetz. Skalp heißt das, Frau Hartung hat mir davon erzählt. Stell dir vor, man kann sich da beim Telefonieren sogar sehen, und es kostet nichts, und man kann es stundenlang anlassen und reden. Ist das nicht schön, Kind?«

»Toll, Mutti«, hatte Janna matt gesagt. »Dann können wir uns ja bald gegenseitig skalpieren.«

»Skalpen heißt das«, hatte ihre Mutter sie korrigiert.

Und zu guter Letzt hatte Janna eben entdeckt, dass es auf Bukow aus unerfindlichen Gründen noch immer kein warmes Wasser gab. Spätestens beim Zähneputzen würde Helen das auch merken, ein weiterer Streit mit Lou war also vorprogrammiert.

Janna seufzte. Sie fragte sich, ob die Sache mit dem Hauskauf nicht doch eine Schuhnummer zu groß für sie war.

»Schaut mal, Mädels, ich habe hier was für euch.«

Janna sah auf. Frank stand plötzlich in der Küche, ein Geschenk in der Hand. Lilly schnappte es sich kurzerhand, packte es aus und brachte ein Buch zum Vorschein, das in braunes Leder eingebunden war. »Logbuch Bukow«, stand auf der ersten Seite.

»Ein Tagebuch fürs ganze Team«, sagte Frank. »Da könnt ihr alles eintragen, was hier passiert. Zur Dokumentation.«

Helen lächelte, Lou bewunderte den schönen Einband, den Frank selbst hergestellt hatte, und Lilly verlangte sofort nach einem Stift. Als sie den ersten Eintrag in das Buch machte, schnaufte sie vor Anstrengung. Janna betrachtete ihre konzentriert schreibende Tochter mit einem Anflug von Sorge. Hoffentlich würde das Buch vor allem schöne Stunden dokumentieren, und nicht ihr gemeinsames Scheitern.

Als sie bemerkte, dass Frank sie ansah, zwang sie sich auch zu einem Lächeln. Natürlich würden sie in dieses Buch vor allem schöne Stunden eintragen. Warum denn auch nicht? Sie war müde, das war alles.

Logbuch Bukow – Unser erster Sommer

Datum	Name	Text
16. 6.	Lilly	Ich wohne jetzt in einer Villa. Sie heißt Bukow und ist kaputt. Wir rebarieren sie. Mein Zimmer ist schön. Ich habe einen Hund, der Wolfgang heißt, aber der ist nur geliehen. Er gehört leider Henry. Wolfgang darf noch ein bisschen bei uns wohnen, weil ihm die Landluft gut tut. Ich schbare mein Geld, damit ich ihn kaufen kann.
16. 6.	Helen	Gaaah! Wir haben kein warmes Wasser? Hallo? Lou???
18. 6.	Lou	Yeah, ich bin die geborene Landfrau! Heute habe ich die Tomaten und all meine Kräuter von den Töpfen in die Beete gepflanzt. Sieht aus wie ein richtiger Bauerngarten!
19. 6.	Janna	Puh! Der Elektriker war da, und wir haben endlich warmes Wasser! Aber leider nicht viel, denn der Boiler reicht gerade mal für ein Vollbad oder zwei Duschen. Wir haben beschlossen: Gebadet wird nicht, die Badewanne ist sowieso eklig. Wir duschen. Helen und Lou morgens, Lilly und ich abends.

Datum	Name	Text
20. 6.	*Lou*	*Helen duscht immer ewig, und ich kann dann nur noch kurz. Habe das thematisiert, aber Helen streitet es ab.*
20. 6.	Helen	Ich dusche morgens exakt drei Minuten. Mit Haare waschen und Epilieren. Das ist definitiv nicht ewig.
21. 6.	*Lou*	*Bin heute vor Helen aufgestanden und habe genauso lange geduscht wie sie gestern. Habe die Zeit gestoppt (sieben Minuten).*
22. 6.	Helen	Scheiße! Mach das nie wieder!!! Ich hatte noch Shampoo in den Haaren, als das warme Wasser weg war. Musste den Kopf kalt abduschen und hatte einen Bad-Hair-Day.
23. 6.	Lilly	SCHEIßE sagt man nicht.
23. 6.	Helen	Sorry, Lilly, stimmt.
24. 6.	Helen	Habe den Wecker auf sechs gestellt. War die Erste unter der Dusche. Hähähä.
25. 6.	*Lou*	*Oh, Mann, Helen. Geht's dir jetzt besser oder was? Hiermit hebe ich die Hand zum heiligen Schwur: Ich werde nie wieder in deinem Bad warm duschen. Nur noch kalt. Ist das ein Angebot?*

Datum	Name	Text
26.6.	Helen	Ja.
27.6.	Janna	Wie wär's, wenn ihr eure Aufmerksamkeit mal auf echte Probleme lenken würdet? Wir haben immer noch kein Internet. Kann nicht arbeiten, und meine Abgabetermine nahen. Ich ruf dauernd im Verlag an, aber ich hänge jedes Mal nur in der Warteschleife. Sie spielen da ein Lied, und wenn ich das noch mal vierzig Minuten lang hören muss, laufe ich Amok.
27.6.	Helen	Wenn du willst, kannst du morgens mit mir nach Berlin fahren. Kannst in meiner Wohnung arbeiten.
28.6.	Janna	Puh. Ist gerade so heiß. Wer will da in die Stadt? Eine Woche gebe ich der Sache hier noch. Wenn's dann nicht läuft, komme ich auf dein Angebot zurück.
28.6.	Helen	Ich fahre auch täglich in die Stadt, und keiner fragt mich, ob ich das will oder ob es heiß ist. Hiermit hast du die Lizenz zum Meckern VERWIRKT.
29.6.	Lou	Schreibt doch auch mal was Schönes ins Logbuch, ihr Miesepeter!
30.6.	Lilly	Ich weiß was Schönes: Heute hat jemand an die Tür geklopft und da standen drei Kinder. Sie hießen Micky, Lotte und Floh. Sie wollten mit mir spielen. Sie fanden Wolfgang kuhl. Sie sind unsere Nachbarn

Datum	Name	Text
		und haben einen zahmen Iegel. Morgen darf ich ihn sehen.
1.7.	Lilly	Lotte ist meine beßte beste Freundin. Micky ärgert uns ümma, aber wir ihn auch. Floh ist erst vier. Sie ist ein Mädchen. Sie kann schnell rennen. Sie ist auch meine Freundin.
2. 7.	Lou	Ich weiß auch was Schönes: Heute kam ein Brief vom Notar. Ich hab was geerbt, von Herrn Brandt, dem alten Herrn, der im Frühling gestorben ist. Leider weiß ich noch nicht, was. Die mussten erst meine neue Adresse finden und wollten dann noch wissen, ob ich auch wirklich ich bin. Dauert also noch ein bisschen, bis ich weiß, was ich geerbt habe.
3. 7.	Janna	Noch was Schönes: Seit heute haben wir Telefon und Internet. Jetzt kann ich arbeiten, und wenn ich fleißig bin, kann ich die Abgabetermine noch schaffen. Jetzt haben wir alles, was wirklich wichtig ist.
4. 7.	Helen	Ähm. Alles, was wichtig ist? Und was ist mit einem zweiten Klo? Einer Zentralheizung? Einem Wohnzimmer? Einer größeren Küche? Also einer, die den Namen Küche auch verdient und in die auch eine Spülmaschine passt.

Datum	Name	Text
		Oder eine Mikrowelle. Oder wenigstens eine anständige Kaffeemaschine. Und vor allem: Was ist mit euren Zimmern im Obergeschoss? Das brauchen wir alles auch.
4. 7.	Lou	Kaffeemaschine? Mikrowelle? Vergiss es. Unökologisch!!!
5. 7.	Janna	Wir sind dran, Helen. Versprochen! Ich muss nur erst die Texte schreiben. Aber Lou fängt schon mal an.
6. 7.	Lou	Ja, mach ich. Ab nächster Woche. Muss erst noch den Hühnerstall schrubben. Habe nämlich einen Anruf vom Tierheim erhalten, sie haben Hennen aus Legebatterien. Werde drei nehmen. Mal sehen, wie sie sich bei uns zurechtfinden.
7. 7.	Lilly	Frank hat mir ein Baumhaus gebaut. Man kann darin schlafen. Und Ben hat mir einen Tisch und Hokker für mein Haus gemacht. Helen, hast du nicht auch mal was Schönes?
8. 7.	Helen	Doch, Mäuschen. Ich freu mich jetzt immer richtig auf die Arbeit, weil es da so schön sauber und ruhig ist. Außerdem haben wir heute in der Agentur eine zweite Online-Befragung zum Thema Fitness gestartet. Und jetzt

Datum	Name	Text
		ratet mal, wie alt ich neuerdings bin. Nein, ratet nicht, ich sag's euch, denn darauf kommt ihr nie: Ich bin rein rechnerisch vierunddreißig! Muhaha. Ich hab jetzt nämlich ein Privatleben. Und ich mache Sport. Und ich esse gesünder. Und ich rauche weniger. Und ich bin auch schlauer beim Ausfüllen von Online-Fragebögen.
9. 7.	Janna	Sport? Müssten wir das nicht wissen?
10. 7.	Helen	Hey, ich kaufe täglich ein und schleppe kistenweise Einkäufe nach Bukow. Das ist ja wohl Sport! Und jeden Abend gehe ich zum See. Das zählt auch.
11. 7.	Lilly	WAS IST EINE ONLINE-BEFRAGUNG? IST DAS WAS SCHÖNES?
11. 7.	Helen	Manchmal.
12. 7.	Janna	Heute waren wir nach dem Einkaufen zu Besuch bei Ben. So was wie seine Wohnung hab ich ja noch nie gesehen. Er hat fast keine Möbel. Seine Küche ist so sauber, dass man darin eine Operation am offenen Herzen durchführen könnte. Er hat einen begehbaren Kleiderschrank, und jede Hose hängt über einem eigenen Bügel, sogar die Jeans. In allen Schuhen stecken Schuhspanner. Ist das noch normal? Ich fand das unheimlich.

Datum	Name	Text
12. 7.	Helen	Mir hat's gefallen.
12. 7.	Lou	Mir nicht. Der Bodenbelag war Laminat, also Kunststoff!
12. 7.	Helen	Das war kein Laminat, das war Bambusparkett!
12. 7.	Lou	Also Tropenholz!!!
12. 7.	Helen	Bambus ist kein Holz, sondern ein Grasgewächs! Und wahnsinnig ökologisch.
13. 7.	Janna	Erster Text fertig. Über die Bubblegum Alley in San Luis Obispo/Kalifornien: Das ist die bazillenreichste Gasse in den USA. Ihre Seitenwände sind komplett mit gebrauchten Kaugummis beklebt.
13. 7.	Lou	Der Hühnerstall ist sauber. Habe uralte Hühnerkacke von den Stangen gekratzt. Hole jetzt die Hühner!
14. 7.	Lilly	Wir haben drei Hühner. Sie haben wenig Federn. Aber sie bekommen neue, wenn sie gutes Futter essen. Lou kauft grade Futter.
15. 7.	Janna	Text fertig. Über beheizte Bürgersteige in Reykjavík: Heißes Wasser gibt's in Island in der Erde. Damit werden in der Hauptstadt sogar die Gehwege beheizt.

Datum	Name	Text
16. 7.	Lilly	Juhuuu! Henry hat eine neue Froindin und die hat eine Alagi gegen Wolfgang. Er darf noch länger bei uns wohnen. Lou kauft grade Holz für eine Hundehütte.
17. 7.	*Janna*	*Noch drei Texte über* *– Schokoladen-Fruchtzwerge in Mexiko: Das ist eine seltene Fledermaus-Art.* *– Twiggy, das älteste Schaf der Welt: Es starb im Alter von sechsundzwanzig Jahren in Neuseeland.* *– Die Unterschiede zwischen Krokodilen und Alligatoren, was speziell in Florida wichtig ist, denn da gibt es beides: Nase breit und rund – Alligator, einfach in Ruhe lassen, meistens friedlich. Nase schmal und spitz – Krokodil, ganz schnell weg, wenn's noch geht.*
18. 7.	Lilly	Hier ist es sooo schön. Heuten hatten wir 3 Eier! Und bald haben wir auch Milch. Lou kauft grade eine Ziege.
19. 7.	Lilly	Floh kann noch nicht schwimmen. Als sie heute vom Steg gefalln ist, ham wir sie gerettet. Sie hat sich aber nicht gefreut. Sondern geärgert. Weil wir sie reingeschubst haben. Wir machen es nicht mehr und sie sagt es nicht ihrer Mutter.
20. 7.	Lilly	Floh hat es doch ihra Mutter gesagt. Das mit dem Schubsen. Jetzt darf sie nicht mehr

Datum	Name	Text
		zum SEE. wir dürfEN Noch. aba wir dürfEN Nicht mEhr schubsEN. Micky hat Lotte drotzdem gEschubst. aba siE sagt Es bEstimmt Nicht ihra MuttEr. SiE kaNN schwEigEN wiE EiN Grap.
20. 7.	Janna	Lilly, dir ist schon klar, dass deine Mutter hier mitliest, oder?
20. 7.	Lilly	Ja, abEr diE kaNN auch schwEigEN wiE EiN Grap.
21. 7.	Janna	Text über die finnische Sportart »Gummistiefelweitwurf« fertig. Weltrekord: 68,03 Meter.
22. 7.	Lou	Hetty, die Ziege, hat noch kein Vertrauen zu mir. Ich muss daran arbeiten. Verbringe viel Zeit damit, sie zu zähmen.
23. 7.	Helen	Nur mal so eine Frage: Wann fangt ihr eigentlich mit der Renovierung eurer Räume an?
24. 7.	Janna	Zu Befehl! Melde gehorsamst: Tapete in zwei Räumen abgekratzt.
24. 7.	Lilly	HElEN, hast du dENN gar Nichts schöNEs mEhr zum schrEibEN?
24. 7.	Helen	Doch. Entschuldige bitte, Lilly, aber es wird zurzeit abends immer so spät, deswegen bin ich ziemlich müde und schreibe nicht viel. Ben hilft mir

Datum	Name	Text
		gerade beim Papierkram, wir beantragen Fördermittel für die Sanierung von Bukow. Er ist darin richtig gut. Vielleicht bekommen wir neue Fenster und eine richtige Heizung. Das wäre wirklich schön. Das mit dem Holzhacken für den Ofen ist ja doch mühsam ...
25. 7.	Janna	Bin auch sehr, sehr müde. Wenn du willst, können wir tauschen: Du kratzt Tapete, und ich beantrage mit Ben Fördermittel.
26. 7.	Helen	Nee, lass mal. Ich bin nicht dafür geschaffen, Tapeten von der Wand zu kratzen.
27. 7.	Janna	Wow. Aber ich?
28. 7.	Helen	??? Du wolltest das doch so, oder?
29. 7.	Lou	Ich weiß jetzt, was ich geerbt habe. Eine Standuhr.
30. 7.	Lilly	Toll. Wir hatten noch keine.
31. 7.	Lou	Ja, stimmt.
1. 8.	Lilly	Die Ziege hat Lous Kräuter gefressen.
2. 8.	Lilly	Es regnet.
3. 8.	Lilly	Oma hat jetzt Skalp. Sie kann mit uns telefonieren und wir können sie sehen. Sie macht sich vorher die Haare schön. Sie sagt,

Datum	Name	Text
		Mami soll auch mal was mit ihren Haaren machen. Nich nur Ferdeschwanz. Mami will nicht.
4.8.	Lilly	Es regnet immer noch. Ben hat auf das Dach von meim Baumhaus Dachpabbe-genagelt. Jetzt kommt kein wasser mer rein.
6.8.	Lilly	Wir haben sehr viel Matsch.
9.8.	Lilly	In dem Matsch hat Lou heute früh Fußspuren entdeckt. Von einem Fuchs. Vorm Hühnerstall. Er hat da auch gegraben. Wir müssen was tun sonst frisd er die Hühner.
10.8.	Lilly	Wir bauen einen Zaun um den Hühnerstall. Und wir graben ihn tief in die Erde, damit der Fuchs sich kein Loch gräbt. Wir kriegen nämlich bald Küken. Gabi, das dickste Huhn, hat ein Nest.
11.8.	Lilly	Hetty ist weg. Sie ist abgehauen. Wir haben sie überall gesucht, aber sie versteckt sich im Wald und kommt nicht mer raus.
15.8.	Lilly	Hetty ist immer noch weg. Lou sucht sie jeden Tag. Mami hilft ihr. Frank baut den Zaun für die Hühner.
20.8.	Lilly	Wir haben Hetty gefunden, aber wir können sie nicht einfangen. Sie wohnt jetzt im Wald.
25.8.	Lilly	Ein Fuchs hat ein Loch unterm Zaun durchgegraben. Zum Glück waren die Hühner im

Datum	Name	Text
		Stall eingesperrt, als er das gemacht hat. Wir müssen die Hühner beschützen. Lou gräbt noch einen Zaun in die Erde ein. Mami hilft ihr. Ben auch.
26.8.	Lilly	Mami sagt, der Fuchs ist nicht böse, er hatte nur Hunger und fülleicht Babys, die auch fressen brauchten. Wir wollen ihm die Hühner aber nicht lassen. Wir kaufen ihm Hundefutter, sagt Lou.
27.8.	Lilly	Ben hat Lou eine Wildkammera ausgeliehen, von seinem Onkel. Die macht sie an den Hühnerstall. Sie macht Fotos von dem Fuchs, mit Uhrzeit. Dan wissen wir, wann er kommt.
28.8.	Lilly	Mami hat keinen Dschob mehr. Weil sie immer Hetty gesucht hat und den Fuchszaun mitgebaut hat. Deswegen war sie nicht schnell genug mit der arbeit. aber sie sagt, es ist nicht schlimm. Der Dschob war blöd.
29.8.	Lilly	Die Kammera hat ein Foto gemacht. Das war gar kein Fuchs, das mit dem Loch am Hühnerstall. Das war Wolfgang. Wir müssen ihn jetzt erziehen. Ben üpt mit ihm. Er kann schon auf Befel bellen und die Zeitung bringen. also, Wolfgang. Nicht Ben.
2.9.	Lilly	Habt ihr was Schönes? Warum schreibt ihr nix mehr?

15

Bing. Bing. Bing. Bängbängbäng. Bing. Bingeling. Bäng.

Helen zog sich ihr Kissen über den Kopf, aber es nützte nichts, die metallischen Schläge von Franks Schmiedehammer drangen unvermindert laut an ihre Ohren.

Sie tastete nach dem Wecker und öffnete vorsichtig ein Auge. Es war gerade mal sechs Uhr. War Frank komplett verrückt geworden? Seufzend wälzte Helen sich aus dem Bett und tapste in Richtung Küche.

Autsch! Sie bückte sich und zog einen kleinen Nagel aus ihrem Zeh. Vorgestern war Lou der Werkzeugkasten heruntergefallen, und noch immer lagen Schräubchen und Nägel auf dem Boden herum. Mit dem Staubsauger fand man einfach nicht alle, egal, wie oft man die Dielenbretter absaugte. Mit dem Zeh hingegen fanden die Bewohner von Bukow seitdem täglich welche. Die fiesen Piekser verkeilten sich zwischen den Fugen der Dielenbretter und harrten dort auf arglose Opfer.

Helen hüpfte auf einem Bein zum Spülbecken und füllte Wasser in den Wasserkocher. Mit verschränkten Armen wartete sie fröstelnd darauf, dass es kochte.

Es ließ sich Zeit. In Bukow dauerte alles ein bisschen länger als anderswo. Oder kam ihr das nur so vor? Sie löffelte reichlich fair gehandeltes Kaffeepulver in die Edelstahlkanne, füllte sie mit kochendem Wasser und drückte den Siebeinsatz nach unten. Dann stellte sie ihre Lieblingstasse auf den Tisch, die mit dem Rosenmuster. Sie öffnete den Kühlschrank und starrte hinein. Eine vertrocknete Karotte starrte zurück.

Milch? Fehlanzeige! Da war keine. Da war überhaupt nichts, außer dieser Karotte. Missmutig ließ Helen sich auf einen Stuhl fallen und stützte das Kinn in beide Hände. Kaffee ohne Milch. Das war wie Sommer ohne Sonne. Wie Duschen ohne heißes Wasser. Wie ein Ziegenstall ohne Ziege und ein Bett ohne Mann. Helen seufzte. Kaffee ohne Milch passte eigentlich ganz gut nach Bukow.

»Oh, fein, Kaffee«, sagte eine vergnügte Stimme hinter ihr. Lou trat an den Tisch, griff nach Helens Rosentasse, füllte sie und trank einen Schluck. Nach Milch fragte sie nicht, Lou trank ihren Kaffee immer schwarz. Ihre Haare waren feucht und ihre Wangen gerötet, bestimmt war sie gerade im See geschwommen. »Ist das nicht ein herrlicher Morgen?«, fragte sie und setzte sich an den Tisch.

»Oooch«, sagte Helen.

Im Flur hörte man Schritte.

»Oh. Janna scheint schon wach zu sein«, meinte Lou und setzte sich an den Tisch. »Seltsam, ist doch noch so gar nicht ihre Zeit.«

»Meine auch nicht.« Helen gähnte. »Aber wie soll man schlafen, bei dem Krach?«

»Krach? Welcher Krach?«

Tatsächlich, draußen war kein Hämmern mehr zu hören. Eine Amsel jubilierte im Walnussbaum, mehr Geräusche gab es nicht. Frank hatte offenbar eine Arbeitspause eingelegt. »Hast du das nicht gehört?«, fragte Helen. »Frank hat die ganze Nacht durchgehämmert.«

»Ach so, das Hämmern meinst du. Klar, hab ich gehört. Stört mich aber nicht. Frank ist gerade in einer kreativen Phase, und da arbeitet er oft wochenlang Tag und Nacht.«

»Wochenlang?«

»Ach, daran gewöhnt man sich«, sagte Lou leichthin. »Das ist wie mit Kirchenglocken, irgendwann hörst du sie gar nicht mehr.«

»Klar«, murmelte Helen. »Oder wie mit Fluglärm. Irgendwann wirst du davon dement und vergisst ihn.« Sie erhob sich, um sich eine andere Lieblingstasse zu holen, die mit den Veilchen.

»Da ist Frank ja«, sagte Lou und deutete aus dem Fenster. Sie hatte auf einmal einen ähnlichen Jubelton in der Stimme wie die Amsel draußen im Baum. Aber dann erstarrte sie, und ihr Gesichtsausruck wurde unnahbar und abweisend. Seltsam. In Franks Anwesenheit reagierte Lou oft erst himmelhochjauchzend und dann kalt wie eine Eisfee. Und das war sonst so gar nicht ihre Art. Lief da etwa irgendwas zwischen ihr und Frank? Nein, Helen verwarf den Gedanken. Das hätte Lou bestimmt erzählt. Oder doch nicht? Wenn Lou mit ihren Gefühlen überhaupt nicht klarkam, wurde sie manchmal verdächtig schweigsam.

Neugierig musterte Helen den Schrottschmied, als der kurz darauf im schmutzigen Blaumann in die Küche schlurfte. Seine Haare standen mal wieder in alle Richtungen, an seinem Kinn spross neuerdings ein blonder Bart. Er war echt ein uriges Original, aber irgendwie hatte er auch was. Genau wie sein Bruder Ben. Warum Janna sich den nicht längst geangelt hatte, verstand Helen nicht. Er war doch genau ihr Typ. Und er bekam Herzchen in die Pupillen, wenn er Janna nur von Weitem sah. Dauernd tauchte er unter einem Vorwand auf Bukow auf und packte mit an, wo immer Not am Mann war. Erst gestern hatte er den Abfluss der Küchenspüle gereinigt, was eine äußerst unappetitliche Angelegenheit gewesen war. Und ständig versuchte er, mit Janna allein zu sein, aber jedes Mal zog sie sich unter einem Vorwand zurück und ließ ihn einfach sitzen. Helen hatte schon mehrfach versucht, das Thema Ben anzusprechen, aber Janna war ausgewichen.

Na, vielleicht war es ja ganz gut, dass die beiden Käfer ihren Balztanz auf Bukow vergeblich aufführten. Es gab auch so schon genug Probleme, und für Liebeschaos hatte im Gutshaus gerade niemand Kraftreserven. Sogar bei Helen selbst lief gerade gar nichts, der Platz von Elias war noch immer unbesetzt. Eigentlich war das nicht mal schlimm, stellte sie nach kurzem Nachdenken fest. Sie hatte genug zu tun und war froh, nicht noch weitere Verpflichtungen zu haben. Au weia. So langsam wurde sie wirklich alt.

In ihre Gedanken versunken wollte Helen nach der Kaffeekanne greifen, aber Frank war schneller. Er füllte die Veilchentasse, nahm einen Schluck daraus und legte seine Hände um das warme Porzellan, um sie daran zu wärmen. Sein Blick fiel auf Helen. »Alles in Ordnung mit dir?«, fragte er.

»Klar«, sagte Helen absichtlich giftig. »Alles bestens. Ich hatte nur nicht viel Schlaf. Und …« Und noch keinen Kaffee, hatte sie sagen wollen, aber Frank unterbrach sie.

»Ja.« Er nickte. »Ich konnte auch nicht schlafen. Manchmal ist es dann gut, wenn man aufsteht und ein bisschen was arbeitet.«

»Du hast ziemlich *laut* gearbeitet«, sagte Helen und durchbohrte ihn mit Blicken.

Jetzt schaltete Lou sich in das Gespräch ein. »Helen, soll ich dir beibringen, wie man Lärm als positiven Verstärker einsetzen kann?«

»Als was?«

»Als po-si-ti-ven Verstärker«, wiederholte Lou überdeutlich. »Du musst dir nur eine Affirmation ausdenken.«

»Eine was?« Helen glaubte nicht, was sie da hörte.

»Eine Affirmation. Einen Satz, den du dir tagsüber immer wieder sagst, bis er in deinem Unterbewusstsein angekommen ist und da wirkt. Zum Beispiel: Hammerschläge verstärken meine innere Ruhe. Ich schlafe besonders gut, wenn ich Hammerschläge höre.«

»Coole Methode.« Frank sah Lou verzückt an.

»Frankieboy«, sagte Helen. »Wenn dir das gefällt, dann denk du dir doch bitte eine Affirmation aus. Zum Beispiel: Nach zwanzig Uhr und vor sieben hämmere ich nicht, denn ich bin ein rücksichtsvoller Mensch.«

Frank lachte.

»Das war kein Witz.« Helen wollte noch mehr sagen, aber genau in diesem Moment schwang die Küchentür mit unheilvollem Knarren auf, und Janna schlurfte in die Küche. Mit ihrer blassen Gesichtsfarbe, den dunklen Schatten unter den Augen und den verwuschelten Haaren sah sie aus wie ein Geist. Ihr weißes Nachthemd war am Saum feucht, ihre Füße waren schmutzig. »Na, weiße Frau, wo kommst du her?«, wollte Lou wissen.

»Wolfgang musste mal raus.« Janna gähnte. »Ich hab ihm die Tür aufgemacht, und dann kam er ewig nicht zurück. Ich habe gesucht, aber dann war er plötzlich wieder da. Total verdreckt. Ich glaub, das ist gar kein richtiger Hund, sondern das Ergebnis irgendeines Laborversuchs. Einer seiner Vorfahren muss ein Wildschwein gewesen sein. Deswegen auch seine Farbe.« Sie gähnte wieder.

»Und wo ist er jetzt?«, fragte Lou. »Doch nicht wieder am Hühnerstall?«

»Nein. Bei Lilly. Hoffentlich nicht in ihrem Bett.« Janna sank an den Küchentisch. »Gibt's noch Kaffee?«

»Ja«, sagte Helen. »Aber keine Milch. Und nichts zu essen.« Langsam sank Jannas Kopf auf die Tischplatte, wo er liegen blieb. »Hunger«, hauchte sie.

»Ich backe nachher Brot«, sagte Lou.

»Toll«, meinte Janna. »Dann kann ich ja schon in drei bis vier Stunden frühstücken.« Sie stand ächzend auf, ging zum Schrank, holte sich eine Tasse und goss den letzten Rest Kaffee hinein.

»Ähm, hallo?« Helen sah erst Lou an, dann Frank und zuletzt Janna. »Ich habe diesen Kaffee gekocht. Und ich habe keinen einzigen Tropfen davon bekommen.«

»Oh, sorry«, sagte Janna. Alle drei schoben ihre Tassen über den Tisch, auf Helen zu.

»Nee, lasst mal«, sagte Helen und erhob sich. »Jetzt ist er sowieso kalt.«

Als Helen eine halbe Stunde später mit dem Wagen die Baumallee entlangfuhr, war sie froh, Bukow für diesen Tag hinter sich lassen zu können. So froh, dass sie zu früh beschleunigte und von einem lauten Kratzen am Unterboden an das Schlagloch beim vorletzten Baum erinnert wurde. Wie jeden Morgen überlegte sie, ob sie ihr Auto gegen ein geländegängigeres Modell eintauschen sollte. Wie jeden Morgen vertagte sie die Entscheidung, denn da war eine leise, aber schrille Stimme in ihrem Hinterkopf, die ihr Dinge zuflüsterte, die sie eigentlich nicht hören wollte, aber auch nicht überhören konnte. »Willst du den Winter wirklich auf Bukow verbringen?«, fragte die Stimme. »Ey, du hast eine gemütliche Wohnung in Mitte, und da gibt es einen selbstreinigenden Kaffeevollautomaten mit Touchscreen und eine Fußbodenheizung. Überleg dir das gut.«

Helen erreichte endlich die Landstraße und trat aufs Gaspedal. Sie beschleunigte den Wagen, als könnte sie so der Stimme in ihrem Kopf entkommen. Aber das funktionierte nicht. Noch als Helen die Agentur betrat, quäkte die Nörgelstimme: »Mensch, knapp eine Stunde Fahrtzeit. Und das ohne Kaffee.«

Das Foyer von Schröbner und Partner sah nach wie vor aus wie die Kulisse eines Tarzan-Musicals. Und es gab schon wieder eine Neuerung. »Außer Betrieb«, verkündete ein Zettel an der Aufzugstür, und darunter stand: »Setz dich in Bewegung! Nimm die Treppe!«

Erstaunlich, dachte Helen. Nach fast vier Monaten war Jesper Knudsen in der Agentur immer noch in. Bisher hatte Patty Schröbner ihre Gurus viel schneller gewechselt. Helen schüttelte den Kopf. Wäre sie Phil, würde sie sich so langsam ernsthaft Sorgen machen. Es war ein offenes Geheimnis, dass Patty bei ihrem jeweiligen spirituellen Führer mehr als nur seelische Verbundenheit suchte. Meistens zogen die sich aber irgendwann zurück. Nicht so Jesper Knudsen. Der war offenbar kooperativer als seine Vorgänger.

Der Weg in den dritten Stock war mit neun Zentimeter hohen Absätzen fast nicht zu bewältigen. Als Helen im zweiten Stock kurz pausierte, wurde sie von Marc Beckmann überholt, der leichtfüßig jede zweite Stufe übersprang. Er schmetterte ihr eine schwungvolle Begrüßung zu, doch Helen hatte nicht genug Atemluft übrig, um sie zu erwidern. Hoffentlich war der Blödmann bald weg. Sie hatte gestern ein interessantes Gerücht gehört.

Als sie schließlich verschwitzt in ihrem Sekretariat ankam, saß Evelina schon hinter ihrem Schreibtisch und sah so frisch aus, als hätte sie in Tautropfen gebadet. »Guten Morgen, Frau Berg«, zwitscherte sie. »Sehen Sie mal! Eine neue Katze! Aus Japan. Ist die nicht süüüß?« Sie hielt eine kleine Porzellankatze in ihrer Hand, die Helen mit einer goldenen Pfote zuwinkte.

»Ganz zauberhaft«, sagte Helen und dachte sehnsüchtig an Gabriele, die ihre Kur verlängert hatte, denn ihre Bandscheiben machten ihr immer noch schwer zu schaffen. Auf dem Schreibtisch, an dem Gabriele stets professionelle Sachlichkeit verbreitet hatte, standen jetzt ein großer silberner Bilderrahmen mit dem Foto einer weißen Angorakatze und zwölf niedliche Porzellankätzchen. Eines hatte ein rosa Näschen und machte Männchen. Und das neueste Exemplar dieser Sammlung konnte wirklich und wahrhaftig mit dem Pfötchen winken.

»Sie sollen gleich zum Chef kommen«, sagte Evelina, schob zwei Kätzchen zur Seite und platzierte die Winkekatze in der Mitte ihrer Katzenschar.

»Worum geht es denn?«, wollte Helen wissen.

»Oh, Frau Berg, das habe ich nicht gefragt.« Evelina sah auf und kräuselte ihr Näschen. »Das geht mich doch gar nichts an. Wer bin ich denn, dass ich den Chef frage, was er mit Ihnen besprechen will?«

Helen atmete ganz bewusst ein und wieder aus. »Evelina«, sagte sie. »Sie sind meine Sekretärin. Sie sind also in meinem Auftrag tätig. Wenn Sie Fragen stellen, dann, weil ich die Antwort benötige, und nicht aus Neugier. Sie fragen stellvertretend für mich, damit ich meine Zeit planen kann und weiß, welche Unterlagen ich zu einem Gespräch mitnehmen muss. Es ist, als würde ich selbst fragen. Verstehen Sie?«

Evelina nickte und schlug die Augen nieder.

»Gut. Dann rufen Sie jetzt bitte die Sekretärin von Herrn Dr. Schröbner an und fragen, worum es bei dem Gespräch gehen wird. Stellvertretend für mich. Und das wird sie Ihnen dann sagen. Stellvertretend für ihren Chef.«

»Okay«, flüsterte Evelina und griff nach dem Hörer. Die Katze winkte immer noch.

Helen betrat ihr Büro, hängte den Mantel auf und fuhr ihren Computer hoch. Dann ging sie zurück ins Sekretariat. »Und? Was hat er gesagt?«

»Ich hab gefragt, worum es geht, und Frau Bernhardt hat gesagt, dass der Chef Ihnen das selbst sagen wird.« Evelina betrachtete betont beiläufig ihre Fingernägel, aber Helen hörte den Triumph in ihrer Stimme.

»Tja«, sagte sie. »Das bedeutet, dass auch ich nicht vorher wissen soll, um was es geht. Und das ist ebenso eine wichtige Information für mich.« Sie gab dem Pfötchen der Katze einen Schubs, und das Tier winkte hektisch, bevor sie das Sekretariat ohne Abschiedsgruß verließ.

»Holde Helena«, rief Philipp, als Helen sein Büro betrat. »Setz dich und lass dich von mir besingen wie einst Homer die gleichnamige Tochter des Zeus besang!«

»Phil! Was hast du denn gefrühstückt?«, wollte Helen wissen. »Ich nehme dasselbe.« Sie setzte sich auf einen der bequemen, weißen Ledersessel und schlug die Beine übereinander.

»Also auch ein Ingwerwasser für dich?«

Helen verdrehte die Augen. »Ein Milchkaffee wäre mir lieber«, gab sie zu. Sofort griff Phil zum Hörer und bat Frau Bernhardt um zwei Tassen Kaffee.

»Du hast noch Zugang zu einer Kaffeemaschine?«, fragte Helen und zog eine Augenbraue hoch. »Pfui!«

Er blickte betont unschuldig zurück. »Ich nicht. Aber Frau Bernhardt. Sie hat gesagt, dass sie kündigt, wenn jemand Hand an das fauchende Kaffeemonster in ihrem Vorzimmer legt. Und das konnte ich natürlich nicht riskieren.«

»Irgendetwas sagt mir, dass das nicht die ganze Wahrheit ist.« Helen sah ihn durchdringend an.

Phil grinste breit. »Kommen wir zu den wirklich wichtigen Dingen. Helen, sitzt du gut?« Er machte eine Kunstpause, und Helen nickte. »Peacock!«, rief er und schlug mit der Faust auf den Tisch. »Wir haben den Deal! Dein Konzept, liebe Helen, wird der neue Megaseller von Peacock international.«

»Nein!« Helen sank tiefer in ihren Sessel.

»Doch!« Phil beugte sich vor, hob seine rechte Hand, und Helen klatschte sie ab. Phil liebte solche Siegesgesten.

»Und warte, bis du die Konditionen hörst!«

»Ich höre.«

»Vierzigtausend Vorschuss für den Autor. Den wählen wir aus, den briefen wir, den machen wir zum Star. Und die Agentur macht außerdem das gesamte Marketing. Na, was sagst du?«

Helen pfiff leise. »Klingt gut.«

»Gut? Gigantisch klingt das.«

»Und wo stehe ich bei diesem Deal?«

»Du leitest die Kampagne, das ist genau dein Ding.«

»Phil, es war mein Exposé, das das Rennen gemacht hat. Ich will inhaltlich mitreden. Natürlich auch bei der Auswahl des Autors oder der Autorin.«

»Klar, Hel, weiß ich doch. Und das wirst du auch. Ich bin sicher, dass die Jungs gerne mit dir zusammenarbeiten.«

Die Tür öffnete sich, und Frau Bernhardt brachte ein Tablett mit zwei Tassen herein. Helen stellte fest, dass sie sogar an die Milch gedacht hatte, aber sie konnte sich nicht richtig darüber freuen. Was hatte Philipp da eben gesagt?

Als Frau Bernhardt den Raum verlassen hatte, richtete Helen sich auf und sah ihn kalt an. »Welche Jungs?«, fragte sie.

»Was?« Er öffnete ein Tütchen Zucker und ließ den Inhalt in den Schaum seines Cappuccinos rieseln. »Wieso Jungs?«

»Du sagtest eben, dass die Jungs sicher gern mit mir zusammenarbeiten. Welche Jungs?«

»Ach so.« Er rührte mit dem Löffel in seiner Tasse. »Jesper und Marc«, sagte er beiläufig. »Die beiden sind doch wie geschaffen als Autorenteam für dieses Buch. Jesper wird in der Öffentlichkeit als Autor auftreten, er sieht gut aus, und dieses Steinzeitdenken ist genau seine Schiene. Aber Schreiberfahrung hat er natürlich nicht, und hier kommt Marc ins Spiel. Der schüttelt uns den Bestseller locker-flockig aus dem Ärmel. Und er hat zum Glück keine Probleme damit, wenn sein Name nicht auf dem Cover steht, Hauptsache, er bekommt den Löwenanteil vom Vorschuss.«

»Er hat keine Probleme«, wiederholte Helen überdeutlich. Sie spürte, wie der Adrenalinspiegel in ihrem Blut anstieg. »Du hast also schon mit ihm gesprochen.«

»Ja«, sagte Phil und wischte sich ein Zuckerstäubchen vom Ärmel. »Es hat sich so ergeben. Ich habe ihn eben auf dem Gang getroffen und ihm die gute Nachricht überbracht.«

»Moment«, sagte Helen und versuchte, ihre Gedanken zu sammeln. So lief das nicht. Das war kein Konzept von

Philipps »Jungs«, es stammte von Helens Mädels. Und dieses Konzept war vielleicht abgedreht, aber es war auch genial, witzig und klug, und wenn man es richtig verpackte, würde es ein Bestseller werden. Aber diese Idee umsetzen, das konnte und sollte nur eine: Janna. Helen beschloss, Lous Konzept so leidenschaftlich zu verteidigen wie eine Säbelzahntigerin ihre Beute. Allerdings würde sie nicht mit Zähnen und Klauen kämpfen, sondern die Waffen wählen, gegen die Phil wehrlos war, weil er sie nicht besaß: Intelligenz. Wissen. Taktik.

»Phil, ich verstehe deinen Gedankengang.« Sie lächelte kühl und professionell. Bloß keine Gefühle zeigen. Wer als Frau Emotionen zeigte, hatte bei Phil verloren. »Aber es gibt da ein paar Dinge, die wir in den Entscheidungsprozess einbeziehen sollten.«

Er sah sie fragend an.

»Erstens. Marc Beckmann. Er hat eine Bewerbung laufen, und zwar bei Knüpfer. Ist es wirklich klug, ihm ausgerechnet in dieser Phase unser wichtigstes Projekt anzuvertrauen, und das auch noch auf freiberuflicher Basis? Er unterschreibt ja einen Autorenvertrag mit Peacock, und der gilt auch, wenn er zu Knüpfer wechselt. Das wäre für uns eine ziemlich unerfreuliche, nun ... ich nenn' s mal *Verknüpfung* mit unserer schärfsten Konkurrenz.«

»Bei Knüpfer? Wer sagt das?«

»Eine vertrauliche Quelle.« Gott sei Dank war sie im Gegensatz zu Marc Beckmann bei den Sekretärinnen der Firma beliebt, was vor allem daran lag, dass sie Gabriele vergötterte und Evelina hasste – eine allseits geteilte Empfindung. So wurde sie manchmal in deren Klatsch einbezogen, wie auch gestern. »Aber natürlich möchte ich keine unüberprüfbaren Gerüchte in die Welt setzen, also frag ihn einfach direkt, was da dran ist, mal sehen, was er sagt.«

»Aha. Und zweitens?«

»Zweitens. Jesper Knudsen. Den sollten wir auf gar keinen Fall als positive Identifikationsfigur aufbauen. Knudsen ist komplett testosterongesteuert und baggert alles an, was nicht bei drei auf dem Baum ist.«

»Das ist doch gar nicht schlecht. Die Medien fahren auf so was ab.«

»Aber Peacock vielleicht nicht. Als Guru wird Knudsen Jünger um sich sammeln, die vermutlich alle weiblich und deutlich jünger sind. Es ist nur eine Frage der Zeit, bis er in einen handfesten Skandal verwickelt ist, und den können wir nicht mehr steuern. Negative Presse ist das Letzte, was wir für die *Natural Born Chillers* brauchen.«

»Meinst du?« Philipp schien noch nicht überzeugt. Nun gut, dann musste sie wohl noch etwas direkter werden. Auch wenn's jetzt anfing wehzutun.

»Sprich doch mal mit Patty über ihn.«

»Oh, das habe ich. Patty sagt, er sei ein toller Gesprächspartner. Intelligent und gebildet. Sie redet mit ihm manchmal fast die ganze Nacht durch.«

»Sie reden? Phil, hast du von Knudsen schon mal drei zusammenhängende Sätze gehört, die intelligent und gebildet waren?«

»Nein. Aber Patty sagte …«

Helen sah ihn nur an. Auf diese Idee sollte er selbst kommen. An seinem Blick erkannte Helen, wann der Groschen fiel.

Um ihn nicht zu einer Reaktion auf diese nur zu wahre Anschuldigung zu zwingen, erhob Helen sich. »Du, ich muss los. Von Frau Bernhardt lasse ich mir die Kontaktdaten unseres Ansprechpartners bei Peacock geben, dann kläre ich die Details und suche nach einem geeigneten Autor.« Sie klopfte mit den Fingerknöcheln auf den Konferenztisch. »Soll ich Beckmann von dem Projekt zurückpfeifen? Oder möchtest du das selbst tun?«

Philipp sah sie mit waidwundem Blick an. Er schien gar nicht zu verstehen, was sie sagte.

»Okay, ich mach's«, sagte Helen und ging zur Tür. Phil tat ihr leid, aber er war ihr Chef und nicht ihr Freund. Wäre er Letzteres, hätte sie ihm schon vor Jahren gesagt, dass er Patty zum Teufel jagen sollte. Aber wenn er als ihr Chef auf die falsche Frau setzte, war das seine Sache. Wenn er hingegen, wie bei Knudsen und Beckmann, auf die falschen Mitarbeiter setzte, dann wurde es Helens Sache. Und sie hatte kein Problem damit, auch mal Fußtritte zu verteilen und jemanden rauszukicken, zumindest, wenn sie dabei Fieslinge traf.

Helens Telefongespräch mit Lilly

Lilly: Hier ist Lilly Mahler. Und wer bist du?
Helen: Hallo Lilly, ich bin's, Helen.
Lilly: Oh! Hallo Helen! Kommst du bald?
Helen: Ich muss noch ein bisschen arbeiten. Ist die Mami da?
Lilly: Ja.
Helen: Kann ich sie mal sprechen?
Lilly: Nein.
Helen: Warum nicht?
Lilly: Sie hackt Holz. Du, die Eier stinken.
Helen: Welche Eier?
Lilly: Die, auf denen Gabi brütet.
Helen: Lilly, wer ist Gabi?
Lilly: Na, das eine Huhn. Das dicke.
Helen: Wenn die Eier stinken, ist garantiert kein Küken drin. Dann muss man sie wegwerfen.
Lilly: Und wenn Gabi draufgepieselt hat? Vielleicht stinken sie deswegen?
Helen: Kind, ich glaube nicht, dass Hühner auf ihre Eier pinkeln. Ich glaube nicht mal, dass sie überhaupt pinkeln. Die machen alles in einem, also, ich meine, sie machen einfach ein flüssiges Häufchen. Ist denn Hühnerkacke an den Eiern?
Lilly: Nein.
Helen: Dann ist Gabi unschuldig. Lilly, kannst du die Mama mal reinrufen?
Lilly: Nein.

Helen: Warum?

Lilly: Sie hat gesagt, wenn ich sie noch mal störe, wird sie zum Elch.

Helen: Läuft wohl gerade nicht so gut mit dem Holzhacken?

Lilly: Weiß nicht, ich darf nicht zugucken.

Helen: Warum?

Lilly: Weil ich immer lachen muss.

Helen: Aha. Ist Lou da?

Lilly: Ja. Du, Helen?

Helen: Ja, Lilly?

Lilly: Ich schmeiß die Eier lieber doch nicht weg. Vielleicht riechen Hühnereier einfach so.

Helen: Wie riechen sie denn?

Lilly: Nach Furz.

Helen: Nein, so riechen Hühnereier normalerweise nicht. Ich würde sie wegwerfen. Und wasch dir gut die Hände, wenn du sie angefasst hast. Kann ich Lou mal sprechen?

Lilly: Nein.

Helen: Warum nicht?

Lilly: Sie hat einen Ziegenbock ausgeliehen und ist mit Frank im Wald.

Helen: Wieso das denn?

Lilly: Er soll sie verführen.

Helen: Was? Frank soll Lou verführen?

Lilly: Iihihi. Nein, der Ziegenbock soll Hetty verführen. Damit sie ihm nachläuft. Und dann will Lou den Ziegenbock in den Stall bringen, und Hetty läuft hinterher, und dann machen wir die Stalltür zu, und schwupp, dann haben wir zwei Ziegen hinter einer Klappe. Und bald noch mehr, denn dann kriegen sie Babys.

Helen: Kannst du Lou vielleicht mal holen?

Lilly: Ich darf nicht hin, sonst haut Hetty ab. Ich muss im Haus bleiben und auf Wolfgang aufpassen. Er darf auf gar keinen Fall bellen, sonst kommt Hetty nicht.

Helen: Lilly, ist Ben vielleicht da? Er geht auch nicht an sein Handy.

Lilly: Ja. Der ist da. In Lous Hühnerbuch steht, dass Küken frühestens nach neunzehn Tagen schlüpfen. Gabi brütet schon seit einem Monat.

Helen: Lilly, schmeiß die Eier weg! Kann ich Ben mal sprechen?

Lilly: Glaub nicht.

Helen: WARUM DENN NICHT?

Lilly: Er ist im Keller, und ich darf nicht runter, weil ich sonst nasse Füße kriege.

Helen: Lilly, warum um Himmels willen bekommst du im Keller nasse Füße?

Lilly: Ja, es hat doch gestern so geregnet. Und da ist wohl Wasser in den Keller gelaufen. Wir haben das gar nicht gemerkt, aber als Ben kam, fand er, dass es bei uns komisch riecht und hat nachgesehen. Er wischt jetzt alles trocken.

Helen: Und warum hilft ihm keiner?

Lilly: Die anderen wissen es nicht. Ben will sie nicht noch mehr stressen. Er sagt, die Stimmung ist schlecht genug. Und ich darf nicht helfen.

Helen: Die Stimmung ist schlecht?

Lilly: Ja, wegen der Sache mit der Straße.

Helen: Lilly. Was. Ist. Mit. Der. Straße?

Lilly: Sie wird repariert. Da kam heute ein Brief. Die Löcher kommen weg und sie bekommt einen richtigen Straßenbelag.

Helen: Das ist doch toll!

Lilly: Ja, aber wir müssen das bezahlen. Nicht ganz. Aber es ist viel Geld.

Helen: Oha. Mist.

Lilly: Ja. Und dann auch noch das mit den Eiern. Heute ist kein schöner Tag. Kommst du bald?

Helen: Ja, Mäuschen, bald. Und ich bring uns was zum Essen mit. Was richtig Schönes. Sag das den anderen, wenn sie kommen.

Lilly: Gummischlangen?

Helen: Ja. Auch Gummischlangen. Bis später, Lilly. Pass gut auf Wolfgang auf, damit er nicht bellt.

Lilly: Ja. Aber das tut er nicht. Ich hab Leberwurst auf den Boden getan, die leckt er ab, und wenn er leckt, kann er nicht bellen.

Helen: Oookay. Und wo genau hast du die Leberwurst verteilt?

Lilly: Überall ein bisschen.

Helen: Lilly, ich komm jetzt sofort. Mach am besten einfach gar nichts. Lies ein Buch! Tschüss. Bis gleich.

Lilly: Uki. Aber nicht die Gummischlangen vergessen!

16

Janna legte das Holzscheit auf den Hackklotz, hob die Axt und schlug zu. Es war ein gutes Gefühl, als sich das Eisen tief ins Holz grub. Wäre toll, wenn man einfach alle Sorgen mit einer solchen Axt kurz und klein schlagen könnte. Ein Schlag für den ständig leeren Kühlschrank. Ein Schlag für Franks nächtlichen Lärm. Ein Schlag dafür, dass Lilly am Abend zuvor im Bett geweint hatte, weil ihr Vater nicht wie versprochen angerufen hatte. Ein Schlag für all die Briefe, die heute nicht in der Post gewesen waren. Janna wartete nämlich seit Tagen auf Antworten auf all die Job-Bewerbungen, die sie abgeschickt hatte, aber ihr Mailpostfach und der Briefkasten blieben leer, und das Telefon schwieg. Dafür wären eigentlich drei Schläge fällig. Und mindestens vier für den Brief, der heute stattdessen im Briefkasten gelegen hatte: eine Zahlungsaufforderung an die Bewohner von Bukow. Die Baumallee sollte asphaltiert werden, und sie mussten sich an den Kosten beteiligen. Und noch ein Schlag. Dafür, dass Helen ein Auge auf Ben geworfen hatte. Und er auf sie. Inzwischen war die Sache eindeutig. Abend für Abend saßen die beiden über Anträgen und Formularen für die Sanierung von Bukow, und wenn Janna zufällig den Raum betrat, wurden sie sichtlich nervös. Na gut. Dann war es eben so. Helen passte sowieso viel besser zu Ben. Und Helen war Jannas Freundin. Klar, dass Janna ihr nicht dazwischenfunken würde. Außerdem hatte sie schließlich mit den Renovie-

rungsarbeiten (Zack, noch ein Schlag) und der Jobsuche (Zack) und mit den ständigen Anrufen ihrer Mutter (ZACK!!!) mehr als genug um die Ohren. Für einen Mann war in ihrem Leben überhaupt kein Platz. Aber musste Helen auch noch dauernd versuchen, mit ihr über Ben zu sprechen? Sie redete doch auch sonst fast nie über ihre Lover. Warum jetzt damit anfangen? Janna holte besonders weit aus und ließ die Axt auf das nächste Scheit sausen.

Mist. Jetzt steckte die Schneide fest im Holz. Janna ruckelte am Schaft, doch die Axt ließ sich keinen Millimeter bewegen. Sie zog fester, aber ohne Erfolg.

»Scheiße«, schrie Janna, so laut sie konnte. Lilly war ja zum Glück weit genug weg im Haus. Und noch einmal »SCHEISSE!!! Was für eine verdammtverflixtverschissematuckelte Axt!« Noch einmal riss sie am Griff, aber die Schneide steckte bombenfest.

Janna ließ die Axt samt aufgespießtem Scheit zu Boden fallen. Sie nahm einen Stein und schleuderte ihn gegen den Hackklotz. Wider Erwarten traf sie den Baumstumpf, der Stein prallte ab und schoss noch einmal durch die Luft. Fast hätte er Ben getroffen, der ausgerechnet in diesem Moment hinter dem Schuppen auftauchte. In ihrer ersten Wut spürte sie nicht einmal Mitleid. Warum war er eigentlich dauernd hier? Hatte er keine Arbeit? Und kein Zuhause? Und wie sah er überhaupt aus? Obenrum war er ganz Manager, er trug ein weißes Hemd und eine Krawatte, die allerdings heute etwas schief saß. Aber seine Füße steckten in Gummistiefeln, und seine Hose war an den Knien schmutzig und feucht.

Ben fing den Stein, kurz bevor dieser sein Nasenbein zertrümmern konnte, und plötzlich schämte Janna sich.

»Sorry.« Sie ließ kraftlos den Arm sinken. »Das war nicht persönlich gemeint. Ich bin nur ein bisschen … gereizt.« Sie wies mit dem Kinn in Richtung des Holzstapels und fragte: »Du weißt nicht zufällig, wie man das kleinkriegt?«

»Na ja … auf jeden Fall nicht mit einem Stein«, sagte Ben vorsichtig.

»Ich wäre auch lieber bei der Axt geblieben«, meinte Janna, »aber sie steckt fest.«

Jetzt musste Ben lachen. Er trat zum Hackklotz, hob die Axt auf und drehte sie um, sodass die Schneide mit dem Holz nach oben ragte. Dann schlug mit der Rückseite der Axt leicht auf den Hackklotz. Einmal. Zweimal. Knacks. Das Scheit zersprang in zwei Stücke.

Janna traute ihren Augen nicht. Ben hatte das Holz nicht mit dem Hackklotz in Berührung gebracht, er hatte nur die umgedrehte Axt auf den Klotz gehauen, und das nicht mal besonders stark. Und zack, das war's. Jetzt nahm er das nächste Scheit, schlug mit der Axt darauf, drehte das Ganze um und ließ erneut die Rückseite der Axt auf den Hackklotz sausen. Einmal. Zweimal. Dreimal. Auch dieses Scheit zersprang, als hätte es nur darauf gewartet.

»Stehst du auf der dunklen Seite der Macht?«, wollte Janna wissen. »Ist das Zauberei?«

Er grinste. »Nein, Physik.«

»Kann ich das auch?«

»Ich zeig's dir.« Er legte ein großes Stück Holz auf den Hackklotz, dann gab er Janna die Axt. »Nimm sie in beide Hände.« Er trat hinter sie. Seine Arme legten sich um sie, seine Hände umschlossen ihre, und sie spürte seine Wärme an ihrem Rücken. Er roch nach Sommer. Und nach Mann.

»Vorsichtig ausholen«, sagte er ganz dicht an ihrem

Ohr. Sein Atem strich über ihren Hals. »Nur ein bisschen. Und jetzt. Zack. Dann umdrehen. Und nochmal, eins, zwei, drei. Na bitte, du kannst es auch!«

»Wow«, sagte Janna und meinte damit nicht das Holzhacken. Leider ließ Ben seine Arme jetzt sinken und trat einen Schritt zurück.

»Danke«, sagte Janna, immer noch atemlos. Sie räusperte sich und sprach dann mit sachlicher Stimme weiter. »So geht das mit viel weniger Kraft. Vielen Dank für den Tipp. Wenn ich mich irgendwie revanchieren kann ...«

»Kannst du«, sagte er ebenso distanziert. »Ich bin eigentlich hier, um dir was von Helen auszurichten.«

»Oh, ja, Helen.« Janna atmete tief durch. Irgendwie hatte sie plötzlich ein schlechtes Gewissen. Aber nein, dafür gab es keinen Grund, es war ja nichts passiert. Auch Ben wirkte ganz entspannt. »In einer halben Stunde ist sie da, und sie bringt uns allen was Leckeres zum Essen mit. Würdest du für mich zu Frank gehen und ihm das sagen? Ich muss im Keller noch schnell was erledigen.«

»Frank ist doch mit Lou unterwegs, um die Ziege zu fangen.«

»Nein, nicht mehr. Der Plan ist leider nicht aufgegangen. Hetty hatte keinen Bock auf den Bock. Lou bringt das Tier gerade zurück, zu Fuß, an einer Leine. Frank muss irgendwo rund um die Scheune sein.«

»Okay.« Janna legte die Axt neben den Hackklotz. »Klar, mach ich. Essen, das ist ja mal eine gute Nachricht. Ich bin hungrig wie ein Wolf.«

Als Janna zum Schuppen kam, stand Frank davor und betrachtete versonnen einen verrosteten Gegenstand, der vor ihm im Gras lag. »Was fällt dir ganz spontan zu diesem Konsumgut ein?«, fragte er ohne Begrüßung.

»Briefkasten«, sagte Janna.

»Eher im übertragenen Sinne.«

»Post.«

Er sah auf. »Du bist nicht künstlerisch veranlagt, oder?«

»Eher nicht«, sagte Janna.

Frank umkreiste den verbogenen, rostigen Kasten langsam. »Witterung«, murmelte er. »Verfall, morbide, demoliert, aufgebrochen, verbogen, unerreichbar. Der Tod. Das ist es, was mir dazu einfällt.«

»Möchtest du darüber reden?«

Er grinste. »Nein.«

»Hast du Hunger?«

»Immer«, sagte Frank. Er trug heute ein T-Shirt, das so grellgrün war, dass Jannas Augen bei seinem Anblick schmerzten. Sie beschloss, ihn auf die Sache mit dem Hämmern am frühen Morgen anzusprechen.

»Frank«, begann sie und zögerte dann. Wie fing sie dieses Gespräch am besten an? »Helen macht gerade eine schwierige Phase durch.«

»Oh«, sagte er und riss seine auffallend blauen Augen auf. »Ich auch. Ich werde sie nachher mal darauf ansprechen. Vielleicht können wir uns gegenseitig helfen.«

»Neiiin! Auf gar keinen Fall! Das wäre nicht gut.« Janna hob abwehrend die Hände. »Sie muss da allein durch. Es wäre aber sehr, sehr hilfreich, wenn sie nachts schlafen könnte.«

»Ja«, seufzte Frank. »Ich weiß, was du meinst. Ich finde nachts zurzeit auch keinen Schlaf.«

»Warum?«

»Es gibt da jemanden. Ich muss immer an sie denken.«

»An *sie*? Frank, hast du Liebeskummer?« Janna wunderte sich. Sie hielt ihn nicht für den Herzschmerz-Typ.

»Natürlich nicht«, sagte Frank gereizt. »Liebe ist nichts als eine kapitalistische Projektion. Für immer dein. Klingt das nicht schrecklich? Wie ein Kaufvertrag ohne Rücktrittsklausel. Nein, das ist es nicht, ich lebe nach anderen Prinzipien. Ich muss nur an sie denken. Also, über sie nachdenken, meine ich.«

»Ach so. Das tut mir leid. Aber sieh's doch positiv: Viele Künstler sind in solchen Phasen besonders kreativ.«

»Ja, das sagt man so.« Er starrte den Briefkasten an, als würde der gleich die Klappe öffnen und für ihn sprechen.

»Willst du darüber reden?«

Er schüttelte den Kopf. »Ach, vergiss es. Ich mache mir nur ein paar Gedanken, das ist alles.«

Janna zögerte kurz, aber dann sprach sie doch weiter, sonst würde ihnen dieser Frankkummer bald ernsthaften Helenkummer bringen. »Frank. Ich würde das nicht sagen, wenn es nicht sehr wichtig wäre, aber kannst du dir deine nächtlichen Gedanken auch still machen? Ohne hämmern, meine ich? Es ist nur, weil bei uns drüben gerade ziemlich der Haussegen schief hängt, und wenn Helen jetzt nicht mal mehr schlafen kann, dann explodiert die Situation irgendwann.«

Frank sah sie nachdenklich an. »Vielleicht sollte sie dann explodieren«, meinte er. »So ein Gewitter kann manchmal reinigend sein.«

»Nein. Auf gar keinen Fall. Wenn jetzt bei uns der Blitz einschlägt, können wir unsere WG vielleicht gar nicht mehr retten. Und dann ist alles kaputt. Weißt du, Frank, das hier ist Lous Lebenstraum, und auch Lilly ist glücklich. Und ich, weißt du, mir geht's vor allem darum, nicht reumütig zu meiner Mutter zurückkriechen zu müssen. Und Helen braucht dringend ein Gegengewicht zu ihrer

Arbeit. Dass wir hier klarkommen, ist echt wichtig für uns, es gibt nichts Wichtigeres. Deswegen müssen wir uns jetzt alle am Riemen reißen und dafür kämpfen, dass die Sache klappt.«

»Zusammenreißen? Kämpfen?« Er schüttelte langsam den Kopf. »Glaub ich nicht. Im Gegenteil, ich glaube, ihr solltet mal lockerlassen. Ihr seht ja den Wald vor Bäumen nicht mehr.«

»Wie meinst du das?«

Er dachte kurz nach. »Du sagtest eben, Lou sei hier glücklich, und Lilly auch. Aber wie ist es mit dir? Bist du glücklich?«

»Ich? Äh, ja, klar. Klar bin ich glücklich. Nur ein bisschen gestresst, das ist alles.«

»Wovon?«

Janna zuckte hilflos mit den Schultern. »Geldmangel. Die Sanierung. Meine Mutter, die ständig anruft. Der Streit. Der nächtliche Lärm.«

»Kannst du denn noch sehen, wie schön es hier ist?« Er legte den Kopf in den Nacken und sah in den Wipfel des riesigen Walnussbaums, unter dem sie standen.

Janna sah ebenfalls nach oben. Äste, Nüsse und Blätter, die sich langsam verfärbten. Ein Baum halt. »Du meinst die Natur. Klar, die ist schön.«

Er richtete sich auf, streckte seine grellgrüne Brust vor und wackelte mit dem Po, dass seine Hose schlackerte. »Nicht nur die Natur. Auch die Männer hier sind ganz ansehnlich.«

Janna grinste. »Oh ja, das fällt mir natürlich mehrmals täglich auf.«

Er seufzte. »Lou nicht.«

Oh? Oh! Daher wehte also der Wind. Aber er wollte

sichtlich nicht darüber reden. Jetzt wechselte er das Thema. »Schon okay. Machen wir einen Deal. Kein nächtliches Hämmern mehr. Ich denke still. Aber du kommst dafür mal öfter aus deiner Höhle raus und hast hier endlich ein bisschen Spaß.«

»Spaß?« Wenn das so einfach wäre …

Frank stemmte die Hände in die Hüften. »Das Wort bezeichnet eine Tätigkeit, die man freiwillig und gern tut und die gute Laune macht.«

»Aha.«

»Heißt das Ja?«, hakte er nach.

Janna rollte mit den Augen. »Okay. Aber jetzt gehen wir erst mal rüber und decken den Tisch für all die ansehnlichen Menschen, die hier wohnen.«

Er nickte, verstaute den Briefkasten in seiner Scheune und folgte ihr.

»Tolles Grün«, sagte Ben kurz darauf, als Janna mit seinem Bruder die Küche betrat.

»Man muss es tragen können«, gab Frank selbstbewusst zurück und begutachtete sich in der Fensterscheibe.

Janna schubste ihn zur Seite und trug ihm auf, Lilly aus ihrem Zimmer zu holen, dann deckte sie Geschirr, Besteck und Gläser auf. Ben, der heute offenbar Überstunden abfeierte, drehte am Radio und sorgte für Musik, und Frank kümmerte sich um die künstlerische Gestaltung der Tischdekoration und drapierte zusammen mit Lilly Herbstlaub, Hagebutten und Kastanien zwischen den Tellern. Als Lou von ihrer Ziegenbocktour zurückkam, half sie den beiden. Irgendwann knirschte draußen Kies unter Autoreifen, eine Autotür schlug, Absätze klackerten auf der Eingangstreppe und jemand riss die Haustür auf. »Juuuuhuuu!«, quiekte Helen. »Die *Chillers!* Wir haaaben den Vertrag!!!«

Eine halbe Stunde später saßen alle am Küchentisch und aßen das Sushi, das Helen aus der Stadt mitgebracht hatte. Zum Nachtisch sollte es Gummischlangen geben, die überall auf dem Tisch aus dem Herbstlaub hervorzüngelten. Alle redeten und lachten durcheinander, nachdem Helen die gute Nachricht verkündet hatte: *Natural Born Chillers* sollte tatsächlich im Frühjahr bei Peacock erscheinen. Als Spitzentitel. Mit einem gigantischen Marketingbudget. Und Helen würde alle Fragen rund um das Autorenteam und das Manuskript regeln und außerdem die Marketing-Kampagne verantworten.

»Moment«, sagte Lou. »Ein Autorenteam? Janna schreibt das ohne uns doch viel schneller.«

»Warte mal«, sagte Janna. »Ich schreib das? Aber, aber ...« Sie schnappte nach Luft. »Ich habe noch nie ein Buch geschrieben.«

»Einmal ist immer das erste Mal«, sagte Helen. »Und du wirst sehen, wenn du mal angefangen hast, schreibt sich das wie von selbst. Das schaffst du.«

»Helen, ich kann das nicht«, protestierte Janna atemlos.

»Natürlich kannst du. Das ist ganz leicht, jeder Text über Erdmännchen ist schwieriger. Diese Bücher funktionieren doch alle nach demselben Schema. Du fängst mit einer Schicksalsstory an, und zwar im Präsens, irgendwas, das jedem passieren kann, ein Drama, vor dem wir alle Angst haben. Dann hat der Autor den nahen Tod vor Augen und erkennt die Wahrheit, die hinter allem steht. Trommelwirbel, die Wende, ab sofort ist alles anders. Er ist nun nicht mehr der, der er einst war, er ist erleuchtet und kennt die Lösung aller Probleme. Und dann kommt seine Botschaft, und wer sie hört, wird selbst ein anderer, okay?

Schreib erst mal so weit. Was die Botschaft am Ende genau sein wird, darüber reden wir noch.«

»Vergiss es«, sagte Janna. »Das stimmt doch alles gar nicht. Das kommt mir unehrlich vor. Da mach ich nicht mit.«

Helen zog beide Augenbrauen hoch. »Auch nicht für einen Vorschuss von vierzigtausend?«

Janna und Lou blieb der Mund offen stehen.

Lou fasste sich als Erste. »Janna!«, begann sie mit Oberlehrerinnenstimme. »Man sollte im Leben nie auf seinen Prinzipien bestehen. Es muss immer auch Ausnahmen von jeder Regel geben, selbst wenn es eine gute Regel ist.« Sie atmete tief durch. »Vor allem für vierzigtausend Euro!«

Janna sah Lou streng an. »Und das sagst du? Ausgerechnet du?«

Lou nickte. »Das sage ich. Und dann muss es stimmen.«

Janna Mahler
Natural Born Chillers

Einleitung

Eine Sommernacht vor drei Jahren. Die Nacht, in der ich starb. Wenn ich die Augen schließe, ist alles wieder da, als wäre es gestern gewesen.

Ich liege im Bett und finde keinen Schlaf. Es ist heiß, mein Laken ist feucht von Schweiß. Ich greife nach dem Handy auf meinem Nachttisch und werfe einen Blick aufs Display. Zwei Uhr.

Genervt drehe ich mich auf den Rücken und versuche, mich zu entspannen. Ich sollte wirklich schlafen, denn vor mir liegt ein anstrengender Arbeitstag. Aber dieser Gedanke ist natürlich kein guter Einschlafhelfer, jetzt bin ich erst recht hellwach und denke an all das, was vor mir liegt.

Ich atme tief durch und beschließe, die nächtliche Stunde konstruktiv zu nutzen. Wenn ich den kommenden Tag durchplane, bleibt die schlaflose Zeit nicht ungenutzt und ich kann am Morgen schneller starten. Und vielleicht schlafe ich dabei ja sogar ein.

In Gedanken gehe ich also mein Tagesprogramm durch. Plötzlich durchzuckt mich ein heftiger Schmerz. Er fährt durch meine Brust in meine Schulter und meinen linken Arm. Mir wird übel, ich krümme mich zusammen und stöhne auf. Was ist das? Ein Herzinfarkt? Ich taste nach dem Handy, wähle den Notruf, stammele irgendetwas, dann wird es um mich herum schwarz.

Aber ich verliere nicht das Bewusstsein. Es ist, als würde ich durch einen langen, dunklen Gang laufen. Irgendwo in diesem engen Tunnel werde ich kurz ohnmächtig, und als ich wieder zu mir komme, bin ich nackt. Ich liege zwischen weichen Fellen, vor mir flackert ein Licht, gelb, orange und rot. Ich blicke mich um und stelle fest, dass ich in einer Höhle liege. Schatten tanzen über die Felswände, ich erkenne auf ihnen einfache und kraftvolle Malereien. Büffel. Pferde. Krieger bei der Jagd. Auch Kriegerinnen. Von fern höre ich melodische Flötentöne.

Und dann ist da plötzlich eine Stimme in meinem Kopf. »Zeit ist nichts als der Fluss, in den du zum Fischen steigst«, sagt sie. Nichts sonst. Nur das.

Wer spricht da? Ich versuche, diese Frage zu stellen, aber es gelingt mir nicht. Ich starre in das Licht, das ich jetzt als Feuer erkenne, und denke über den Satz nach. Er macht mich glücklich, und irgendwann denke ich nicht mehr, ich lasse mich treiben und gehe in meinen Glücksgefühlen auf.

Plötzlich erfasst mich ein starker Sog. Wieder wird alles um mich herum dunkel, und ich werde ohnmächtig. Wenig später komme ich erneut zu Bewusstsein, jetzt liege ich auf einem Baumwolllaken und trage ein weites Hemd. Neben meinem Bett blinkt ein Monitor, und als ich mich bewege, ertönt ein schrilles Warnsignal. Ich begreife, dass ich mich auf der Intensivstation eines Krankenhauses befinde, die heraneilende Schwester teilt mir mit, dass ich nach einem Herzinfarkt im Koma gelegen hatte und danach mehrere Minuten lang klinisch tot gewesen war.

»Nur Minuten?«, frage ich. Für mich fühlt es sich an, als sei ich stundenlang fort gewesen.

Sie nickt.

»Zeit ist nichts als der Fluss, in den du zum Fischen steigst«, sage ich leise.

Sie nickt wieder, sie scheint es zu wissen.

17

Lou reinigte den Hühnerstall. Sie arbeitete schnell und präzise, alle Handgriffe waren inzwischen Routine geworden. Gabis stinkende Eier hatte Lou vergraben. Ein Eier-Begräbnis war vielleicht albern, vor allem, da sie nicht mal wusste, ob Küken in den Eiern gewesen waren, aber sie hatte es nicht über sich gebracht, sie einfach in den Müll zu werfen. Jetzt nahm sie den Hennen ihre Eier immer gleich nach dem Legen weg. Das letzte Date mit einem Hahn lag schließlich Monate zurück, selbst die fruchtbarste Henne hatte keine Chance mehr auf Nachwuchs. Warum sollte man den Tieren da unbegründet Hoffnung machen?

Lou schloss die Tür des Hühnerstalls, bückte sich nach dem Körbchen mit den drei Eiern und ging eilig zurück zum Haus. Sie hatte noch viel vor. Ein Zimmer im Obergeschoss wollte sie vormittags streichen, dann Mittagessen für Lilly kochen, und danach würde sie Hetty, der selbst ernannten Wildziege, Heu in den Wald bringen. Und außerdem war heute Freitag, das hieß, das Wochenendprogramm für Helen war fällig.

Jeden Freitagabend, bevor Helen nach Hause kam, verbreitete Lou neuerdings Landhausfeeling. Sie dekorierte Tische und Fensterbretter mit Hagebutten, Kastanien, wilden Äpfeln, Nüssen und blauen Schlehen. Sie brühte duftenden, selbst gefertigten Hagebuttentee auf. Sie backte einen Kuchen mit Bourbon-Vanille und heizte alle Räume der Einliegerwohnung mollig warm ein. Und sie zog die alte Standuhr von Herrn Brandt auf, die inzwischen in der Empfangshalle stand und mit ihrem behäbigen Ton zur vollen und halben Stunde für Gemütlichkeit sorgte. Es war inzwischen schön, am Freitagabend nach Bukow zu kommen, und das hatte Helens Stimmung merklich verbessert.

Lou hatte erkannt, dass sie alle Register ziehen musste, um Bukow zu retten. Sie wusste jetzt, dass sie im Sommer Fehler gemacht hatte. Vermutlich hatte die Sache mit Frank sie doch aus dem Konzept gebracht. Sie hatte den Hühnern und der Ziege viel zu viel Zeit gewidmet. Seit sie sich mehr um die menschlichen Bewohner Bukows kümmerte, lief alles viel besser. Und auch mit Frank lief es oberflächlich betrachtet ganz gut. Er kam oft ins Gutshaus rüber, trank einen Tee mit ihr, wenn sie gerade Pause machte, oder packte mit an, wenn ihr die Arbeit über den Kopf wuchs. Und von seinen angeblichen Frauengeschichten hatte Lou bis jetzt nichts bemerkt. Trotzdem piekte immer noch etwas in der Herzgegend, wenn sie Frank sah. Sie hatte mit ihm eine Nacht verbracht – und was für eine! – und danach sagte dieses emotionale Trampeltier »Mehr war nicht«. Autsch. Das würde er noch irgendwann zurückbekommen. Aber jetzt war keine Zeit, darüber nachzudenken, sie hatte heute noch viel vor. Sie öffnete die knarzende Tür des Holzschuppens und betrat die Küche durch den Seiteneingang, als das Telefon zu klingeln begann.

Ein Blick aufs Display, und Lou stellte seufzend den Eierkorb ab. Hedda Mahler, Jannas Mutter, rief an. Auch das gehörte inzwischen zu Lous Aufgaben. Janna saß Tag und Nacht am Computer und schrieb am Manuskript von *Natural Born Chillers*. Für Bukow. Und Lou hielt ihr dafür so oft es ging ihre Mutter vom Leib.

Also setzte sie sich auch jetzt an den Küchentisch,

drückte auf das grüne Knöpfchen am Hörer und rief Frau Mahlzahn ein fröhliches »Hallo Hedda« entgegen.

»Kinder, habt ihr eigentlich eine Brotschneidemaschine?«, fragte Hedda Mahler. »Ich habe meinen Keller ausgemistet und eine entdeckt, die noch wie neu ist.«

»Fantastisch«, rief Lou aus. »Wir haben keine! Die musst du unbedingt für uns aufheben!« Gedankenverloren drehte sie an der Kurbel der nagelneuen Brotschneidemaschine, die neben ihr auf dem Küchenschrank stand. Sie hatte sie nicht erwähnt, um Hedda eine Freude zu machen. So war sie leichter zu handhaben.

»Na, dann werde ich die mal für euch herrichten«, sagte Hedda Mahler zufrieden. »Brotschneidemaschine. Eigentlich seltsam. Brot. Schneide. Maschine. Das muss man sich mal auf der Zunge zergehen lassen.«

»Hmhmmmm«, sagte Lou.

»Irgendzwie komisch. Dass das nicht schon längst englisch heißt, meine ich. Breadcutter zum Beispiel. Wo doch heutzutage alles auf Englisch ist.«

»Ja. Erstaunlich«, sagte Lou.

»Die elektrischen heißen Allesschneider. Auch nicht Allcutter. Das versteh mal einer.«

»Das kann man nicht verstehen«, gab Lou zu.

»Wobei, Küchengeräte heißen ja oft nicht englisch. Schöpflöffel zum Beispiel. Heißt auf Englisch ladle. Aber das sagt keiner.«

»Stimmt! Hab ich noch nie gehört.«

»Aber Sportgeräte gibt's nur noch auf Englisch. Sogar Fahrräder heißen jetzt Bike. Und Turnlehrer heißen Trainer. Und Dauerlauf heißt Jogging. Heutzutage sagt auch niemand mehr Körper. Oder Leib. Alle haben wir plötzlich einen Body.«

»Hmmm, ja«, murmelte Lou.

»Ich nicht. Ich wehr mich dagegen. Ich kauf auch keine Body-Lotion.«

»Aha.«

»Ja«, schnaufte Hedda. »Nur Körpercreme. Und in der Kirche wehren sie sich auch gegen Englisch. Zum Glück! Der Pfarrer kann ja nicht gut eine Hostie hochhalten und sagen: Dies ist mein Body!«

»Nein, das wär nicht gut.«

»So, Kinder, ich muss jetzt weitermachen. Ich kann nicht den ganzen Tag verplaudern.«

»Alles klar«, sagte Lou. »Hedda, ich wünsch dir einen schönen Tag. Und danke für die Brotschneidemaschine!«

Schon war sie weg, nach fünf Minuten! Na bitte, ging doch, man durfte ihr nur nie widersprechen.

Lou hörte Schritte im Flur. War Lilly schon aus der Schule zurück? Nein, Helen war es, die in die Küche stürmte.

»Was machst du denn schon hier?«

Helen warf ihre Jacke über einen der Küchenstühle. »Bin früher gegangen. Wir müssen reden. Wo ist Janna?«

»In ihrem Zimmer. Was ist denn passiert? Schlechte Nachrichten?«

»Nein, nichts Schlimmes. Wir brauchen nur einen Plan. Komm, wir gehen zu ihr.«

Janna saß an ihrem Schreibtisch und starrte mit rotgeäderten Augen auf den Bildschirm ihres Laptops. Sie sah auf, als Lou und Helen hereinkamen. »Puh«, sagte sie. »Heute hakt es. Ich liege in meinem Tagespensum weit zurück.«

»Mach mal Pause«, meinte Helen und ließ sich auf Jannas Bett fallen. »Ich muss mit euch reden.« Sie klopfte neben sich auf die Matratze, und Lou setzte sich ebenfalls.

»Ich hasse diesen Satz«, sagte Janna. »Er bedeutet nie Gutes.«

»Ich habe eben mit Carsten, dem Lektor von Peacock, telefoniert ...«, setzte Helen an.

»... und er findet meine Leseprobe schlecht«, ergänzte Janna.

»... und er findet deine Leseprobe toll. Aber er besteht auf einem männlichen Autor.«

»Äh. Wie bitte?«

»Steinzeit. Höhlen. Felle. Lagerfeuer. Und auch das Chillen. Rumhängen und Nichtstun. Das sind typisch männliche Themen, sagt er. Und das verkauft sich besser, wenn ein Mann es geschrieben hat.« Helen zuckte mit den Achseln.

»Hey, ich hab einen Vertrag. Schwarz auf weiß! Das hätte er sich mal vorher überlegen sollen.«

»Daran will er ja auch nichts ändern. Er schlägt nur vor, dass du für die Veröffentlichung ein männliches Pseudonym wählst. Jan Mahler oder so.«

»Jan Mahler!« Janna lachte. »Geht's noch? Das klingt ja wohl auch nicht nach Höhlenmensch. Eher nach Gustav Mahler, nach Musik, Nickelbrille und Spätromantik.«

»Na, dann suchen wir halt was Passenderes.«

»So etwas wie Fred Feuerstein?«, fragte Janna fassungslos. »Vielleicht Manfred Mammut?«

»Haha«, machte Helen. »Nee, wir brauchen was Authentisches.«

»Neander Tal?«, schlug Lou vor. »Holo Zän? Klingt doch fast wie Golo Mann. Oder Evo Luschen?« Sie kicherte.

»Was Englisches wär vielleicht gar nicht so schlecht«, überlegte Helen. »Campfire? Hunter? Survivor? Hunter finde ich ganz gut. Ian Hunter.«

»Ian geht ja wohl gar nicht«, sagte Lou. »Das klingt so was von zivilisiert. Wie wär's mit Archie?«

»Moment mal«, sagte Janna. »Das überlegen wir hier aber nicht im Ernst, oder?«

»Der Name steht doch nur auf dem Cover«, sagte Helen. »Viele Frauen schreiben unter männlichem Pseudonym. Das wird in der Branche echt locker gesehen.«

»Und wie gebe ich dann Interviews?«

»Ist doch gar kein Problem«, meinte Helen. »Du bist gerade in einem Ashram in Indien, und man kann dich nur per Mail erreichen.«

Sie runzelte die Stirn. »Leute, ich weiß nicht, ich finde das unehrlich.«

»Janna, wir haben keine Wahl. Da gibt es für die bei Peacock keinen Diskussionsspielraum, die wollen das. Und was heißt schon unehrlich. Pro Jahr erscheinen in Deutschland rund neunzigtausend neue Bücher. Kein Mensch will wissen, wer die geschrieben hat. Die Leute wollen sie lesen, das ist alles. Normale Autoren sind keine Promis, die sind echt nicht so wichtig.«

Janna schnaubte. »Na gut. Es hat ja auch Vorteile. Dann brauch ich auch kein schlechtes Gewissen mehr haben, wenn ich im Text nicht ganz bei der Wahrheit bleibe. Die Sache mit dem Herzinfarkt und so, die stimmt ja auch nicht. Und meine Mutter erfährt dann nicht, dass ich ein Buch geschrieben habe. Das ist mir ganz recht, dann muss ich mir nicht dauernd anhören, was sie davon hält.«

»Wir brauchen noch ein Foto«, sagte Helen. »Für die Buchrückseite. Nur ein ganz kleines. Und einen Lebenslauf.«

»Soll ich mir jetzt einen Bart ankleben, oder was?«

»Schade, dass du keinen Bruder hast«, meinte Lou.

»Aber vielleicht kann man da mit einem Bildbearbeitungsprogramm was machen.«

Auf einmal quietschte Janna auf. »Ich habe eine bessere Idee«, verkündete sie, drehte sich zu ihrem Laptop um und öffnete eine Bilddatei. »Tadaaaa!« Auf dem Display sah man ein Foto von Frank. Er trug seine riesige Fliege-Puck-Sonnenbrille, einen Dreitagebart, eine Lederweste und eine Art Crocodile-Dundee-Hut. Von seinem Gesicht sah man nicht allzu viel.

»Darf ich vorstellen? Mr Fräään k Cave! Der Autor von *Natural Born Chillers!*«

»Vergiss es«, warf Lou sofort ein. »Da macht Frank nicht mit.«

Helen legte den Kopf schräg und dachte nach. »Man erkennt ihn doch gar nicht«, sagte sie. »Müssen wir ihn da überhaupt fragen?«

»Nö.« Janna schüttelte den Kopf. »Mich fragt ja auch keiner, ob ich Frank Cave sein will.«

»Wisst ihr was?«, fragte Lou. »Wir nehmen das Bild jetzt einfach, und ich bring es Frank schrittweise bei. Ich glaub, das geht schon okay, das biege ich irgendwie hin.«

»Und wenn er nachher sauer ist?«, fragte Janna.

»Pfff«, machte Lou. »Der teilt doch auch oft ganz schön aus. Vielleicht hat er ja mal einen kleinen Dämpfer verdient.«

»Gut«, sagte Helen, »dann lasst uns einen kurzen Lebenslauf für Mr Cave erfinden. Irgendwie müssen wir es erklären, dass der Mann einen amerikanischen Namen trägt, obwohl er auf Deutsch schreibt.«

»Kein Problem«, meinte Janna. »Wir basteln was aus Franks Wikipedia-Eintrag. Wir behaupten einfach überall das Gegenteil.«

Lebenslauf von Frank Cave,
Autor von *Natural Born Chillers*

Frank Cave, 37 Jahre alt, wurde als einziger
Sohn einer deutschen Künstlerin ~~und~~ eines
amerikanischen Schafzüchters in Cross/
Florida geboren. Nach dem BWL-Studium,
das er als
Bester seines Jahrgangs abschloss, arbeitete
er als leitender Angestellter in der
Finanzbranche. Ein Herzinfarkt vor drei
Jahren brachte die Wende in Caves Leben. In
einem Ashram in Andhra Pradesh schrieb er
das Buch
Natural Born Chillers. Heute berät er
Menschen
in aller Welt auf ihrem Weg zu mehr
Lebensglück.

> Kommentar Carsten Lemberge
> Bitte überprüfen: Gibt es in Florida Schafzüchter???

> Kommentar Janna Mahler:
> Gibt es irgendwo auf der Welt KEINE Schafzüchter?

> Kommentar Carsten Lemberger
> Bitte überprüfen: Gibt es in Andhra Pradesh Ashrams?

> Kommentar Janna Mahler:
> Gibt es irgendwo in Indien KEINE Ashrams?

> Kommentar Janna Mahler:
> Werter Herr Lemberger, wenn ich etwas schreibe, IST es geprüft.

18

Janna lag im Bett und fand keinen Schlaf. Sie griff nach dem Handy auf ihrem Nachttisch und warf einen Blick aufs Display. Zwei Uhr. Genervt drehte sie sich auf den Rücken und versuchte, sich zu entspannen. Seit sie auf den ersten Zeilen ihres Manuskripts ein Szenario beschrieben hatte, in dem Schlaflosigkeit in eine Nahtoderfahrung mündete, wachte sie oft nachts auf und hatte – ganz irrational natürlich – Angst vor einem Herzinfarkt. Und dieses Gefühl war natürlich kein guter Einschlafhelfer. Sie wusste genau, was dahintersteckte: Egal, was Helen und Lou sagten, Janna war nicht wohl dabei, ihre Leser zu belügen. Es war ihr Gewissen, das sie nachts weckte.

Seufzend erhob sie sich, schlüpfte in ihre Lammfellpuschen, zog einen Bademantel über und begann mit einer ihrer nächtlichen Wanderungen durch das stille Gutshaus. Das tat sie oft in letzter Zeit.

Sie begann in der Küche. Hier war es warm, den ganzen Tag hatte ein Feuer im Ofen gebrannt. Lou hatte das Holz dafür gehackt, und Lilly hatte ihr dabei geholfen. Es duftete nach Marzipanplätzchen, die auf Blechen und Gittern lagen, wo sie noch ein bisschen trocknen sollten. Lou hatte sie zusammen mit Lilly gebacken.

Auf dem Küchentisch stand ein Adventskranz mit dicken roten Kerzen und verbreitete würzigen Tannenduft. Lou und Lilly hatten ihn gebunden. Am Fenster hingen Strohsterne, auch eine Gemeinschaftsproduktion von Lilly und Lou.

In einem Körbchen an der Spüle lag eine bräunliche Banane. »Pfoten weg«, verkündete in Kinderschrift ein Zettel an diesem Korb. »Nicht wegschmeißen! Gehört Hetty!«

Tatsächlich hatte Lilly es geschafft, Hetty, die wilde Ziege, mit Bananenstückchen zu zähmen und wieder in den heimischen Stall zu locken. Hetty hatte daraufhin eine Lebensgefährtin bekommen, damit sie nicht so allein war, ein scheues, weißes Tier namens Miss Marple. Und seitdem bekam Hetty außerdem zwei Mal pro Woche eine Banane, wobei sie die überreifen am liebsten mochte. Und das trotz Lous ausgeprägter Abneigung gegen alle Nahrungsmittel, die nicht aus der Region stammten! Lilly übte wirklich einen positiven Einfluss auf Lou aus, fand Janna, sie wurde langsam in allem etwas lockerer.

Janna verließ die Küche und wanderte durch den dunklen Flur. In der zugigen Empfangshalle tickte Lous Erb-Uhr von Herrn Brandt. Auf einer Kommode neben der Eingangstür lag ein Stapel mit Formularen und Notizen. Janna erkannte Bens Handschrift, blätterte die Papiere durch und sah, dass es sich um Kostenvoranschläge für den Einbau einer Zentralheizung auf Bukow handelte. Ben musste viel Zeit in diese Übersicht gesteckt haben. Wie nett von ihm! Tat er das für Helen? Oder war das für ihn eine Art Charity-Projekt – Hilfe für die armen Frauen von Bukow? Janna legte die Hand auf die Zettel. Warum auch immer er das tat, ohne seine Unterstützung im Alltag und beim Papierkram hätten sie alle längst einen Nervenzusammenbruch erlitten.

Ob Helen und er schon …? Sie wollte den Gedanken lieber nicht zu Ende denken. Hätte Helen das nicht irgendwann erwähnt? Wobei – vielleicht hatte sie es versucht, sie hatte das Thema ja immer mal wieder auf Ben gelenkt, aber Janna hatte keine Lust gehabt, über ihn zu sprechen. Sie war sich einfach nicht sicher, ob sie bei einem solchen Gespräch angemessen reagieren würde. Und sie hatte überhaupt keine Lust auf Komplikationen. Die Männer ihrer Freundinnen waren tabu, und damit basta.

Janna wanderte weiter durch das dunkle Haus und öffnete auf der anderen Seite der Halle die Tür zum Salon. Hier waren Lous Renovierungsarbeiten in vollem Gange. Zusammen mit Frank hatte sie es tatsächlich geschafft, die Bodendielen selbst abzuschleifen und zu versiegeln. Die Wände waren weiß gestrichen, und an der Decke hing ein Kronleuchter, den Frank und Lou auf einem Flohmarkt entdeckt hatten. Weil er verschmutzt und schadhaft war, hatten sie ihn für zehn Euro bekommen. Nach aufwendigen Reinigungs- und Restaurierungsarbeiten glitzerte er jetzt sogar im Dunkeln. Lou hatte Helen die Lampe geschenkt, »als Dank für alles«, und Helen hatte sich sehr darüber gefreut. Bis Weihnachten sollten jetzt noch Fußleisten angebracht werden, dann würde genau hier zwischen den hohen Fenstern der Weihnachtsbaum stehen. Eine passende Tanne hatten Lilly und Lou schon entdeckt.

Lilly und Lou. Lou und Lilly. Janna spürte einen Stich in der Brust. Wenn sie in ihrem Zimmer am Laptop saß und Seite um Seite in die Tastatur hackte, hörte sie die beiden oft lachen.

Janna ging zum Fenster und sah auf den dunklen Wald. Ein Satz kam ihr in den Sinn, den Frank im Herbst zu ihr gesagt hatte: »Du siehst ja den Wald vor Bäumen nicht.« Und dann hatte er gefragt, ob sie glücklich sei – so wie Lou oder Lilly.

Klar bin ich das, dachte Janna. Ich habe nur gerade wenig Zeit, es zu merken. Ich muss dieses Manuskript fertig schreiben. Welchen Spruch zitierte ihre Mutter immer zum Thema Glück? »Dein wahres Glück, oh Menschenkind, oh denke doch mitnichten, dass es erfüllte Wünsche sind. Es sind erfüllte Pflichten!« War das Goethe? Wahrscheinlich. Janna grinste. Irgendzwie war es doch meistens Goethe, wenn ihre Mutter ein Zitat anbrachte.

Ihre Mutter! Auch das war ein Thema, das Janna den Schlaf raubte. Bald war Weihnachten. Sie konnte ihre arme, alte Mutter doch nicht ruhigen Gewissens allein in Berlin sitzen lassen und hier zusammen mit ihren Freundinnen feiern. Aber Frau Mahlzahn an Heiligabend auf Bukow – auch kein schöner Gedanke. Seufzend schlurfte Janna zurück in ihr Zimmer, kroch in ihr Bett und hoffte, dass sie endlich Schlaf finden würde.

Es war Lou, die am nächsten Tag das Gespräch auf Heiligabend brachte. »Es gibt da ein Problem«, begann sie beim sonntäglichen Mittagessen das Gespräch. »Meine Mutter hat eine Hüft-OP hinter sich und kann nicht verreisen. Und mein Bruder hat mich gebeten, dass ich mich dieses Jahr an Weihnachten um sie und meinen Vater kümmere. Er war die letzten beiden Jahre dort, und jetzt würde er gern auch mal zu Hause mit seinen Kindern in den eigenen vier Wänden feiern. Wäre es okay für euch, wenn ich Weihnachten dort verbringen würde? Wir können ja am vierten Advent vorfeiern. Wolfgang kann ich mitnehmen.«

»Klar«, sagte Frank, der mit dieser Frage eigentlich gar nicht gemeint war. »Ben und ich sind auch bei unserem greisen Mütterlein in Crossen. Traditionell treffen sich da an Heiligabend alle vier Käfer-Brüder, und dann gibt es Karpfen.«

Helen nickte. »Passt mir auch ganz gut«, sagte sie. »Ich habe da jemanden kennengelernt und wollte die Feiertage bei ihm verbringen.« Sie wandte sich an Janna. »Und Lilly und du?«

»Kein Problem. Wir fahren zu meiner Mutter«, sagte Janna. Das fühlte sich einerseits zwar schrecklich an, aber auf der anderen Seite auch irgendwie richtig.

Jetzt wandte sich Lou an Helen. »Oha! Wen hast du kennengelernt? Erzähl!«

Statt zu antworten, lächelte Helen nur geheimnisvoll.

Erst jetzt realisierte Janna, was Helen und Frank da eben gesagt hatten. Helen hatte *jemanden kennengelernt* – das war ihre Umschreibung für einen neuen Lover. Und um Ben konnte es sich dabei nicht handeln, denn der fuhr ja anscheinend mit Frank zu seiner Mutter, während Helen sich mit dem Neuen traf. War die Sache zwischen Ben und Helen also vorbei? Oder war da nie was gewesen?

Am liebsten hätte Janna Helen sofort danach gefragt, aber das ging nicht. Frank saß ja mit am Tisch, und der war trotz oder gerade wegen seiner Freundlichkeit und seiner Naivität eine echte Plaudertasche. Wenn Janna das Thema jetzt ansprach, konnte sie ihre Frage genauso gut ans Schwarze Brett heften.

Es war wirklich zum Aus-der-Haut-Fahren! Seit sie mit ihren Freundinnen zusammenwohnte, hatte sie überhaupt keine Zeit mehr, mit ihnen unter vier beziehungsweise sechs Augen zu reden. Die gemütlichen Mädelsabende, bei denen sie zu dritt nächtelang über alles und nichts gesprochen hatten, gab es nicht mehr. Entweder war Lilly noch wach oder Frank und Ben waren da oder sie waren alle drei zu müde zum Reden oder sie mussten Alltagsdinge besprechen oder es gab Spannungen und Streit und alle verkrochen sich in ihre Zimmer oder oder oder. Wie bei einem alten Ehepaar war das. Nur schlimmer. Aber irgendwie musste es doch möglich sein, mal ein paar Worte ohne Zuhörer zu wechseln. Nach dem Mittagessen schickte Janna Lilly deswegen in ihr Zimmer, wo sie endlich ihre Hausaufgaben machen sollte, was Janna ihr seit Freitag täglich gesagt hatte und was Lilly seit Freitag genauso oft ignoriert hatte. Als das Kind unter Protest verschwunden war, wandte sie sich an Helen. »Wolfgang braucht Bewegung. Kommst du mit zum See?«

Und sie hatte Glück. Helen hatte Lust auf einen Spaziergang durch die Wintersonne, und Lou zog es vor, Frank zu einer Tasse Tee einzuladen.

Wenig später stapfte Janna mit Helen die schneebedeckte Eingangstreppe hinab.

»Du hast jemanden kennengelernt?«, fragte Janna, kaum waren sie außer Hörweite. Die klirrende Kälte verwandelte ihre Atemluft in Wölkchen.

»Ja. Bei der Arbeit. Ich ... huch!« Helen wäre fast auf einer gefrorenen Pfütze ausgerutscht, und Janna konnte sie gerade noch auffangen. Kein Wunder, bei diesen Absätzen. Hatte Helen wirklich keine Stiefel mit flachen Sohlen?

»Kenne ich ihn?«, fragte Janna.

»Nicht, dass ich wüsste.« Helen wirkte abweisend.

Irgendwas war da, irgendetwas wollte sie verschweigen, da war Janna sicher. Gesprächig war sie ja nie, wenn es um ihre Lover ging, aber so verschlossen war sie normalerweise doch nicht. War der Typ vielleicht verheiratet? Oder wieder mal ein paar Jahre jünger als Helen? Egal, irgendwann würde Helen es schon erzählen. Außerdem wollte Janna eigentlich etwas anderes wissen. »Du und Ben, ich meine, war da mal was?« Sie bemühte sich, ihre Frage beiläufig klingen zu lassen.

»Ben? Und ich? Nö.« Helen schüttelte den Kopf. »Er ist überhaupt nicht mein Typ.«

Erstaunt musterte Janna die Freundin, die neben ihr durch den Schnee stöckelte. »Nicht dein Typ? Ben passt doch genau in dein Beuteschema!«

»Jannilein, Jungs, die auf meine Freundinnen stehen, sind niemals mein Typ.«

»Ben steht nicht auf mich.«

»Aber auf Lou.«

Ein eisiger Schreck fuhr in Jannas Magengrube. »Was?«

Helen grinste. »War ein Witz.«

»Haha, ich lach mich tot.« Janna reckte sich auf die Zehenspitzen und erwischte den untersten Ast eines schneebedeckten Baumes. Sie zog daran und ließ ihn nach oben schnellen. Eine Ladung Schnee ergoss sich über Helen, die empört aufkreischte. Ein Kreischen, das sich schon im nächsten Moment in einen Kampfschrei verwandelte. Helen bückte sich und schaufelte mit nackten Händen Unmengen von Schnee in Jannas Richtung. Quieken, Prusten, Lachen.

Als beide nach dem Gerangel atemlos ihre Jacken abgeklopft hatten, legte Helen den Arm um Jannas Schulter. »Hey, merkst du das wirklich nicht? Ben bekommt zittrige Hände, wenn du nur den Raum betrittst. Also, wenn du davon nichts mitbekommen hast, dann willst du es aus einem mir unverständlichen Grund nicht sehen.«

»Pfff. Ben zittert, weil es auf Bukow so kalt ist. Deswegen kümmert er sich ja auch so engagiert um die neue Heizung.«

»Jannilein, Ben hat in Trepenick eine kuschlig warme Wohnung mit Fußbodenheizung und offenem Kamin. Der muss sich hier bei uns nicht aufwärmen.«

Janna schwieg. Eigentlich müsste sie sich jetzt freuen, denn das war genau die Antwort, auf die sie gehofft hatte. Aber seltsamerweise war sie kein bisschen froh. Und sie wusste selbst nicht einmal, warum. So ein Mist!

»Ich bin nicht sicher, ob er zu mir passt«, sagte sie schließlich leise.

»Wie kannst du das wissen, wenn du es nicht ausprobierst?«, fragte Helen.

Eine Kinderstimme beendete das Gespräch. Lilly stürmte rufend und winkend durch den Schnee auf sie zu. Sie hatte ihre Hausaufgaben angeblich erledigt und wollte unbedingt mit an den See.

»Na warte, du Lausemädel«, sagte Janna. »Wenn das nicht stimmt, hast du ein Problem.« Aber insgeheim war sie erleichtert über Lillys Kommen, denn sie wollte keine weiteren Fragen beantworten. Nicht, weil Helen zu neugierig war. Einfach nur, weil sie selbst so viele Fragen hatte und die Antworten nicht kannte.

Heiligabend verlief in diesem Jahr genau wie die Weihnachtsfeste in all den Jahren seit Lillys Geburt. Kirche. Gänsebraten. Lichterbaum. Nützliche Geschenke für Janna. Pädagogisch wertvolle Geschenke für Lilly. Heimliche Tränen von Lilly, weil Daniel es wieder einmal nicht rechtzeitig zur Post geschafft hatte, um das Geschenk abzuschicken, das er vollmundig telefonisch angekündigt hatte. Und schnippische Bemerkungen von ihrem Mutterdrachen zu der Tatsache, dass Janna auch dieses Weihnachtsfest ohne einen Mann an ihrer Seite verbrachte. Gegen zehn verkroch Janna sich in dem alten Bett in ihrem Mädchenzimmer. Die Wohnung unten im Erdgeschoss wäre ihr als Bleibe lieber gewesen, doch sie war unmöbliert und ungeheizt.

»Du kannst gern bis Silvester bleiben, dann machen wir uns einen schönen Punsch!«, sagte ihre Mutter am nächsten Morgen. Aber Janna lehnte mit einem Hinweis auf die Ziege und die Hühner ab, denn sie hatte den anderen versprochen, sich um die Tiere zu kümmern.

»Darf ich noch bei Omi bleiben?«, fragte Lilly.

»Klar«, sagte Janna und stieg nach dem Mittagessen allein in den Zug.

Bukow im Winter. Gegen den weißen Schnee wirkte die verwitterte Fassade noch schmuddeliger als sonst. Der Taxifahrer, der sie vom Bahnhof zum Gutshaus fuhr, fluchte, als er in den Schneemassen ein Schlagloch übersah. Die Straße war noch immer nicht asphaltiert worden, denn Ben hatte auf irgendwelchen unergründlichen Wegen eine Verschiebung der Arbeiten bewirkt. »Du willst es nicht wissen«, hatte er gesagt, als Janna ihn nach Details gefragt hatte. Und als sie beharrlich geblieben war, hatte er irgendetwas von Stammtisch und Kumpel und sehr viel Alkohol gemurmelt.

Im Haus war es kalt und still. Selbst die Uhr in der Empfangshalle war stehen geblieben. Als Janna ihren Mantel an die Garderobe hängte und die Schultern fröstelnd hochzog, fragte sie sich, ob es eine kluge Entscheidung gewesen war, ganz allein nach Bukow zurückzukehren.

Hetty zumindest freute sich, als Janna ihr wenig später

eine Weihnachtsbanane brachte, und sogar Miss Marple nahm ein Stückchen. »Lang seid ihr nicht mehr allein«, sagte Janna zu den beiden. »Habe gehört, dass ihr bald Besuch von einem hübschen, ziegenbärtigen Jüngling bekommt, der bis zum Frühling bei euch bleibt. Und dann gibt's Nachwuchs.«

Hetty meckerte, und Janna wusste nicht, ob das Zustimmung oder Protest war.

Gegen Abend hatte Janna den Küchenofen und den Ofen im Salon angeheizt. Auf dem Herd brodelte eine kräftige Suppe. Sie überlegte, ob sie abends ganz allein die Kerzen des Weihnachtsbaums im Salon anzünden sollte. Oder sollte sie lieber den Laptop anwerfen, um noch am Manuskript zu feilen? Weil sie befürchtete, sich allein vorm Weihnachtsbaum einsam zu fühlen, entschied sie sich für die Arbeit. Sie tat es zwar ungern, denn seit der dicken Lüge in der Einleitung und seit sie undercover als Ghostwriterin schrieb, hatte sie eine starke Abneigung gegen den Text entwickelt. Aber es half ja nichts, der Abgabetermin nahte, sie brauchte das Geld und musste jede Minute nutzen, die ihr blieb.

Als sie im dunklen Kinderzimmer stand, um die Fensterläden zu schließen, sah sie die Scheinwerfer eines Wagens, der langsam die Baumallee entlangfuhr. Wieder mal ein früherer Bordellbesucher? Einer, der immer noch nicht gemerkt hatte, dass hier kein Gewerbebetrieb mehr lief? Vielleicht jemand, der traditionell am ersten Feiertag kam? Irgendwie traurig. Der Wagen blieb stehen, vermutlich entdeckte der Fahrer jetzt den weihnachtlichen Türkranz und die beiden Blumentöpfe mit den Tannengestecken, mit denen Lou die Treppe geschmückt hatte. Beides wirkte überaus solide und anständig, weit und breit sah man kein Rotlicht. Vielleicht war er jetzt enttäuscht und wusste nicht, was er mit diesem Abend anfangen sollte. Energisch schloss Janna die Läden. Sie konnte ihm nun wirklich nicht helfen, und plötzlich war ihr tatsächlich ein bisschen mulmig zumute, so ganz allein im Haus. Der Besucher da sollte ja nicht auf blöde Ideen kommen. Sie hörte, wie der Kies knirschte, als der Wagen noch ein Stück weiterfuhr. Drehte er um? Nein, er war wieder stehen geblieben. Janna lauschte. Noch einen Meter weiter, und sie würde die Polizei anrufen. Oder die Nachbarn. Am besten beides. Mist. Warum war Wolfgang nicht da? Er hätte jetzt gebellt.

Hmmm. Sie überlegte. Wer immer da draußen stand, wusste ja nicht, dass kein Hund im Haus war. Janna öffnete eins der Fenster einen Spalt weit. »Grrr! Wau!«, versuchte sie sich selbst an Wolfgangs Job. »Grrr. Wauwauwau! Grrr. Pfui. Aus! Grrr. Wau.« Sooo schlecht klang das gar nicht, fand sie.

Der Klingelton ihres Handys riss Janna aus dem Gebell. Sie sah auf das Display. Ben. Rasch räusperte sie sich und meldete sich mit normaler Stimme. »Hallo?«

»Janna, hallo, ich bin das.«

»Ja, ich hab's an der Nummer gesehen. Frohe Weihnachten, Ben!«

»Nein, ich meine: Ich bin das, da draußen vor dem Haus, im Auto. Ich rufe nur an, damit du nicht erschrickst.«

Jetzt erschrak sie wirklich. O Gott, wie peinlich. Hatte er ihr Gebell gehört?

Aber Ben ließ sich nichts anmerken. »Frank hat mir erzählt, dass du heute wiederkommen wolltest, um dich um das liebe Vieh zu kümmern«, sagte er.

»Ja, stimmt. Und du? Was machst du hier? Ist Frank auch zurück? Ich dachte, dass er bis übermorgen bleibt.«

»Tut er auch. Ich bin allein gefahren. Ich würde gern reinkommen. Geht das?«

Janna sah an sich herab. Sie trug ihre überdimensionierten Lammfellpuschen, eine Fleece-Hose mit Eisbärenaufdruck und einen riesigen, sackartigen, grauen Pullover, ebenfalls aus Fleece. Von dem Kunststoffmaterial hatten sich ihre Haare elektrisch aufgeladen, sodass sie knisternd vom Kopf abstanden. Vermutlich sprühte sie im Dunkeln Funken.

»Ich, ähm, ich bin nicht besonders weihnachtlich gekleidet.«

Er schnaubte. »Ich auch nicht. Ich sitze seit vier Stunden im Auto und bin total zerknittert. Da war ein Stau auf der Autobahn.«

Janna gab sich einen Ruck. Ben war von seinem Bruder modisch einiges gewöhnt, den konnte sie bestimmt nicht so schnell schocken.

»Okay, klar, komm rein, ich freu mich!«, sagte sie. Und das stimmte. Sie war zwar sicher, dass selbst ein zerknitterter Ben immer noch um Klassen gepflegter aussah als sie in ihrer Eisbären-Hose, aber ein Abend mit Ben war definitiv besser als ein Abend mit Laptop. Und Zeit verbrachte man mit ihr ohnehin wegen ihres Charismas und nicht wegen ihrer Klamotten. Aber zumindest die Haare fasste sie rasch in einem Pferdeschwanz zusammen, bevor sie Ben die Tür öffnete.

Er grinste, als er sie sah. »Schicke Schuhe.«

Janna streckte ihm auf charismatische Weise die Zunge raus. »Möchtest du Suppe?«, fragte sie.

Er lächelte. »Es gibt nichts, was ich jetzt lieber hätte als eine schöne, heiße Suppe.«

Okay, dachte Janna, Suppe statt Charisma. Auch gut. »Ich hab noch Glühwein«, sagte sie. »Und Vanillekipferl.«

Lachfältchen erschienen um seine Augen.

»Ist dir kalt?«, wollte Janna wissen, als er ihr händereibend in die Wohnung folgte.

»Ein bisschen.«

Janna grinste. »Ich hätte da noch ein zweites Paar Fellhausschuhe. Sie stehen an der Garderobe. Und da hängt auch eine Wolljacke von Frank.«

»Aber nicht die graue?«

»Doch«, antwortete Janna fröhlich.

Ben seufzte. Als er aber sah, wie seine Atemluft dabei ein Wölkchen erzeugte, zog er sich doch Schuhe und Strickjacke an. Zweifelnd betrachtete er sich anschließend im Garderobenspiegel. »Frank würde jetzt sagen: Man muss es tragen können.«

»Kannst du«, tröstete Janna ihn. »Das bringt mal eine ganz andere Seite von dir zur Geltung.«

»Meine Almöhi-Seite?«

»Neiiin«, schwindelte Janna. »Erinnerst du dich an den alten Sissi-Film mit Romy Schneider? Da sind Sissi und Franzl mal auf einer Berghütte. Daran erinnert mich das.«

»Aha.« Irgendwie schien er ihr das nicht abzunehmen. Ganz gelogen war es aber nicht. Sein Anblick erinnerte Janna tatsächlich an einen gemütlichen Hüttenabend, und in diesem Outfit passte er auch deutlich besser nach Bukow als in seinen Business-Anzügen.

Nach dem Essen schlug Ben vor, den Weihnachtsbaum noch einmal anzuzünden. »Wann, wenn nicht jetzt?«

»Das musst dann aber du machen«, sagte Janna. »Ich bin hochentzündlich.« Sie zupfte an ihrem Pulli.

Er ließ sich ein Feuerzeug geben, und als alle Kerzen brannten, fragte er: »Möchtest du Musik hören?«

»Gern. Aber weder Jingle Bells noch White Christmas, wenn's geht. Das nudelt Lilly seit Wochen hoch und runter. Und auch keine Wiener Sängerknaben.«

»Kein Problem.« Er ging vor Helens CD-Regal in die Hocke und studierte die Titel. »Okay. Dann das.« Klavierklänge perlten durch den Raum, ein bisschen jazzig, besinnlich, weihnachtlich auf eine ganz stille Art. Perfekt. Viel besser als die Weihnachtsstimmung gestern Abend bei ihrer Mutter.

Ben ließ sich mit einem Seufzer neben Janna aufs Sofa fallen. Die Sitzfläche sank ein, und Janna kippte gegen seine Schulter.

»Ups.« Sie richtete sich auf. »'tschuldigung.«

»Du kannst dich ruhig anlehnen«, sagte er. »Ich bin ein Gentleman. Ich nutze die Situation nicht aus.«

»Na dann muss ich mich ja auch nicht anlehnen«, meinte Janna und grinste. Sie schlüpfte aus ihren Schlappen, zog die Füße hoch und schmiegte sich an die Armlehne. Unauffällig musterte sie Ben, der neben ihr saß und versonnen in die Kerzenflammen starrte. In der derben Strickjacke strahlte er etwas Uriges, Männliches, Gemütliches aus. Wie ein Höhlenbär. Richtig kuschelig sah er aus. Sie ärgerte sich, dass sie eben nicht einfach auf seine Einladung eingegangen war und stattdessen einen blöden Witz gerissen hatte. Warum eigentlich? Sie mochte ihn doch, und sie fand ihn sexy. Das waren zwei gute Gründe, einfach mal testweise in seine Arme zu sinken. Helen hatte recht. Wie sollte sie wissen, ob er zu ihr passte, wenn sie es nicht einfach mal ausprobiert?

Und Helen konnte sie als Ausrede nun nicht mehr heranziehen. Die lag jetzt bestimmt gerade mit ihrem neuen Lover zwischen schneeweißen Seidenlaken und nippte an edlem Crémant. Sekt und Satin hatte Janna auf Bukow zwar nicht, aber Glühwein und Flanellbettwäsche mit Elchen – das klang doch eigentlich auch ganz gut. Sollte sie, oder sollte sie nicht? Schwierige Frage.

Janna nippte an ihrem Glühwein – inzwischen das dritte Glas, die Flasche war fast leer – und beschloss, an diesem Abend ausnahmsweise mal nichts zu beschließen. Sie würde alles auf sich zukommen lassen. Einfach mal chillen. Darüber hatte sie gerade zweihundert Seiten geschrieben, das musste doch auch praktisch umsetzbar sein. »Warum bist du eigentlich über die Feiertage nicht bei deiner Familie geblieben?«, fragte sie.

»Ich habe drei Brüder«, antwortete Ben mit düsterer Stimme. »Sie sind alle ein bisschen, nun, ich nenn's mal flippig. Frank ist noch der normalste. Wenn die alle auf einem Haufen sind, ist die Hölle los. Ich war dringend ruhebedürftig.« Jetzt sah er sie an. »Und du? Warum bist du nicht mehr bei deiner Mutter? Um die Tiere hätten sich doch auch die Nachbarn kümmern können.«

»Meine Mutter liebt die Wiener Sängerknaben.«

»Oh.«

»Ja.«

»Und dein Ex? Der Mann mit der Wasserwaage? War er da?«

»Nein.« Janna verschränkte die Arme vor der Brust. Sie wollte jetzt nicht an Daniel denken.

»Seid ihr schon lange getrennt?«

Mist. Ben ließ nicht locker. »Eigentlich waren wir nie richtig zusammen«, sagte sie. »Es passte nicht.« Wie sollte man auch mit einem Menschen zusammenleben, der so unzuverlässig wie Daniel war? Der einen am Geburtstag nicht anrief, weil es Wichtigeres in seinem Leben gab? Der sogar vergaß, dass er an einem bestimmten vorausberechenbaren Termin ein Kind bekam, für das er verantwortlich war? Aber darüber wollte Janna nicht sprechen. »Warum bist du eigentlich solo?«, fragte sie. Wenn er unbedingt über Ex-Beziehungen reden wollte, dann doch bitte über seine.

Ben blieb cool. »Meine Freundin hat mich verlassen. Vor ungefähr einem Jahr.«

»Warum? Oder willst du lieber nicht darüber reden?«

»Schon okay«, sagte er. »Es war wie bei dir und Daniel. Es passte nicht.«

War das eine Retourkutsche? Wollte er auch nicht darüber reden? Oder konnte man Beziehungsprobleme wirklich auf diesen einfachen Nenner bringen? Es passte. Oder es passte nicht. Nachdenklich hielt Janna ihr Glas in den Händen und betrachtete den rot funkelnden Glühwein.

Plötzlich sprang Ben auf, die Sitzfläche des Sofas schnellte nach oben und der Wein wäre fast aus dem Glas geschwappt.

»Oh, entschuldige«, sagte er. »Mir ist da was eingefallen. Ich hab noch was im Wagen.«

Er verschwand und kehrte nach einer Weile mit einer Flasche Champagner zurück. »Das ist doch jetzt das passende Getränk! Und eisgekühlt ist er auch!« Schon war er wieder weg. Als er das nächste Mal auftauchte, hatte er zwei hohe Gläser in der Hand, die er mit einem Geschirrtuch polierte. Er stellte sie vor Janna auf den Tisch. Schnell und geschickt öffnete er die Flasche und füllte die tulpenförmigen Kristallgläser. Janna fiel auf, dass er die Lammfellschlappen nicht mehr trug. Er hatte sie wohl ausgezogen, als er zum Auto gegangen war, und anschließend seine glänzenden, schwarzen Straßenschuhe anbehalten.

Jetzt sah er sich um und hob beschwichtigend beide Hände, dabei hatte Janna sich nicht mal bewegt, geschweige denn irgendetwas gesagt. »Moment.« Mit drei Schritten war er in der Zimmerecke und knipste dort den großen Deckenfluter aus. In der gegenüberliegenden Ecke stand noch eine weitere Lampe, die er ebenfalls ausschaltete. Stattdessen zündete er die Teelichter auf dem Fensterbrett an. Nun wurde der Salon nur noch vom schimmernden Licht des neuen Kronleuchters, der Kerzen und der Weihnachtsdekoration erhellt. Und plötzlich verbreitete der frisch renovierte Raum eine Behaglichkeit, die er seit ihrem Einzug noch nie besessen hatte. Ben sah sich um, aber er schien mit dem Ergebnis immer noch nicht zufrieden. Auf dem Fensterbrett, neben den Teelichtern, stand Lillys Schwibbogen, ein wundervoll kitschiger, geschnitzter Lichterbogen aus dem Erzgebirge, der Rehe an einer Futterkrippe im Wald zeigte. Dieses Kunstwerk, das Lillys Kinderherz höherschlagen ließ, genügte ganz offensichtlich nicht Bens Kriterien für gelungenes Design. Er schob es unauffällig ganz nach rechts, sodass es vom Vorhang verdeckt wurde. Zuletzt zog er Franks Strickjacke aus, hängte sie über einen Stuhl, der in einer Zimmerecke stand, und stand im blütenweißen Hemd vor Janna. Er sah sich um. »Perfekt.« Und damit reichte er Janna ihr Glas und stieß mit ihr an.

Wirklich, Janna musste ihm recht geben. Der Salon sah jetzt tatsächlich aus wie ein Raum, der Salon heißen konnte. Die Musik perlte, der Champagner perlte auch, und Ben sah aus wie ein Männermodel aus einem Modekatalog. Das war definitiv perfekt.

Zu perfekt.

Janna senkte den Blick. Sie betrachtete ihre Eisbärenhose. Ihre Socken, die an den Zehen schon so durchgescheuert waren, dass rosige Haut durch den fadenscheinigen Stoff schimmerte. Ihre Fingernägel, an denen der Nagellack abgesplittert war. Und plötzlich wusste Janna, dass sie diesen Abend nicht mit Ben Käfer in ihrer Elchbettwäsche beenden würde. Er und sie – es passte nicht. So einfach war das.

Sie gähnte demonstrativ und rieb sich die Augen. »Ich glaube, ich sollte so langsam schlafen gehen. Ich bin sehr müde.«

Er sah sie erstaunt an. Die Champagnergläser waren noch nicht mal halb leer. Aber Janna wollte ihm nichts erklären. Sie riss erneut den Mund auf und gähnte wie ein Nilpferd.

»Tja, dann geh ich wohl mal.« Er erhob sich und wankte dabei leicht. Kein Wunder, schließlich hatten sie vor dem Schampus schon eine ganze Literflasche Glühwein geleert. »Wundere dich nicht, wenn du im Wald Licht siehst, ich schlafe in Franks Scheune. Dann bist du nicht so allein auf dem Grundstück, nur, falls was ist.«

»Danke«, sagte Janna. Und sie war wirklich dankbar. Dafür, dass er in der Nähe war, aber auch dafür, dass zwei dicke Mauern und ganz viel kalte Winterluft zwischen ihm und ihr sein würden.

Wenig später kuschelte sie sich alleine in ihre warme Elchbettwäsche und dachte über das Weihnachtsfest nach. So hatte sie es sich eigentlich nicht vorgestellt. Aber wie sonst?

~~Janna Mahler~~ Frank Cave
Natural Born Chillers

Einleitung

Die achtundzwanzig Minuten, in denen ich tot war, wurden zum Wendepunkt meines Lebens. Als ich das Krankenhaus verließ, war ich ~~eine andere Frau~~ ein anderer Mann.

Kommentar Carsten Lemberger:
Frau Mahler, sie sind MÄNNLICH!!!

Ich kündigte meinen Job, kaufte mir eine Angel und stieg zum Fischen in einen Fluss. Ich wusste: Nur so würde ich irgendwann verstehen, was die Stimme in der Höhle mir sagen wollte.

Und ich hatte recht. In diesen Tagen und Wochen am Fluss erkannte ich Zusammenhänge – und ich verstand. Seitdem weiß ich, dass man nicht sterben muss, um wahres Glück zu empfinden. Im Gegenteil: Man muss endlich den Mut haben, zu leben. Mit allen Sinnen. Voll und ganz.

Als ich aus der Wildnis zurückkehrte, fasste ich den Entschluss, auch andere an meinen Erfahrungen teilhaben zu lassen. Deswegen begann ich in einem Ashram mit der Arbeit an diesem Buch. Doch bevor Sie weiterlesen, möchte ich Sie warnen. Mein Buch könnte Ihr Leben verändern. Wollen Sie das?

Der Weg, auf den ich Sie führen werde, ist steinig und lang und dunkel. Wenn Sie mir in den Feuerschein der Höhle folgen, kann sich das anfühlen, als würde etwas in Ihnen sterben. Doch anschließend erschaffen Sie sich neu – und das geht manchmal nicht ohne Schmerz. Es ist kein Zeichen von Schwäche, wenn Sie beschließen, diesen Weg gar nicht oder erst zu einem späteren Zeitpunkt in Ihrem Leben anzutreten. Es kann im Gegenteil ein Zeichen von Weisheit und Stärke sein.

Kommentar Carsten Lemberger:
Warum Englisch? Ist das nicht ein bisschen too much?

Kommentar Janna Mahler:
Herr Lemberger, ich bin nicht nur männlich, ich bin auch aus Florida

Sind Sie unsicher? Dann gebe ich Ihnen jetztzwei Möglichkeiten zu einer Selbstprüfung oder *Contemplation*, wie ich es nenne.

Warum zwei? Nun, nicht jeder Mensch ist gleich. Manche vertiefen sich vor einer Entscheidung gern intensiv in eine Thematik, andere entscheiden sich lieber schnell und spontan. Aus diesem Grund habe ich zwei ganz unterschiedliche *Contemplations* entwickelt.

Wenn Sie unsicher sind, zu welcher Gruppe Sie gehören, lesen Sie beide Möglichkeiten und wählen Sie diejenige, die besser zu Ihnen passt.

1. *Contemplation* – für eine bewusste Entscheidung

Tragen Sie bequeme Kleidung, suchen Sie sich einen ruhigen Ort und setzen Sie sich so, wie Sie am liebsten sitzen. Nun denken Sie an Ihre Kindheit zurück. Gab es damals eine Phase, in der Sie sich lebendig und voller Kraft fühlten? Vielleicht mit sieben? Oder mit zehn? Wählen Sie das Alter, das Ihnen stimmig erscheint.

Nun stellen Sie sich Folgendes vor: Das Kind, das Sie einst

waren, sitzt vor einem Fernseher und sieht einen Film. Malen Sie sich genau den Raum aus, in dem das Kind sitzt. Es könnte derselbe sein, in dem Sie als Kind am liebsten ferngesehen haben. Das Kind sitzt vor dem Bildschirm und sieht sich darin selbst, Jahrzehnte später. In der Jetzt-Zeit, an einem ganz normalen Arbeitstag. Das Kind, das Sie einst waren, sieht also den Menschen, der Sie jetzt sind.

Was geht in Ihrem Kind-Ich vor, wenn es sich selbst als Erwachsenen sieht? Freut sich das Kind in Ihnen auf diesen Tag in seiner Zukunft? Denkt es: »Ja, genauso will ich später mal sein. Das will ich erleben. Hoffentlich bin ich bald groß!« Oder sagt es: »Moment! Das passt nicht. Ich will das nicht. Ich bin doch ganz anders. Das darf nicht meine Zukunft sein!«

Spüren Sie allen Gefühlen nach, die sich jetzt einstellen. Dann verabschieden Sie sich ruhig und freundlich von Ihrem Kind-Ich, und wenden Sie sich wieder der Jetzt-Zeit zu.

Analysieren Sie das Erlebte: Ihr inneres Kind hat sich auf seine Zukunft gefreut? Sehr gut! Sie benötigen dieses Buch nicht.

Aber wenn das Kind, das Sie früher waren, beim Anblick Ihres heutigen Ichs unsicher wurde oder sogar verzweifelt reagierte, sollten Sie weiterlesen. Dann ist es höchste Zeit für eine Änderung. Täuschen Sie sich nicht selbst. Solche Gefühle lassen sich nicht einfach beiseiteschieben, selbst wenn man sie verdrängt. Sie können einen unheilvollen Einfluss auf Ihre Gesundheit und Ihr Lebensglück ausüben. Die Folgen sind Stress, Ängste und Depressionen, aber auch ernste körperliche Erkrankungen wie Herzinfarkte, Krebs und Alzheimer. Aber haben Sie keine Angst! Dieses Buch kann Ihnen helfen.

Achtung: Falls Ihr inneres Kind angesichts seiner Zukunft völlig die Fassung verloren hat oder in tiefe Trauer fiel, sprechen Sie mit einem Arzt!

2. Contemplation – Checkliste für Spontanentscheider

Wenn Sie über ein gutes Bauchgefühl verfügen und Ihre Entscheidungen schon oft erfolgreich spontan getroffen haben, ist diese Checkliste der richtige Weg für Sie. Beantworten Sie bitte folgende Fragen:

- Fühlen Sie sich oft traurig, matt oder resigniert?

- Wurden Sie schon öfter von Menschen belogen oder gekränkt und hatten keine Möglichkeit, sich zu wehren oder verbal zurückzuschlagen?

- Besteht Ihr Alltag aus unzähligen Routinehandlungen; ermüdet er Sie, statt Ihnen Kraft zu geben und Sie zu beleben?

- Fragen Sie sich manchmal, für wen Sie das alles tun?

- Haben Sie zu wenig Zeit für die Dinge, die Ihnen wirklich wichtig sind?

Wenn Sie mindestens zwei dieser Fragen mit

Kommentar Carsten Lemberger:
Wer kann das nicht?

Kommentar Janna Mahler:
Eben!!!!

Ja beantwortet haben, sollten Sie weiterlesen. Sie können und werden es schaffen, Ihr Leben zu ändern. Als Spontanentscheider benötigen Sie keine Ruhephase, Sie sind sofort bereit zum Wechsel. Folgen Sie mir in die Zeit unserer Ahnen!

19

Helen lehnte sich zufrieden in ihrem Schreibtischsessel zurück. Alles war, wie es sein sollte. Das Foyer der Agentur Schröbner und Partner war bei ihrer Ankunft kurz zuvor einfach nur ein Foyer gewesen, eine große, leere, stille Halle. Der Aufzug kam auf Knopfdruck. In der Kaffeeküche gab es wieder Kaffee, und im Raucherzimmer stand ein bequemes Sofa. Statt Spiegeln an der Wand lag dort jetzt *Der Spiegel* zum gemütlichen Lesen bereit. Das Vorzimmer von Helen Berg, Chief of Creation, war wieder ein nüchterner, funktionaler Arbeitsort, an dem Gabriele Gott-sei-Dank-sind-Sie-wieder-da Hübel professionelle Sachlichkeit verbreitete, und das lästige Grünzeug war von Helens Schreibtisch verschwunden. Marc Beckmann hatte gekündigt und arbeitete seit dem ersten Januar bei der Konkurrenz. Philipp Schröbner hatte Urlaub genommen und plante für den Frühling eine Wanderung auf dem Jakobsweg, um über seine Trennung von Patty hinwegzukommen. Vermutlich würde er sich danach doch nicht von ihr trennen. Er liebte sie. Und spätestens im Sommer würde man den Einfluss von Pattys neuestem Guru überall in der Agentur spüren. Was es wohl diesmal sein würde? Hoffentlich wieder was mit Kunst. Kunstwerke waren nicht so aufdringlich wie dieser ganze Ernährungs- und Fitnesskram.

Helen fuhr ihren Computer hoch und lehnte sich entspannt zurück. Mit einem Blick überflog sie ihre Mails.

Eine fiel ihr sofort ins Auge. »Gute Nachrichten!«, stand da. »Ruf mich an, wenn du Zeit hast!« Der Name des Absenders ließ Helens Herz schneller schlagen.

Das war aber auch eine Nacht gewesen, die letzte Nacht! Äußerst ungewöhnlich, zumindest für sie. Dass sie jemals mit einem Mann so weit gehen würde, hätte Helen nie gedacht. Jeder Mensch hatte ja seine eigenen Tabugrenzen, und sie selbst bezeichnete sich gern als offen und experimentierfreudig. Aber eine Grenze gab es, die hatte sie bis jetzt nie überschritten, auch wenn's auf Außenstehende vielleicht schrullig wirken mochte. Und diese Grenze verlief vor ihrer Badezimmertür. Die blieb immer zu. Was sie dahinter tat, war ganz allein ihre Sache. Aber letzte Nacht hatte sie ihre Grundsätze gleich zwei Mal über den Haufen geworfen, beim Einschlafen und beim Aufwachen. Sie schüttelte amüsiert den Kopf. Es hatte sich wie von selbst ergeben. Nichts daran war peinlich gewesen, im Gegenteil, sie war glücklich, sie schwebte geradezu. Warum hatte sie sich bisher nur immer gegen diese Nähe gewehrt? Es war doch nichts dabei. Zähneputzen. ZÄHNEPUTZEN. Nebeneinander, am selben Waschbecken. Na und?

Okay, es hatte sich schon ein bisschen nach altem Ehepaar angefühlt, als sie da so standen, beide im Morgenmantel, sie mit einer rosa Zahnbürste, er mit einer blauen. Na, und wenn schon? Es hatte sich gleichzeitig aber auch gut angefühlt. Helen seufzte. Am liebsten hätte sie ihren Freundinnen von der letzten Nacht erzählt. Nur war jetzt wirklich der absolut falsche Zeitpunkt für einen Plausch mit Janna. Nicht ausgerechnet kurz vor der Lektoratsphase. Zwischen Janna und Carsten. Jannas Lektor. Und Helens Liebhaber.

Carsten war bei der Arbeit ziemlich penibel. Und Janna

hasste es, wenn jemand ihre Texte änderte. Sie würde mit jedem seiner Änderungswünsche ringen wie Herkules mit der Hydra. Zumal ihre Nerven ohnehin gerade bis zum Zerreißen gespannt waren.

Nein, es war besser, zu warten. Wenn der ganze *Chillers*-Rummel vorbei war, wenn sich die Wogen geglättet hatten und wenn Helen dann immer noch mit Carsten zusammen war, dann würde sie darüber sprechen. Vorher nicht.

Helen griff zum Hörer und wählte Carstens Nummer. »Guten Morgen, meine Schöne«, begrüßte er sie.

»Hey, du«, gab Helen zurück. »Warum schreibst du mir Mails? Warum rufst du mich nicht auf dem Handy an?«

»Weil meine Nachricht so gut ist, dass du sie nicht am Steuer entgegennehmen solltest. Viel zu gefährlich!«

»Heraus damit!«

»Du könntest in den nächsten Graben fahren, wenn du das hörst. Das wollte ich nicht riskieren.«

»Los. Sag's«, forderte Helen.

»Oder du könntest Schlangenlinien fahren und von einer Polizeistreife angehalten werden.«

»CARSTEN!«

»Okay. Sitzt du? Ich sage nur ein Wort. Neo.«

Helen runzelte die Stirn. »Wie jetzt?«

»Süße, ein Vorabdruck. Die *Chillers* kommen ganz groß raus. Die ersten drei Kapitel werden zum Erscheinen des Buchs in der *Neo* abgedruckt. Du weißt, was das heißt, oder? Fünf Millionen Leser.«

»Nein!«

»Doch!«

»Das ist ja … Au! Scheiße!«

»Helen? Hallo? Helen? Bist du vom Stuhl gefallen?«

»Nein. Nur mit dem Knie gegen den Schreibtisch gerammt, als ich ein Freudentänzchen hinlegen wollte.«

Carsten lachte. »Siehst du? Deswegen habe ich dich nicht unterwegs angerufen.«

»Kannst du die Zahl noch mal sagen?«, fragte sie, während sie sich das Knie rieb und dem Impuls widerstand, ihren Schreibtisch zu treten.

»Drei Kapitel.«

»Haha, sehr witzig. Nicht die. Die andere.«

»Fünf. Millionen. Leser.«

Helen atmete tief durch. »Uff. Ist das, weil wir, also, du und ich, du weißt schon, also, liegt das sozusagen an guten Beziehungen?«

»Nein, selbst wenn du beste Beziehungen zu Charles Peacock höchstpersönlich hättest, würde das in diesem Fall nichts nützen. Da ginge nur was, wenn du dich an den Neo-Redakteur ranmachen würdest. Aber das ist in diesem Fall nicht nötig. Es liegt einfach am Manuskript.«

»Ah, okay.« Helen grinste. »Dann lass ich das mit Peacock wohl.«

»Gute Beziehungen zum Lektorat sind in der Tat vorzuziehen.« Helen hörte das Grinsen auch in seiner Stimme.

»Aha. Warum?«

»Mein Stil zum Beispiel ist umwerfend.«

»Kann ich da mal eine Kostprobe haben?«

»Na klar.« Plötzlich war seine Stimme eine Oktave tiefer. »Was möchtest du denn, Baby?«, raunte er. »Eine Metapher? Eine Klimax? Ein Oxymoron? Einen Chiasmus? Oder soll es mehr sein? Ich bin auch zu höchster Emphase fähig.«

»Böser Lektor«, sagte Helen lachend. »Das klingt alles sehr, sehr schmutzig. Ich bin eine Dame!«

»Oh, ich bitte untertänigst um Vergebung. Dann werde ich ganz traditionell mit ein paar Stilblüten um deine Gunst werben. Wann darf ich sie dir überreichen? Heute Abend?«

»Nein, heute Abend muss ich nach Bukow. Wir müssen den Vorabdruck feiern.«

Unvermittelt wurde Carsten ernst. »Feiert aber nicht zu ausgelassen. Janna hat nur noch ein paar Tage Zeit.«

Helens Herz setzte einen Schlag aus. »Was?«

»Ach, habe ich das nicht erwähnt? Der Erscheinungstermin wird vorverlegt, wir machen einen Schnellschuss. Wenn das erste Kapitel in der Zeitschrift erscheint, sollten die Leute das Buch ja auch kaufen können. Ich brauche das Manuskript also am Freitag. Abgabetermin wäre ja ohnehin in zwei Wochen gewesen. Wenn die letzten Kapitel noch fehlen, ist das nicht so dramatisch. Aber ich muss übers Wochenende schon mal mit dem Lektorat anfangen.«

»Oh.«

»Gibt's da ein Problem? Janna ist doch fast fertig.«

»Hmm, ja«, antwortete Helen zögernd. »Die Formulierung trifft es ganz gut. Sie ist in jeder Hinsicht ziemlich fertig. Ihr geht's richtig schlecht. Irgendwie treibt dieses Manuskript sie in eine persönliche Krise. Ich werde sehen, was ich tun kann.«

»Helen?« Jetzt hörte sie kein Lächeln mehr in seiner Stimme, sondern Sorge.

»Ja?«

»Wir haben keine Wahl.«

»Ich weiß.«

~~Janna Mahler~~ Frank Cave
Natural Born Chillers

Kapitel 1

Von Mäusen und Menschen

Als ich im Fluss stand, entdeckte ich am Ufer eine Maus. Sie erblickte mich und floh in Windeseile. Wenig später sah ich an derselben Stelle eine Schildkröte. Als sie meiner gewahr wurde, ließ sie sich langsam ins Wasser gleiten und schwamm behäbig ins Schilf.

Ich sann darüber nach und verstand: Alles ist eine Frage der kosmischen Lebensenergie, und jeder Organismus verfügt über dieselbe Menge davon. Wer sich rasch bewegt und schnell lebt, verbraucht seine Energie in kürzerer Zeit. Wer Energie spart, lebt länger. Das Herz einer Maus schlägt sechshundert Mal pro Minute, weswegen eine Maus meist nur drei Jahre alt wird. Das Herz einer Schildkröte schlägt elf Mal pro Minute, und eine Schildkröte kann unter glücklichen Bedingungen einhundertsechzig Jahre alt werden. Irgendwo dazwischen liegt der Mensch. Bei einer Lebenserwartung von achtzig Jahren kann er logischerweise kein Tier sein, das sich von Natur aus schnell bewegt und dessen Herz einen hohen Puls verträgt. Er benötigt also viel Schlaf und ausgedehnte Ruhezeiten. Wenn er zu hektisch lebt, so wie ich in meinem ersten Leben, verbraucht er all seine Energie und lebt nur kurz.

Ur-Zeit contra Uhrzeit

Ich stand lange im Fluss und dachte nach. Und plötzlich fiel bei mir der Groschen: Unser Umgang mit Zeit ist es, der uns Menschen unglücklich macht.

Denken wir doch mal an unsere Ahnen in der Steinzeit. Sie wussten nie, wie viel Uhr es war. Sie wussten auch niemals, wie lange etwas dauerte. Sie kannten kein Drei-Minuten-Ei, keinen Fünf-Minuten-Sex, kein Sieben-Minuten-Workout und keinen Fünfzehn-Minuten-Ruhm. Sie wussten auch nicht, wie viel ihrer Lebenszeit schon verstrichen war, und kannten daher keine Midlife-Crisis.

Und jäh begriff ich die wahren Ausmaße dieser scheinbar banalen Erkenntnis. Ein Gehirn, das in der Lage ist, das Vergehen von Zeit wahrzunehmen, weiß, dass es eine Vergangenheit und eine Zukunft hat. Und wer erkennen kann, dass vergangene Taten die Gegenwart beeinflussen, wird irgendwann automatisch Taten bereuen. Daraus entstehen psychische Phänomene wie Selbstkritik, Schuldgefühle oder Reue. Jeder Gedanke, der mit den Worten »Oh, hätte ich doch ...« beginnt, hat hier seine Wurzeln. Und wer um die Zukunft weiß, kann Zukunftsängste empfinden. Er kann Fehler machen, mit denen er sich seine Zukunft vermasselt. Und er kann Angst vor solchen Fehlern entwickeln. Das führt dazu, dass heutzutage alle Menschen von morgens bis abends eigentlich nur damit beschäftigt sind, Fehler aus der Vergangenheit zu reparieren oder künftige Fehler zu vermeiden.

Das Problem

Kennen Sie dieses diffuse Gefühl von Traurigkeit, das einen im Alltag manchmal überkommt? Diese grundlose Melancholie?

Diesen Gedanken: Am liebsten würde ich alles hinschmeißen und gehen. Irgendwohin. An den Ort meiner Bestimmung. Und dort würde ich mit meinem wahren Leben beginnen.

Bestimmt kennen Sie dieses Gefühl, denn jeder Mensch kennt es. Aber niemals gehen wir wirklich, denn es ist eigentlich kein Ort, den wir suchen. Es ist ein Ruhepol. Er müsste in uns sein und ist es nicht.

Es ist unser innerer Zwiespalt, den wir Menschen in diesen Momenten fühlen: Auf der einen Seite sind wir zum Chillen geboren, und auf der anderen Seite zwingt uns unser Gehirn wie eine Stoppuhr zu rastloser Aktivität.

Das kann auf Dauer nicht gut gehen.

20

»Nein«, sagte Janna. »Nein. Nein. Nein.«

»Janna, das ist jetzt der Endspurt«, widersprach Helen. »Bald ist das Manuskript fertig, dann hast du es geschafft.«

Für Janna sah Helen in diesem Moment aus wie die Schlange Kaa aus dem Dschungelbuch, mit diesem hypnotisierenden Blick. »Komm schon«, sagte Helen jetzt in beschwörendem Tonfall. »Ich helfe dir, ich unterstütze dich, wo ich kann.«

Janna verschränkte die Arme vor der Brust. »Lilly hat übermorgen Geburtstag. Sie wird acht. Man wird im Leben nur einmal acht. Wir feiern eine Party, die sie nie vergisst!«

»Klar«, sagte Helen. »Lilly bekommt ihre Party. Ich mach das. Ich nehme mir frei, ich bestelle eine Torte, ich engagiere einen Clown.«

»Gar nichts tust du. Helen, wir sind hier nicht in einem amerikanischen Spielfilm. Lilly hat Geburtstag. Ich bin ihre Mutter. Ich feiere mit ihr eine Party. Und dieser bescheuerte Lektor und sein blöder, hirnrissiger Zeitplan, die können mich mal. Warum immer ich? Soll *er* doch Tag und Nacht durcharbeiten und das doppelte Pensum in der halben Zeit schaffen. *Er* kann ja auf die Geburtstagsparty seiner Kinder verzichten. Mir doch egal. *Ich* tu's auf jeden Fall nicht.«

»Er hat gar keine.«

»Ach«, sagte Janna spitz. »Das erklärt einiges. Typisch

Single. Typisch Mann. Typisch Single-Mann, um den sich die ganze Welt drehen muss, damit er sich lebendig fühlen kann.«

»Na, hör mal …«

»Meine Antwort heißt: NEIN! Sag das diesem Herrn Wichtig. Und noch was: Er kann mich mal. Sag ihm das auch.«

»Freust du dich denn gar nicht über den Vorabdruck?«

Janna überlegte kurz. »Nein«, erwiderte sie dann und war selbst erstaunt, als sie merkte, dass das der Wahrheit entsprach. »Nein, ich freu mich nicht. Es ist mir komplett egal. Ich hasse dieses Manuskript. Ich will keinen Erfolg. Ich will nur noch eins: Ich will es hinter mir haben. Ich will mein Geld, ich will eine Heizung für Bukow, und dann möchte ich die *Chillers* gern vergessen und mein Leben zurück.«

Helen sah Janna mitfühlend an. »Janna, du brauchst Urlaub. Du weißt ja gar nicht, was du da sagst. Das Manuskript ist toll. Richtig toll.«

»Erstunken und erlogen ist es.«

»Ja und nein«, sagte Helen besänftigend. »Natürlich bist du nicht Frank Cave. Und natürlich hattest du keinen Herzinfarkt …«

»Noch nicht!«

»… und natürlich standest du auch nie in einem Fluss und dachtest über das Leben nach …«

»Noch nicht!«

»… aber trotzdem liegt ganz viel Wahrheit in allem, was du da schreibst. Dass man sich überlegen soll, was im Leben wirklich wichtig ist. Dass man lernen soll, zu chillen. Das stimmt doch alles.«

»Eben«, sagte Janna. »Und weil es stimmt, weiß ich, was

wirklich wesentlich ist: mein Kind. Die Geburtstagsparty. Und Entspannung. Morgen backe ich. Übermorgen feiere ich, und danach wird gechillt. Sorry, aber meine Gene wollen es so, ich wurde von der Natur so geschaffen. Ich will diesen Geburtstag feiern, und ich freu mich drauf.«

Und mit einem letzten »Basta« rauschte sie in ihr Zimmer und warf die Tür mit einem befriedigend lauten Knall hinter sich zu.

Zwei Tage später entschied Janna, dass sie eine Idiotin war. Sie hätte ein Vermögen ausgegeben für einen Clown. Und sie hätte Helens Gewicht in Gold aufgewogen, wenn diese ihr bei der Betreuung der kleinen Monster geholfen hätte, die sich Lillys Freunde nannten. Wer hatte eigentlich die bescheuerte Idee gehabt, auch noch Frau Mahlzahn zu Lillys Geburtstag einzuladen? Zusammen mit acht Achtjährigen? Niemand hatte doch freiwillig Pest und Cholera oder Läuse und Flöhe gleichzeitig. Janna atmete tief durch und bemühte sich um ein freundliches Gesicht. Gleich war es geschafft. Die letzten Gäste wurden gerade abgeholt. Nur noch wenige Minuten trennten Janna von ihrem Laptop und von ihrem ruhigen, stillen, freundlichen, friedlichen, chilligen Manuskript.

»Maaamaaaa!« Rückwärts und mit strampelnden Beinen schob Finn sich aus dem Auto heraus. Eigentlich sollte er einsteigen. Die Geburtstagsfeier war vorbei, und alle anderen Gäste waren schon weg. Auch Finns Mutter war vor zehn Minuten pünktlich gekommen, um ihre Söhne, die Zwillinge Finn und Jakob, abzuholen. Sie hatte Finn schon drei Mal aufgefordert, endlich dem Beispiel seines Zwillingsbruders zu folgen, der längst auf seinem

Kindersitz saß und sich angegurtet hatte. Aber Finn hatte ein Problem, und das erlaubte keinen Aufschub.

»Maaamaaa!« Finn stand jetzt neben dem Auto. Mit seinem weit aufgerissenen Mund sah er aus wie ein blökendes Schaf, und er klang auch so. »MAAAMAAA!!! Jakob hat Arschloch zu mir gesagt.«

»Jetzt steig endlich ein.« Finns Mutter hielt ihrem Sohn die Autotür auf. Sie wirkte genervt.

»Aber Jakob hat Arschloch zu mir gesagt«, heulte Finn auf.

»Dann sag ihm, dass man so ein Wort nicht sagt. Hopp jetzt. Rein! Aber sofort!«

Finn holte tief Luft. Er klappte den Mund zu. Er ballte die Hände zu Fäusten und kletterte ins Innere des Vans. »DAS SAGT MAN NICHT, DU ARSCHLOCH!!!«, hörte man ihn noch schreien, bevor seine Mutter die Tür energisch zuschlug. Sie winkte noch einmal kurz zum Abschied, ließ sich auf den Fahrersitz fallen und schloss auch ihre Tür mit mehr Schwung als notwendig. Das Auto fuhr mit heulendem Motor an.

Lilly winkte den letzten beiden Gästen ihres Geburtstagsfestes nach, bis der Wagen am Ende der Baumallee auf die Landstraße bog. Dann griff sie nach Jannas Hand und seufzte zufrieden. »Das war der schönste Geburtstag meines Lebens«, flüsterte sie.

Auch Janna war glücklich, aber aus einem anderen Grund. Sie war froh, den blökenden Finn nicht mehr hören zu müssen, und sie freute sich, dass wenigstens Lilly den Tag genossen zu haben schien.

»Also zu meiner Zeit war das anders«, hörte Janna eine Stimme am Fenster. »Zu meiner Zeit haben Kinder ein bisschen nett ausgesehen, wenn sie ein Geburtstagsfest feierten. Zu meiner Zeit gab es Saft und ein Stück Kuchen und Topfschlagen. Und dann haben die Kinder danke gesagt und nicht ... solche Wörter. Und am Ende sind sie artig nach Hause gefahren.«

Janna drehte sich langsam um. Ihre Mutter stand an Lillys Kinderzimmerfenster und ließ ihren Blick missbilligend auf ihrer Enkeltochter ruhen, die ein Robin-Hood-Kostüm trug und dazu eine Taucherbrille, die sie sich in die Haare geschoben hatte. Jannas Geburtstagsgeschenke für ihre achtjährige Räubertochter.

»Helen kommt gleich und fährt dich dann nach Hause, Mutti«, sagte Janna. »Ich muss leider ganz schnell zurück an den Computer, ich muss was fertig schreiben.«

»Zustände sind das«, sagte Frau Mahlzahn und schüttelte den Kopf. »Zustände!«

Janna verabschiedete sich von ihrer Mutter, während Lilly sich fürs Bett fertig machte. Danach hatte sie frei. Das allabendliche Vorlesen hatte Lou heute übernommen und dafür eine extralange Geburtstagsgeschichte ausgesucht. Aber weil Lilly beim Zähneputzen trödelte, klopfte Janna doch noch rasch an die Badezimmertür und sprach ein mütterliches Machtwort. »Morgen ist Schule. Ins Bett mit dir, oder die Geburtstagsgeschichte fällt aus!«

Das wirkte. Aber leider nur bei Lilly, die endlich die Tür öffnete und wieselflink im Bett verschwand. Jetzt war es Lou, die im Flur stehen blieb und trödelte. »Rate mal, wen ich heute in Trepenick getroffen habe«, sagte sie, statt Lilly zu folgen.

Janna seufzte. »Wen denn? Frank?«

»Nein. Noch ein Tipp: Es war vorm Reisebüro.«

»Also Ben.«

»Genau.« Lou lehnte sich an den Türrahmen, machte

aber immer noch keine Anstalten, im Kinderzimmer zu verschwinden. »Er war nicht allein.«

»Aha.« Janna bemühte sich, desinteressiert auszusehen.

»Diese große Blonde war bei ihm«, sagte Lou. »Die Kollegin, die in derselben Filiale arbeitet wie er.«

»Oh.« Janna erinnerte sich an die elegante Blondine mit den witternden Nasenflügeln, die Ben damals beim Finanzierungstermin mit ihren Blicken förmlich aufgefressen hatte. Aber sie erinnerte sich nicht gern.

»Glaubst du, dass die zusammen verreisen?«, wollte Lou jetzt wissen. Janna musterte sie unauffällig. War das eine Fangfrage? Nein, da war nur Neugier in Lous Blick. Offenbar glaubte sie, was Janna immer wieder beteuert hatte, nämlich dass Ben ganz und gar nicht ihr Typ war. Und das stimmte ja auch. Warum sollte Lou es also nicht glauben?

»Zusammen verreisen? Keine Ahnung. Wenn's dich interessiert, warum hast du ihn dann nicht gefragt?« Das klang unfreundlicher als beabsichtigt, und Janna merkte, wie Lou sie erstaunt ansah. Rasch setzte sie hinzu: »Würde doch passen, oder? Barbie und Ken. Das perfekte Paar.« Na, toll, das klang auch schnippisch. Jetzt starrte Lou sie an und runzelte die Stirn. Janna beschloss, schnell zur Tagesordnung überzugehen. »Ich glaub, Lilly sollte so langsam mal schlafen, sie muss morgen früh raus.«

»Okay. Ich soll dir nur noch was ausrichten. Von Ben. Er kommt am Wochenende vorbei, um die Löcher in der Allee mit Kies zu füllen, damit da nicht noch irgendwer einen Achsenbruch erleidet. Und außerdem will er mir helfen, die Apfelbäume zu schneiden. Ich glaub, ein paar von denen haben Mehltau, das will er sich mal ansehen. Und er hat gesagt, dass er dann auch mal dein Notebook checken wird, du hattest ja erwähnt, dass es neuerdings auffallend langsam läuft, vielleicht ist ein Virus drauf.«

»Warum tut er das alles?«, fragte Janna. »Hat er kein Zuhause?«

»Oha. Ist da jemand schlecht gelaunt?« Lou sah Janna sorgenvoll an. »Sag mal, bist du sauer auf ihn? Habt ihr euch gestritten?«

Janna schüttelte den Kopf. »Nö. Ich will nur nicht immer in seiner Schuld stehen. Er tut so viel für uns, und … ach, egal.«

»Na, dann sag ihm doch einfach, dass er deinen Computer nicht retten muss. Ich bin sicher, er kann seine Zeit auch anders ausfüllen.« Kopfschüttelnd ging Lou ins Kinderzimmer.

Janna sank gegen die Flurwand. Klar konnte Ben seine Zeit auch anders verbringen. Mit Blondie gab's da bestimmt jede Menge Möglichkeiten. Aber zum Glück hatte sie sich wenigstens diesen Satz eben verkniffen. Janna wusste selbst nicht, warum sie sich so kindisch benahm. Ben konnte schließlich Urlaub machen, mit wem er wollte. Und seine Kollegin passte zumindest rein optisch wirklich perfekt zu ihm. Bei ihr gab's garantiert nicht mal an Weihnachten Kitsch, da war vermutlich sogar der Weihnachtsbaum indirekt beleuchtet und hatte einen Dimmer. Und natürlich war es nett von Ben, nach ihrem Laptop sehen zu wollen. Wirklich richtig nett. Verdammt!

Janna zog sich in ihr Zimmer zurück, ließ sich auf ihren Schreibtischstuhl fallen und fuhr den Computer hoch, der aufreizend lange dafür benötigte. Als sie die Datei mit ihrem Manuskript öffnen wollte, erstarrte das Bild auf dem Display, dann war alles schwarz. Kein Grund zur Panik, das kannte sie schon, das ließ sich mit einem Neustart beheben. Aber nicht jetzt. Genervt klappte Janna das Notebook zu. Kein Mensch auf dieser Welt war in der Lage, nach einem Kindergeburtstag auch nur einen einzigen zusammenhängenden Satz zu schreiben. Und sie war da keine Ausnahme. Durch die Wand hörte sie Lous Stimme, sie las Lilly endlich vor. Sollte sie sich dazusetzen? Nein, sie wollte nach dem anstrengenden Tag lieber ein bisschen allein sein. Einem Impuls folgend streifte sie sich einen Strickpullover über, schlüpfte in ihre Gummistiefel und ging in den Stall. Zu Hetty. Mal nachsehen, wie es ihr ging, denn Lou hatte behauptet, sie sei trächtig.

»Na, du Ziege«, begrüßte Janna das Tier. »Wie geht's dir? Ist dir morgens übel? Strampelt dein Kleines schon?«

Hetty meckerte leise. Janna setzte sich auf einen Strohballen und kraulte die schwarzbraune Ziege am Kinn. Erstaunlicherweise schien Hetty die Berührung zu mögen.

»Schön hast du's hier.« Janna sah sich in dem geräumigen Stall um. Miss Marple hatte sich hinter den Futtertrog verkrochen und beäugte sie ängstlich.

Hetty blickte Janna mit hellbraunen Augen an. Irgendwie wirkte sie skeptisch. »Ich weiß«, sagte Janna. »Du wolltest hier nicht wohnen. Du wolltest im Wald bleiben und wild und gefährlich sein. Dann haben sie dich mit diesem Typen angelockt, aber du hattest keinen Bock auf den Bock. Mit Bananen haben sie dich schließlich rumgekriegt. Na, jetzt hast du wenigstens eine Freundin. Und du hast diesen ziegenbärtigen Kerl wenigstens vorübergehend als Lover akzeptiert und wirst Mama. Was braucht man mehr?«

Hetty warf den Kopf in den Nacken und meckerte.

»Es waren nicht die Bananen?«, fragte Janna.

Hetty meckerte wieder.

»Ich glaub dir das. Du bist eine kluge Ziege, du wusstest, dass der Winter kommt, du hast dich absichtlich fangen lassen, weil du ein Zuhause brauchtest.«

Hetty ging zu ihrer Futterraufe und zupfte ein paar Heuhalme daraus hervor.

Janna lehnte sich zurück und dachte nach. Sie selbst war nach Bukow gekommen, weil sie ein Zuhause suchte. Für Lilly und für sich. Lilly hatte ihr Zuhause gefunden, sie selbst nicht. Das lag aber nicht daran, dass sie sich hier unwohl fühlte, im Gegenteil. Es war vielmehr genau so, wie sie es in ihrem Manuskript beschrieben hatte: Sie hatte eigentlich keinen Ort gesucht, an dem sie zu Hause sein konnte. Eher einen Ruhepol. Den aber hatte sie nicht gefunden, im Gegenteil, sie hatte Angst. Bittere, grelle Zukunftsangst. Egal, wo sie hinblickte, sie sah Probleme. Nahm die denn keiner außer ihr wahr? Erst mal das Geld. Der Vorschuss vom Buch, Lous letztes Geld und ein weiterer Zuschuss von Helen würden in die Zentralheizung investiert werden, die irgendwann im Frühling eingebaut werden sollte. Aber danach war immer noch viel zu tun. Die Fassade. Die Fenster. Der brüchige Balkon. Ganz zu schweigen von den Nebengebäuden. Ob die *Chillers* aber über den Vorschuss hinaus noch Geld bringen würden, war unklar, und Janna brauchte bald dringend einen Job, von irgendetwas mussten sie und Lilly ja leben. Aber das Geld war es nicht allein. Auch den Menschen auf Bukow ging es nicht gut.

Lou wirkte gestresst und abgekämpft. Die harte Arbeit, und dauernd gab's bei der Renovierung Komplikationen und Pannen – lang konnte sie das nicht mehr schaffen. Zwischen Nase und Mundwinkel hatte Lou inzwischen eine scharfe Falte, die im Sommer noch nicht da gewesen war. Und sie war dünner geworden, geradezu hager.

Helen war immer seltener da. Mindestens die Hälfte der Nächte verbrachte sie zurzeit in Berlin. Auch sie war auf Bukow nicht heimisch geworden.

Frank hatte sich in die Scheune zurückgezogen, man sah ihn kaum noch im Gutshaus. Er wirkte deprimiert, wich Gesprächen aber aus. Und Ben? Über den wollte sie am liebsten nicht nachdenken. Typisch! Alle saßen im Chaos, nur er plante mit Miss Perfect einen Luxusurlaub. Janna schnaubte. Ja, es stimmte, Lilly fühlte sich auf Bukow zu Hause. Aber Janna wusste, dass dieses Zuhause brüchig war und in seinen Grundfesten wankte. Wir müssen darüber reden, dachte sie. Sobald ich auf »Senden« klicke und dieses nervige Manuskript aus dem Haus ist, müssen wir tun, was ich darin beschrieben habe. Wir müssen uns Zeit nehmen. Wir müssen relaxen. Und wir müssen reden, reden, reden. Wir Mädels. So wie früher.

Hetty meckerte und legte sich in ihr Stroh.

»Du hast recht«, sagte Janna. »Wir sollten erst mal schlafen. Ganz gechillt schlafen.« Sie erhob sich und knipste das Licht aus.

~~Janna Mahler~~ Frank Cave
Natural Born Chillers

Kapitel 2

Artgerechte Menschenhaltung

Sehen wir doch mal genau hin: Wie sah das Leben unserer Urahnen, der Steinzeitmenschen, aus? Nun, es gab bei ihnen vermutlich immer wieder große Phasen von Hunger, im Winter zum Beispiel, abgelöst von wahren Fressorgien, wenn die Jagd gut ausgefallen war. Aber gegen die unregelmäßige Nahrungszufuhr konnten die Menschen damals nichts tun. Vorräte anzulegen wäre sinnlos gewesen, es gab ja weder Kühlschränke noch Konservierungsstoffe. War der Bauch voll, hatten die Steinzeitmenschen daher nicht mehr viel zu tun. Klar, sie machten Feuer und fertigten Werkzeug sowie einfache Kleidung, aber das konnten auch die Alten und Schwachen tun, während die anderen auf Jagd waren.

Durchgearbeitete Nächte gab es damals garantiert noch nicht. Wie auch? Es war ja nach Sonnenuntergang dunkel, und am Lagerfeuer konnte man nicht viel sehen, da war's einfach nur gemütlich.

Unsere Urahnen feierten und entspannten sich also abends an ihren Lagerfeuern. Sie kraulten sich gegenseitig das Fell und waren nett zueinander. Sie machten Musik auf Knochenflöten, sie sangen, sie bemalten Höhlenwände oder sie stellten kurvenreiche, nackte Steinmädels her. Oder sie legten sich einfach auf ihr Fell und schliefen.

Im Vergleich zu uns waren sie aber nicht nur äußerlich gechillt, sondern auch innerlich gelassen. Realistisch betrachtet konnten sie täglich verhungern, erfrieren, von wilden Tieren angefallen werden, erkranken oder an einer Verletzung sterben. Es gab ja damals nichts, was das verhindert hätte. Unsere Ahnen wussten aber gar nicht, was es alles nicht gab, sie nahmen die Dinge, wie sie waren. Und damit schufen sie sich auch eine große Entlastung. Denn wenn ihnen keine Gefahr drohte, wenn der Bauch voll war, die Höhle warm und die Laune gut, dann konnten sie sich darüber noch richtig freuen. Dass der Tod am nächsten Tag wieder vor der Tür stehen konnte, das war nicht zu ändern. Man konnte nur eines tun – sein Leben genießen, solange es schön war.

Für diese Art von Leben sind wir Menschen von Natur aus geschaffen, auch heute noch. Und wir würden noch immer so leben, wenn uns nicht die Sache mit der Zeit dazwischengefunkt hätte.

Aber wir wurden im Laufe der Jahrtausende noch intelligenter, und unser Gefühl für Zeit stellte sich leider ein. Und seitdem bemühen wir uns mit aller Kraft, Erfindungen zu machen, die unser Leben erleichtern sollen, und machen es uns damit nur unnötig schwer. Denn Sicherheit gibt es auf dieser Welt nicht. Auch heute nicht. Wir erfanden das Rad und bekamen den Achsenbruch. Wir erfanden den Ackerbau und bekamen Mehltau, Braunrost und Blattdürre. Wir erfanden die Tierzucht und bekamen Maul- und Klauenseuche. Wir erfanden die Elektrizität und bekamen Atomkraftwerke. Und wir erfanden das Internet und bekamen Computerviren. Jede Erfindung zog neue Probleme an. Immer fühlten wir Menschen uns kurz vor dem Ziel, immer hoppelte uns dieses Ziel vor der Nase weg wie ein flüchtiges Kaninchen, um dann in Sichtweite sitzen zu bleiben und gemütlich zu grasen. Und der Steinzeitmensch in uns jagte hinterher. Wieder. Und wieder.

Wir Menschen sind Getriebene unserer eigenen Ängste. Egal, wie gut es uns geht, wir leben immer mit dem Gefühl, am Abgrund zu stehen, denn wir können die Zeit überblicken und wir wissen, wie flüchtig alles ist.

All dies erklärt dieses diffuse Gefühl von Traurigkeit, das uns im Alltag manchmal überkommt. Und wenn wir die Zusammenhänge verstehen, können wir dagegen auch etwas tun. »In der Höhle liegt die Kraft«, so lautet die uralte Steinzeitformel für mehr Lebensglück. Wir müssen also zu den wichtigsten Gewohnheiten und Ritualen unserer Vorfahren zurückkehren, zu einem naturnahen, urigen Leben. Und vor allem zum gemeinsamen Chillen in fröhlicher Runde am Lagerfeuer.

21

Lou stand auf einer Leiter in der Empfangshalle. Sorgfältig bepinselte sie alle Ränder, Ecken und Kanten, alle Türumrandungen und Fensterlaibungen mit weißer Farbe. Anschließend wollte sie die Decken und Wände weißen.

Die Haustür und die hohen Fenster waren weit geöffnet, Frühlingsluft strömte in die Halle. Zum ersten Mal seit Wochen herrschte Ruhe auf Bukow.

Die vergangenen zwei Monate waren grauenhaft gewesen, sowohl vor wie auch nach Fertigstellung von Jannas Buch. Lou dachte mit Schaudern daran zurück. Janna hatte das Manuskript zwar tatsächlich fristgemäß fertiggeschrieben, aber alles hatte sich nur noch um sie und ihre Arbeit gedreht. Lou hatte den Haushalt übernommen und sich um Lilly gekümmert, Helen hatte Einkäufe und sämtlichen Finanzkram geregelt, Ben hatte neue Aktenordner voller Fakten für den Einbau einer neuen Heizung zusammengetragen, und Frank hatte die Tiere versorgt und weder gehämmert noch geklopft, sondern stattdessen Kunstwerke aus Draht gebogen. Aber damit war Schluss, als Janna fertig war.

In dem Moment, in dem sie das Manuskript mit einem Mausklick an Peacock geschickt hatte, war Bukow wie aus einem Dornröschenschlaf erwacht, und im ganzen Haus war auf einen Schlag Chaos ausgebrochen. Alle hatten auf diesen Moment gewartet, um endlich ihr eigenes Leben wieder aufnehmen zu können. Noch am selben Tag hatte

Lou zum Telefon gegriffen und die Handwerker bestellt, die die neue Pelletheizung einbauen sollten. Frank hatte sich zu einer intensiven Arbeitsphase in die Scheune zurückgezogen und hämmerte seitdem Tag und Nacht. Ben war anfangs noch da gewesen, aber dann war er in den schon lange geplanten Urlaub gefahren. Helen war ganz nach Berlin gezogen, um den Umbauarbeiten zu entgehen, und Lilly ins benachbarte Forsthaus, zu ihren Freunden. Nur Janna und Lou waren auf Bukow geblieben, um sich um Haus, Tiere und die Umbauarbeiten zu kümmern. Und das Gutshaus verwandelte sich für mehrere Wochen in eine Großbaustelle.

Die Bauphase war für alle keine leichte Zeit gewesen, aber Janna hatte ganz besonders darunter gelitten. Irgendwie schien sie erwartet zu haben, dass Applaus aufbranden würde, sobald sie das letzte Wort getippt hatte. Oder dass fürsorgliche Hände ihre verspannten Muskeln mit Massagen lockern und ihr zu sanfter Musik Tee und Süßigkeiten servieren würden. Aber nichts davon war geschehen. Mit verstörtem Blick war Janna daraufhin einige Tage lang wie eine Schlafwandlerin durch das Baustelleninferno geirrt, an ihrer Seite Wolfgang, der genauso fassungslos schien. Dann hatte sie sich aber wieder gefangen und ohne zu murren mitgeholfen. Sie schien geradezu froh zu sein, endlich wieder auf Bukow mit anpacken zu können. Aber sie sah schlecht aus, fand Lou. Müde und abgespannt. Und irgendwas stimmte auch nicht zwischen Janna und Ben. Aber immer, wenn Lou versuchte, mit Janna darüber zu sprechen, wich sie aus. Kurz hatte Lou schon überlegt, ob es zwischen den beiden ähnlich gelaufen war wie zwischen ihr und Frank: eine Nacht der Nähe und anschließend unüberwindbare Differenzen. Vielleicht waren die Käfer-

Jungs einfach von Natur aus Problemkäfer. Aber das schien Lou nach kurzem Nachdenken dann doch eher unwahrscheinlich. Ben wirkte im Gegensatz zu Frank so was von bindungsfähig und treu. Der hätte Janna nach einer Liebesnacht garantiert nichts von Liebe als Konstrukt kapitalistischen Konsumkults erzählt. Er hätte sie einfach geküsst und ihr das Frühstück ans Bett gebracht. Aber offensichtlich wollte Janna das gar nicht. Einen einzigen Satz hatte sie gesagt, als Lou sie vor ein paar Tagen offen und direkt nach Ben gefragt hatte: »Ich hab schon so viel Beziehungsballast, den ich mein Leben lang mit mir rumschleppen muss, ich möchte nicht noch mehr davon.« Damit hatte sie natürlich Daniel gemeint, mit dem sie trotz ihrer Trennung ein Leben lang in Kontakt bleiben musste, Lilly zuliebe. Wahrscheinlich befürchtete sie, dass es ihr mit Ben ähnlich ergehen würde. Den konnte sie ja auch nicht einfach ad acta legen, falls es zwischen ihr und ihm nicht klappte, denn auf Bukow würde er weiter ein- und ausgehen. Lou konnte sogar verstehen, dass Janna dieses Risiko nicht eingehen wollte. Sie saßen sich hier alle einfach ein bisschen zu dicht auf der Pelle.

Was für ein Winter, dachte sie. Viel war schiefgelaufen. Aber egal. Einiges hatte auch geklappt. Zufrieden ließ sie den Blick über die Eingangshalle wandern. Der alte schwarz-weiße Fliesenboden glänzte vor Sauberkeit, und das war ihr Werk. Sie hatte auch die dunkle Holztreppe geschrubbt und mit Politur behandelt, sodass man die Abnutzungsspuren kaum noch sah. Die Standuhr von Herrn Brandt stand neben der Treppe und war Lous ganzer Stolz. Ihr sanftes Ticken verbreitete für Lou ein Gefühl von Heimat, und mit jedem Gongschlag erinnerte die Uhr sie an Herrn Brandt und an den Tag, an dem sie Bukow erstmals gesehen hatte. An den Wendepunkt in ihrem Leben.

Lou tippte den Pinsel in den Farbeimer und tupfte weiße Farbe auf ein paar zugegipste Bohrlöcher. Viel war geschafft, aber es lag auch noch viel Arbeit vor ihnen. Gut, dass jetzt der Frühling kam. Die Sonne würde neue Kräfte in allen Bewohnern Bukows wecken. Und vielleicht sogar Frühlingsgefühle.

Draußen hörte Lou ein Auto, dann Schritte auf der Treppe. »Hallo?«, rief eine Stimme von draußen. In der Haustür erschien der Postbote. »Ich habe hier ein Paket für Mahler.«

»Komme schon«, hörte Lou Jannas Stimme aus der Küche.

Janna eilte in die Halle, nahm das Paket in Empfang und riss es auf. Von der Leiter aus konnte Lou über Jannas Schulter hinweg den Inhalt sehen. In dem Karton lagen Bücher, mindestens zwanzig Exemplare desselben Werkes. Sie hatten ein rostrotes Cover, auf dem skizzenhaft gezeichnete menschliche Figuren um ein Feuer tanzten. *Natural Born Chillers*, so lautete der Titel, der in großen, eckigen Buchstaben wie in Keilschrift in das Cover eingeritzt zu sein schien. Darunter stand: »In der Höhle liegt die Kraft«. Deutlich kleiner sah man den Namen des Autors, Frank Cave.

Janna klappte den Karton zu, schulterte ihn und ging damit in die Wohnung. »Ich möchte ein bisschen alleine sein«, sagte sie, ohne sich umzudrehen.

Lou sah ihr kopfschüttelnd nach. Hielt sie ihr Manuskript noch immer für Lug und Betrug? War das die Erklärung für ihr seltsames Verhalten? Oder war sie im Gegenteil stolz auf ihre Arbeit und wollte sich erst einmal eine Weile still freuen? Vermutlich beides. Lou nahm an, dass Janna gemischte Gefühle beim Anblick dieses Buches hatte, ihr selbst ging es ja nicht anders. Sie hatte auch kein gutes Gefühl bei den vielen kleinen Lügen, die sich zwischen diesen Buchdeckeln verbargen. Aber Lou zumindest blieb keine Zeit, allein über ihre Gefühle nachzudenken. Wieder knirschten draußen Reifen auf dem Kies. Wieder hörte sie Schritte auf der Treppe. Diesmal war es Helen.

»Was machst du denn hier?«, fragte Lou.

Helen war vor etwa einer Stunde zur Arbeit aufgebrochen. Statt einer Antwort warf Helen zwei Zeitschriften auf die Kommode neben der Tür, die Lou mit Zeitungen abgedeckt hatte, um sie vor Farbspritzern zu schützen. Auf dem Cover des einen Heftes prangte ein rostrotes Buch mit der Aufschrift *Natural Born Chillers*. Es war aber nicht diese Zeitschrift, die Helen sich jetzt schnappte und anklagend hochhob. Sie fuchtelte mit der anderen vor Lous Nase herum, einer Fernsehzeitschrift. »Ich fasse es nicht«, rief sie. »Dieser miese, kleine Mistkerl! Dieser personifizierte Schleimbeutel! Diese Pestbeule in Nadelstreifen.«

»Wer denn? Was ist los?«

Helen schlug das Heft auf und las mit überschlagender Stimme vor: »Exklusiv in diesem Heft: Der neue Bestseller aus dem Hause Montybooks. Der New Yorker Börsenbroker Mike Bickman ist nach einem Börsencrash am Ende. Er will seinem Leben ein Ende setzen und sich von der Brooklyn Bridge stürzen. Da begegnet ihm ein zahmes Frettchen, das über die Brücke huscht, und dieses Tier verändert sein Leben. Ab sofort ist in Bickmans Leben nichts mehr, wie es war.«

»Echt?«, fragte Lou. »Ist ja süß! Das will ich lesen.«

»Oh Mann, kapier doch!« Helen warf die Zeitschrift

auf den Boden. »Mike Bickman, das ist mein früherer Kollege Marc Beckmann! Schröbner hatte damals sein albernes Frettchen-Projekt nicht weitergeleitet, weil er die *Chillers* besser fand. Und was macht Beckmann? Wechselt den Job, reicht sein Exposé bei einem anderen Verlag ein und macht uns Konkurrenz.«

»Das ist ja nun nicht illegal«, sagte Lou. »Was sollen die anderen Verlage denn machen? Aufhören, Bücher zu verlegen? Und überhaupt: Was heißt schon Konkurrenz? Das Frettchen-Buch spricht doch ganz andere Leser an.«

Aber Helen überhörte sie einfach. »Den mach ich fertig«, sagte sie. »Den mach ich so was von fertig. Ich werde ein Marketing-Feuerwerk für die *Chillers* zünden, wie die Welt es noch nicht gesehen hat. Ich werde dafür sorgen, dass dieses Frettchen komplett unbemerkt über die Brooklyn Bridge hoppelt, weil alle Augen auf Frank Cave gerichtet sind.«

»Auf wen?«, fragte plötzlich eine Stimme hinter Helen.

Lou sah auf, und Helen drehte sich um. In der Eingangstür stand Frank. Er trug einen verfilzten, graubraunen Bademantel und Flip-Flops an den Füßen. Seine Haare standen mal wieder in alle Richtungen ab, und seine blauen Augen blitzten vergnügt. In seiner Hand hielt er ein Marmeladenbrot, in das er genüsslich biss. »Wör ifn Frönk Cave?«, wiederholte er seine Frage mit vollem Mund.

Helen und Lou wechselten einen raschen Blick, wobei Lou fast unmerklich den Kopf schüttelte. Helen riss erschrocken die Augen auf, und Lou merkte, wie sie selbst knallrot wurde. Mist, das Gespräch mit Frank, das war ja ihr Job gewesen. Aber sie hatte es erst immer wieder aufgeschoben und dann irgendwann verdrängt. Sie hatte einfach zu viel anderes um die Ohren gehabt. Und, ja, sie hatte auch gehofft, dass Janna oder Helen mit Frank darüber sprechen würden. Nur gesagt hatte sie das nie.

Kauend ging Frank zur Kommode. Er starrte auf das rostrote Buch auf dem Zeitschriftencover und hinter seiner gerunzelten Stirn arbeitete es sichtlich. Zögernd griff er nach dem Heft, schlug es auf und blätterte. Leise las er vor: »Frank Cave, 37 Jahre alt, geboren in Cross/Florida. Früher leitender Angestellter in einer Unternehmensberatung. Heute berät er Menschen in aller Welt auf ihrem Weg zu mehr Lebensglück.«

Lou schloss die Augen und betete darum, dass über diesem Text kein Foto abgebildet war. Aber vergebens.

Frank ließ die Zeitschrift sinken. »Verdammt«, sagte er. »Verdammt, verdammt, verdammt. Wie konntet ihr nur?« Er sah erst Helen an und dann Lou. Schließlich drehte er sich um. Er stolperte über Lous Farbeimer, konnte sich aber gerade noch fangen. Dabei verlor er sein Marmeladenbrot, das mit einem leisen Platsch in der Farbe landete. Frank taumelte zur Tür, stieß an den Türrahmen, rieb sich mit der Hand die schmerzende Schulter und verließ das Haus.

»Ich glaub, er will jetzt ein bisschen allein sein«, flüsterte Helen.

»Nein«, sagte Lou und kletterte die Leiter herab. »Nein, ich muss mit ihm reden.« Sie eilte Frank nach, der schon um die Hausecke verschwunden war.

Lou klopfte leise an die Scheunentür. Niemand antwortete. Ihr Blick fiel auf Wolfgang, der mit der Nase am Boden einer Spur Richtung See folgte. Ob Frank zum Steg gegangen war? Lou beschloss, nachzusehen. Sie dachte an

Franks schmales, empfindsames Gesicht, an seine freundliche, offene Art. Sie hatte ihn nie ärgerlich gesehen und wusste nicht, wie er reagierte, wenn man ihn kränkte. Frank war wie ein Wildtier, fand sie. Er wollte sich nicht binden, nicht an Menschen, nicht an Orte. Und plötzlich hatte Lou Angst, dass er einfach seine Sachen packen und gehen würde. Bei diesem Gedanken spürte sie einen körperlichen Schmerz in ihrer Brust. Auf einmal war sie sich nicht sicher, ob sie auf Bukow bleiben wollte, wenn Frank nicht mehr hier war.

Sie lief über den weichen, sumpfigen Waldpfad zum See, und tatsächlich, da war Frank. Er stand in seinem Bademantel an der Spitze des Steges und blickte aufs Wasser hinaus.

Lou pfiff leise, damit er nicht erschrak, aber er drehte sich nicht um. Sie ging über den Steg und blieb hinter ihm stehen.

»Frank«, begann sie. »Ich … Es tut mir leid. Der Verlag wollte ein männliches Pseudonym für Janna und ein Foto, und es musste ganz schnell gehen. Deswegen haben wir dein Foto geklaut. Wir hätten dich fragen müssen, auch wenn du darauf nicht zu erkennen bist. Wir wussten aber, wie du darüber denkst, und wir wollten uns die Auseinandersetzung ersparen. *Ich* wollte mir die Auseinandersetzung sparen. Das war feige und dumm. Es tut mir sehr leid.«

Er antwortete nicht.

»Wir haben das für Bukow getan«, sagte sie. »Und für Lilly.«

Wieder keine Antwort.

»Frank«, sagte sie leise. »Ich kann dich verstehen, und du musst nie wieder mit mir reden. Aber ich will, dass du was weißt. Nicht, um mich reinzuwaschen, sondern damit du dich nicht von mir verraten und verkauft fühlst. Dieses Haus hier, dieser Garten, diese Ställe. Ich weiß, du denkst, das sei nur ein alter Gutshof, ein Wahrzeichen des Kapitalismus, ein Zeugnis jahrhundertelanger Unterdrückung und Bereicherung. Hier haben sich vor Jahrhunderten reiche Leute ein Sahnestück am See gesichert und sich ein Statussymbol erbaut. Und nun sind wir da und tun dasselbe. Klar. Das kann man so sehen. Nur, für mich fühlt es sich ganz anders an. Bukow ist heute ein Ort, den keiner mehr will, weil man ganz viel Arbeit und Liebe reinstecken muss. Und Bukow ist für mich der Ort, an dem ich beweisen kann, dass alles, was ich gut und richtig finde, funktionieren kann.«

Er verlagerte sein Gewicht vom rechten auf den linken Fuß, und das war immerhin ein Lebenszeichen. Mutiger fuhr Lou fort. »Ich glaube einfach, dass es auf dieser Welt nicht nur Familien gibt, die durch Blutsbande geschaffen werden. Ich glaube, dass es auch eine andere Art von Familien gibt, bestehend aus Leuten, die zusammenwachsen, weil sie sich gernhaben und weil sie das Leben zusammen stemmen wollen. So wie Janna, Helen, Lilly und ich. Und ich glaube, dass jeder Mensch mit der Kraft seines Willens und mit der Kraft seiner Hände Häuser wiederaufbauen kann, auch wenn er nicht viel Geld hat. Und ich weiß, dass man im engen Zusammenleben mit der Natur, mit Tieren und Pflanzen, glücklicher lebt als mitten in einer Großstadt. Nenn mich naiv, aber ich träume von Orten wie Bullerbü, auch wenn mir klar ist, dass sie niemals wirklich so idyllisch und romantisch sein können wie in Büchern. Aber ich halte sie für möglich, und ein paar davon muss es einfach auf dieser Welt geben. Und ich will wissen, ob ich einen solchen Ort erschaffen kann.«

Er sagte noch immer nichts.

»Frank, ich weiß, wir haben dich in eine ganz doofe Situation gebracht. Aber man erkennt dich auf dem Bild doch gar nicht. Und es sind weder dein Name noch dein Leben, die wir da vermarkten. Ja, wir wollten von deinem Foto profitieren, aber wir wollten dir nicht schaden. Kannst du nicht vielleicht einfach ein Auge zudrücken? Oder auch zwei? Für Bukow?«

Jetzt drehte Frank sich um. Er sah Lou an. Seine Augen waren blau wie der Himmel, und Lou wollte plötzlich auf gar keinen Fall, dass er eines davon zudrückte. Frank sah sie an, und sie hatte das Gefühl, dass er sie wirklich sah. Nicht so, wie sie aussah, sondern so, wie sie sich fühlte. Einsam. Auf der Suche nach irgendwas. Traurig. Sie verlor sich in seinem Blick, und gleichzeitig fand sie dort etwas.

»Nein«, sagte er langsam. »Für Bukow tu ich das nicht.«

Sie nickte. Sie verstand ihn. Tränen stiegen ihr in die Augen.

»Aber für dich«, sagte Frank. »Für dich tue ich das.«

Lou traute ihren Ohren nicht. Hatte er das wirklich gesagt? Hegte Frank doch mehr Gefühle für sie, als er bisher zugegeben hatte? Wie süß! Lou spürte, wie ihr Herz schneller schlug. Okay. Wenn sie ganz ehrlich war, empfand sie auch ein bisschen mehr für Frank, als sie es sich und anderen bisher eingestanden hatte. Sie lächelte ihn an.

Frank lächelte zurück. »Unter Freunden ist das ja wohl das Mindeste«, sagte er.

Lou starrte ihn an. Unter Freunden. Das Mindeste. Autsch.

Telefongespräch zwischen Janna und Ben

Janna: Hey, Ben, ich bin's, Janna. Wie war's in der Schweiz?

Ben: Perfekt! Tolles Wetter, toller Schnee, tolle Leute, tolle Stimmung. Und bei euch?

Janna: Das Wetter war auch ganz gut.

Ben: Oh. So schlimm?

Janna: Ach, schon okay. Die Heizung ist jetzt drin. Und sie funktioniert. Ich wollte mich bei dir dafür bedanken, du hast da ja unglaublich viel Zeit und Arbeit reingesteckt.

Ben: Schon okay.

Janna: Nein, wirklich, wir sind dir unendlich dankbar. Allein hätten wir das nicht geschafft.

Ben: Mir hat's Spaß gemacht. Und ich habe viel dabei gelernt, das nützt mir auch im Job, wenn ich Käufer von Sanierungsobjekten berate.

Janna: Ich ruf noch aus einem anderen Grund an. Es gibt da ein Problem. Mit den *Chillers*.

Ben: Herzlichen Glückwunsch erst mal. Das Buch ist heute erschienen, oder?

Janna: Ja.

Ben: Na, jetzt wirst du wohl reich und berühmt.

Janna: Reich? Hoffentlich. Berühmt ganz bestimmt nicht. Das Buch ist unter einem Pseudonym erschienen. Der Verlag wollte es so.

Ben: Ach. Und wie lautet dein neuer Name?

Janna: Da wären wir schon beim Problem. Die wollten einen männlichen Autor samt Foto. Und wir haben ein Foto von

Frank geklaut, auf dem er Hut und Sonnenbrille trägt, also quasi nicht erkennbar ist, und einen Lebenslauf erfunden. Von einem Typen namens Frank Cave.

Ben (lacht): Ha! Na, das ist mal Identitätsdiebstahl der anderen Art. Und was sagt Frank dazu?

Janna: Ja, das ist das Problem. Wir haben ihn nicht gefragt, und heute hat er's gemerkt. Und seitdem sagt er gar nichts mehr.

Ben: Warte mal, Janna. Du sprichst von meinem Bruder Frank? Circa 1,80 m groß, dunkelblond, Haare wie ein löchriger Flokati, uralte, hässliche T-Shirts, die selbst Motten verschmähen?

Janna: Jep.

Ben: Und der sagt gar nichts mehr?

Janna: Jau. Lou hat versucht, mit ihm zu reden, aber danach war sie komplett durch den Wind. Jetzt sagt sie auch nichts mehr.

Ben: Nicht gut.

Janna: Und es kommt noch schlimmer. Nach dem Gespräch war Frank eine Weile verschwunden. Irgendwann ist er wieder aufgetaucht und wollte Helen sprechen. Und dann hat er zehn Minuten lang unter vier Augen mit ihr geredet. Danach sind die beiden zusammen weggefahren.

Ben: Wohin?

Janna: Das haben sie nicht gesagt. Aber Helen hatte was im Blick, das mir nicht gefallen hat.

Ben: ...

Janna: Warum sagst du nichts?

Ben: Ich bin sprachlos.

Janna: Das ist alles?

Ben: ...

Janna: Ben? Ben? Sagt denn hier überhaupt keiner mehr was? Ben?

22

Helen wunderte sich über Franks Gelassenheit. Oder war Erstarrung das Wort, das seinen Zustand besser beschrieb? Widerspruchslos folgte er ihr zu einem teuren Herrenausstatter. Gleichgültig probierte er dort zwei Stunden lang verschiedene Outfits an. Fast völlig emotionslos ließ er es über sich ergehen, als ein Verkäufer an seinen Hosenbeinen zupfte, an seiner Taille nestelte und ihm unter die Achseln griff, um den Sitz von Hemd und Hose zu überprüfen. Und ohne mit der Wimper zu zucken, stimmte er schließlich zu, als Helen für ihn ein kragenloses weißes Leinenhemd und eine Lederhose auswählte.

Auch den anschließenden Friseurtermin ließ Frank über sich ergehen, ohne auch nur ein Mitspracherecht einzufordern, und er grinste nicht einmal, als Helen mit Carlos, ihrem Friseur, darüber diskutierte, ob sich ein jungenhafter Out-of-Bed-Look mit etwas Gel und leicht antoupiertem Oberkopf in einen animalischeren Out-of-Cave-Look verwandeln lassen würde.

Beim Fotoshooting, das Helen organisiert hatte, ließ Frank sich von dem Fotografen willenlos wie eine Puppe in Posen biegen. Schulter hoch, Bauch rein, Brust raus, Kinn nach rechts, Kinn nach links. Er stand geduldig barfuß mitten auf einer dreispurigen Kreuzung, er ließ sich ohne Protest mit einer Keule in der Hand im Zoo, vorm Gehege eines büffelähnlichen Tieres ablichten. Er kletterte sogar ins Innere einer ausgehöhlten Eiche, obwohl deren Stamm von lauter kleinen Krabbelkäfern bewohnt war. Nur auf einer Kleinigkeit bestand Frank bei jedem Foto, und das war seine Sonnenbrille. Seine wahre Identität zu verbergen war ihm offenbar ein wichtiges Anliegen.

Die besten Bilder aus diesem Shooting kamen in eine Pressemappe, zusammen mit einem Interview mit Frank Cave, für das Helen nicht nur die Fragen, sondern auch die Antworten formuliert hatte, denn Frank hatte Jannas Buch nicht gelesen und keine Ahnung, was er dazu sagen sollte.

Über die Resonanz dieser Presseaktion war Helen selbst erstaunt. Auffallend rasch erschienen Zeitungsartikel und Buchrezensionen, das Konzept von Peacock ging offenbar auf. Und als *Natural Born Chillers* dann zwei Wochen nach Erscheinen bereits in die zweite Auflage ging, kam es Helen plötzlich so vor, als würde Frank aus seiner Erstarrung erwachen. Erst ertappte sie ihn in seiner Scheunenwohnung abends beim Lesen des Buchs. An einem sonnigen Frühlingstag begleitete er Helen dann sogar auf eigenen Wunsch in die Agentur und unterzeichnete mit bewundernswerter Ausdauer hunderte von Autogrammkarten, die ihn in Großaufnahme mit strahlendem Lächeln zeigten, die Zähne unnatürlich weiß, im Hintergrund die knorrige Eiche. Und als Helen ihn wegen eines ungeplanten Termins eine Weile in ihrem Büro warten lassen musste, überraschte sie ihn bei ihrer Rückkehr dabei, wie er seinen neuen Namen googelte und Internetrezensionen von *Natural Born Chillers* las.

»Krass«, sagte er und sah auf. »Hier schreibt jemand, der sich Bücherwurm177 nennt, er oder sie habe beim Lesen geweint. Und jemand namens Lesehummel findet, dass *Natural Born Chillers* das wichtigste Buch nach dem *Klei-*

nen Prinzen ist. Und guck mal hier, da gibt es sogar einen Verriss. Buchkritiker122 schreibt: ›*Natural Born Chillers* konnte mich definitiv nicht überzeugen. Das Buch ist ein Ratgeber, und ich mag es nicht, wenn Bücher mich mit Verbesserungsvorschlägen für mein Leben belästigen.‹« Frank schüttelte den Kopf. »Ist das nicht bescheuert? Warum liest er das Buch dann überhaupt? Hinten steht doch drauf, dass es um die Verbesserung des eigenen Lebens geht. Ich würde mich nicht wundern, wenn dieser Typ irgendwann schreibt: Sorry, Leute, aber vor diesem Werk muss ich euch warnen. Es ist ein Buch, und ich hasse Bücher.« Er klang so entrüstet, als hätte ihn der Buchkritiker persönlich angegriffen.

Zwei weitere Wochen später ging *Natural Born Chillers* in die dritte Auflage und stand plötzlich auf Platz neun der Bestsellerliste. An diesem Tag stellte Helen fest, dass Frank alle Rezensionen, die der Verlag Janna zugeschickt hatte, gelocht und in einen Ordner geheftet hatte. Helen war gleichzeitig belustigt und erschrocken, als sie diesen Ordner auf dem Tisch in Franks Scheune entdeckte. Sie hätte nicht gedacht, dass Frank überhaupt auch nur rein theoretisch wusste, wozu Ordner da waren. Wer sich in dem chaotischen Wohn-Schlafraum umsah, in dem er hauste, wäre nicht mal auf die Idee gekommen, dass Frank das Wort »Ordnung« kannte.

Und dann kam der Tag, an dem Frank morgens beim Frühstück verkündete, seine Frisur säße nicht mehr optimal. Er fragte Helen nach der Telefonnummer ihres Friseurs und vereinbarte selbst einen Termin. An diesem Tag machte Helen sich erstmals Sorgen um Frank, und ihre Bedenken verflogen nicht, als er von seinem Styling zurückkehrte. Er hatte sich Strähnchen machen lassen. Hellblonde

Strähnchen. Alle Bewohner Bukows verstummten, als er mit diesen Lichtreflexen im Haar die Küche betrat.

»Ist was?«, wollte Frank wissen.

»Neiiin«, sagte Lou. Aber Helen hatte den Eindruck, dass sie nach dieser lang gezogenen Antwort mehrere Minuten lang nicht einatmete.

Als Helen am nächsten Morgen nach Berlin fuhr, verließ sie Bukow mit einem unguten Gefühl. Sollte sie lieber umkehren? Einen Tag lang im Homeoffice arbeiten? Vielleicht hätte sie Frank beim Frühstück doch lieber nicht erzählen sollen, dass Marc Beckmanns absolut zweitklassiges, schlecht geschriebenes und inhaltlich banales Werk mit dem albernen Titel »Freaky, das Frettchen« auf Platz fünf der Bestsellerliste stand, also zwei Plätze besser als die *Chillers* auf Platz sieben. Warum hatte sie das nur erwähnt? Sie hätte sich doch denken können, dass er in seiner derzeitigen Verfassung empfindlich darauf reagieren würde.

Und das war tatsächlich der Fall gewesen. Seine Augen waren ganz schmal geworden, und er hatte die Fäuste geballt. Helen war sich nicht ganz sicher, aber sie hatte den Eindruck gehabt, dass in diesem Moment sogar ein leises Knurren aus seiner Kehle gedrungen war.

Deswegen wunderte sie sich nicht wirklich, als in der Mittagszeit ein Anruf von Janna kam. »Ich glaube, du solltest nach Hause kommen«, sagte sie. »Frank ist nicht mehr ... Frank.«

Helen fuhr sofort zurück nach Bukow, und als sie die Empfangshalle betrat, sah sie ihn sofort. Mit großen Schritten eilte er grußlos an ihr vorbei, schnaubend und prustend wie ein Rassepferd.

»Was macht er da?«, flüsterte Helen Lou zu, die neben der Standuhr am Treppengeländer lehnte und Frank mit skeptischem Blick beobachtete.

»Er lockert seine Lippen«, sagte Lou leise. Helen hatte keine Ahnung, wie sie es schaffte, angesichts des prustenden Franks ernst zu bleiben, aber offenbar war ihr das Lachen vergangen. »Das ist so eine Art Mundgymnastik«, setzte sie noch hinzu. »Er gibt nämlich gleich telefonisch ein Radiointerview. Und der Mund ist dabei sein wichtigstes Werkzeug.«

Als sie Helens fassungslosen Blick sah, ergänzte sie noch: »Das stammt nicht von mir. Das hat er gesagt!«

»Ein Interview? Radio? Wieso das denn?«, zischte Helen. Sie hatte nichts dergleichen vereinbart.

»Das macht er schon den ganzen Vormittag. Er hat heute früh verschiedene Radiosender angerufen, und die wollten ihn alle im Programm haben.«

Helen suchte Halt am Treppengeländer. »Aber wir haben in der Pressemappe doch behauptet, er sei gerade in Indien.«

Lou zuckte mit den Schultern. »Offenbar haben sie Telefone in seinem Ashram.«

Jetzt breitete Frank die Arme aus, atmete tief ein und deklamierte mit sonorer Stimme: »Spitzfindig ist die Liebe. Sie minnt nicht immer blindlings. Wie sie sich listig zieret, wirkt sie mit Witz nicht minder.«

»Ähm. Was tut er da?«, wollte Helen wissen. Fing der Kerl jetzt auch noch an zu dichten? Falls ja, sagte Helen ihm keine große Karriere voraus, und das war noch zurückhaltend ausgedrückt. Äußerst zurückhaltend.

»Er trainiert das I.« Lou verdrehte die Augen. »Das verbessert angeblich die Aussprache.«

Helen setzte sich auf die Treppe, weil ihre Beine nachgaben. Fassungslos beobachtete sie, wie Frank nach dem I auch das A übte, danach das E, das O und zuletzt das U.

»Woher hat er das?«, raunte sie Lou zu.

»Aus dem Internet«, antwortete sie und ließ sich seufzend auf die Stufen sinken. »Schauspieler und Radiosprecher machen das angeblich auch.«

Jetzt baute Frank sich vor der Treppe auf wie vor einem Publikum und deklamierte: »Als die Menschen anfingen, Erfindungen zu machen, die ihnen das Leben angeblich vereinfachten, begann ein teuflischer Kreislauf.« Plötzlich klang seine Stimme verändert. Tiefer. Voller. Ein bisschen wie die eines Pfarrers, aber nicht wie ein Wort-zum-Sonntag-Pfarrer, sondern eher wie der leidenschaftliche Pater Ralph de Bricassart aus dem Film *Die Dornenvögel*: getragen im Tonfall, aber unterschwellig ganz schön sexy. »Sie erfanden das Rad und bekamen den Achsenbruch.« Er ging einige Schritte durch die Halle und drehte sich dann jäh um. »Sie erfanden den Ackerbau und bekamen Mehltau, Braunrost und Blattdürre.« Nach einer Pause polterte er los: »Sie erfanden die Tierzucht und bekamen Maul- und Klauenseuche. Sie erfanden die Elektrizität und bekamen Atomkraftwerke. Und sie erfanden das Internet und bekamen Computerviren.« Sein Gesicht bekam einen gequälten Ausdruck, er blickte wehmütig aus dem Fenster, als hätte er sein Publikum vergessen. Leise sprach er weiter: »Jede Erfindung zog neue Probleme an. Immer fühlten sich die Menschen kurz vor dem Ziel. Und immer hoppelte dieses Ziel ihnen vor der Nase weg wie ein flüchtiges Kaninchen, um dann in Sichtweite sitzen zu bleiben und gemütlich zu grasen. Und der Steinzeitmensch in uns jagte hinterher. Wieder. Und wieder. Und er tut es noch.

Beim Versuch, die Gefahren des Lebens zu verringern, rennen wir vermeintlichen Sicherheiten hinterher und erreichen sie doch nie.« Frank verstummte und senkte den Kopf, als sänne er über seine Worte nach. Dann wandte er sich an Helen und Lou, grinste und fragte mit normaler Stimme: »Na, wie war das?«

»Gut«, sagte Lou. »Stammt ja auch von Janna.«

»Klar.« Er lächelte selbstverliebt. »Aber man muss das auch rüberbringen können. Und nicht alles, was Janna geschrieben hat, ist auch wirklich gut. Ich wünschte, ich hätte das Buch vor dem Druck gelesen. Die Sache mit dem nächtlichen Herzinfarkt zum Beispiel. Das ist richtig schwach. Ein total langweiliges Sesselfurzer-Erweckungserlebnis. Wenn schon erstunken und erlogen, dann wäre ich lieber gestorben, weil mich im Dschungel eine Anakonda erwürgt hätte.«

»Das hätte doch kein Mensch geglaubt«, sagte Lou müde. »Wie hättest du das denn überleben können?«

»Und dann dieser Satz!«, schimpfte Frank, ohne auf ihren Einwand einzugehen. »›Zeit ist nichts als der Fluss, in den du zum Fischen steigst.‹ Ich hab den gegoogelt, und er ist gar nicht von Janna, er ist von Henry David Thoreau. Wieso bitte schön zitiert Gott Henry David Thoreau?«

»Gottes Wege sind unergründlich«, meinte Lou.

Jetzt klingelte ein Handy, und Helen wunderte sich, als Frank in seine Tasche griff, ein nagelneues Smartphone herauszog und den Anruf annahm. Seit wann hatte er das Ding? Sie hatte es noch nie gesehen.

»Hallooo?«, fragte Frank mit seiner Pater-Ralph-Stimme. »Jaaa! Am Apparat. Ja, ich freue mich auch, mit Ihnen zu sprechen. Oh, Sie kennen mein Buch? Gut! Das ist wirklich gut. Tatsächlich? Danke. Vielen Dank. Ich freue mich über Ihr Lob.«

»Er macht seit heute sogar Hanteltraining«, flüsterte Lou Helen zu. »Fürs Fernsehen, sagt er.« Jetzt musste sie doch grinsen.

»Ist er jetzt größenwahnsinnig geworden?«, rief Helen aus.

Frank warf einen bösen Blick in ihre Richtung, ging mit dem Telefon in den Salon und schloss energisch die Tür.

»Ey«, sagte Helen. »Das ist *mein* Wohnzimmer. *Ich* wohne da. *Ich*. Wieso knallt der mir die Tür vor der Nase zu?«

»Komm«, sagte Lou und zog Helen hoch. »Wir gehen in die Küche und hören im Radio mit, was er erzählt.«

Am Küchentisch saß Janna. Sie hatte das Radio schon aufgedreht, und Franks Stimme dröhnte aus den Boxen. »Immer fühlten sich die Menschen kurz vorm Ziel«, sagte er gerade. »Und immer hoppelte dieses Ziel ihnen vor der Nase weg wie ein flüchtiges Kaninchen, um dann in Sichtweite sitzen zu bleiben und gemütlich zu grasen.«

»Aha«, sagte der Moderator. »Sehr interessant.« Ohne Überleitung wechselte er das Thema. »Mr Cave, wo halten Sie sich gerade auf? Sind Sie immer noch in Indien?«

»Nein«, sagte Frank, und Helen zuckte zusammen. »Ich bin zurzeit in Deutschland. Ich fand, es sei Zeit, nach Hause zu kommen. Ich habe Ziele. Pläne. Visionen. Die kann ich nur hier umsetzen.«

Janna schloss die Augen, Lou atmete laut hörbar aus. Auch Helen hatte Angst vor dem, was sie gleich hören würde.

»Was sind das für Pläne?«, fragte der Moderator.

»Wissen Sie, mich erreichen so viele Fragen. So viele

wirkliche, echte, tiefe Fragen«, sagte Frank. »Ich möchte darauf Antworten geben.«

»Welche Fragen denn?«, flüsterte Helen entsetzt. »Wir fragen ihn doch gar nichts. Und außer uns sieht er kaum jemanden.«

»Er ist jetzt auf Facebook.« Lou ließ den Kopf auf die Tischplatte sinken.

»Wie werden Sie diesen Menschen antworten?«, wollte der Moderator wissen. »In Interviews? Oder in direkten Gesprächen?«

»Beides.« Franks Stimme klang kraftvoll und energisch. »Aber das wird wohl nicht ausreichen. Es sind zu viele Fragen. Zu viele Menschen. Deswegen plane ich eine Lehrtätigkeit, ich möchte andere Chiller zu Beratern ausbilden, und die können dann wiederum weitere Menschen ausbilden. Eine Art Schneeballsystem.«

»Und wie soll das konkret aussehen?«, hakte der Interviewer nach.

»Das wüsste ich auch gern«, murmelte Helen.

»Ich erschaffe gerade ein Steinzeitrekreationszentrum auf einem Gutshof in der Nähe von Berlin. Dort wird in wenigen Wochen der erste Kurs starten. Näheres findet man in Kürze auf meiner Facebook-Seite.«

»Helen!«, sagte Janna empört und schlug mit der Hand auf den Tisch, sodass Lou vor Schreck auffuhr. »Das geht zu weit. Das hättest du mit uns absprechen müssen!«

Helen hob abwehrend die Hände. »Wieso ich? Ich höre das gerade auch zum ersten Mal. Aber keine Panik, das biegen wir schon ab. Wenn Frank unbedingt Steinzeitkurse machen will, bitte. Wir können ihm das nicht verbieten. Aber nicht auf Bukow. Hier wohnen wir, hier ist er nur zu Gast.«

Der Moderator schloss das Interview ab, und Helen schaltete das Radio aus. Gerade rechtzeitig, um zu hören, dass draußen Kies unter Autoreifen knirschte. Ein Wagen fuhr vor, dann ein zweiter, ein dritter.

»Verdammt, wer ist das?« Helen sprang auf. Sie lief in Lillys Zimmer und sah aus dem Fenster. Auf dem Parkplatz standen drei Wagen mit dem Logo eines Fernsehsenders. Und auf der Treppe vor dem Gutshaus erschien jetzt Frank. Er trug die Lederhose, das Leinenhemd und seine riesige Sonnenbrille. Die Strähnchen in seinem Haar leuchteten golden im Sonnenlicht. Er hob die Arme zu einer salbungsvollen Geste. »Herzlich willkommen auf Bukow!«, schmetterte er dem Fernsehteam entgegen. »Schön, dass Sie den Weg zu uns gefunden haben.«

Fernsehbericht

Die Kamera zeigt ein altes Gutshaus. Der graue Putz ist fleckig. Die meisten Bäume vor dem Anwesen sind noch winterlich kahl, aber auf den Stufen der Eingangstreppe sprießt schon erstes Unkraut.

Jetzt hört man eine Reporterstimme aus dem Off. »Das Gutshaus Bukow in der Nähe von Trepenick, Brandenburg. Gemütlich ist es hier nicht, denn das Haus war lange unbewohnt. Aber Gemütlichkeit ist auch nicht das, was die Gäste suchen, die hier bald einziehen werden.«

Jetzt sieht man in Großaufnahme einen Mittdreißiger in einem weißen Leinenhemd. Seine Haare wirken liebenswert ungekämmt, er trägt einen Drei-Tage-Bart, seine Augen sind hinter einer Sonnenbrille verborgen. Er erklärt: »Ein Lager aus Fellen und Stroh. Nahrung, die das Land und der See uns geben. Und ganz viel wahres Wissen. Das ist es, was die Teilnehmer meiner Kurse erwarten können. Und wer mein Buch gelesen hat, erwartet auch genau das.«

Die Kamera zeigt jetzt ein weinrotes Buchcover. Darauf tanzen Strichmännchen um ein Lagerfeuer. Jetzt sagt die Reporterstimme: »Und das ist das Buch, um dessen Inhalt es in diesen Kursen geht. *Natural Born Chillers*. Ein Buch, das bereits tausende von Fans hat. Weil es die Augen öffnet. Weil es eine neue Art zeigt, das Leben zu sehen. Und für alle Fans des Buches soll es nun nicht mehr nur beim Lesen bleiben.« Man sieht nun wieder den Mittdreißiger im Leinenhemd. »Lesen ist eine wichtige Errungenschaft der menschlichen Zivilisation«, sagt er. »Aber Lesen ist eine Kopftechnik. Sie bewirkt nichts, wir vergessen schnell wieder, was wir gelesen haben. Was wir wirklich tun müssen, ist leben. Mit allen Sinnen. Und das üben wir hier in meinem Kurs.« Jetzt nimmt er die Brille ab und sieht mit blitzenden blauen Augen offen in die Kamera. »Kommen Sie nach Bukow. Lassen Sie sich auf das Abenteuer ein! Es lohnt sich!«

23

»Die Schranke finde ich nicht gut.« Frank verschränkte die Arme vor der Brust und lehnte sich in Helens hellem Ledersessel zurück. »Sie wirkt abweisend und unfreundlich.«

Lou musterte ihn mit zusammengekniffenen Augen. Er hatte sich seit dem ersten Fernsehinterview verändert. Noch vor einer Woche hätte er sich in einem so eleganten Sessel sichtlich unwohl gefühlt und wäre zum Reden lieber in die Küche gegangen. Jetzt wirkte er in Helens neu möbliertem Salon ganz unbefangen, und auch optisch passte er in den Raum. Seine Jeans sah neu und teuer aus, sein weißes T-Shirt hatte keinen Aufdruck, es war figurbetont geschnitten und entblößte kräftige, braun gebrannte Oberarme. Lou hatte den Verdacht, dass Frank möglicherweise ein Solarium besucht hatte.

»Unfreundlich?«, widerholte Ben die Worte seines Bruders. »So ist das auch gemeint.« Er saß auf Helens neuem Sofa, wirkte aber, anders als sein Bruder, überhaupt nicht locker und entspannt. »Wie sonst soll man auf Leute reagieren, die unberechtigt Privatbesitz betreten und Bukow besichtigen wie eine Mischung aus Zoo und Freilichtmuseum?«

»Neulich hat jemand Lous Gummistiefel geklaut.« Lilly kräuselte ihre sommersprossige Nase vor Empörung. Sie saß auf dem Teppich vorm Kamin und kraulte Wolfgangs Nackenfell. »Ich hab genau gesehen, wie eine Frau sie mitgenommen hat.«

Frank zuckte mit den Schultern. »Sie dachte bestimmt, es wären meine.«

Lilly schüttelte den Kopf so heftig, dass ihre Zöpfe durch die Luft sausten. »Das ist doch keine Entschuldigung. Auch deine Stiefel darf man nicht klauen.«

»Ach«, meinte Frank. »Soll sie die doch haben, wenn es ihr was gibt. Ich häng da nicht so dran.«

»Kein Wunder«, knurrte Lou. »Es waren ja auch meine.« Jetzt wandte sie sich an die anderen. »Leute, ich bin auf jeden Fall für die Schranke. Ist außer Frank noch jemand dagegen?« Alle schüttelten den Kopf.

»Das geht so nicht«, widersprach Frank. »Eine rot-weiße Eisenstange wie an einem Grenzübergang, und das am Wohn- und Lebensort von Frank Cave. Also bitte!«

»Sie bleibt«, sagte Ben.

Doch Frank gab nicht nach. »Wenn schon Schranke, dann muss es ein unbehauener Baumstamm sein. Und daran hängen wir ein freundliches Schild: ›Liebe Freunde, hier eröffnet in Kürze das Steinzeitrekreationszentrum. Bitte lasst uns die Zeit, die wir für unsere Vorbereitungen benötigen.‹ Darunter befestigen wir einen Behälter mit Flyern, und darauf stehen dann weiterführende Infos und ein paar Tipps, wie die Leute die Wartezeit bis zum Seminar zum Entspannen nutzen können. Wir schreiben einfach rein, dass sie in einen Fluss steigen sollen, um ihre Gedanken treiben zu lassen.«

»Dafür ist es noch zu kalt«, widersprach Janna. Lou fand, dass sie schlapp wirkte. Und es kam ihr so vor, als würde sie Bens Blicken ausweichen. Irgendwas war da zwischen den beiden, und Lou war fest entschlossen, herauszubekommen, was es war.

»Sie müssen ja nicht bis zum Hals rein«, überlegte Frank

gerade laut. »Nur mit den Füßen. Das wirkt wie eine Kneipp-Kur und ist gesund.«

»Steig du doch mal in einen Fluss«, schlug Ben vor. Seine Stimme klang scharf. »Vielleicht kühlt dich das ein bisschen ab. Weißt du eigentlich, wie schwierig es war, die Schranke einzubetonieren? Und jetzt bleibt sie genau so, wie sie ist. Denn das hier ist eben nicht, wie du behauptest, der Wohn- und Lebensort von Frank Cave. Vielleicht erinnerst du dich: Den gibt es gar nicht.«

»Keinen Streit jetzt, Jungs«, sagte Helen und klopfte mit dem Kugelschreiber auf den Notizblock auf ihrem Schoß. »Dafür haben wir keine Zeit. Wir sollten den Kurs planen.«

»Wieso eigentlich wir?«, fragte Ben. »Das kann Frank tun. Der weiß doch sowieso alles besser.«

»Hey, lasst uns nicht wieder von vorn anfangen.« Helen sah ihn bittend an. »Wir haben den Steinzeitworkshop beschlossen und ziehen ihn jetzt auch durch.«

»Beschlossen ist irgendwie das falsche Wort«, widersprach Lou. »Wir hatten ja keine Wahl.«

Frank sah sie mit dem salbungsvollen Frank-Cave-Blick an, den er sich in den letzten Tagen antrainiert hatte. »Man hat im Leben immer eine Wahl«, sagte er mit seiner Pater-Ralph-Stimme.

Lou verengte die Augen. Wenn ihre Blicke Pfeile wären, hätte sie Frank mit Sicherheit wie ein Sieb durchlöchert. Ein befriedigender Gedanke. »Du hast uns absichtlich keine gelassen. Du hättest uns vorher fragen können.«

Doch jetzt schoss Frank Blick-Pfeile zurück. »Ihr habt mich auch nicht gefragt, als ihr meine Identität geklaut habt.«

»Es war nur ein Foto.«

»Und jetzt ist es nur ein knapp fünftägiger Kurs.«

Helen klopfte wieder mit dem Stift auf ihren Block. »Hört auf, Leute. Jetzt hilft nur noch die Flucht nach vorn. Wir haben abgestimmt und beschlossen, dass wir einen einzigen Kurs auf Bukow durchziehen, und zwar gemeinsam. Also: Wer macht was? Ich schlage vor, dass Frank die Wohnhöhlen gestaltet. Strohunterlagen statt Matratzen; das hast du ja im Interview schon so angekündigt. Dafür kannst du Säcke bestellen und sie mit Stroh von den Ziegen ausstopfen. Darauf kommen dann Schaffelle, und zudecken sollen sich die Leute mit Wolldecken, die sie selbst mitbringen. Die Felle sind natürlich nicht billig, aber ich finde sie schon wichtig, sonst ist das optisch nichts Halbes und nichts Ganzes. Aber du solltest beim Kauf unbedingt einen Mengenrabatt aushandeln. Schaffst du das, Frank?«

Er nickte, war mit seinen Gedanken aber sichtlich nicht bei der Sache.

Ben sah seinen Bruder missmutig an. »Ich mach das«, sagte er. »Aber nur das mit dem Rabatt. Den Rest machst du, ich hab gerade viel um die Ohren, ich muss mich hier mal eine Weile ausklinken.«

Lou bemerkte, wie Janna sich aufrichtete, als er das sagte.

»Wieder mal Urlaub?«, fragte sie spitz.

»Nein, was Berufliches.«

Schnell wechselte Lou das Thema. »Nimm Bio-Felle«, sagte sie. »Aus der Region!«

»Wir gestalten fünf Zimmer«, schlug Frank vor. »In jedes passen vier Leute.«

»Vier pro Zimmer? Das wird aber eng.« Helen runzelte die Stirn.

»Na und?«, fragte Frank. »Die sind doch nicht zur Erholung hier.«

»Bringen wir Männer und Frauen getrennt unter?«, wollte Lou wissen.

Frank grinste. »Natürlich nicht. Oder glaubst du etwa, dass es in der Steinzeit Männerhöhlen und Frauenhöhlen gab?«

»Und wenn sich mal jemand in Ruhe umziehen will?« Für Helen schien allein die Vorstellung ein Graus zu sein.

»Dann kann er das eben nicht.« Frank zuckte mit den Schultern. »Alle Probleme, die wir damit schaffen, sind gewollt. Sie sind Teil unseres Kursprogramms, und wir halten die Teilnehmer dazu an, ganz gechillt individuelle Lösungen zu finden.«

»Und wie machen wir's mit der Badezimmerbenutzung?«, ging Helen zum nächsten Punkt über. »Ein Bad für zwanzig Leute ist ja wohl zu wenig.«

Aber Frank schüttelte den Kopf. »Nein. Da ist zu viel. Sie bekommen gar kein Bad. Wir montieren sogar die Waschbecken in den Zimmern ab. Die Leute haben den See, das muss reichen.«

»Dürfen sie denn aufs Klo?« Lilly runzelte nachdenklich die Stirn. »Oder müssen sie in den Wald?«

Doch bevor Frank antworten konnte, schaltete Janna sich ein. »Klar gehen die aufs Klo. Steinzeit hin oder her, ich will keine Hinterlassenschaften im Wald, und damit basta.«

»Na gut«, räumte Frank ein. »Dann gestalte ich die Toilette insgesamt eine bisschen naturnäher, das geht schon.«

Ein entsetzlicher Gedanke schoss Lou durch den Kopf, und sie durchbohrte Frank mit dem nächsten Blick.

»Wehe, wenn du dabei die Wände verdreckst. Oder die Holzböden. Ich habe oben fast alles renoviert, und das bleibt genau so, wie es ist.«

»Keine Wandmalereien?«, fragte er und grinste.

Lou schoss einen weiteren Blick auf ihn ab, der eher mit einer Panzerfaust als mit einem Pfeil vergleichbar war. »Wer die Wände bemalt, stirbt einen langsamen und qualvollen Tod.«

»Das klingt nicht gerade gechillt.«

»Danach bin ich's bestimmt.«

Frank grinste. »Die Holzdielen sind okay«, überlegte er dann, wieder ganz ernst. »Die sind wenigstens Natur. Aber weiße Wände?«

»Bastmatten«, schlug Janna vor. »Wir kaufen Bastmatten und hängen sie auf. Im Klo und in den Zimmern.«

»Puh, teuer«, meinte Helen.

»Na und?«, fragte Lou. »Die Kursgebühren sind doch auch ganz schön hoch, da kommt einiges zusammen. Und die Matten sind kompostierbar. Ich sehe da kein Problem.«

»Und Klopapier?«, fragte Lilly. »Dürfen die das haben, oder müssen sie Blätter nehmen?«

»Blätter«, meinte Frank.

»Papier«, widersprach Janna mit angeekeltem Gesicht.

»Wir bieten beides an«, entschied Helen.

Zehn Minuten später blickte sie wieder von ihrem Block auf. Der Rest hatte sich erstaunlich schnell klären lassen. »Okay, Leute!«, sagte Helen. »Ich fass das mal zusammen: Frank übernimmt die Gestaltung der Innenräume, und Ben sorgt dafür, dass die Kosten nicht explodieren. Ich nehme Urlaub und regele die Anmeldungen, den juristischen Kram, die Büroarbeit und beantworte Presseanfragen. Lou kümmert sich um die Ernährung. Alles bio, alles aus der Region und alles steinzeittauglich. Und Janna stellt das Tagesprogramm zusammen. Steinzeitwissen. Steinzeitsport. Steinzeitkunst. Steinzeitwellness. Und vor allem ganz viel Steinzeitchillen.«

»Und ich?«, fragte Lilly. »Und Wolfgang?«

»Ihr beide habt die wichtigste Aufgabe von allen«, sagte Helen. »Ihr kümmert euch um die Ziegen und die Hühner, den Tieren soll es an nichts fehlen. Lou zeigt euch, worauf es ankommt.«

Lilly nickte ernst.

»Aber nur bei der Vorbereitung«, meinte Janna. »Wenn der Workshop läuft, ziehst du am besten rüber zu Lotte, dann ist hier zu viel Trubel.«

»Menno«, quakte Lilly.

Helen runzelte die Stirn. »Mist. Mir fällt gerade was ein: Was machen wir denn, wenn deine Mutter während des Workshops vorbeikommen will? Oder Daniel? Die wissen doch von nichts. Und der ganze Steinzeitkult käme schon ziemlich besorgniserregend rüber, oder?«

Lou grinste. »Kein Problem. Wir sagen einfach, dass Wolfgang Flöhe hat. Das wirkt garantiert.«

Lilly sah Lou streng an. »Aber man lügt doch nicht«, sagte sie.

Lou hob bedauernd die Hände. »Wer sagt denn, dass das gelogen ist?« Alle Blicke wanderten zu Wolfgang, der auf seiner Decke lag und sich mit seinem Hinterbein am Ohr kratzte.

»Iiih.« Janna wich ein Stück zurück.

»Keine Sorge«, sagte Lou. »Ich hab ihn schon mit was eingesprüht. Biologisch-dynamisch und garantiert wirksam. Die Viecher sind vermutlich tot. Aber das müssen wir ja nicht erwähnen, es ist keine Lüge, denn wir können es gar nicht genau wissen.«

»Und wenn die Flöhe nicht tot sind?« Janna kräuselte angewidert die Nase.

Lou zuckte mit den Schultern. »In der Steinzeit gab's garantiert auch Flöhe.«

»Also los«, sagte Helen. »Wir haben noch zwei Wochen. Das ist nicht viel Zeit.«

»Und die Schranke?«, fragte Frank.

»Die. Schranke. Bleibt«, sagte Ben.

Zwei Stunden später saß Lou am Küchentisch, wälzte Kochbücher und versuchte, einen Speiseplan nach Steinzeitart zusammenzustellen. Das war gar nicht so einfach, und mit regionalen Produkten war es fast unmöglich. Milchprodukte fielen zum Beispiel weg. Auf Mehl und Kartoffeln musste sie auch komplett verzichten, das alles hatten die Steinzeitmenschen noch nicht gekannt. Damit gab es dann weder Müsli noch Brot. Eine Art Ersatzbrot konnte sie zwar aus Mandeln, Walnüssen und Flohsamenschalen backen, aber Mandeln und die Wegerichsorte, aus der die Flohsamenschalen hergestellt wurden, wuchsen nicht in der Region, genauso wenig wie Bananen oder Avocados, die in der modernen Paleoküche ebenfalls eine große Rolle spielten.

Verdammt. Lou seufzte. Das mit dem Walnussbrot hätte so gut gepasst. Die Nüsse hätte sie am Anreisetag draußen unterm Walnussbaum verstreuen können, sodass die Teilnehmer sie selbst sammeln, knacken und zerstampfen konnten, das wäre ein toller Programmpunkt gewesen. Und zu dem Nussbrot hätte sie morgens Honig und abends eine Art Tomatenpesto anbieten können. Sollte sie vielleicht nicht ganz so prinzipientreu sein und einfach mal ein Auge zudrücken? Zögernd notierte Lou die Zutaten für das Steinzeitbrot.

Aber nach zwei Wörtern hielt sie beim Schreiben inne. Ging das denn? Das war doch total inkonsequent. Herr Brandt hatte schließlich auch keine Erdbeeren bekommen. Warum sollten die Seminarteilnehmer jetzt Mandeln und Avocados erhalten?

Lou starrte auf ihren Einkaufszettel. Grundsätze waren schon etwas Merkwürdiges. Sie waren wie Fußfesseln, die man sich selbst anlegte. Und dann tat man so, als müsste man mit diesen Fußfesseln leben, und konfrontierte andere ständig mit den selbst gewählten Grenzen. Aber wenn die Fesseln plötzlich allzu sehr störten, zeigte sich, dass man selbst einen Schlüssel dazu hatte und sie jederzeit auch wieder ablegen konnte. Und meistens tat man es genau dann, wenn man selbst einen Nutzen davon hatte. Ziemlich verlogen war das. Avocados. Mandeln. Bananen. Lou stützte das Kinn in die Hand und kritzelte eine Girlande um den Einkaufszettel. Sollte sie, oder sollte sie nicht? Sie konnte die Seminarteilnehmer vielleicht auch mit Fleisch, Eiern, Radieschen, Kohl, Lauch, Salat und Äpfeln vom Vorjahr ernähren. Und als Programmpunkt zum Thema Ernährung konnten alle zusammen einfach mal selbst ein Hühnchen rupfen. Natürlich nicht Emma, Gabi oder Gisela, Lou würde beim Biobauern anrufen und dort Hühner bestellen, ungerupft, aber schon tot. Eine Hausschlachtung wollte sie weder den Teilnehmern noch den Hühnern antun. Und dann konnte es natürlich einen Angeltag geben. Für den Fall, dass niemand Anglerglück hatte, konnte sie ja in Trepenick Fisch vorbestellen.

Unschlüssig blätterte Lou in einem Kochbuch. Und was würde sie dann zum Frühstück anbieten? Rührei? Das ginge vielleicht, aber wahrscheinlich würden die Teilnehmer bei dieser kohlehydratarmen Ernährung nach kürzester Zeit an einem sogenannten »Low-Carb-Kater« mit Kopfschmerzen, Übelkeit und Gereiztheit leiden. Zwanzig übel gelaunte Miesepeter beim Workshop? Horror!

Okay. Lou atmete tief ein und richtete sich auf. Sie. Würde. Es. Tun. Sie würde Bananen bestellen. Mandeln. Avocados. Flohsamenschalen. Ja, das würde sie. Und damit würde sie ganz bewusst einen Fehler machen. Inkonsequent sein. An ihren eigenen Vorteil denken. Puh, das war ein unangenehmes Gefühl. Richtig eklig. Aber sie würde es tun, obwohl Herr Brandt keine Erdbeeren bekommen hatte. Nein, nicht obwohl, sondern weil er keine bekommen hatte. Quasi als Buße. Damit sie endlich kapierte, dass Regeln Ausnahmen hatten. Selbst die besten Regeln.

Dong! Das merkwürdige Geräusch ließ Lou aufhorchen. Dong, da war es wieder, es klang wie die Standuhr im Treppenhaus. Lou blickte aufs Display ihres Handys und schüttelte den Kopf. Die alte Uhr konnte es nicht sein, es war zehn nach fünf, sie würde erst in zwanzig Minuten schlagen.

Dong! Da war das Geräusch wieder. Es stammte eindeutig von der Uhr.

Lou verließ die Küche, um nachzusehen, was los war. Als sie die Eingangshalle betrat, blieb sie wie angewurzelt stehen.

Frank. Er hatte einen Jutesack unter die Füße ihrer großen Standuhr geschoben und zog das schwere Möbelstück vorsichtig über die Fliesen, auf die Eingangstür zu.

»Was machst du da?«, fragte Lou fassungslos.

»Hilf mir mal bitte«, keuchte er. »Alleine schaffe ich das nicht.«

Lou trat ihm in den Weg. »Hey, lass das! Das ist meine Uhr!«

»Weiß ich doch«, ächzte er, richtete sich auf und rieb sich den schmerzenden Rücken. »Aber sie muss hier weg. Wenigstens für die fünf Tage des Workshops.«

»Muss sie nicht! Sie bleibt.«

»Lou, du kennst doch das Buch! *Natural Born Chillers* richtet sich gegen die ständige Hektik, der wir modernen Menschen uns durch die Zeiterfassung unterwerfen. Wir können doch hier keinen chilligen Steinzeitworkshop veranstalten, und das Erste, was unsere Teilnehmer bei der Ankunft hören oder sehen, ist diese riesige Uhr.«

»Sie bleibt. Wenn dir das nicht passt, mach deinen Kurs woanders.«

»Lou, das ist nicht mein Kurs. Das ist dein Kurs. Ich mach das für dich!« Er baute sich vor ihr auf und sah sie eindringlich an.

»Für mich?« Lou stemmte die Hände in die Hüften. »Moment mal. Das wüsste ich aber, wenn's so wäre.«

Er fuhr sich frustriert mit beiden Händen durch die gestylten Haare. »Natürlich weißt du es.«

Lou lachte höhnisch auf. »Ist das deine Rache, Frank Cave? Dafür, dass wir dein Foto geklaut haben? Schlägst du mich jetzt mit meinen eigenen Waffen?«

Er ließ kraftlos die Hände sinken und sah sie kopfschüttelnd an. »Lou, ich will dich doch nicht besiegen. Ich will dir helfen.«

Sie legte den Kopf schräg und musterte ihn von Kopf bis Zeh. »Ist das wahr, Mr Cave? Oder ist da nicht auch ein kleines bisschen Genugtuung? Denkst du vielleicht: Lou wollte Geld? Und jetzt hat sie, was sie will? Soll sie doch sehen, ob sie das glücklich macht?«

»So denkst du also«, sagte Frank leise. Er wandte sich ab und ging zur Tür.

»Ich wollte ein Zuhause«, sagte Lou. »Einen Ort, an dem ich mit lieben Menschen wohnen kann und ganz viel Ruhe habe. Und jetzt habe ich ein Steinzeitrekreationszentrum und werde von deinen Fans gestalkt. Und du denkst, dass ich bekommen habe, was ich wollte?«

Er blieb stehen und drehte sich noch einmal um. »Das habe ich doch gar nicht gesagt.« Seine Augen wirkten im Dämmerlicht der Halle grau statt blau. Sie sahen traurig aus. »Das hab ich nie gesagt, Lou.« Er drehte sich wieder um und ging.

»Verdammt«, fauchte sie. »Was hast du denn sonst gesagt?« Aber Frank hörte sie schon nicht mehr. Wütend machte sie sich daran, die Uhr zurückzuschieben. Sie zog an dem Sack, aber der hohe Holzkasten bewegte sich keinen Millimeter. Am liebsten hätte Lou dem Ding einen Tritt verpasst, stattdessen ging sie zur Treppe. Als sie sich auf die Stufen sinken ließ, verpuffte die Wut, und sie schlug die Hände vors Gesicht. Was lief nur schief zwischen ihr und Frank?

Er hatte ja recht. Neulich auf dem Steg hatte sie ihn um seine Hilfe gebeten, und er hatte geholfen. Und er hatte wirklich viel für sie getan, das wusste sie. Aber seit dem Gespräch auf dem Steg hatte sich etwas zwischen Frank und ihr verändert. Obwohl sie sich dagegen sträubte, tauchte die Situation am See plötzlich wieder vor ihrem inneren Auge auf. Frank hatte auf dem Steg gestanden, im Bademantel, von ihr abgewandt, und sie hatte auf ihn eingeredet. Irgendwann hatte er sich umgedreht und diesen Satz gesagt. »Für dich tu ich das.« Und sie war dahingeschmolzen, sie dumme Kuh. Wobei, eigentlich war das ja kein Wunder. Er hatte immerhin gesagt »Für *dich* tu ich das«, und nicht »Für euch« oder »Für Janna«. Das hatte in ihren Ohren fast nach einer Liebeserklärung geklungen. Und plötzlich waren in Lou Erinnerungen wach geworden, die sie erfolgreich verdrängt hatte. An ein Abendessen auf dem Balkon unter einem sommerlichen Sternenhimmel. An eine gemeinsame Nacht in einer Bauruine, unter einem dünnen Schlafsack, inmitten von Umzugskartons. Und Lou hatte gespürt, wie gern sie sich an diese Nacht erinnerte, obwohl sie unangenehm geendet hatte. Tja, und bescheuert, wie sie war, hatte sie Frank in diesem Moment auf dem Steg glücklich angelächelt. Und dann, wumms, war sie von Wolke sieben direkt auf den Boden der Tatsachen geknallt. Frank hatte sich wie ein nasser Hund geschüttelt, fast, als müsse er sich gegen irgendetwas wehren. Und dann hatte er ergänzt: »Unter Freunden ist das ja wohl das Mindeste.«

Unter *Freunden*. Das tut immer weh.

Lou hatte ein paar Sekunden gebraucht, um sich so weit unter Kontrolle zu kriegen, dass sie den bindungsunfähigen Gefühlslegastheniker nicht einfach in den See geschubst hatte. Nach einem tiefen Atemzug hatte sie sich höflich und distanziert für das Opfer bedankt, das Frank ihr zuliebe zu bringen bereit war. Und als sie sich abwandte, hatte sie ihre Tränen erfolgreich weggeblinzelt.

Seit diesem Gespräch waren sie und Frank wie Hund und Katz. Egal, worüber sie sprachen, jede Unterhaltung endete in einem verbalen Schlagabtausch. Warum? Sie wusste es nicht. Sie wusste nur eins: Sie war stinksauer, und sie bereute es, dass sie Frank nicht in den See geschubst hatte.

Was Lou aber überhaupt nicht verstand, war Franks seltsame Stimmung seit diesem Gespräch. Warum steigerte er sich auf einmal so in seine Guru-Rolle hinein? Warum benahm er sich wie eine zickige Steinzeitdiva? Er hatte doch alles, was er wollte. Nämlich nichts. Vermutlich wollte er ihr mit diesem lästigen, nervigen, lächerlichen Steinzeitkurs etwas sagen. Der war für ihn vielleicht fast so etwas wie eins seiner Kunstwerke. Eine Art Performance, ein kapitalistischer Kurs gegen die Auswüchse des Kapitalismus. Oder interpretierte sie in sein Verhalten doch zu viel hinein? Lou wusste es nicht. Sie wusste überhaupt nicht mehr, wer dieser Frank Käfer alias Frank Cave war. Der liebenswert-schrullige Künstler mit dem Kindskopf? Oder ein hochintelligenter, neurotischer Querdenker? Oder beides?

Sie erhob sich, ging zur Uhr, setzte sich auf den Boden und lehnte sich mit dem Rücken an das uralte Möbelstück. Dann stemmte sie die Beine in den Boden und drückte sich fest ab. So schob sie die Uhr Zentimeter für Zentimeter an ihren alten Platz zurück.

Rezept Steinzeitbrot

20 g	Leinsamenmehl
200 g	gemahlene Mandeln
40 g	gehackte Walnüsse
40 g	Flohsamenschalen
1 EL	Backpulver
1/2	Teelöffel Salz
2	Eier
2 EL	Essig
280 ml	kochendes Wasser

Leinsamen, Mandeln, Walnüsse und Flohsamenschalen vermischen, Salz hinzugeben. Die Eier und den Essig dazugeben und so viel von dem Wasser zugeben, bis ein klebriger Teig entsteht (Achtung, heiß, nicht mit bloßen Händen unterrühren). Brot formen und 30 Minuten ruhen lassen. Ofen auf 180 °C vorheizen und das Brot anschließend eine Stunde lang backen.

24

»Warum seid ihr nie zufrieden?«, donnerte Frank. »Warum wollt ihr immer mehr, mehr, mehr?«

Niemand antwortete.

»Warum müsst ihr immer alles haben, und zwar sofort?« Franks Stimme klang jetzt fast traurig.

Wieder antwortete niemand. Es blieb ganz still. Hätte Helen nicht genau gewusst, dass achtzehn Menschen um Frank herum saßen, hätte sie geglaubt, er sei ganz allein in der großen Empfangshalle von Bukow.

Helen stand unbemerkt im dunklen Flur ihrer Wohnung und lauschte durch die angelehnte Tür Franks Einführungsrede. Sie war überrascht, wie gut Jannas Empfangsprogramm bisher funktioniert hatte. Um zehn waren die Teilnehmer des Steinzeitkurses auf Bukow eingetroffen, alle mit Autos, der Platz vor dem Gutshaus hatte zum Parken knapp gereicht. Alle trugen, wie von Frank gewünscht, weite Kleidung aus ungefärbten Naturfasern.

Janna, Helen und Lou hatten die Gäste begrüßt und sie noch einmal eindringlich darauf hingewiesen, keine Handys, Uhren oder Wertsachen bei sich zu führen. Und Ben hatte alle Reisetaschen eingesammelt und nach oben getragen, wo er sie auf Franks Anordnung hin im Flur an der Wand nebeneinander aufreihte. In die Höhlenzimmer sollte niemand Gepäck mitnehmen. »Wir wollen hier frei sein von allen Alltagspflichten und von unserem irdischen Besitz«, hatte Lou den Teilnehmern erklärt.

Bei der Stelle mit dem irdischen Besitz war Helen zusammengezuckt. Was tun wir hier eigentlich, hatte sie sich in diesem Moment gefragt, das klang ja wie bei einer Sekte. Aber niemand schien Anstoß daran zu nehmen. »Wo ist Frank Cave?«, hatte eine Frau gefragt. Das war alles, was die Teilnehmer beschäftigte.

Auf Frank mussten die Teilnehmer aber nach ihrer Ankunft noch warten. Erstens fehlten noch zwei Nachzügler, und zweitens war Warten Teil des Kursprogramms. Lou hatte daher nur geheimnisvoll gelächelt und die Teilnehmer gebeten, sich auf die Felle rund um die alte Standuhr zu setzen, die zu diesem Zeitpunkt noch tickte, und dort auszuharren. Nach Lous Streit mit Frank hatte Janna die Uhr nämlich einfach ins Kursprogramm integriert. Der besondere Clou: Die Leute wussten nicht, worauf sie warteten, und auch nicht, wie lange sie sich in Geduld üben mussten. Irgendwann, wenn Frank der Meinung war, es sei genug, würde er in Erscheinung treten und die Uhr anhalten, das war der Plan. Und um das Warten noch spannender zu gestalten, hatten die Seminarteilnehmer ganz allein in der Halle gesessen. Keiner der Organisatoren war bei ihnen gewesen. Lou, Janna und Ben hatten sich zurückgezogen, um mit den Vorbereitungen fürs Mittagessen zu beginnen. Die Walnüsse mussten unterm Baum ausgestreut werden, im Gebüsch rund um den Hühnerstall sollten Eier in künstlichen Nestern versteckt werden, im Gemüsegarten wollte Lou ausgewachsene Kohlpflanzen in die sandige Erde stecken, so als seien sie hier gewachsen, und am Steg sollten Netze und Angeln bereitliegen, wenn die Teilnehmer zur Nahrungssuche aufbrachen.

Nur Helen war dageblieben, aber die Teilnehmer wussten nicht, dass sie heimlich von fern über sie wachte, um eingreifen zu können, falls jemand unruhig werden sollte.

Helen hatte auch die Aufgabe übernommen, auf die Nachzügler zu warten und sie in Empfang zu nehmen, aber die schienen nicht mehr zu kommen.

Die neun Männer und neun Frauen hatten geduldig vierzig Minuten lang ausgeharrt, bis Frank endlich erschienen war. Wie abgesprochen war er noch vor der Begrüßung zu der alten Standuhr geschritten und hatte das Pendel angehalten. Auf Bukow stand die Zeit nun still.

»Nicht wahr, ihr seid nie zufrieden?«, fragte Frank gerade.

Kleidung raschelte, und Helen vermutete, dass einige betreten nickten.

»Das muss euch aber nicht betrüben«, fuhr er fort. »Es liegt nicht an euch, das ist ein zutiefst menschliches Problem, das haben alle. Und es wird mit zunehmendem Fortschritt größer und größer. Es ist doch so: Egal, was wir erleben, wir haben immer ein besseres, bunteres, schöneres Bild solcher Erlebnisse vor Augen. Wir schalten heute täglich den Bildschirm ein, und was sehen wir? Schlanke Taillen, flache Bäuche, komplett porenlose, braun gebrannte Haut. Die einzigen Körperhärchen auf diesen Bildschirm-Bodys sind diese winzigen, die an Pfirsichhaut erinnern. All diese Schönheit sehen wir an weißen Stränden oder auf steilen Gipfeln, vor blauen Meeren, im grünen Dschungel oder vor den intensiven Farben eines Sonnenuntergangs. Aber egal was wir in unserem echten Leben tun, so sehen wir nie aus, und so wie eine Film-Location wird auch unsere Umgebung nie sein. Unser Leben kommt da einfach nicht mit.« Frank machte eine Pause. Eine sehr lange Pause. Auch das gehörte, wie Helen wusste, zum Programm.

»War das früher anders?«, fragte er irgendwann.

Auch diesmal antwortete niemand. Nicht mal ein Kleiderrascheln war zu hören.

»Gehen wir doch mal schrittweise in die Geschichte der Menschheit zurück. Zu Goethes Zeiten, da hat man junge Menschen vor einer neumodischen Seuche gewarnt, dem Romanlesen. Sie könne dazu führen, dass Menschen die Freude am eigenen Leben verlören, hieß es. Darüber lachen wir heute, das finden wir kurios, denn heutzutage glaubt man, dass Lesen bildet. Aber vielleicht hatten die Warner zu Goethes Zeiten doch recht. Vielleicht spürten sie die Risiken des Lesens noch ganz besonders intensiv, vielleicht sind wir heute einfach abgestumpft, weil es inzwischen mit neuen Medien gefährlichere Methoden gibt, den Traum von einem besseren Leben in unsere Köpfen einzupflanzen.« Frank machte wieder eine lange Pause, dann dozierte er weiter. »Gehen wir noch weiter in die Vergangenheit zurück. Schon die antiken Sagen berichteten von übermenschlichen, idealisierten Helden. Keiner war so stark wie Herkules. Keine so schön wie Helena. Also wurde auch damals schon eine Welt beschrieben, die besser war als das reale Leben. Und wenn wir die älteste erhaltene Erzählung der Menschheit betrachten, das fast fünftausend Jahre alte Gilgamesch-Epos, dann sehen wir: Gilgamesch war ein unglaublich reicher König, sehr gut aussehend, mit übernatürlichen Kräften ausgestattet, und was ihn antrieb, war kein geringeres Abenteuer als die Suche nach Unsterblichkeit.« Wieder eine lange Kunstpause. »Tja, Leute«, sagte Frank dann. »Kein Tier träumt von Artgenossen, die schöner, reicher und stärker sind, und denkt sich Geschichten über sie aus. Warum tun wir Menschen das?« Erwartungsvolle Stille in der nächsten

Pause. »Ich sage euch, warum wir das tun: weil unsere Zeit begrenzt ist und weil wir es wissen. Wir leben in dem Bewusstsein, dass wir sterben müssen. Klar, alle Lebewesen sind von Geburt an zum Sterben verurteilt. Aber nur wir Menschen haben Kenntnis davon. Und weil wir mit diesem Wissen nicht umgehen können, träumen wir uns weg. Oder wir versuchen, mit aller uns zur Verfügung stehenden Perfektion und Arbeitswut, gegen diese unvermeidliche Tatsache anzukämpfen. Und auch das ist Träumerei, denn wir sind chancenlos.«

Plötzlich spürte Helen ein Gefühl von Traurigkeit in sich aufsteigen, und sie verstand jetzt, warum die Teilnehmer so still saßen. Irgendwie brachte Frank da etwas auf den Punkt, was ihr bekannt vorkam.

Jetzt sprach er weiter, seine Stimme war ruhig und eindringlich. »Lasst uns versuchen, mit dem Gedanken an den eigenen Tod zu leben.« Ein Mann hustete, als hätte er sich verschluckt, aber Frank ließ sich dadurch nicht aus dem Konzept bringen. »Ihr denkt jetzt vielleicht: Der hat leicht reden. Der war ja schon mal tot. Der weiß, wie sich das anfühlt. Oder vielleicht denkt ihr auch: Der kann mir viel erzählen, ich kann es ja nicht überprüfen, ich war ja noch nie tot. Aber Haaalt!« Franks Stimme wurde tiefer. »Stimmt nicht! Du, und du, und du. Auch ihr wart schon einmal tot. Ja, seht mich nicht so ungläubig an. Natürlich wart ihr das. Es gab eine Zeit auf dieser Welt, als ihr noch nicht existiert habt. Vor eurer Geburt nämlich. Und wo wart ihr da? Na? Seht ihr! Tot wart ihr. Und war das so schlimm? Ihr habt es doch überlebt!«

Helen grinste. Typisch Frank. Aber irgendwie hatte dieser Gedanke tatsächlich etwas Tröstliches. So banal er war, sie würde darüber nachdenken. Allerdings nicht jetzt, denn sie hörte ein Auto. Rasch schlich sie in Lillys Zimmer und sah aus dem Fenster. Draußen parkte gerade ein schwarzer Geländewagen in die letzte freie Parklücke ein. In der Fahrerkabine sah Helen zwei Personen. Endlich! Die Nachzügler! Sie blickte auf die Liste in ihrer Hand und prägte sich die Namen der beiden ein. Jens Kurdensep und Leni Ave.

Sie kamen gerade noch rechtzeitig, Frank kündigte in diesem Moment die erste Übung an. »Ich begleite jeden von euch an eine stille Stelle, irgendwo hier auf dem Grundstück«, erklärte er. »Und dann durchlebt ihr eure Menschwerdung noch einmal. Es gab einst eine Welt ohne euch. An diesem Punkt fangt ihr an, und zwar wirklich bei diesem Punkt. Bei der einzelnen Zelle, aus der ihr entstanden seid! Stellt euch vor, wie ihr durch Zellteilung mehr und mehr werdet, wie euer Herz zu schlagen beginnt, wie eure Nerven den Kontakt zu Armen und Beinen herstellen. Wachst heran. Durchlebt diesen Prozess erneut, bis heute. Das ist der erste Schritt. Und dann geht ihn zurück. Auf demselben Weg. Verjüngt euch. Werdet wieder Kind. Werdet wieder eine einzelne Zelle und verschwindet ins Nichts. Und noch einmal das Ganze. Werdet und vergeht, so lange, bis ich euch rufe. Wieder und wieder.«

Helen schlüpfte ganz leise in die Empfangshalle und huschte an der Wand entlang Richtung Tür, um die neuen Besucher abzufangen. Aber sie war nicht schnell genug. Ein schrilles Klingeln zerriss die Stille, bevor sie den Eingang erreicht hatte. Und dann öffnete jemand die Tür, und im hellen Frühlingslicht standen zwei Personen, ein Mann und eine Frau. Helens Begrüßungslächeln erstarb auf ihrem Gesicht.

Vor ihr standen Jesper Knudsen und Evelina.

Nächtliches Telefongespräch zwischen Helen und Carsten Lemberger, Lektor bei Peacock

Carsten: Jesper Knudsen? Dieses lebende Fossil, das eure Agentur zum Jurassic Park umgestylt hat?

Helen: Genau der. Er hat sich unter falschem Namen angemeldet, um reinzukommen. Und die Lady an seiner Seite ist meine frühere Aushilfssekretärin Evelina.

Carsten: Was sagt der Caveman dazu?

Helen: Er nimmt's gechillt. Lass sie doch, sagt er. Und jetzt sitzt er mit seinem Clan ums Lagerfeuer und trinkt vergorene Pflanzensäfte.

Carsten: Hmmm. Skandalvermeidung. Vielleicht nicht das Dümmste.

Helen: Ich fürchte nur, dass er den Skandal trotzdem bekommt. Nur später und größer. Du solltest mal sehen, wie Knudsen ihn anstarrt. Der ist bestimmt stinksauer auf mich und wartet nur darauf, dass Frank einen Fehler macht.

Carsten: Baby, warum sollte er denn sauer auf dich sein?

Helen: Nenn mich nicht Baby.

Carsten: Darling, was sollte er gegen dich haben?

Helen: Darling ist noch schlimmer.

Carsten: Chérie, kann es sein, dass du gereizt bist?

Helen: Du pokerst hoch, mein Freund.

Carsten: Helen, meine Sonne, meine Göttin, meine Kirschblüte, du schönster Stern am Himmel meines Lebens.

Helen: Was?

Carsten: Lass los. Lass einfach den Dingen ihren Lauf. Du kannst sie ohnehin nicht aufhalten.

Helen (seufzt): Ja, du hast ja recht. Aber du solltest echt mal sehen, wie er Frank ansieht.

Carsten: Wie denn?

Helen: Wie ein Säbelzahntiger vorm Sprung. Oder wie ein Archaeopteryx vorm Sturzflug. Oder nein, wie eine Titanoboa vorm Verschlingen ihres Opfers.

Carsten: Was ist denn eine Titanoboa?

Helen: Eine Steinzeit-Riesenschlange. Mehr willst du nicht wissen?

Carsten: Stimmt. Das Einzige, was ich wirklich wissen will, ist, wann du kommst?

Helen: Carsten, ich kann hier nicht weg.

Carsten: Dann komme ich.

Helen: Das ist gerade auch nicht so günstig.

Carsten: Es muss ja keiner merken. Ich schleiche mich im Schutz der Dunkelheit in deine Höhle und verschwinde im Morgengrauen.

Helen: Hier gibt's gerade nicht mal einen freien Parkplatz.

Carsten: Mit dem Problem werde ich fertig.

Helen: Okay. Aber pass auf, dass dir keiner dieser Neandertaler eine Keule über den Schädel zieht.

Carsten: Mit diesem Problem werde ich auch fertig.

Helen: Wann bist du da?

Carsten: Jetzt. Ich stehe schon vor der Tür.

Helen: Echt jetzt?

Carsten: Komm raus und sieh nach!

Helen: Okay. Aber eins noch ...

Carsten: Was?

Helen: Nenn mich nie wieder Chérie.

25

Rampa-tampa, rampa-tampa, rampa-tampa. Franks Trommeln hallten durch die Nacht.

»Heiiiaaa. Heiiiaaaa. Heiheiheiheiooo.« Frank hatte eine kraftvolle, klare Singstimme.

Und wieder: *Rampa-tampa, rampa-tampa, rampa-tampa.*

So ging das seit geschätzt einer Stunde.

Lou gähnte. Sie saß neben dem Höhlentrommler am Lagerfeuer, den schlafenden Wolfgang an ihrer Seite, und lauschte seinen schamanischen Heilgesängen. Der warme Hund, der gleichbleibende Rhythmus und Franks monotoner Gesang hatten auf Lou eine extrem einschläfernde Wirkung. Aber da war sie die Einzige. Bei allen anderen weckten die Trommelschläge und die an- und abschwellende Melodie offensichtlich andere Gefühle. Die Frauen hatten sich erhoben und tanzten mit kreisenden Hüften und wippenden Brüsten barfuß ums Feuer. Die Männer klatschten im Takt und warfen den Frauen Blicke zu, die kein bisschen schläfrig waren.

»Hör besser auf«, flüsterte Lou Frank zu. »Sie fangen schon wieder an.« Fassungslos beobachtete sie, wie die Bewegungen der Tänzerinnen immer ekstatischer wurden.

In den vergangenen Tagen war es Jesper Knudsen irgendwie gelungen, die Stimmung vollkommen zu verändern und die Seminarteilnehmer von asketischen Wahrheitssuchern in eine Horde liebestoller Neandertaler zu verwandeln. Und jetzt hatten Frank, Lou und die anderen alle Hände voll damit zu tun, dafür zu sorgen, dass die Steinzeithelden ihre Finger bei sich behielten.

Helen hatte von Anfang an prophezeit, dass es Probleme mit diesem Knudsen geben würde. »Der hat mit mir eine Rechnung offen«, hatte sie gesagt. »Ich habe dafür gesorgt, dass seine Affäre auffliegt. Das wird er mir heimzahlen.«

Aber als Helen Frank gebeten hatte, Knudsen und Evelina wegen der Angabe falscher Namen vom Kurs auszuschließen, hatte er abgewinkt. »Lass sie nur. Mit denen komme ich schon klar.«

Tatsächlich hatte Knudsen sich am ersten Tag unauffällig verhalten, und vielleicht wäre Frank wirklich mit ihm klargekommen, wenn nicht plötzlich weitere Probleme aufgetaucht wären. Nach der ersten Nacht auf Bukow mussten vier der zwanzig Seminarteilnehmer abreisen, drei wegen Heuschnupfen, was an den Strohsäcken lag, auf denen sie schliefen, und einer wegen einer Nussallergie. Der Mann hatte nach dem Genuss von Lous Walnussbrot Atembeschwerden bekommen und musste von einem Krankenwagen abgeholt werden. Danach stand ein Zimmer leer, und als am selben Abend zwei Männer an der Haustür klingelten und um Teilnahme am Steinzeitworkshop baten, nahm Frank sie freundlich auf. Er hielt sie für Fans seines Buches, aber rasch stellte sich heraus, dass sie das nicht waren. »Hier hat sich ja viel verändert«, sagte einer der beiden bei der Besichtigung der Schlafräume, und so merkte Lou, dass die zwei früher Stammgäste auf Bukow gewesen waren. Offensichtlich handelte es sich bei ihnen um ehemalige Bordellbesucher, angelockt von den vielen Autos, die plötzlich wieder vorm Gutshof parkten, und von den Schildern, die das Haus als Steinzeitrekreationszentrum auswiesen. Ausgerechnet in dem Moment, als Lou den beiden erklärt hatte, dass es bei dem Workshop nicht um wilden, animalischen Steinzeitsex ging, erspähten die Männer draußen unterm Walnussbaum drei junge, hübsche Kursteilnehmerinnen, die spärlich bekleidet einen Tanz einübten. Spontan entschieden sie sich zum Bleiben, und wieder hatte Frank nichts dagegen.

Leider. Jesper Knudsen freundete sich nämlich mit ihnen an, und ohne dass Lou sagen konnte, wie die drei es bewerkstelligten, veränderten sie langsam, aber sicher die Arbeitsatmosphäre. Waren es die anzüglichen Bemerkungen, die sie machten? Oder die Komplimente, mit denen sie die Teilnehmerinnen überschütteten? Oder wurde die Balzstimmung durch das tagelange Nichtstun, das gesunde Essen, die Frühlingssonne und den idyllischen See gefördert? Vermutlich war es die Mischung. Die Stimmen der anwesenden Männer klangen plötzlich tiefer, die der Frauen höher. Die Röcke wurden kürzer, die Arbeitspausen länger, die Redebeiträge zweideutig, die Blicke und die zufälligen Berührungen immer eindeutiger. Und Jesper Knudsen schien das Ganze zu genießen. Bald fragte Lou sich, ob Helen recht hatte und ob er die Stimmung sogar gezielt anheizte, um Frank zu schaden. Oder war er einfach nur sexbesessen? Lag es daran?

Heute vorm Mittagessen war die Situation dann fast eskaliert. Die Teilnehmer des Steinzeitworkshops hatten auf der Wiese am Hühnerstall nach Lehm gegraben. Anschließend saßen sie ums Feuer, drückten ihre Finger in den Lehm und kneteten ihn wie Teig. Frank hatte sie aufgefordert, mit allen Sinnen ein Kunstwerk zu schaffen. Scheinbar gehorsam rollte Knudsen zwischen seinen Handflächen unterschiedlich große Kugeln. Als er fertig war, fügte er sie zusammen, und unter seinen Händen verwandelten sie sich in einen weiblichen Torso mit riesigen Brüsten, Wespentaille und gewaltigen Pobacken. »Steinzeitkunst«, sagte er, schob seine Kappe in den Nacken und hob die nackte Schönheit mit beiden Händen hoch, sodass alle sie sehen konnten. »Die Venus von Bukow.«

Einer der Neuankömmlinge sah auf, kicherte und stieß seinen Sitznachbarn in die Rippen. Die beiden flüsterten und begannen dann, zwischen ihren Handflächen dicke Lehmwürste zu rollen, die sie zu überdimensionierten Steinzeitdildos weiterverarbeiteten.

Frank blieb entspannt. »Erotische Kunst«, sagte er nur. »Die gab's in der Steinzeit auch.«

Knudsen drehte und wendete den weiblichen Torso in seinen Händen. »Irgendwas stimmt hier nicht, obenrum meine ich.« Er grinste in die Runde. »Könnte eine der Damen einem vielversprechenden jungen Künstler vielleicht auf die Sprünge helfen? Ich benötige ein Modell in Lebensgröße.«

»Hohoho«, johlte einer der Neuankömmlinge. »Zeigt's uns, Mädels! Im Namen der Kunst.«

Evelina plinkerte kokett mit den Augen. »Oh nein«, säuselte sie. »Ich bin ein anständiges Mädchen.« Aber ein mutwilliges Blitzen in ihren Augen verriet, dass sie vielleicht doch zu Zugeständnissen bereit war. Doch bevor es so weit kommen konnte, griff Lou ein und rief die ganze Gesellschaft zu Tisch.

Nach dem Mittagessen hatte Lou mit Frank gesprochen. Sie war zwar immer noch unterschwellig wütend auf ihn, aber sie hatte das irrationale Gefühl, dass er ganz kurz vor einer Katastrophe stand, und da musste man doch zusammenhalten. Unter *Freunden* war das ja wohl das Mindeste.

Frank sah jedoch noch immer keinen Handlungsbedarf. »Lass sie doch«, sagte er nur. »Das wird denen doch irgendwann von selbst langweilig.«

Wenigstens von Helen hatte Lou Unterstützung erhalten. »Wir müssen hier echt aufpassen, Leute, Franks YouTube-Video boomt gerade, er hat schon zweiundsechzigtausend Klicks, er wird so langsam zum Medienstar, und wir dürfen keinen Skandal riskieren. Diesem Knudsen trau ich alles zu. Vielleicht will er Franks Pseudonym auffliegen lassen und beweisen, dass er das Buch gar nicht geschrieben hat. Oder vielleicht liegt hier irgendwo ein Fotograf im Gebüsch und knipst Beweisbilder von diesem munteren Treiben für die *Bild*-Zeitung. Frank, das muss aufhören.«

Seitdem hatte Frank sein Bestes gegeben, um das »Treiben« zu beenden. Er hatte die Teilnehmer rund um die nicht funktionierende Uhr beschäftigt, und Lou hatte ihm geholfen, wo immer es möglich war. Nur war das gar nicht so einfach gewesen, denn: Wo ein Wille war, war schließlich auch ein Gebüsch.

8Lou schluckte. Eine der Tänzerinnen stand jetzt vor Knudsen und ließ ihr Becken im Rhythmus der Trommeln kreisen. »Frank!«, Lou puffte ihn in die Seite. »Genug getanzt!«

Er nickte und trommelte langsamer. »Aber was soll ich sonst mit ihnen machen?«, fragte er leise.

»Mach einfach Schluss für heute. Es ist bestimmt schon zehn.« Lou gähnte wieder.

»Wenn ich sie jetzt in ihre Höhlen schicke, verwandeln sie die in Lustgrotten«, flüsterte er.

»Dann lassen wir sie halt«, zischte Lou. »Sie sind doch erwachsen!«

Frank schüttelte langsam den Kopf. »Du weißt, was Helen gesagt hat. Wir dürfen keinen Skandal riskieren.« Er trommelte wieder lauter.

Unauffällig musterte Lou Jesper Knudsen, der ihr gegenüber im flackernden Licht des Feuers saß. Hatte Helen recht? Plante er etwas? Sie konnte seine Miene nicht deuten, denn er hatte selbst jetzt, in der Dunkelheit, den Schirm seiner Baseball-Kappe so tief in die Stirn gezogen, dass sein Gesicht im Schatten lag. Dieses hässliche Ding hatte er sich nicht ausreden lassen, er hatte darauf bestanden, dass die Kappe aus Naturfasern war und deswegen toleriert werden müsse. Warum legte er das Ding nicht mal jetzt im Dunkeln ab? War sein Haarschnitt missglückt? Oder fand er sich cool in dem Rapper-Look? Sie musterte ihn noch einmal genauer. Irgendwie kam ihr der Mann bekannt vor ... Seit seiner Ankunft überlegte sie, wo sie ihn schon einmal gesehen haben konnte, aber sie kam nicht darauf. Weil es Janna ähnlich ging, vermutete Lou, dass Knudsen wohl einfach ein Allerweltsgesicht hatte.

Rampa-tampa, rampa-tampa, trommelte Frank weiter. Im Feuerschein konnte Lou sein Gesicht gut erkennen, und es wirkte kein bisschen gechillt, eher gestresst. Kein Wunder. Er musste achtzehn liebestolle Exemplare der Spezies Homo sapiens davon abhalten, übereinander herzufallen und sich gegenseitig die Kleider vom Leib zu reißen. So was schlauchte natürlich. Und es war so gut wie aussichtslos. Was Frank auch sagte oder tat, es heizte seine Zuhörer nur neu an. Lou schüttelte den Kopf. Die mussten doch was geraucht haben.

Also gut. Dann würde sie etwas unternehmen. Und

zwar sofort, sie war müde. Lou beugte sich zu Frank und flüsterte ihm ins Ohr: »Lass mich mal machen.«

Er nickte und beendete mit einem letzten lauten Schlag sein Trommelkonzert. Wolfgang zuckte erschrocken zusammen und spitzte ein Ohr.

Lou erhob sich und klatschte in die Hände. »Wir teilen uns jetzt in zwei Gruppen«, sagte sie. »Die Frauen gehen mit mir, die Männer mit Frank.«

»Buuuuh«, rief Harald, ein rotgesichtiger Steuerbeamter aus Potsdam. »Warum denn?«

»Wir …« Lou dachte fieberhaft nach. »Wir machen eine Nachtwanderung.« Sie zögerte. »Durch den Wald. Ganz ohne Licht. Wir suchen uns im Wald einen Platz und setzen uns. Ja, das machen wir. Und dann reden wir. Im Schutz der Dunkelheit kann man nämlich alles sagen, das werdet ihr merken. Man kann Dinge aussprechen, die im Tageslicht unaussprechlich sind. Wir reden dabei so offen miteinander, wie wir noch nie mit Menschen gesprochen haben, wir gehen so richtig ans Eingemachte. Und das geht natürlich nur unter unseresgleichen, also Männer unter sich, Frauen unter sich. Wir reden auch über Beziehungen, über unsere Mütter und Väter, über Liebesbeziehungen. Über alles, was uns beschäftigt. Stellt euch darauf ein, dass Tränen fließen.«

Ach, Mist. Jetzt war ihr die Zunge davongelaufen. Das wurde wohl nichts mit dem Ins-Bett-Gehen. Na ja, zumindest war die Idee nicht schlecht. Wenn die alle ihre Kindheit und ihre gescheiterten Beziehungen wiederkäuen mussten, waren sie danach bestimmt nicht mehr so empfänglich fürs andere Geschlecht.

»Muss das sein?«, fragte Frank leise. Anscheinend wollte er auch lieber ins Bett.

»Hast du eine bessere Idee?«, flüsterte Lou zurück. »Es würde mich sehr wundern, wenn nach diesem Gesprächskreis noch jemand Lust auf Sex hätte.«

»Na, ich ganz bestimmt nicht«, murmelte Frank.

Auch gut, dachte Lou, aber das sagte sie nicht laut. Stattdessen wandte sie sich an die Kursteilnehmerinnen. »So, Mädels, dann kommt mal alle zu mir. Hier im Schuppen findet ihr einen Stapel Decken. Jede nimmt sich eine und legt sie sich um die Schultern. Und dann machen wir's wie im Kindergarten: Wir gehen immer zu zweit zusammen und nehmen uns an die Hand. Ihr könnt euch gar nicht vorstellen, wie dunkel so ein nächtlicher Wald ohne Straßenlaternen sein kann. Keine darf verloren gehen.«

Die Kursteilnehmer erhoben sich zögernd. Um das Ganze zu beschleunigen, griff Lou nach Evelinas Hand, die immer noch ganz dicht bei Jesper Knudsen stand, und zog sie vom Feuer fort.

Knudsen sah auf, jetzt konnte Lou sein Gesicht sehen. Zwischen seinen Augenbrauen stand eine missbilligende Falte. »Hey, Oberchiller«, sagte er zu Frank und tippte an den Schirm seiner Kappe. »Besonders gemütlich ist das jetzt aber nicht. Ich könnte mir einen chilligeren Tagesausklang vorstellen.« Er sah Evelina an und zeichnete mit beiden Händen ihre Kurven in die Luft.

»Kein Problem«, sagte Frank ruhig. »Wenn du nicht mitmachen willst, dann machst du einfach nicht mit. Ich kenn das aus früheren Kursen. Die Konfrontation mit der Dunkelheit und gleichzeitig mit sich selbst ist nichts für zarte Gemüter.« Er wandte sich an die anderen Männer. »Leute, wer sich das hier nicht zutraut, kann gern am Lagerfeuer warten. Das ist okay. Frauen sind da einfach taffer als wir Männer, aber das muss keinem peinlich sein.«

Treffer, versenkt, das konnte Mr Mega-Macho natürlich nicht auf sich sitzen lassen. Und Bingo: Knudsen stand auf, um sich Frank anzuschließen, und verzichtete sogar mit verächtlichem Schnauben auf die Wolldecke, die Lou ihm anbot.

Sie wandte sich schnell ab, damit Knudsen ihr Grinsen nicht sehen konnte, rief Wolfgang zu sich und zog Evelina in Richtung Wald. Erst als das Licht des Feuers die Frauengruppe nicht mehr erreichte und der Schatten der Bäume auch das Licht der schmalen Mondsichel abschirmte, blieb sie stehen. »Seid ihr alle da? Lasst uns mal durchzählen.«

»Eins«, piepste Evelina gehorsam.

»Zwei«, sagte eine kräftigere Frauenstimme hinter Lou, und so ging es weiter bis neun. Alle waren da.

»Wer läuft ganz hinten?«, fragte Lou in die Dunkelheit hinein.

»Sabine und Jutta«, kam die Antwort zurück.

»Okay.« Lou nickte. Die beiden konnten, anders als Evelina, gut für sich selbst sorgen. »Ihr müsst im Dunkeln aufpassen, sonst könnt ihr verloren gehen. Sobald ihr daher den Eindruck habt, dass ihr den Anschluss verliert, meldet euch bitte laut. Und wir anderen gehen schweigend, damit wir sie auch hören. Achtet dabei ruhig ein bisschen auf die Geräusche des Waldes. Anfangs machen sie vielleicht Angst, aber irgendwann gewöhnt man sich daran und spürt, dass genau dies der Lebensraum ist, für den die Natur uns Menschen geschaffen hat.«

Blablabla, so ein dummes Geschwätz, dachte Lou, als sie die zögernde Evelina mit sich zog. Aber irgendetwas musste sie ja sagen, um ihre Spontanaktion glaubhaft in einen Programmpunkt zu verwandeln. Sie stolperte, ein Zweig kratzte ihr durchs Gesicht, und sie spürte, dass dies *garantiert nicht* der Lebensraum war, für den sie geschaffen war. Aber alle folgten ihr widerspruchslos, und nur darum ging es schließlich.

Etwas hustete fauchend im Gebüsch, das Geräusch war ganz nah.

»Was ist das?«, fragte Evelina ängstlich.

»Igel«, sagte Lou beruhigend. Was die Igel da im Gebüsch laut schnaubend taten, erwähnte sie besser nicht. Nachher kamen die Mädels wieder auf dumme Gedanken. War vielleicht keine gute Idee gewesen, einen Kurs, in dem man an das Animalische im Menschen erinnerte, ausgerechnet in einer Zeit abzuhalten, in der alles Animalische Frühlingsgefühle hatte.

Im Tageslicht kannte Lou den Wald zwischen Gutshaus und See wie ihre Westentasche. Jetzt in der Dunkelheit kam es ihr allerdings so vor, als hätte diese Westentasche plötzlich ein Loch; der Pfad zum Steg erschien ihr ungewöhnlich lang. Oder war sie vom Weg abgekommen und irrte längst in die falsche Richtung? Nein, jetzt wurde es vor ihr ein bisschen heller, die Bäume lichteten sich, und sie sah die große, stille Fläche des Sees, in der sich unzählige Sterne spiegelten. »Sind alle da?«, fragte sie. »Zählt noch mal durch.« Sie war erleichtert, als sie alle Zahlen von eins bis neun hörte. »Gut. Dann gehen wir jetzt vorsichtig auf den Steg, und jede sucht sich einen Sitzplatz.«

»Und dann?«, fragte Evelina, ihre Stimme klang weinerlich. »Ich meine, ich muss doch wissen, was ich gleich machen soll, damit ich weiß, wo ich mich am besten hinsetze. Mehr nach vorne oder mehr nach hinten? Oder besser in die Mitte?«

Lou verdrehte die Augen. Evelina war wirklich anstrengend. Wie hatte Helen sie monatelang als Sekretärin ertragen? Dafür müsste über ihrem Kopf eigentlich ein Heiligenschein aufleuchten.

»Jede setzt sich an die Stelle, an der sie sich wohlfühlt«, sagte Lou betont sanft. »Und dann schweigen wir eine Weile und überlegen uns, was wir den anderen erzählen wollen.«

»Wie lange denken wir darüber nach?«, fragte Evelina. »Ich meine, das muss ich doch wissen, sonst ...«

Lou spürte, wie das Mädchen heftig zusammenzuckte, als Jutta wütend auffuhr. »Wie lange, das ist doch eine total fremdgesteuerte Frage. Es geht hier nicht um messbare Zeit. Hast du das immer noch nicht kapiert?«

Evelina verkroch sich hinter Lou und sagte gar nichts mehr. Lou tätschelte ihren Arm, dann ging sie voraus und setzte sich auf den Steg. Sie rief Wolfgang zu sich, damit er mit unter ihre Decke schlüpfen konnte, denn am See war die Luft feucht, er sollte sich nicht erkälten. An den Schemen der anderen erkannte sie, dass sich alle einen Platz auf dem Steg suchten.

Tja, und da saßen sie. Lou seufzte leise. Irgendwas musste sie jetzt tun. Erst mal warten, klar, aber dann? Janna und Helen hatten es gut, sie bereiteten gerade im trockenen, geheizten Salon den Plan für den nächsten Tag vor und hatten dabei bestimmt viel Spaß. Und morgen mussten sie an dem Programm, das sie ausgeheckt hatten, nicht einmal selbst teilnehmen, die Glücklichen. Okay, genau genommen musste Lou das auch nicht, es war schließlich Franks Kurs. Aber sie tat es freiwillig. Seit dem Streit mit Frank hatte sie irgendwo in der Herzgegend ein unangenehmes Gefühl, das sie nicht richtig deuten konnte. Da war auf einmal nicht mehr nur Wut. Sie hatte eher das Gefühl, dass ihr Unterbewusstsein ihr etwas sagen wollte, das ihr Verstand nicht begriff. Wahrscheinlich war es ein schlechtes Gewissen. Wenn es wirklich stimmte, dass Frank die Steinzeitshow nur für sie abzog, dann musste sie ihm einfach beistehen, auch wenn er sie enttäuscht hatte. Er konnte ja nichts dafür, dass er war, wie er war. Außerdem wollte sie auf ihn aufpassen, denn mindestens sieben der neun Frauen standen ganz eindeutig auf ihn, und die restlichen beiden verbargen es vermutlich nur geschickter als die anderen. Mit seinem Out-of-Cave-Look kam Frank bei den menschlichen Weibchen ausgesprochen gut an. Aber er musste schließlich, dem Buch zuliebe, auf Bukow jeden Skandal vermeiden, und deswegen – natürlich nur deswegen – bewachte Lou ihn ein bisschen.

Es gluckste leise im Schilf, und Lou tauchte aus ihren Gedanken auf. Im Dunklen nahm sie die Umrisse der anderen Frauen wahr, die alle ganz ruhig saßen und geduldig warteten, was geschehen würde. Sollte sie jetzt mit der Gesprächsrunde beginnen? Eigentlich hatte sie dazu überhaupt keine Lust. Schon nach drei von insgesamt fünf Tagen Steinzeitkurs hatte Lou genug von der ständigen Nabelschau. Wer war der Mensch im Allgemeinen, und wer waren die einzelnen Teilnehmer im Besonderen? Das war in den vergangenen Tagen wieder und wieder durchgekaut worden, und sie hatte das Gefühl, laut schreien zu müssen, wenn sie noch ein einziges Mal die Wörter authentisch, achtsam, bewusst oder artgerecht hören musste. Sie beschloss, noch ein bisschen zu schweigen. Ihr Ziel hatte sie ja längst erreicht, sie hatte die Mädels von den Männern, besonders von Jesper Knudsen, getrennt.

Lou seufzte. Aber war das wirklich nötig gewesen? Vielleicht sollten sie die Teilnehmer einfach machen lassen, was sie wollten. Wäre das denn wirklich ein Skandal?

Solange Frank nicht mitmachte, war doch alles in Ordnung. Oder dachte sie da zu naiv?

Etwas raschelte im Schilf, und neben Lou bewegte sich jemand. Sabine. »Wollen wir mal anfangen?«, fragte sie mit klappernden Zähnen. »Mir ist kalt.«

»Gut«, sagte Lou. »Wer will als Erste?«

»Worüber sollen wir denn reden?«, hauchte Evelina.

»Alles, was dich beschäftigt, ist möglich«, meinte Lou. »Jede darf selbst bestimmen, was sie erzählen möchte.« Sie dachte an Janna und ihre Probleme mit Frau Mahlzahn. Eltern waren doch eigentlich immer ein Dauerbrenner, egal, wie alt jemand war. »Vielleicht reden wir über eure Eltern?«, schlug sie vor. »Speziell über eure Mütter?«

»Och nö«, sagte Sabine. »Die sind gerade so schön weit weg.«

»Puh«, sagte Jutta. »Wir haben in den letzten Tagen so viel geredet, mir fällt gar nichts mehr ein.«

Na, das lief ja prima, dachte Lou. Und jetzt?

»Ich weiß nicht, ob das jetzt passt«, begann Svea zögernd. »Aber da gibt es schon etwas, das ich gern ansprechen würde.«

»Okay«, sagte Lou. Wenigstens eine!

Svea richtete sich auf. »Also. Natürlich sein, das ist ja wichtig. Menschen sind so, wie Menschen eben sind. Auch körperlich, meine ich. Dazu müssen wir stehen, alles klar. Ich weiß nur nicht so genau, wo die Grenzen liegen, also ...« Sie druckste herum.

»Spuck's aus«, sagte Anna. »Was willst du sagen? Trau dich.«

»Okay.« Svea holte tief Luft. »Stichwort Intimzone. Sollte man da nicht auch ein bisschen Wildwuchs zulassen? Ich meine, das wäre doch nur konsequent. Und ich hab sogar gelesen, dass man mehr Sexuallockstoffe ausströmt, wenn man alles ... natürlich belässt.«

Lou schnappte nach Luft wie ein Karpfen an Land. »Ähm, tja«, presste sie hervor. »Was meinen denn die anderen?«

»Schwierige Frage«, sagte Jutta. »Madonna zeigt ja wieder Haar. Und Gwyneth Paltrow steht auch auf Naturbusch. Aber das muss man sich erst mal trauen.«

Jetzt kam Bewegung in Evelina. »Ich glaub nicht ...«, sagte sie und schluckte nervös. »Ich glaub nicht, dass die Zeit dafür schon reif ist. Zweieinhalb Millionen Jahre Kultur haben eben auch Spuren hinterlassen.«

»Das zeigt sehr schön, wie verlogen wir sind«, meinte Jutta. »Einerseits sagen wir, dass wir zurück zu unserer wahren Natur wollen. Aber ausgerechnet bei der natürlichsten Sache der Welt, also beim Sex, wollen wir uns hinter einem zivilisatorisch aufwendig bearbeiteten Kunstkörper verstecken. Vielleicht ist dies das wahre Problem der Menschheit: Wir können uns so, wie die Natur uns schuf, einfach nicht leiden.« Sie dachte kurz nach. »Haare, Haarfarbe, Haut, Körperpflege, Nägel ... Wenn ich mal zusammenrechne, wie viel Zeit ich darauf verwende, meine wahre Natur rein optisch ein bisschen ansprechender zu gestalten – wow, wenn das alles wegfiele, hätte ich eine Menge Zeit zum Chillen.«

Jetzt mischte Anna sich ein. »Ist halt die Frage, was sonst noch alles wegfiele. Sex zum Beispiel.«

Haha, dachte Lou mit Galgenhumor, wenn der wegfiele, würde ich nicht viel Zeit sparen. Aber das sagte sie nicht laut.

Alle schwiegen und hingen ihren Gedanken nach. Vielleicht dachten sie dasselbe?

Noch einmal versuchte Lou, ein Gespräch in Gang zu bringen. »Sonst noch Fragen?«

»Wann gehen wir zum Haus zurück?«, fragte Svea fröstelnd.

Lou seufzte und erhob sich mühsam, ihr rechtes Bein war eingeschlafen. »Jetzt«, sagte sie. Man musste wissen, wann man verloren hatte.

Nachdem Lou die Frauen in der Empfangshalle entlassen hatte, ging sie in die Küche. Dort saß Frank am Tisch und löffelte aus einer roten Schale mit weißen Tupfen etwas Undefinierbares in sich hinein. Sah aus wie Müsli, aber das konnte ja eigentlich nicht sein, Agrarprodukte wie Getreide und Milch waren auf Bukow diese Woche schließlich tabu. Oder hatte Helen das Zeug angeschleppt? Lou beschloss, lieber keine Nachforschungen anzustellen. Sollte er doch essen, was er wollte, er sah aus, als könne er dringend ein paar Kohlenhydrate gebrauchen.

Sie ließ sich auf einen Stuhl fallen. »Ihr seid auch schon wieder da?«

Er nickte müde. »Ich hab's irgendwann abgebrochen. Du, die haben vielleicht geredet. Wie aufgezogen, sie haben gar nicht mehr aufgehört. Harald hat sogar geweint. War das bei euch auch so emotional?«

Lou schüttelte den Kopf. »Nein. Komplett emotionslos. Frauen sind da nicht so.«

»Ach«, sagte er. »Das hör ich zum ersten Mal. Ich dachte, Frauen würde viel mehr über ihre Gefühle reden als Männer.«

Lou zog eine Augenbraue hoch. »Kann schon sein«, sagte sie. »Aber nur mit ihren Freundinnen. Garantiert nicht mit wildfremden Leuten irgendwo nachts im Wald. So manipulierbar sind nur Männer.«

Jetzt zog Frank eine Augenbraue hoch.

Ein Geräusch lenkte Lou ab, und sie sah auf. Am Küchenfenster rannte laut kichernd eine Frau vorbei. Evelina? Gut möglich, aber Lou hatte sie nicht genau sehen können. Ein Mann schien sie zu verfolgen, aber den sah Lou überhaupt nicht, sie hörte ihn nur. Er grunzte wie ein Bär in der Brunftzeit. »Besonders erfolgreich war unser Abkühlungsversuch nicht«, kommentierte sie trocken.

Er nickte. »Gut, dass Lilly nicht hier ist.«

»Frank?«

»Ja?«

Er sah sie mit seinen blauen Augen an, und plötzlich spürte sie ein Kribbeln auf der Haut. Moment! Nicht schon wieder. Sie konnte doch nicht jedes Mal auf diese Augen hereinfallen. Mit dem Thema war sie durch. Aber das Kribbeln ließ sich nicht abstellen. Hatten die Kursteilnehmer sie mit ihrem Brunftgehabe angesteckt? Fing das jetzt bei ihr auch schon an? Sie stockte kurz, fasste sich dann aber wieder. »Sag mal, glaubst du das alles, was du da erzählst? Von den Steinzeitgenen in uns und so?«

»Nein«, sagte er und legte den Löffel beiseite. »Das ist kompletter Quatsch.«

»Echt? Findest du Jannas Buch also schlecht?«

Er dachte kurz nach. »Nein«, sagte er dann. »Dass das leistungsstarke Gehirn den Menschen nicht nur Vorteile bringt, ist natürlich kein Quatsch. Und das Ganze unter dem Aspekt zu betrachten, dass das Zeitgefühl uns Menschen die innere Ruhe raubt, ist ein interessanter Blickwinkel.«

Wow. Das war ja wieder ganz der alte Frank! Endlich

war der exaltierte Steinzeitguru verschwunden, und da war wieder der kluge, sensible Denker, den sie von früher kannte. Lou mochte es, wenn Frank sich auf ein Thema konzentrierte und seine Worte sorgfältig wählte, deswegen fragte sie weiter. »Und was gefällt dir nicht?«

Wieder dachte er nach, bevor er antwortete. »Diese Steinzeitformel für mehr Lebensglück, also Steinzeiternährung, naturnahe Lebensweise, Leben in dem Bewusstsein, dass alle sterblich sind, ich finde, da bedient Janna einfach den Zeitgeist.«

»Wir sollten also nicht zurück zu unserer eigentlichen Natur?«

Er schnaubte. »Ach, was ist denn schon unsere Natur? Mit dem Begriff Steinzeit bezeichnet man ja einen Zeitraum, der vor ungefähr zweieinhalb Millionen Jahren angefangen hat und vor ungefähr viertausend Jahren endete. Wann in diesem Zeitraum war denn dieses gelobte Zeitalter, in dem der Mensch noch ganz er selbst war und lebte, wie es ihm seine Gene befahlen?«

Lou sah ihn aufmerksam an. Er stand also tatsächlich kein bisschen hinter dem, was er in seinem Workshop sagte. Also tat er das vielleicht alles wirklich nur für sie.

»Und selbst wenn es *den* typischen Steinzeitmenschen gäbe«, fuhr Frank fort, »wieso sollten wir noch immer seine Gene besitzen? Weiß doch jeder, dass Gene sich dauernd verändern, durch Mutationen, durch Viren, sogar durch Umwelteinflüsse.«

Lou nickte. »Warum stehen wir heutzutage nur so auf dieses Steinzeitblabla?«, fragte sie nachdenklich. »Jeder Mist wird ja zurzeit mit Steinzeitargumenten belegt.«

Frank zuckte mit den Schultern. »Das ist so schön urig

und einfach«, meinte er. Und leiser fügte er hinzu: »Ich denke, es liegt daran, dass uns unser Leben verwirrt.«

»Tut es das?« Lou wurde hellhörig. Sein Blick war auf einmal ganz nach innen gekehrt, er wirkte, als hätte er ihre Anwesenheit fast vergessen. Redete er über die Steinzeit oder über sich selbst? Die Männerrunde im Wald schien ihn wirklich mitgenommen zu haben.

Ganz in Gedanken sprach Frank weiter: »Es gibt heutzutage wenig feste Regeln, verstehst du? Wer wen lieben soll und wer was essen soll und wie man leben soll und so weiter und so fort. Früher hatte man nicht so viel Auswahl, es gab Vorgaben, moralische, politische, wirtschaftlich bedingte, religiöse. Es gab kaum Entscheidungsspielraum. Aber heute gilt das alles nicht mehr, und wir müssen dauernd alles selbst entscheiden. Wir kommen ja vor lauter Entscheiden zu sonst nichts mehr. Allein bis man mal den richtigen Handy- oder Stromanbieter gefunden hat, puh, da kann man ja ewig recherchieren. Und dann flüchten wir uns eben in die tröstliche Gewissheit, dass manche Dinge einfach angeboren sind und damit basta. Auf einmal haben wir die komplexe Welt wieder im Griff.«

Lou runzelte die Stirn. »Versteh ich nicht. Was hat der Strom mit der Steinzeit zu tun?«

»Nimm mal das Beispiel Liebe. Wenn dir die Sache mit den modernen Beziehungen zu komplex wird, dann sagst du einfach: Männer sind nichts anderes als Frauenbefruchter, das kann ja auch Spaß machen, und Frauen suchen sich von Natur aus den passenden Ernährer, was auch ganz gemütlich sein kann. Und aus die Maus. So ist es dann.«

»Echt? Ist es das?« Lou fragte sich, ob er das wirklich dachte. Sie lehnte sich zurück und verschränkte die Arme vor der Brust.

»Natürlich gilt das nur für die, die daran glauben«, sagte Frank. »Das ist ein Rechtfertigungsversuch für die eigene Sicht der Dinge. Man bastelt sich seine eigene Welt im Kopf zusammen, und dann behauptet man, dass sie von Natur aus so ist, wie man sie sich selbst gehäkelt hat. Das ist das Prinzip.«

Lou stand auf und trat ans Fenster. Sie wollte nicht, dass Frank ihre Enttäuschung sah. Betrachtete er sich selbst auch als Frauenbefruchter? Das würde zwar einiges erklären, aber sie hatte doch mehr von ihm erwartet. Tja, so konnte man sich irren.

»Ich suche keinen Ernährer«, sagte sie zu ihrem Spiegelbild in der Fensterscheibe.

»Klar«, sagte er. »Du hast dir ja auch eine andere Welt gebastelt. Du baust dir lieber dein eigenes Bullerbü. Da gibt es keinen Platz für Männer.«

Nanu? Seit wann denn das? »Und du?«, fragte Lou und betrachtete die Schatten der Baumriesen in der Dunkelheit.

»Wie meinst du das?«, hakte Frank nach.

»Na, stammt dein Beziehungsideal auch aus der Steinzeit?«

Eine Weile blieb es hinter ihr still. »Glaubst du das?«, fragte er irgendwann.

Sie zuckte mit den Achseln.

Er erhob sich und trat hinter sie. Ganz nah. Sie konnte den Geruch des Lagerfeuers riechen, der von ihm ausging. »Pass auf«, sagte er. »Ich erzähle dir jetzt, wie es damals wirklich war. In der Steinzeit.«

Lou schwieg.

»Vor zweieinhalb Millionen Jahren«, fing er an, »da lebten die Menschen in Rudeln, und jeder hatte Sex mit jedem. So wie das heute noch bei den Bonobos läuft.«

Jemand quiekte im Treppenhaus.

»Oder hier«, sagte Lou.

»Genau.« Sie sah im Spiegel der Fensterscheibe, dass Frank nickte. »Aber dann wechselten die Menschen ihren Lebensraum und zogen vom Wald in die Steppe.«

»Warum?«

»Das lag an der Eiszeit. Der Wald war plötzlich weg. Erfroren.«

»Ah, okay.«

»Ja, und dann standen sie da, die kleinen Menschen, und hatten plötzlich eine gigantische Weitsicht. Weil die Bäume fehlten.«

»Aha.« Lou fragte sich, worauf er hinauswollte.

»Die Weibchen kamen damit prima klar. Sie hatten ja zwei X-Chromosomen. So ein X-Chromosom hat schließlich mehr als tausend Gene, und ein männliches Ypsilon nur zweihundert. Das machte die Männchen natürlich ein bisschen unflexibler als die Weibchen.«

»Klar.«

»Die Steinzeitjungs litten also unter dem plötzlichen Mangel an Bäumen. Man muss das verstehen. Sie fühlten sich orientierungslos. Alles war plötzlich beliebig. Es gab so viele Richtungen, in die man gehen konnte. Auf einmal sahen sie auch ganz deutlich die Tageszeiten, und die wechselten dauernd, hell, dunkel, hell, dunkel. Sie spürten die Jahreszeiten und das Wetter viel mehr, weil das schützende Blätterdach fehlte. Und es gab ganz schön viel Wetter auf dieser Welt. Kurz und gut, die Jungs waren verwirrt, es gab in ihrem Leben keinen Halt mehr.«

»Die Armen«, sagte Lou und starrte in die Dunkelheit.

»Ja. Und da begann ein besonders schlaues Männchen, eines der Weibchen zu bezirzen. Er fand, dass sie anders war als all die anderen. Schöner. Klüger. Stärker. Irgendwie besonders. Er spürte plötzlich den Wunsch, sich an sie zu kuscheln, er wollte neben ihr einschlafen und neben ihr aufwachen. Und tagsüber wollte er sie immer ansehen und mit ihr reden und sie vor Gefahren beschützen und sie zum Lachen bringen. Er war plötzlich sicher, dass er das Wetter und die Jahreszeiten und den Wechsel von Hell und Dunkel mit ihr zusammen besser ertragen konnte. Und deswegen tat er alles, um das Weibchen auf sich aufmerksam zu machen.« Er machte eine Pause. Eine lange Pause.

Lou räusperte sich. »Das war ja ziemlich pragmatisch gedacht«, sagte sie. »Das Männchen kam allein nicht klar und suchte sich deswegen ein Weibchen, das ihm half. Reine Kosten-Nutzen-Analyse.«

»Nein, mit einer Kosten-Nutzen-Analyse hatte das nichts zu tun«, sagte Frank nachdenklich. »Es war ja nicht so, dass das Männchen allein nicht überleben *konnte*. Dazu war es sehr wohl in der Lage, das hatte es ja lange genug bewiesen, und vielleicht wäre es sogar einfacher gewesen, weiter allein zu bleiben. Aber es konnte ohne sein Weibchen einfach nicht *glücklich* sein. Es verschwendete sein Leben in jeder Minute, in der sie nicht bei ihm war, und er fand das einfach unnötig. Und andere Weibchen halfen da nicht weiter. Kein bisschen. Das Männchen wollte nur noch diese eine.«

»Und sie?«, fragte Lou. Sie war überrascht, dass sie ein wenig atemlos klang. »Wie hat sie darüber gedacht?«

»Tja, sie merkte leider nichts. Das lag wohl daran, dass das Männchen sich ziemlich bescheuert verhielt und dauernd Mist redete und so tat, als ginge es ihm ohne sie bestens. Es konnte seine Liebe nicht zugeben, denn es hatte Prinzipien. Und zu denen passte Liebe einfach nicht.«

»Wie schrecklich. Prinzipien können das Leben ganz schön kompliziert machen.«

»Ja. Aber dann wurde sie eines Abends doch auf ihren Verehrer aufmerksam. Er saß da und aß etwas. Und sie sprach mit ihm und erkannte plötzlich, dass er sie anbetete und alles tat, um ihr die Wünsche von den Augen abzulesen.«

»War das so?«, hauchte Lou.

»Ja, so war das«, sagte Frank. Seine Stimme war plötzlich ganz nah an ihrem Ohr. »Sie ließ sich deswegen dazu herab, sein Nest und sein Leben mit ihm zu teilen. Und ab da ging's aufwärts mit dem armen Kerl.«

Lou spürte seinen Atem an ihrem Hals. Am liebsten hätte sie sich zu ihm umgedreht und ihn geküsst. Aber plötzlich wurde sie unsicher. Interpretierte sie diese Unterhaltung schon wieder falsch? Sie trat einen Schritt vor, sodass sie mit der Nasenspitze fast das Fensterglas berührte. »Aber war das nicht auch irgendwie besitzergreifend von den beiden?«

»Wie meinst du das?« Frank klang irritiert.

»Na, versuchte damit nicht jeder, den anderen einzuengen? Mit gesellschaftlichen Konventionen, meine ich.«

»Oh nein«, sagte Frank energisch. »Als das Männchen ganz jung und unerfahren und dumm war, hatte es das geglaubt. Weil es gemerkt hatte, dass es bei der Sache mit der Liebe um Geben und Nehmen ging, und das kam ihm ungewohnt vor. Aber irgendwann kapierte es, dass nichts daran verpflichtend war.« Er machte eine Pause. »Nicht verpflichtend, nur schön«, sagte er leise.

Lou drehte sich zu ihm um. Seine Augen waren noch blauer als sonst.

»Und dann?«, wollte sie wissen.

Seine Augen wanderten zu ihren Lippen. »Dann erfanden sie das Küssen.«

»Warum?«

Er nahm ihr Gesicht in seine Hände. »Damit sie den Rest der Welt vergessen konnten. So einfach war das.«

Und dann küsste er sie.

Und die Welt war weg.

Aus Franks Notizen

Genetische Übereinstimmung zwischen

Mensch und Banane	50 Prozent
Mensch und Fruchtfliege	75 Prozent
Mensch und Maus	80 Prozent
Mensch und Orang-Utan	97 Prozent
Mann und Frau	98,5 Prozent
Mensch und Schimpanse	98,8 Prozent

Das heißt: Affenmann und Menschenmann sowie Affenfrau und Menschenfrau haben mehr Gene gemeinsam als Mann und Frau.

Fazit: Gene werden definitiv überschätzt.

26

»Guten Morgen, ihr Meckertanten«, schmetterte Janna, als sie am vorletzten Tag des Steinzeitworkshops morgens die Tür zum Ziegenstall öffnete. Sie kam von einem Spaziergang am See und wollte vor dem Frühstück noch bei den Tieren nach dem Rechten sehen.

Normalerweise erwiderte Hetty ihren Willkommensgruß laut. Heute nicht. Heute sah sie Janna nur mit erschrockenen Ziegenaugen an, fast so, als wolle sie ihr etwas sagen. Und die scheue Miss Marple hatte sich noch tiefer als sonst in den Hintergrund des Stalls zurückgezogen.

Dafür hörte Janna etwas anderes. Ein Rascheln. Hinter den Strohballen. Rascheln im Stroh war normal, schließlich versteckten sich hier Mäuse, aber *das* klang eindeutig nicht wie eine winzige Maus; von der Größe her musste es sich eher um ein Wildschwein handeln. Das grunzende Geräusch, das jetzt ertönte, passte auch dazu. Nur – wie kam ein Wildschwein in den Ziegenstall? Die Tür war doch zu gewesen. Langsam wich Janna zurück. »Ruhig«, sagte sie. »Gaaanz ruhig. Ich tu dir nichts, dann tust du mir auch nichts, okay?«

Das Rascheln wurde lauter. Hinter den Strohballen kicherte jemand, dann stolperten zwei Menschen hervor. Jesper Knudsen und Evelina. Beide waren nackt und pressten ihre Kleidungsstücke an den Körper. Das heißt, ganz nackt war Jesper Knudsen nicht. Er trug doch tatsächlich immer noch diese hässliche, alberne Baseball-Kappe.

»Pfiiihiiihii«, kicherte er.

»Sehr witzig«, sagte Janna, machte auf dem Absatz kehrt und schlug die Stalltür hinter sich zu. Mit großen Schritten eilte sie zum Hühnerstall, wo sie Lou vermutete. Aber da war sie nicht. Komisch. Im Haus war sie eben auch nicht gewesen. Janna rannte zu Franks Scheune und hoffte, Lou dort zu anzutreffen, doch rund um das Gebäude war niemand zu sehen, innen war alles dunkel, und als Janna anklopfte, regte sich nichts. Sie lief zurück zum Gutshaus und stürmte durch den Anbau in die Küche.

»Das geht zu weit«, schimpfte sie atemlos. »Die können doch nicht einfach unsere Ziege so traumatisieren. Sie ist schwanger und sollte jetzt keinen Stress haben.«

»Was ist denn los?«, fragte Helen, die ganz allein am Frühstückstisch saß.

»Knudsen und Evelina haben den Ziegenstall in eine Rammelkammer verwandelt.«

Helen verschluckte sich an ihrem Kaffee und hustete. Dann lachte sie laut auf.

»Das ist nicht witzig«, fauchte Janna.

»Hast recht«, sagte Helen. »Ich lach auch nicht, weil's komisch ist. Ich lache, um nicht hysterisch zu kreischen. Wo ist Lou?«

»Weg«, sagte Janna.

»Wie, weg?«

»Na, weg halt. In ihrem Zimmer ist sie nicht, im Haus ist sie nirgends, am See ist sie nicht und in den Ställen steckt sie auch nicht.«

»Und Frank?«

»Den hab ich auch nirgends gefunden.«

»Sind sie in seiner Wohnung in der Scheune?«

»Ich habe an die Tür gewummert, aber niemand hat aufgemacht. Durchs Fenster sieht man auch nichts, und das Bett ist leer.«

»Oha«, sagte Helen. »Hoffentlich sind sie nicht geflohen. Irgendwie müssen wir diesen Seminartag noch mit Anstand über die Bühne bringen.«

»Mit Anstand, das wird schwierig«, sagte Janna. »Ich bin ja echt nicht prüde, aber ich würde vom Geschlechtsleben meiner Mitmenschen gern weniger mitbekommen.«

Das Telefon klingelte. Auf dem Display erschien in Großbuchstaben das Wort MUTTER.

»Auch das noch«, jammerte Janna. Seufzend griff sie zum Hörer. »Guten Morgen, Mutti!«

»Guten Morgen, Kind. Weißt du, was ich gerade im Keller gefunden habe?«

»Ähm, nein.«

»Ein elektrisches Messer!«

»Schön.«

»Ja. Und ich brauch's nicht, denn ich hab ja noch ein zweites. Du kannst es haben.«

»Weißt du, Mutti, wir achten hier ziemlich auf unseren Stromverbrauch. Ein elektrisches Messer brauchen wir nicht.«

»Oh, es verbraucht nicht viel Strom. Und wenn es nicht an ist, verbraucht es gar keinen. Und man hat es ja selten an.«

»Ja, weil man es selten braucht.«

»Na, aber irgenzwann braucht man es dann doch, und dann ist man froh, wenn man es hat.«

»Ja, Mutti.«

»Und? Habt ihr eins?«

»Nein, Mutti.«

»Na, dann nimm es doch. Ich schenke es dir.«

»Danke, Mutti.«

Ihre Mutter hatte IMMER recht, und sie hatten ihre Ruhe – das war der Deal, den Lou angeordnet hatte.

»Na, siehst du. Daniel fährt heute nach Mecklenburg, er bringt es euch vorbei.«

»Was?« Janna saß plötzlich kerzengerade. »Daniel? Aber das braucht er doch nicht. Das ist … nicht so dringend.« Daniel war erst vor ein paar Wochen in den Osterferien da gewesen, das reichte doch wohl für eine Jahreszeit.

»Papperlapapp. Er ist schon unterwegs.«

»Och, Mutti«, Janna rang nach Worten. »Das passt mir heute aber gar nicht.«

»Mir aber. Er soll sich außerdem mal das Haus und das Grundstück genauer ansehen.«

Janna versuchte, fröhlich und optimistisch zu klingen: »Nicht nötig. Das braucht er nicht. Es läuft alles bestens.«

»Unsinn«, widersprach Hedda Mahler. »Nichts läuft. Das Haus ist ein Dreckloch und stürzt euch bald über dem Kopf zusammen. Auf Lillys Geburtstag wollte ich ja nichts sagen, aber *ich* hätte da keine Feier veranstaltet. Daniel soll sich mal ein paar Gedanken machen, schließlich ist er Ingenieur. Vielleicht kann man ja was daraus machen, wenn du nun unbedingt dort leben musst.«

»Mutti, aber genau das tun wir doch gerade, wir machen etwas daraus.«

»Ach, papperlapapp. Ich habe ein bisschen Geld, das weißt du, und wenn du zusammen mit Daniel dort leben willst, lasse ich mit mir reden.«

Janna seufzte. »Aber das will ich nicht. Und er auch nicht.«

»Das werden wir ja sehen. Janna, ich habe jetzt keine

Zeit, mit dir zu diskutieren, ich habe einen Friseurtermin. Bis später.« Sie legte auf.

Toll, danke, Frau Malzahn, dachte Janna und sank auf ihrem Küchenstuhl in sich zusammen. »Und jetzt?«, fragte sie hilflos.

»Frühstück«, schlug Helen vor.

»Aber Daniel kommt. Er ist schon losgefahren.«

»Hast du nicht das mit den Flöhen gesagt?«

»Oh Mist, hab ich ganz vergessen!«

»Au weia.« Das war alles, was Helen dazu einfiel.

Im Treppenhaus polterte etwas, sie hörten Stimmen und Gelächter. Was war da schon wieder los? Hatten Knudsen und Evelina jetzt Sex in der Halle? Janna fuhr auf, eilte durch den Flur und riss die Tür auf. Falls ja, würde sie einen Wassereimer über die beiden auskippen. Ihr reichte es jetzt!

Sie kam gerade noch rechtzeitig, um Augenzeugin einer seltsamen Karawane zu werden. Achtzehn splitterfasernackte Menschen stiegen im Gänsemarsch die Treppe herunter und durchquerten die Eingangshalle Richtung Hinterausgang.

»Was wird das denn bitte schön?«, fragte Janna entgeistert.

»Nackt-Yoga«, zwitscherte Evelina. »Wir üben den Sonnengruß.«

»Doch nicht draußen?«, krächzte Janna, deren Stimme vor Schreck versagte.

»Doch, klar. Die Sonne begrüßt man ja wohl unter freiem Himmel. Und heute ist es schön warm.« Jesper Knudsen grinste sie gut gelaunt an.

Janna warf die Wohnungstür der Einliegerwohnung ins Schloss und lehnte sich von innen dagegen. »Sind die jetzt komplett durchgeknallt«, ächzte sie und sah Helen völlig entgeistert an, die ihr gefolgt war und nun ratlos vor ihr stand. »Was mach ich denn jetzt? Verdammt, wo ist Frank?«

Sie war verzweifelt. Wenn Daniel das wilde Steinzeittreiben auf Bukow sah, würde er ihr sofort per Eilentscheid das Sorgerecht entziehen, so viel war klar. Und sie konnte es ihm nicht einmal übel nehmen, sie würde genauso handeln.

»Ruf Ben an«, schlug Helen vor.

»Wieso Ben? Was soll der denn daran ändern?«

»Was weiß ich denn?«, fragte Helen entnervt. »Vielleicht findet er Frank? Oder er schafft es, Knudsen dazu zu bewegen, sich was anzuziehen? Oder er hält Daniel auf?«

Helen zog ihr Smartphone aus der Tasche und drückte zwei Tasten. Zwei Minuten später verkündete sie erleichtert: »Er kommt.«

Noch mal zehn Minuten später beobachtete Janna durchs Küchenfenster, wie die Teilnehmer des Steinzeitkurses hinterm Gutshaus nackt im Kreis standen. Sie reckten die Arme in die Höhe, streckten sie dann nach vorne, ließen sie tiefer und tiefer sinken und berührten zuletzt mit den Fingerspitzen den Boden neben den Füßen. Ihre nach oben gereckten Hinterteile hatten was von »Alle meine Entchen«, fand Janna, und wenn sie nicht so angespannt gewesen wäre, hätte sie gelacht. Vor allem, weil Helen jetzt hinter all den blanken Hinterteilen erschien und überhaupt nicht wusste, wo sie hinsehen sollte. Ihre Appelle an die Möchtegern-Yogis blieben leider unerhört. Die gingen jetzt auf alle viere, was auch nicht keuscher aussah.

Von Ben keine Spur.

Als Helen klar wurde, dass ihr Vorhaben hoffnungslos war, machte sie sich auf die Suche nach Frank. Und Janna lief wie ein eingesperrter Tiger vom Fenster in Lillys Zimmer, von dem sie die Straße nach Bukow im Blick hatte, zum Küchenfenster, wo sie die Teilnehmer hinter dem Haus beobachten konnte, und rang die Hände. Nach zehn Minuten beendeten Franks Steinzeitjünger endlich ihre Yoga-Übungen, aber die Erleichterung währte nicht lange. Ein paar der Männer holten in großen Eimern Wasser aus dem See, und dann wuschen sich die Kursteilnehmer gegenseitig mit Schwämmen den Rücken. Sie kreischten und quiekten, denn das Wasser war kalt. Oh, nein, sie blieben nicht beim Rücken, offenbar waren Ganzkörperwaschungen geplant. Janna wandte sich ab.

Nirgends war ein Auto zu hören oder zu sehen, weder das von Daniel (gut!) noch das von Ben (schlecht!).

Fünfundzwanzig Minuten nach Helens Anruf war Ben immer noch nicht da. Dafür war es Helen endlich gelungen, Frank und Lou zu finden. »Sie kommen gleich«, sagte sie atemlos, als sie in die Küche zurückeilte. »Sie haben die Nacht in Lillys Baumhaus verbracht und waren ein bisschen, tja, wie soll ich sagen? Derangiert trifft es ganz gut.«

»Baumhaus?«, fragte Janna fassungslos.

Helen nickte. »Baumhaus. Mehr weiß ich auch nicht. Hat Ben sich gemeldet?«

»Nein«, gab Janna mürrisch zurück. »Das ist ja mal wieder typisch. Dauernd hängt er auf Bukow rum, aber wenn man ihn mal wirklich braucht, dann lässt er einen hängen. Ich kenne keinen unzuverlässigeren Mann als Ben Käfer.«

Verwundert sah Helen sie an. »Unzuverlässig? Ben? Hör mal, er ist der verlässlichste Mensch, den ich kenne.«

»Ja, das sehe ich«, sagte Janna spitz.

»Also bitte«, widersprach Helen. »Er hat einen Job. Da kann er nicht einfach weg. Wenn er es könnte, wäre er längst hier. Auf ihn kannst du zählen. Immer.«

»Und was war das vor ein paar Wochen?«, fragte Janna. »Ausgerechnet als die Heizung eingebaut wurde, verreiste der Herr.«

Helen schüttelte fassungslos den Kopf. »Janna, was ist denn mit dir los? Ben war so lange da, wie wir ihn gebraucht haben. Er hat für uns alles geregelt, und erst, als alles klar war, ist er gefahren. Der lässt keinen hängen.«

Janna nahm ihre Tasse, ging damit in Lillys Zimmer und sah aus dem Fenster. »Und wieso ist er dann nicht hier?«

Helen trat hinter sie. »Da kommt er doch«, sagte sie.

Tatsächlich, Bens Wagen bog gerade in die Baumallee ein und fuhr im Schneckentempo den holprigen Weg entlang. »Na, der hat es ja eilig«, murmelte Janna. Plötzlich sah sie, wie ein zweiter Wagen in die Allee abbog.

»Oh nein!«, rief sie. »Daniel kommt! Wo sind die Nackedeis? Schnell, Helen, sieh nach.«

Helen stürzte in die Küche. »Sie sind weg«, rief sie. »Wahrscheinlich haben Frank und Lou sie eingesammelt.«

»Und jetzt?« Janna raufte sich die Haare. »Wir müssen Daniel entgegengehen. Er soll dieses blöde Messer abgeben und wegfahren. Das mit der Besichtigung von Haus und Grundstück müssen wir verhindern. Er kennt doch hier alles, was soll das? Wir sagen einfach Nein. Das muss doch möglich sein.«

Helen war wieder an ihrer Seite. »Das Betreten des Grundstücks kannst du ihm kaum verbieten. Mit welchem Argument denn? Meine Güte, warum fährt Ben so dermaßen langsam? Das bringt doch auch nichts, das verzögert die Sache nur.«

Dasselbe schien Daniel zu denken. Er fuhr mit seinem Daimler ganz dicht auf Bens SUV auf und betätigte die Lichthupe. Das wirkte. Ben gab Gas, und Daniel beschleunigte ebenfalls. Aber dann stieg Ben plötzlich auf die Bremse, sein Auto stoppte unvermittelt, und peng. Beide Autos krachten zusammen und kamen schlitternd zum Stehen. Blechschaden.

»Oh nein«, flüsterte Janna.

Ben öffnete die Tür seines Wagens. Er ging zu Daniels Fahrertür, riss sie auf und brüllte los wie ein betrunkener Seemann.

Janna traute ihren Augen nicht. »So kenn ich ihn gar nicht«, murmelte sie.

Daniel stieg aus und hob die Hände in einer beschwichtigenden Geste, aber Ben schimpfte weiter. Und so langsam wurde jetzt auch Daniel sauer.

»Sollten wir nicht rausgehen?«, fragte Janna. »Irgendwas müssen wir doch tun, um die beiden zu beruhigen. Sonst ...«

Aber Helen unterbrach sie. »Bist du verrückt? Siehst du nicht, dass Ben das inszeniert?«

Eine Inszenierung? Janna öffnete das Fenster, um zu hören, was draußen gesprochen wurde.

»Ich habe jetzt schon drei Mal gesagt, dass ich die Kosten übernehme«, brüllte Daniel gerade. »Bring deine Schweinetransportbox also einfach in die Werkstatt. Ich zahl's. Und vor allem: Fahr sie weg, ich will hier durch.«

»Schweinetransportbox?«, fragte Ben. »Hast du das gerade wirklich gesagt?« Er ging einen Schritt auf Daniel zu.

»Ähm. Ja.« Daniel verschränkte die Arme vor der Brust. »So heißen die Dinger doch, oder? Los, jetzt fahr diesen Schrotthaufen aus dem Weg!«

»Das ist mein Weg«, sagte Ben gefährlich ruhig, »denn mir gehört ein Anteil vom Grundstück. Und deswegen steh ich hier, solange ich will. Und wenn ich dich so ansehe, will ich hier lange stehen. Sehr lange.« Er verschränkte ebenfalls die Arme vor der Brust.

»Gut«, sagte Daniel. »Dann bleib halt da stehen.« Er ging zum Wagen, öffnete den Kofferraum und entnahm ihm einen unförmigen Gegenstand. Das elektrische Messer. Er wollte an Ben vorbei, aber der stellte sich ihm in den Weg.

»Pass mal auf, du Wichtelmann«, sagte Ben drohend. »*Ich* stehe hier. Ich! Weil das *mein* Weg ist. Aber du darfst das nicht. Das ist nämlich kein Parkplatz. Und jetzt sieh zu, dass du Land gewinnst.«

»Ich ...«

»Runter von meinem Weg. Aber ganz schnell.«

Daniel warf das Messer fluchend ins Gestrüpp am Wegesrand. »Nimm das hier«, sagte er mit bebender Stimme und griff in seine Jackentasche. Für den Bruchteil einer Sekunde dachte Janna, er würde eine Waffe ziehen, aber tatsächlich brachte er nur eine Visitenkarte zum Vorschein. »Und das.« Er griff in die Innentasche seines Sakkos und förderte ein zweites Kärtchen zutage. »Meins. Und das meines Anwalts. Den Rest klären wir schriftlich.«

Er sprang in sein Auto und heizte mit aufheulendem Motor im Rückwärtsgang die Allee entlang zur Straße.

Ben sah ihm nach, bis sein Auto verschwunden war. Langsam drehte er sich zum Gutshaus um und hob grinsend seinen Daumen. »Ausgebremst und abgewürgt«, rief er triumphierend.

»So viel zum Thema unzuverlässig«, sagte Helen unnötigerweise.

Janna schnaubte ärgerlich, aber mehr aus Reflex. Sie konnte nicht fassen, dass Ben gerade freiwillig seinen Wagen demoliert hatte, nur um ihr zu helfen. »Oh, der Arme«, murmelte sie. »Jetzt ist sein Auto nicht mehr makellos. Wie soll er darüber hinwegkommen?«

Helen sah sie entgeistert an. »Du bist vielleicht ein Biest. Egal, was Ben tut, es ist falsch. Manchmal frage ich mich, was mit dir los ist. Was willst du eigentlich von ihm?« Sie wandte sich ab und ging.

»Wer sagt denn, dass ich was von ihm will?«, fragte Janna. Aber es war schon niemand mehr da, der sie hörte.

Ben stand hinter seinem Auto und befühlte die Delle in der Stoßstange. Als Janna neben ihn trat, sah sie, dass er die Schachtel mit dem elektrischen Messer schon aus dem Gebüsch geholt hatte, sie lag auf der Motorhaube des Wagens für sie bereit.

»Danke«, sagte sie leise.

»Das wird wieder«, meinte Ben. »Das kann man reparieren, dann sieht man da gar nichts mehr.«

»Vielen Dank«, wiederholte Janna.

»Ich bring ihn gleich in die Werkstatt.«

»Ben?«

»Ja?«

»Danke!«

Er zuckte nur mit den Schultern. »Schon okay.« Er sah Janna kurz an, dann wandte er den Blick wieder ab. »Bitte sag den anderen, dass ich nachher komme, wenn die Gäste abreisen. Ich muss noch ein paar Dinge in Ordnung bringen.«

Er stieg in den Wagen, wies mit dem Finger auf die

Schachtel auf der Motorhaube, die Janna an sich nahm, und fuhr im Rückwärtsgang die Allee entlang.

Janna blickte ihm nach, bis er auf die Landstraße bog und verschwand. Mit ihren Dankesworten hatte sie ihn eindeutig nicht erreicht.

Langsam ging sie zum Haus zurück und bemerkte Frank, der auf der Eingangstreppe saß, wo er auf sie wartete.

Sie ließ sich neben ihn fallen. Plötzlich fühlte sie sich kraftlos und leer. »Ich wollte mich bei ihm bedanken, aber er wollte nichts davon hören.«

»Ja«, sagte Frank und zupfte ein Löwenzahnblatt aus den Ritzen der Treppe. »So kann er sein. An Dank liegt ihm nichts.«

»Ich durchschaue ihn nicht. Er ist immer so ... perfekt.«

»Echt jetzt?« Frank dachte nach. »Das finde ich gar nicht. Ich könnte dir aus dem Stegreif eine lange Liste seiner Fehler aufzählen.«

»Na, dann mal los.«

»Er ist rechthaberisch. Er schnarcht. Er hat keine Ahnung von Kunst. Er köpft sein Frühstücksei mit dem Messer. Er neigt zu Schweißfüßen. Er sagt immer Schankse statt Chance. Er ...«

»Okay, hast recht, so perfekt ist er gar nicht. Aber irgendwie verunsichert er mich. Ich habe keine Ahnung, wer er wirklich ist.«

Frank zerrieb das Löwenzahnblatt zwischen den Fingern. »Es ist ganz einfach, einem Mann in die Seele zu blicken«, sagte er. »Du musst nur zwei Dinge beachten.«

»Und die wären?«

»Du darfst nie darauf achten, was er sagt. Und auch nie auf das, was er tut.«

Janna zog eine Augenbraue hoch. »Aha. Und worauf achte ich dann?«

»Natürlich darauf, wie er dich ansieht.«

»Hmmm. Und wenn er mich nie ansieht? Wenn er immer nur ganz kurz guckt und dann gleich wieder den Blick abwendet?«

»Auweia«, sagte Frank. »Mein armer Bruder. Dann ist es ernst.«

»Wie jetzt?«

»Hingucken – schnell wieder weggucken. Er ist eindeutig in dich verliebt.«

Janna schnaubte und erhob sich. »Na, wenn das so ist, dann ist die halbe Männerwelt in mich verliebt. Apropos Männerwelt. Wo sind eigentlich unsere Nackedeis?«

Frank sprang auf. »Ach so, ja, deswegen bin ich gekommen. Die sind am See. Was sie dort machen, will ich lieber nicht wissen. Ich schlage vor, dass wir den Steinzeitspuk so langsam beenden. Was meinst du?«

»Jep!«, sagte Janna. »Bringen wir's zu einem guten Ende!«

~~Janna Mahler~~ Frank Cave
Natural Born Chillers

Kapitel 12

Liebe – kein bisschen chillig?

Das älteste Liebespaar in der Geschichte der Menschheit kuschelt seit rund 8000 Jahren. Archäologen haben die Skelette der beiden Liebenden unter dem Fußboden eines Hauses in der Türkei entdeckt. Sie sind in Löffelchenstellung bestattet, der Mann hält die Frau im Arm. Er ist ungefähr dreißig Jahre alt, sie zehn Jahre jünger.

Wir wissen heute nicht, ob die beiden auch zu Lebzeiten so zärtlich nebeneinanderlagen. Vielleicht haben sie sich im Alltag oft gezankt und gestritten, vielleicht haben sie sich mit Tontöpfen beworfen und mit Tiernamen bedacht. Aber normalerweise wurden Paare damals nicht in einer so innigen Stellung bestattet. Irgendetwas muss die beiden also noch zu Lebzeiten besonders miteinander verbunden haben. Vielleicht war es Liebe.

Wie liebten sich die Menschen in der Steinzeit? Waren sie monogam? Polygam? Lebten sie in Zweierbeziehungen? In Familien? In Rudeln? Wir wissen es nicht und werden es wohl auch nie erfahren. Viele Wissenschaftler haben zwar Theorien dazu, aber das sind wirklich nur Theorien, und bei allen fällt eines auf: Die Vermutungen der Wissenschaftler passen immer verdächtig gut zu ihren eigenen Lebenserfahrungen.

Liebe Leser, ich, Frank Cave, bin kein Wissenschaftler. Aber auch ich habe eine Theorie über die Liebe in der Steinzeit, und vermutlich muss man auch sie mit gesunder Skepsis betrachten, weil es sich dabei nur um meine subjektive Meinung handelt. Trotzdem will ich sie Ihnen mitteilen: Ich persönlich glaube, beim Thema Liebe war schon immer Schluss mit chillig. Auch in der Steinzeit. Liebe zerreißt uns Menschen seit Jahrtausenden das Herz. Sie perforiert uns die Seele, sie raubt uns unseren Gleichmut und oft unseren Verstand. Wir können sie gar nicht entspannt angehen. Sie macht uns manchmal böse, manchmal unglücklich, manchmal ungerecht und manchmal dumm, aber sie macht uns seltsamerweise gleichzeitig glücklich und ganz.

Und das ist nicht nur die Botschaft dieses Kapitels, das ist die Botschaft meines Buches und meines Lebens: Wir können nicht immer locker und gechillt sein. Wir brauchen auch das Gegenteil, die Anspannung, denn ohne sie gibt es keine Ent-Spannung.

Aber wir können lernen, wofür wir uns anstrengen sollten, wir können uns selbst besser kennenlernen und dabei herausfinden, was wir an Stress, Sorgen und Mühen ertragen sollten und was nicht. Und wir können uns auf jeden Fall viel öfter entspannen, als wir es momentan tun.

Doch, das geht. Runzeln Sie nicht gleich wieder die Stirn! Lockerlassen! Ausprobieren!

27

»*Natural Born Chillers* ist ein eingetragenes Warenzeichen«, sagte Janna später am Tag und sah mit ernstem Blick in die Runde. »Das bedeutet: Nur wer von Frank Cave autorisiert wurde, darf anderen seine Methode beibringen. Mit diesem Dokument hier werdet ihr nun die einzigen lizenzierten Natural-Born-Chill-Trainer im ganzen Land. Macht was draus!« Mit aufmunterndem Nicken reichte Janna jedem Kursteilnehmer eine sorgfältig gestaltete Urkunde. Alle schwiegen ergriffen.

Die Frauen und Männer trugen wieder Jeans und T-Shirts, sie hatten ihre Handys, Kreditkarten und Schlüssel wieder an sich genommen, die Stunde des Abschieds war da. Als Frank seinen achtzehn Jüngern noch einige wohlgesetzte Abschiedsworte mit auf den Weg gab, hatten zwei der Männer und eine der Frauen tatsächlich Rührungstränen in den Augen. Frank nicht, das sah Janna genau, und auch sie selbst fühlte kein bisschen Abschiedsschmerz.

»Jetzt werden deine Worte in die Welt getragen wie die Samen einer Pusteblume«, flüsterte Lou Janna zu. »Wer weiß, wo sie Wurzeln schlagen und erblühen.«

»Wie poetisch«, sagte Janna. »Aber ehrlich, ich glaub's nicht. Das läuft jetzt noch ein paar Wochen, und dann treiben die Medien eine andere Sau durchs Dorf.«

Natural Born Chillers stand zurzeit auf Platz vier der Bestsellerliste, und noch war kein Abwärtstrend spürbar, aber Janna rechnete fest damit. Und wenn sie ehrlich war, sehnte sie ihn sogar herbei. Bei aller Freude über die guten Verkaufszahlen verspürte sie bei jeder Jubelnachricht auch immer ein schlechtes Gewissen. Sie hatte beim Schreiben gelogen, das ließ sich einfach nicht wegdiskutieren. Natürlich machte das die Welt weder besser noch schlechter. Trotzdem. Ein Beigeschmack blieb. Als sie den Teilnehmern vor das Haus folgte, beschloss sie daher, einen Teil ihrer Einnahmen an eine wohltätige Organisation zu spenden. Wenn irgendwo auf der Welt arme oder kranke Menschen davon profitieren konnten, dass hier in der westlichen Welt die Leute so reich und übersättigt waren, dass sie freiwillig Brennnesseln aßen und auf Betten aus Stroh schliefen, dann diente das Ganze wenigstens einem guten Zweck.

Janna schüttelte den Teilnehmern zum Abschied die Hände und freute sich auf die Stille, die gleich wieder in Bukow einkehren würde.

Ben, der wie versprochen zurückgekommen war, nachdem er sein Auto in die Werkstatt gebracht und sich einen Ersatzwagen besorgt hatte, trug gerade die letzte Reisetasche von oben runter. Gleich war es so weit. Er wechselte noch einige Worte mit Jesper Knudsen, dann trat er zur Seite, und die Motoren heulten auf.

Noch ein freundliches Winken – und tschüss.

»So, Leute«, sagte Ben, als das letzte Auto hupend verschwunden war. »Und jetzt kehren auch wir in die Zivilisation zurück. Aber ganz schnell.«

»Chill mal, Großer!« Frank streckte die Arme in die Höhe und räkelte sich. »Ich freu mich jetzt auf einen Kaffee im Garten. Wer ist dabei?«

»Du nicht«, sagte Ben mit Entschiedenheit in der Stimme. »Du hast jetzt ein Date mit mir und meiner Haarschneidemaschine.«

»Spinnst du?«, fragte Frank ungläubig. Aber Ben zog ihn trotz heftiger Gegenwehr in die Küche, drückte ihn auf einen Stuhl, und schon summte der bereitgelegte Haarschneider wie eine aufgeregte Wespe.

»Menno«, sagte Frank wie sonst Lilly, aber anscheinend ließ ihn irgendetwas im Auftreten seines Bruders still halten. Er gab keinen Mucks von sich, während Ben seine dunkelblonden Haare mit der Maschine auf eine Länge von zwölf Millimetern stutzte. Sein Anblick erinnerte Janna an ein geschorenes Schaf.

»Hör mal, Helen.« Ben blickt auf. »Schick doch bitte sofort eine Pressemitteilung raus. Inhalt: Frank Cave ist nicht mehr in Europa. Er hat sich zu einem Sabbatjahr in den Himalaya zurückgezogen. Lou, du lässt bitte draußen in der Allee die Schranke runter. Niemand kommt mehr unerlaubt hier rein.« Jetzt wandte er sich an Janna. »Bringst du mir bitte den Koffer, den ich in der Halle abgestellt habe?«

»Was ist denn los?«, protestierte Frank – mit gepresster Stimme, weil Ben ihm das Kinn auf die Brust drückte, um ihm den Nacken ausrasieren zu können.

»Frank Cave muss hier weg«, sagte Ben. »Ganz schnell. Stell dich erst mal darauf ein, dass du wieder eine Weile bei mir wohnst. Und jetzt ab ins Bad. Der Bart muss auch noch weg, Rasierzeug findest du im Koffer. Danach ziehst du die Klamotten an, die ich eingepackt habe, und auch die Brille. Und dann bekommst du deinen Kaffee im Garten, und ich erkläre alles. Versprochen. Muss nur kurz telefonieren. Einem Kunden absagen.« Er verschwand in der Eingangshalle.

Janna nutzte die Pause, um Kaffee zu kochen. Ein paar Minuten später öffnete sich die Badezimmertür, und ein

Fremder betrat den Flur. Mit den kurz geschorenen Haaren, einer Hornbrille und einem schwarzen Rollkragenpullover sah er aus wie ein IT-Berater. »Mein Name ist Käfer«, sagte der Mann. »Fraaank Käfer.« Er sprach seinen Vornamen betont deutsch aus.

»Wow!«, rief Helen aus. »Hätte ich nicht gewusst, wer du bist, ich hätte dich nicht erkannt. Frank, du kannst ja richtig gut aussehen.«

»Na ja«, meinte Lou. »Ansichtssache. Damit muss ich erst mal fertig werden.«

»Im tiefsten Inneren bin ich immer noch derselbe«, sagte der Fremde, ging auf Lou zu und küsste sie.

»Oh!« Ben, der gerade vom Telefonieren zurückgekommen war, legte den Kopf schräg und musterte die beiden von oben bis unten. »Gibt's da was, das ich noch nicht weiß?«

Lou befreite sich aus Franks Umarmung. »Irgendwie habe ich eher das Gefühl, dass es was gibt, das wir noch nicht wissen. Jetzt erzähl mal, warum du Frank umgestylt hast. War das brüderliche Rache? Oder hatte es einen Grund?«

»Gleich.« Ben ließ sich von Janna die Kaffeekanne geben und stellte sie auf ein Tablett, auf dem sich schon Milch und Zucker befanden. »Jeder nimmt sich eine Tasse mit«, befahl er.

»Jawohl, Captain«, salutierte Frank.

»Und du trägst außerdem das Tablett.«

»Aye aye, Sir!«

Ben grinste. »Ich hole nur schnell meinen Laptop aus dem Wagen, ich möchte euch was zeigen.«

Im Garten stellte Ben das Notebook auf den Tisch, klappte es auf und öffnete eine Datei. »Schaut euch das mal an«, sagte er, klickte eine Filmdatei an und trat zurück, um den Blick freizugeben. »Lasst die Bilder auf euch wirken.«

Auf dem Display sah Janna Frank. Er stand in seiner weißen Baumwollkutte in der Eingangshalle vor der alten Uhr und sprach über Sterben und Tod. Er sah aus wie der Heiland höchstpersönlich. Die Szene wirkte ein bisschen langweilig, und Janna war nicht wirklich gefesselt. Cut, neue Kameraeinstellung. Man sah die Teilnehmer des Steinzeitworkshops mit angeekelten Gesichtern beim Hühnchenrupfen. Wehrlose, schlaffe Hühnerkörper, weiße Hühnerhaut, braune Krallenfüße. Das war schon ein bisschen grenzwertig, man konnte nicht mehr wegsehen, aber es war harmlos, und sie fragte sich, warum Ben so ein Gewese gemacht hatte. Dann wieder ein Schnitt. Alle saßen im Kreis und formten Figuren aus Lehm. Jannas erster Gedanke: langweilig. Aber das änderte sich. Eine Großaufnahme zeigte einen gewaltigen Phallus aus Lehm, sie hörte johlendes Gelächter und wollte genauer hinsehen, aber das Bild wechselte wieder. Frauen tanzten um ein Lagerfeuer, bewegten sich zu monotoner Trommelmusik, die auch die Zuschauer in ihren Bann zog. Brüste wippten, Hände streichelten über glatte Schenkel, Janna konnte den Blick kaum abwenden, aber gut, das war immer noch im grünen Bereich.

Das Bild wackelte, war eine Weile ganz weg, dann sah man plötzlich Strohballen. Und dazwischen Evelina. Nackt. Sie lag auf einer Decke im Stroh, räkelte sich lasziv und streckte die Arme nach jemandem aus. »Komm her, Höhlenmann«, hauchte sie. »Zeig mir deine Keule.« Sie spitzte ihr Schmollmündchen zu einem Kuss. Den Höhlenmann sah man nicht.

»Das ist ja nicht zu fassen«, flüsterte Lou.

»Oha!«, sagte Helen. »Diese Seite an ihr kannte ich noch gar nicht.« Aber dann verstummte sie plötzlich und atmete scharf ein.

Die Kamera filmte durch einen Türspalt in ein Schlafzimmer. An den Möbeln erkannte Janna, dass es sich um Helens Schlafzimmer handelte. Jemand schob die Tür vorsichtig weiter auf, und da stand Helen. Sie trug ein Spitzenneglige und sah einen Mann an, der mit seinen Fingerspitzen die Träger ihres Oberteils von ihrer Schulter streifte.

Der Mann kam Janna bekannt vor. »Lemberger«, sagte sie überrascht. »Mein Lektor!«

Das Negligé glitt zu Boden.

Mit einem Mausklick übersprang Ben die folgende Filmsequenz.

»O Gott«, sagte Helen mit kaum hörbarer Stimme. »Das ist schlimm, richtig schlimm.«

»Es kommt noch krasser«, sagte Ben, und er behielt recht. Man sah jetzt eine Gruppe nackter Menschen, die im Kreis standen und der Sonne ihre blanken Hinterteile entgegenreckten. Und dann sah man Frank Cave. Er eilte in einem Bademantel näher, darunter schien er ebenfalls spärlich bekleidet zu sein. »Alle zu mir«, sagte er und atmete schwer. »Alle in meine Scheune, schnell.«

Er scheuchte die nackten Frauen und Männer mit einem Händeklatschen vor sich her. Wenn man die Hintergründe um Daniels plötzliches Erscheinen nicht kannte, konnte man diese Szene nur falsch verstehen.

»Woher hast du das?« Franks Stimme klang brüchig.

»Aus dem Gepäck von Jesper Knudsen«, sagte Ben.

Helen schlug mit der Hand auf den Tisch. »Ich wusste

es!« Sie ließ sich auf einen Gartenstuhl fallen. »Dieses Schwein!«

»Aber wie hat er das gemacht?«, fragte Janna. »Hatte er eine Kamera im Knopfloch?«

»Im Schirm seiner Baseball-Kappe«, sagte Ben. »Ich fand's seltsam, dass er sie immer aufhatte, und als ich das Gepäck runtergetragen habe, dachte ich, ich seh mir das Ding mal genauer an.«

»Und dann hast du sie heimlich geklaut«, vermutete Janna.

»Nicht heimlich«, sagte Ben. »Ich habe ihm das gesagt.«

»Wow.« Frank nickte zustimmend. »Und wie hat er reagiert?«

»Erst wurde er frech, aber dann habe ich ihm gesagt, dass der Ziegenstall von uns kameraüberwacht wird, weil Hetty schwanger ist. Da war er plötzlich ganz still.«

»Videoüberwacht? Stimmt doch gar nicht.« Janna schüttelte den Kopf.

»Doch«, widersprach Lou. »Ich hab mir noch mal die Wildkamera von Bens Onkel ausgeliehen. Ich wollte die Geburt nicht verpassen.«

»Und? Hat die Kamera was aufgezeichnet?« Frank sah Ben neugierig an. Der nickte.

»Zeig mal.«

»Glaub mir, du willst es nicht sehen«, sagte Ben dumpf.

»An manchen Körperstellen erinnert er an einen Pavian. Und am Schluss macht er ganz merkwürdige Geräusche.«

»Pfiihiihiii?«, schlug Frank vor.

»So ähnlich«, sagte Ben. »Egal. Wir behalten das Stall-Video auf jeden Fall als Druckmittel. Ich habe Knudsen fest versprochen, dass dieser Film mit seinem kompletten Namen plus Adresse im Internet erscheint, falls ich irgendwo auch nur ein einziges Wort à la Sexskandal im Steinzeitcamp lesen muss. Ich glaube, das hat er verstanden.«

»Und warum sehe ich dann jetzt aus wie ein Mix aus Jean Paul Sartre und Steve Jobs?«, protestierte Frank.

»Weil auf Bukow wieder Ruhe einkehren muss. Und dafür muss Frank Cave endgültig verschwinden. Auf Nimmerwiedersehen. Zurück zur Zivilisation. Jetzt wird aufgeräumt.«

Helens To-do-Liste

- Schaffelle ans Tierheim spenden, Katzen freuen sich drüber
- Stroh zurück in den Stall
- Bastmatten auf den Kompost
- Staubsauger an, Steinzeit raus!
- Lauter Sachen kaufen, die ganz viel Zucker und/oder Fett enthalten
- und neonfarbene Getränke! Mit Alkohol!
- Fernseher aus dem Keller holen
- eine ganze Staffel Downton Abbey sehen
- Marshmallows essen, bis mir der Mund zusammenklebt
- nebenher chatten
- und telefonieren
- Finger- und Zehennägel lackieren, bis die Luft acetongeschwängert ist
- Wörter wie Höhle, Natur, Nuss, authentisch, achtsam, bewusst, artgerecht und Lebensraum sind VERBOTEN!!!
- Nie wieder Sex, ohne abzuschließen!

28

Vier Wochen später saß Janna unter dem alten Nussbaum am Gartentisch und blätterte im Logbuch Bukow. Lou hatte die letzten Wochen nicht in Worten, sondern in Fotos dokumentiert. Eine ganze Doppelseite hatte sie Hetty und ihren Zwillingen gewidmet, die Lilly Heidi und Klara genannt hatte. Beide waren hellbraun und sahen aus wie Plüschtiere, mit großen, abstehenden Ohren und mit Mäulchen, die wirkten, als würden sie lächeln. Kein Wunder, dass sie zurzeit das beliebteste Fotomotiv auf Bukow waren. Viele Bilder zeigten sie zusammen mit Lilly, die versuchte, die beiden zu dressieren, und deswegen inzwischen den Spitznamen »Fräulein Rottenmeier« trug. Lilly strahlte auf jedem Bild. Um Abenteuer zu erleben, musste sie nicht mehr weglaufen, so viel war sicher.

An zweiter Stelle rangierten Bilder von Frank und Lou. Auf den Fotos sah man sie entweder schnäbeln wie zwei Turteltäubchen – dann lagen sie sich in den Armen – oder streiten wie die Kesselflicker – dann standen sie sich mit verschränkten Armen gegenüber und starrten sich böse an. Die beiden Antikapitalisten diskutierten nämlich gerade leidenschaftlich über die Firma, die sie gemeinsam gründen wollten. Die Quadratur des Kreises war ein Witz dagegen, dachte Janna. Erst wollten sie das Unternehmen »Arts and Plants« nennen, weil der stylishe Name so gut zu Franks neuem, stylishem Outfit passte, aber dann fiel ihnen auf, wie wenig Franks neuer Style zu Frank passte, und sie nahmen davon Abstand. »Kunst und Rüben« sollte das Unternehmen jetzt heißen, und das Firmenkonzept war so einfach wie der Name: Frank wollte Kunstwerke von bleibendem Wert schaffen, Lou wollte Kräuter, Obst und Gemüse zum raschen Verzehr anpflanzen. Beides wollten sie übers Internet und gemeinsam auf Märkten verkaufen. So weit waren sie sich einig.

Nur – wie sollte das Firmenlogo aussehen? Darüber gerieten sie sich dauernd in die Haare. Das tat ihrer Verliebtheit aber keinen Abbruch, und Janna hatte sogar den Eindruck, dass beide ihre Auseinandersetzungen heimlich genossen. Angenehmer Nebeneffekt: Dritten gegenüber war Lou neuerdings viel sanftmütiger, und sie ritt nicht mehr so auf ihren Prinzipien herum. Zwar kaufte sie selbst noch immer überwiegend regionale Produkte, aber dafür mäkelte sie nicht mehr an Helens und Jannas Einkäufen herum.

Versonnen betrachtete Janna ein Foto des Gutshauses. Von außen hatte sich das Gebäude wenig verändert, es wirkte immer noch schäbig und grau. Aber im Inneren hatte sich viel getan. Außerdem hatten in den vergangenen Wochen alle Bewohner Bukows ihre Koffer gepackt, neue Räume bezogen und einen neuen Mitbewohner willkommen geheißen.

Frank wohnte jetzt bei Lou, im Obergeschoss des Gutshauses, rechts von der Treppe. Auch Janna und Lilly waren nach oben gezogen, sie bewohnten oben den linken Flügel. Zusammen hatten sie im Moment nur ein Bad, aber dafür jede Menge Waschbecken. Und da Lilly und Frank grundsätzlich nicht viel Zeit in Badezimmern verbrachten, funktionierte das gut.

Helen war inzwischen nur noch Wochenendgast auf

Bukow. Sie hatte entdeckt, dass in ihrer Brust zwei Seelen wohnten: Sie liebte ihr altes und ihr neues Leben gleichermaßen. Und warum sollte sie nicht beides haben? Von Montag bis Freitag lebte sie daher in der Stadt, am Wochenende aber kam sie aufs Land, meistens in Begleitung von Carsten.

Die beiden wohnten dann in Franks Scheune, die inzwischen teilweise renoviert war. Janna betrachtete ein Foto, auf dem Helen vor der Scheune Sonnenblumenkerne in einen Blumentopf pflanzte. Die Wetterhexe Rumpumpel gab es nicht mehr, sie strahlte übers ganze Gesicht. Und sie sah jünger aus, als sie war. Kein bisschen wie zweiundsiebzig. Höchstens wie zweiunddreißig.

Ihre Dreizimmerwohnung im Erdgeschoss hatte Helen vermietet – an Ben Käfer. Und so sah man auch ihn auf den Fotos im Logbuch Bukow, zum Beispiel wie er auf einem Aufsitzrasenmäher thronte und auf der Parkwiese seine Kreise zog. Janna schüttelte amüsiert den Kopf. Wer hätte gedacht, dass Mr Perfect auf Landarbeit stand? Aber genau so war es. Bei der Sanierung von Bukow hatte Ben seine Leidenschaft für uralte Gebäude und Gartenarbeit entdeckt, und jetzt war das Landgut für ihn so etwas wie eine Art Riesenspielplatz für große Jungs.

Janna betrachtete das nächste Foto, das Ben beim Holzhacken zeigte. Bukow in all seiner Unvollkommenheit war für Ben einfach eine Herausforderung, die er annehmen musste. Und so hatte er es sich zur selbst gewählten Aufgabe gemacht, jedwedes Chaos zu beseitigen, und das tat ihm sichtlich gut. Er war schon jetzt im Frühsommer braun gebrannt, beim Werkeln auf dem Hof pfiff er meistens ein Lied und manchmal waren seine Business-Hemden sogar ein bisschen zerknittert. Man bemerkte es allerdings nur, wenn man genau hinsah. Interessant war, dass die blonde Kollegin aus der Bank bisher noch nicht auf Bukow aufgekreuzt war. Sie war wohl wirklich nur eine Kollegin.

Janna ließ das Logbuch sinken und sah auf. Sie beobachtete einen violetten Schmetterling, der sich auf ein Steinmäuerchen setzte. Und sie selbst? Hatte Bukow auch sie verändert? Vor knapp einem Jahr hatte sie in einer Sackgasse gesteckt. Sie hatte mit fünfunddreißig noch bei ihrer Mutter gelebt, einen schlechtbezahlten Job gehabt sowie das Gefühl, ihr eigenes Leben zu verpassen. Und jetzt wohnte sie mit guten Freunden in einem Landgut am See und hatte soeben einen Drei-Buch-Vertrag abgeschlossen. Und diesmal handelte es sich nicht um Auftragsarbeiten, sondern um echte Herzensbücher. Die restlichen Chill-Bücher würden andere Autoren verfassen, Janna hatte die Rechte daran verkauft. Sie selbst würde stattdessen eine Kinderbuchserie schreiben, über ein kleines Mädchen, das mit seinen Freunden Abenteuer an einem See erlebte. Ein alter Mann und eine geheimnisvolle Standuhr würden darin eine wichtige Rolle spielen. Alles war also bestens.

Ein Tarzanschrei zerriss die Stille, und Janna zuckte zusammen. Uff! Das war ihr Handy. Lilly hatte schon wieder heimlich den Klingelton geändert. Sie griff nach dem Gerät und sah aufs Display. In großen Buchstaben stand dort das Wort MUTTER.

Kein Problem. Es war alles bestens. »Hallo Muttilein«, säuselte Janna in den Apparat.

»Ach, papperlapapp, nix Muttilein«, schnaubte ihre Mutter. Aber das tat sie bestimmt nur, weil sie in Wahrheit gerührt über die freundliche Anrede war. »Ich komme gleich. Mit Daniel. In dreißig Minuten sind wir da. Zum Kaffeetrinken.« Und weg war sie.

Wirklich alles bestens? »Na klar!«, sagte Janna laut zu sich selbst. Sie würde sich doch wohl davon nicht die Laune verderben lassen. Es war Freitag, und in einer halben Stunde war es fünf. Dann kamen Helen und Carsten aus Berlin, Ben aus Trepenick, und Lilly würde vom Spielen mit ihren Freundinnen zurück sein. Lou hatte einen riesigen Hefezopf gebacken, und sie wollten alle zusammen im Garten Kaffee trinken. Jetzt würde sie einfach noch zwei Gedecke mehr auf den Tisch stellen. So einfach war das. Das zumindest hatte sie beim Schreiben des Buches gelernt: Kein Leben war perfekt, man konnte auch Unvollkommenes lieben und man musste nicht immer alles dramatisieren. Sie würde locker bleiben. Punkt.

Die lang gestreckte Kaffeetafel unterm Walnussbaum sah aus wie aus einer Zeitschrift übers Landleben. Janna hatte das altmodische, weiße Geschirr gewählt, das sie sehr liebte. Der Tisch war mit Rosen aus Lous Garten geschmückt. Die Hühner liefen gackernd um den Tisch und hofften auf herabfallende Krümel. Wolfgang lag auf Jannas Füßen und wärmte sie, und ihre Seele wärmte er gleich mit. Wirklich alles bestens, dachte Janna. Sogar ihre Mutter sah vergnügt aus. Es war eine kluge Entscheidung gewesen, sie neben Ben zu setzen, der propere junge Mann schien ihr zu gefallen. Er war gerade von der Arbeit gekommen und trug noch immer sein blütenweißes Businesshemd und seine Krawatte.

Daniel und Ben waren nach dem kleinen Auffahrunfall immer noch kein Dreamteam. Ben trug Daniel zwar nichts nach – wie auch, er hatte den Unfall ja provoziert. Aber Daniel hatte Ben den Wutausbruch immer noch nicht verziehen.

»Wenn's um mein Auto geht, werde ich manchmal emotional«, mit diesen Worten hatte Ben sich bei ihm entschuldigt. Aber Daniel fand wohl, dass »emotional« nicht ganz das richtige Wort für Bens Gebrüll war.

Deswegen war es gut, dass Lou zwischen den beiden saß, Daniel hatte sie immer gemocht.

Nur, wo war Lilly? Janna sah auf ihre Uhr. Vor zwanzig Minuten hätte sie hier sein sollen. Sie hörte von fern ein Geräusch. Konnten das Kinderstimmen sein?

Janna lauschte und stellte fest, dass sie tatsächlich Kinder hörte. Die Stimmen drangen durch die Wand eines baufälligen, alten Schuppens rechts vom Haus. Ben hatte ihn gestern vom Efeu befreit und damit nutzbar gemacht, klar, dass Lilly das neue Terrain sofort erkunden musste. Jetzt öffnete sich die Schuppentür, und Lilly flitzte heraus, gefolgt von Lotte und Floh.

»Guckt mal«, rief sie von Weitem. »Guckt mal, was ich gefunden habe!« Sie schwenkte etwas in der Hand, das aussah wie eine pinkfarbene Hutschachtel.

Als Lilly den Gegenstand auf einen der Gartenstühle gelegt hatte, erkannte Janna, dass es sich um einen kleinen runden Koffer handelte. Lilly öffnete ihn, klappte den Deckel auf, und Janna hörte, wie Ben leise pfiff. Und dann sah sie den Grund für seine Reaktion: In dem Koffer lagen Handschellen aus rosa Plüsch, außerdem eine pinkfarbene Augenmaske und eine kleine, schwarze Peitsche, die an eine Reitgerte erinnert hätte, wäre nicht vorn ein kleines, rosa Lederherz angebracht gewesen. Auweia!

»Was. Ist. Das?«, fragte Frau Mahlzahn.

Die Stille, die auf ihre Frage hin eintrat, war so beklemmend, dass Janna nach Luft schnappte. Shit. Schon wieder ein Überbleibsel ihrer Vorbesitzer. Locker bleiben, befahl sie sich. Lockerbleibenlockerbleibenlockerbleiben. Nur keine Panik.

»Das?«, fragte Ben und schob sich ein Stück Hefezopf in den Mund. »Daf ift meinf.«

»Wie bitte?«, fragte Hedda Mahler.

Ben kaute und schluckte langsam, vermutlich, um Zeit zu gewinnen. Janna hätte alles gegeben, um ihm jetzt beistehen zu können, aber ihr fiel nichts ein, was sie hätte sagen oder tun können. Wie kam er nur aus der Nummer wieder raus? Sie sah, wie Daniel den Hals reckte, die Sextoys betrachtete und seinen Blick vom Koffer zu Ben und wieder zurückschweifen ließ. Er blähte die Nüstern und erhob sich langsam und drohend.

»Das gehört mir. Ist ein Zorro-Kostüm. Wisst ihr? Zorro. Der Rächer der Armen. Lilly, das war so ein ähnlicher Typ wie Robin Hood. Er half immer allen, die in Gefahr waren. Ich wollte dir das Kostüm schenken. Ähm, zum Namenstag, ja, da wollte ich es dir schenken. Schade, dass du es schon entdeckt hast, ich hatte es extra gut versteckt.«

»Zorro?«, fragte Daniel und ballte die Hände zu Fäusten. »Zorro ist schwarz.« Er starrte Ben wütend an. »Warum ist das Zeug rosa?«

Ben nahm einen Schluck aus seiner Tasse und lächelte Daniel an. »Na, warum wohl?«, fragte er. »Es ist ein Zorro-Kostüm für Mädchen. Darum.«

Janna konnte nicht anders, sie brach in hysterisches Kichern aus. Aber Daniel entspannte sich wieder; er schien, genau wie ihre Mutter, den Unsinn zu glauben und ließ sich zum Glück auch von Jannas Quieken nicht verunsichern. Oder vielleicht wollten die beiden Bens Ausrede auch nur glauben, weil sie in ihrem tiefsten Inneren jetzt selbst keine Lust auf eine Auseinandersetzung über pinkfarbenes SM-Spielzeug hatten. Aber egal, woran es lag, Bens Plan war aufgegangen.

Janna lächelte ihn an. Er hatte sie wieder einmal gerettet. Doch als ihr Blick seinen traf, erschrak sie jäh. Was hatte Frank noch über Männer und Blicke gesagt? Sie sah zwar Lachfältchen um Bens Augen, aber in seinem Blick lag ein fast schon unpassender Ernst. Und eine Frage lag darin. Eine Frage, die Janna nicht hören wollte. Sie sprang auf, griff nach der Kaffeekanne, murmelte etwas von Nachschub und eilte in die Küche. Und sie hoffte aus ganzem Herzen, dass Ben ihr nicht folgen würde. Sie wollte so nicht angesehen werden. Von niemandem. Und schon gar nicht von ihm.

Gerade war alles so entspannt, da konnte sie das nicht gebrauchen.

Atemlos erreichte sie das Haus, als sie Schritte hinter sich hörte. Oh nein, bitte nicht!

»Warte mal«, sagte Lou hinter ihr. Janna atmete auf und drehte sich zu ihr um.

Lou hatte die Milchkanne in der Hand. Offenbar war auch sie hier, um Nachschub zu holen, zumindest offiziell. »Janna, ich weiß, du willst nicht darüber reden. Wir haben es ja alle oft genug versucht, und du hast jedes Gespräch abgeblockt. Trotzdem will ich dir was sagen.«

Janna ließ ihr Seufzen absichtlich wie ein Knurren klingen. Wenn Lou wusste, dass sie nicht reden wollte, warum versuchte sie es dann trotzdem?

»Fahr deine Igelstacheln wieder ein«, sagte Lou und

ging an Janna vorbei. »Und jetzt komm mit. Ich lass mich nicht abwimmeln, wir können diesen Teil der Unterhaltung also einfach überspringen.«

Widerwillig folgte Janna ihr in die Küche.

»Du und Ben ...«, sagte Lou.

»Mensch, Lou, warum wollt ihr mich eigentlich alle mit ihm verkuppeln? Wir haben doch ungefähr so viel gemeinsam wie die Chippendales und die Chipmunks – er ein gut aussehender, erfolgreicher Frauenschwarm, ich eher so der Typ possierliches Plüschhörnchen. Dass das nichts wird, kann ich mir an drei Fingern ausrechnen.«

»Die Chipmunks sind sehr erfolgreich und haben viele Fans«, sagte Lou und grinste. »Aber jetzt mal im Ernst, du Hörnchen. Erinnerst du dich noch an die Nacht im Mai vorigen Jahres, in der wir drei beschlossen haben, Bukow zu besichtigen?«

Janna füllte den Wasserkocher. »Nur dunkel«, sagte sie. »Ich erinnere mich an Unmengen von Donnergurgler. Und in meiner Erinnerung hattest *du* beschlossen, Bukow zu besichtigen, und nicht *wir.*«

Lou grinste spitzbübisch, ging aber auf Jannas Sticheleien nicht ein. »In dieser Nacht saßen wir bei dir auf dem Balkon, und deine Mutter war über uns, auf ihrem Balkon, belauschte uns und kommentierte unser Gespräch. Weißt du noch?«

»Ja, kommt mir irgendwie bekannt vor, hab ich aber zum Großteil verdrängt.«

Lou öffnete den Kühlschrank, entnahm ihm eine Milchflasche und schloss ihn wieder. »Ich sagte damals, manchmal müsse man alte Ufer verlassen, um neue zu erreichen. Und Frau Mahlzahn unterbrach mich von oben mit einem schlagenden Gegenargument: Bei der Titanic war das anders.«

Janna füllte Kaffeepulver in die Kanne. »Klingt ganz nach ihr. Aber was hat das mit Ben und mir zu tun?«

»Eine Menge«, sagte Lou. »Denn jetzt präsentiere ich dir eine Perle aus dem Schatz meiner Lebensweisheiten.«

Janna seufzte, sagte aber nichts. Je schneller Lou ihre Perle loswurde, desto schneller hatte sie dieses Gespräch hinter sich.

»Ein ganzes Heer von namhaften Ingenieuren hat die Titanic gebaut, und es war klar wie Kloßbrühe, dass dieses Riesenschiff Amerika sicher erreichen würde. Aber trotzdem ist es vor Neufundland gesunken. Tja, aber ein paar Jahre vorher gab es diesen Norweger, den Namen habe ich vergessen. Er hat den Atlantik in einem winzigen, selbst gebauten, eiförmigen Segelboot überquert. Vor Neufundland kamen er und seine Männer in einen schrecklichen Sturm, aber sie haben's geschafft! Sie haben die amerikanische Küste heil erreicht. Was ich damit sagen will …«

»… ist klar«, unterbrach Janna Lou. Sie goss heißes Wasser in die Kanne und wartete einen Moment, bevor sie das Kaffeepulver mit dem Siebeinsatz nach unten drückte. »Du willst sagen, dass man im Leben nichts exakt vorausberechnen kann.«

»Genau. Und manchmal muss man eben doch alte Ufer verlassen, um neue zu erreichen. Oder noch konkreter: Du kannst deine Probleme nicht immer verdrängen. Du musst ihnen mal ins Gesicht sehen. Wetten, dass sie dann gar nicht so unlösbar sind, wie du denkst?«

»Aber genau das tu ich doch. Ich sehe Ben ins Gesicht und sage: Wir passen nicht zueinander.«

Lou sah Janna lange und durchdringend an. »Und wenn Ben gar nicht das Problem ist?«

»Okay. Botschaft angekommen. Können wir jetzt über

was anderes reden?« Janna nahm die volle Kaffeekanne in beide Hände und wandte sich zum Gehen.

Jetzt war es Lou, die seufzte.

Janna hatte so getan, als hätten Lous Worte sie nicht berührt. Aber als sie abends mit Wolfgang zum See ging, war sie verwirrt und aufgewühlt. Sie hatte den anderen gegenüber behauptet, mithilfe eines kleinen Büchleins Vogelstimmen identifizieren zu wollen, denn am See sangen abends viele Vögel, vielleicht war sogar eine Nachtigall darunter. Und Begleitung hatte sie unter einem Vorwand abgelehnt: »Es bringt Glück, wenn man ganz allein einer Nachtigall lauscht.« Zum Glück hatte niemand diese Volksweisheit, die sich Janna spontan aus den Fingern gesogen hatte, infrage gestellt, auch wenn sie einige befremdete Blicke geerntet hatte.

Nur Wolfgang hatte sie mitgenommen. Der konnte schweigen, und das war es, was sie jetzt brauchte: einen Zuhörer, der einfach mal die Schnauze hielt.

Janna folgte dem Hund durch das dichte Laub und dachte über das Gespräch mit Lou nach. Man konnte nicht vorausberechnen, wer zu wem passte, das waren Lous Worte gewesen. Eigentlich war daran nichts Neues, eigentlich war das ziemlich banal. Aber als Janna nach dem Gespräch an die Kaffeetafel zurückgekehrt war, hatte sie erst Daniel und dann Ben unauffällig gemustert. Und plötzlich – klick – hatte sie begriffen, was ihr Problem war, oder besser, wer. Lou hatte recht. Es ging gar nicht um Ben, sondern um Daniel. Er hatte sie enttäuscht, vor acht Jahren, und darüber war sie noch immer nicht hinweggekommen. Wie ärgerlich. Wie lächerlich. Wie unreif und dumm. Sie hatte doch immer behauptet, Daniel sei ihr komplett egal. Hatte sie sich selbst und andere belogen? Jahrelang? Wütend schlug Janna mit der Hand auf einen Zweig ein, der sich in ihrer Strickjacke verhakt hatte.

Als sie sich von den Dornen befreit hatte, zwang sie sich zu einer ruhigen und nüchternen Betrachtung dieser Frage. Hatte sie noch Gefühle für Daniel? Wenn sie ganz ehrlich war, lautete die Antwort: jein. Sie wollte Daniel zwar tatsächlich nicht mehr zurückhaben, aber egal war er ihr dann doch nicht, das war das falsche Wort. Sie war wohl immer noch ein bisschen sauer auf ihn. Sie dachte kurz nach. Nein, das war zu wenig. Sie war sogar ziemlich sauer. Stinksauer. Janna ballte die Fäuste und spürte plötzlich eine unglaubliche Wut, die wie ein Lavastrom aus ihrem Magen aufstieg und in ihrem Kopf überbrodelte. Stinksauer? Am liebsten hätte sie diesen dämlichen Dauergrinser mit dem ewig kindlichen Gemüt unangespitzt in den Erdboden gerammt. Sie trat gegen einen Baum. Und noch mal. Und noch mal. Als ihr Fuß heftige Schmerzen an ihr Denkzentrum sendete, kam sie wieder zu sich. Atemlos blieb sie stehen und lehnte sich an den Baum. Tja, jetzt war es raus. Sie war definitiv wütend. Aber leider gab es dafür keine Lösung. Ein Gespräch mit Daniel würde nichts bringen, er war nun mal, wie er war, und was sollte er denn jetzt noch zu seinem Verhalten von vor acht Jahren sagen? Sollte er sich bei ihr entschuldigen? Das würde er nie tun, und selbst wenn, es würde ja doch nichts ändern.

Was dann? Sollte sie eine Wachspuppe formen, die ihm ähnlich sah, und sie mit Nadeln durchbohren? Oder eine Lehmpuppe, ganz steinzeitlich? Nein, eigentlich wünschte sie ihm nichts Böses. Er war ja der Vater ihres Kindes. Was für ein Gefühlswirrwarr! Kein Wunder, dass sie es selbst nicht durchschaute.

Janna atmete tief ein, stieß sich vom Baum ab und ging langsamer weiter. Es half ja alles nichts, sie musste ihre Wut einfach hinnehmen und mit ihr leben, als wäre sie ein Teil von ihr.

Glubb. Ein schmatzendes Geräusch. Jannas Schuh blieb im Schlamm stecken, und sie zog ihn leise schimpfend heraus. Wie sollte sie auf diesem moorigen, zugewucherten Waldweg einen einzigen klaren Gedanken fassen? Man müsste die Zweige schneiden. Man müsste die Matschlöcher mit Kies zuschütten. Man müsste, man müsste, man müsste. Aber nicht jetzt. Jetzt musste sie nachdenken. Wo war sie eben noch gewesen? Als wäre die Wut ein Teil von ihr ... Irgendwie klang das nach einer verbitterten, alten Zicke. Aber wenn sie ehrlich war, hatte sie sich ein paar Mal auch genauso verhalten. Vor allem Ben gegenüber.

Ein neuer Gedanke schoss ihr durch den Kopf, und der tat richtig weh: Vielleicht war sie ja gar nicht auf Daniel sauer. Vielleicht grollte sie sich selbst.

Sie blieb stehen und schnappte nach Luft. Mist, das passte, das war's. Auch Daniel war nicht ihr eigentliches Problem. Sie war seit acht Jahren stinksauer auf sich selbst. Warum war sie denn auch so blöd gewesen, sich damals in Daniel zu verlieben? Und warum hatte sie sich ohne Netz und doppelten Boden in diese Beziehung gestürzt? Jeder außer ihr hatte doch auf den ersten Blick gesehen, dass er nicht zu ihr passte. Okay, nicht jeder, ihre Mutter nicht, aber die sah bei Männern sowieso nie weiter als bis zum Kontostand. Woran hatten ihre Freundinnen das denn erkannt? Und warum war nur sie selbst so blind gewesen? Solange sie darauf keine Antwort hatte, konnte sie ihren Gefühlen nicht trauen. War es da ein Wunder, dass sie sich nicht auf eine neue Beziehung einlassen konnte? Oder wollte?

Janna ging weiter, erreichte den See und suchte sich einen einigermaßen trockenen Weg durch den schlammigen Uferboden. Als sie beim Steg ankam, streifte sie ihre Schuhe ab. Barfuß lief sie zur Spitze, setzte sich und prüfte vorsichtig mit den Zehen die Wassertemperatur. Kühl war es, aber nicht unangenehm. Janna tauchte beide Füße in das klare, hellgrüne Wasser. Wolfgang legte sich neben sie, und zusammen beobachteten sie, wie die Sonne langsam hinter den Baumwipfeln des gegenüberliegenden Ufers verschwand. Janna hörte einen ganzen Chor an Vogelstimmen, aber sie hatte keine Lust, das dünne Buch zurate zu ziehen. Sie sah nämlich inzwischen ihr wahres Problem ganz klar vor Augen, und das war kein angenehmer Anblick: Daniel war nicht schuld an ihrer Situation. Sie war's.

Sie selbst hatte damals vor sieben Jahren einen Fehler gemacht, und sie wollte nie wieder denselben begehen. Und als Ben ihr zum ersten Mal begegnet war, hatte sie ähnliche Gefühle gespürt wie bei ihrem ersten Treffen mit Daniel. Herzklopfen. Fingerzittern. Verliebtheit eben. Diese Gefühle hatten damals bei Daniel ihr klares Denken vernebelt, und deshalb hatte sie sie jetzt bei Ben verdrängt. Sofort. Ganz und gar. Erst hatte sie sich eingeredet, er sei tabu, weil Helen sich für ihn interessierte. Und dann hatte sie sich eingeredet, er sei zu gut aussehend, zu gestylt, zu ordentlich, zu erfolgreich für sie. Aber das waren ja nun wirklich keine Charakterdefizite, mit denen man sich nicht arrangieren konnte. Klar war: Sie hatte jetzt ein Jahr lang Ausreden gesucht, warum Ben nicht zu ihr passte, und zwar nur, weil sie nie wieder Schiffbruch erleiden wollte. Na toll. Janna schnaubte wütend. Vermutlich war sie für immer beziehungsunfähig und gehörte auf die Couch eines Psychiaters.

Wolfgang schien ihre dunklen Gedanken zu spüren. Er wälzte sich auf die Seite, schmiegte sich an sie und grunzte. Janna streichelte zärtlich sein Ohr. Und plötzlich hatte sie eine Idee. Lou hatte doch gesagt, man könne nicht vorausberechnen, wer zu einem passte. Okay. Aber woher hatte sie dann damals schon so früh gewusst, dass Daniel nicht zu ihr passte? Das war doch ein Widerspruch in sich. Sie zog ihr Handy aus der Hosentasche und schickte Lou genau diese Frage zu. Gut möglich, dass sie sie nicht gleich sah. Aber irgendwann würde sie antworten, da war Janna sicher.

Wenig später zwitscherte das Telefon. Lous Antwort war da. »Ich hab es nicht vorhergesehen«, schrieb sie. »Ich habe es dir angesehen. Du sahst immer so traurig aus.«

Janna dachte kurz nach, dann tippte sie eine neue Frage ein: »Und warum habe ich dann nicht selbst gemerkt, dass ich traurig war?«

Sofort kam die Antwort: »Hast du doch. Weißt du das nicht mehr?«

Und plötzlich erinnerte Janna sich. An das Unbehagen nach den ersten Streitereien, als die Rosa-Brille-Phase vorbei war und der Alltag einkehrte und Daniel sich immer öfter als Egozentriker zeigte. An die schlaflosen Nächte, in denen er leise neben ihr geschnarcht hatte, während sie stundenlang wachlag. An die gemischten Gefühle, als sie den Schwangerschaftstest in ihren Händen hielt, mit dem Lilly ihr Kommen erstmals angekündigt hatte.

Ja, sie war damals traurig gewesen. Und sie hatte nicht

auf ihre Gefühle gehört. Warum? Nun, rein äußerlich hatte ja alles so schön gepasst. Nur innerlich nicht. Aber das würde sich geben, da war sie sicher gewesen. Weil sie sicher sein wollte.

Letzte Frage an Lou: »Und jetzt?«

Ein Zwitschern brachte die Antwort: »Ausprobieren! Auf zu neuen Ufern!«

Hatte Lou recht? War es wirklich so einfach? Musste sie ausprobieren, ob Ben und sie zusammenpassten? Und darauf vertrauen, dass es schon spürbar knirschen würde, falls da ein Eisberg war? Und was dann? Rechtzeitig ins Rettungsboot fliehen? Getrennt weiterpaddeln? Neue Ufer anpeilen? Irgendwie so, ohne Kummer, ohne Wut?

Janna nickte. Ja, vielleicht war es so, vielleicht musste man Beziehungen so angehen. Aber anscheinend war sie nicht geeignet für emotionale Ozeanüberquerungen. Sie war wohl nicht seefest.

Ihr Handy zwitscherte wieder. Nachricht von Lou. »Wovor hast du Angst?«, stand auf dem Display.

Tja, wovor? Sie starre auf die dunkelgrüne Wasserfläche des Sees. Ihr konnte doch eigentlich gar nichts passieren. Damals, klar, da war sie schwanger gewesen, da hatte sie die Wahrheit viel zu lange nicht sehen wollen und war schließlich untergegangen. Aber jetzt stand sie doch ganz anders im Leben, das hatte sie heute beim Blättern im Fotoalbum deutlich gespürt. Sie hatte eine Lebensaufgabe: Lilly. Sie hatte ein Zuhause: Bukow. Sie hatte die besten Freundinnen der Welt und einen guten Job. Sie war endlich unabhängig von ihrer Mutter, und sie benötigte auch keinen Mann. Sie kam prima alleine klar. Sie schipperte mit ihrem Lebensschiff längst nicht mehr durch Eismeere, sondern durch ruhige, sonnige Gewässer. Und wenn sie kentern würde, konnte sie einfach an den Strand schwimmen. Wenn sie Ben gar nicht *brauchte*, dann konnte sie es doch bei genauer Betrachtung riskieren, ihn einfach so von sich aus zu *wollen*. Sie konnte doch nur gewinnen und nichts verlieren.

Janna seufzte tief. Das klang gut. Richtig gut. Das Angstteufelchen in ihren Gedanken schrumpfte wie ein Luftballon mit Loch. Sie wollte Ben, aber sie brauchte ihn nicht. Dieser Satz hatte geradezu therapeutische Wirkung auf ihr angespanntes Nervensystem. »Ich brauche dich nicht«, murmelte sie, und dann sprach sie es lauter in die Abendstille hinein. »Ich brauche dich nicht, Ben Käfer!« Im Schilf raschelte eine Ente.

»Okay«, sagte eine Stimme hinter ihr. »Gut zu wissen.«

Ben!

Janna sprang auf. Sie wäre vor Schreck fast in den See gefallen, als sie ihn hörte. Schwankend rang sie um ihr Gleichgewicht und drehte sich zu Ben um. Er hatte den Steg schon verlassen, sie sah, wie er im Wald verschwand.

»Warte!«, rief sie, obwohl sie nicht damit rechnete, dass er darauf reagieren würde. Doch genau das tat er. Er wartete im Schatten einer großen Weide, und Janna eilte ihm nach.

Atemlos blieb sie vor ihm stehen. »Ben, das kam jetzt ganz falsch rüber …«, begann sie, aber dann wusste sie nicht weiter.

Er schwieg. Was dachte er nur? In der Dunkelheit konnte sie seine Augen nicht sehen. »Damit meinte ich nur, dass ich dankbar bin, weil du mir schon so viel geholfen hast, und dass ich dich nicht länger ausnutzen will«, fuhr sie fort. »Ich wollte damit sagen, dass ich auch allein klarkomme, verstehst du?«

»Ist eine komische Art, sich zu bedanken«, sagte Ben. »Aber okay, wenn du meinst, bitte, gern geschehen.« Er wandte sich ab.

»Wenn du jetzt gehen willst, dann geh«, sagte Janna leise. »Aber mir wär's lieber, wenn du bleiben würdest.«

Zögernd drehte er sich wieder zu ihr um, und Janna gab sich einen Ruck. Was hatte sie denn schon zu verlieren? Sie holte tief Luft und sagte mit fester Stimme: »Dass ich dich nicht brauche, heißt nicht, dass ich dich nicht will.«

Er legte den Kopf fast unmerklich schräg, und sie beschloss, das als gutes Zeichen zu deuten. Also weiter: »Im Gegenteil. Du bist zwar manchmal ein bisschen zu perfekt, und das macht mir Angst. Aber dagegen kann man vielleicht was tun.«

»Dann tu's«, sagte er. Seine Stimme klang rau.

Janna zögerte.

Dann ging sie langsam auf ihn zu. Sie blieb vor ihm stehen und lockerte mit zitternden Fingern den Knoten seiner Krawatte. Er senkte den Kopf und blickte ungläubig auf ihre Hände. Behutsam knöpfte sie einen Knopf seines viel zu weißen, viel zu faltenfreien Hemdes auf, das sogar in der Dämmerung leuchtete. Dann noch einen und noch einen.

»Janna«, sagte er unsicher.

»Wenn du gehen möchtest, dann geh«, sagte sie.

Er blieb.

Sie trat noch einen Schritt näher und zerwühlte mit allen zehn Fingern sein viel zu gut frisiertes Haar. Sie legte die Hände auf die warme, glatte Haut seines Brustkorbs, der genau richtig war. Sie stellte sich auf die Zehenspitzen und legte ihre Lippen sanft auf seine.

Ben stand einen Moment lang einfach nur da. Dann kam

Bewegung in ihn. Er legte seine Arme um Janna und erwiderte ihren Kuss. Sie ließ sich gegen ihn sinken, fühlte seine Haut unter ihren Fingern und atmete seinen Duft ein. Am liebsten hätte sie ihm dieses nervige Mr-Perfect-Hemd ganz ausgezogen. Und die Bügelfaltenhose störte sie eigentlich auch. Aber man konnte doch nicht einfach hier … unter freiem Himmel … das ging ja wohl gar nicht! Wer wusste schon, wo Lou wieder diese blöde Wildkamera installiert hatte?

Ben zog sie noch enger an sich, und auf einmal war Janna die Kamera egal. Sie spürte nur noch seine Lippen, auf ihrem Mund, an ihrem Hals, an ihren Schultern. Er öffnete langsam die Knöpfe an ihrer Bluse. Einen. Noch einen. Den dritten.

Plötzlich hielt Ben inne.

»Was ist los?«, fragte Janna atemlos.

»Ich hab was gehört«, sagte er. »Es klang wie ein Tarzanschrei, nur ganz leise.«

»Oh. Mist.« Sie zog ihr Handy aus der Hosentasche. Das Display war hell erleuchtet, darauf erschienen die Buchstaben MUTTER.

Janna holte weit aus, um das Handy in hohem Bogen in den See zu werfen, aber Ben fing ihre Hand ab und hielt sie fest. »Wir sind doch nicht in der Steinzeit«, sagte er sanft, bog ihre Finger auf, nahm das jodelnde Handy und schaltete es einfach aus. Dann machte er da weiter, wo er aufgehört hatte.

Und in der Weide am Ufer sang ein Vogel. Vielleicht eine Nachtigall.

Telefongespräch an einem Sonntagmorgen im Herbst zwischen Lilly und Hedda Mahler

Lilly: Hier ist Lilly Mahler. Und wer bist du?
Hedda Mahler: Hier ist Omi. Hallo Lilly.
Lilly: Omi! Wann kommst du mal wieder zu uns?
Hedda Mahler: Bald, mein Schatz. Ist die Mami da?
Lilly: Ja.
Hedda Mahler: Kann ich sie mal sprechen?
Lilly: Nein.
Hedda Mahler: Warum nicht?
Lilly: Sie schläft noch.
Hedda Mahler: Dann weck sie.
Lilly: Ich soll nicht. Wir bringen ihr nämlich gleich das Frühstück ans Bett. Als Überraschung. Damit wecken wir sie dann. Aber es ist noch nicht fertig, deswegen muss ich jetzt ganz leise sein.
Hedda Mahler: Lilly, wer ist *wir?*
Lilly: Was?
Hedda Mahler: Kind, wer will die Mami mit dem Frühstück wecken? Du und wer noch?
Lilly: Na, Ben und ich. Er holt gerade Brötchen, und ich stelle schon mal Tassen und Teller und Marmelade auf das Tablett. Ganz leise.
Hedda Mahler: Lilly, verstehe ich das richtig? Dieser Mann bringt deiner Mutter gleich ein Frühstückstablett an ihr Bett?
Lilly: Nein. Nicht an ihr Bett. An seins.
Hedda Mahler: Ähm. Lilly. Deine Mutter ... liegt ... im Bett von ...
Lilly: Ben!

Hedda Mahler: Und was macht sie da?

Lilly: Schlafen.

Hedda Mahler: WARUM um Himmels willen schläft sie nicht in ihrem eigenen Bett?

Lilly: Wir wohnen doch jetzt wieder unten. In Bens Wohnung. Und da passt Mamis Bett nicht auch noch rein. Und Bens Bett ist ja groß. Da ist genug Platz für Mami.

Hedda Mahler: Was? Lilly? Ihr wohnt unten? Bei diesem ... Käfer?

Lilly: Ja. Wegen dem Baby.

Hedda Mahler: JANNA BEKOMMT EIN BABY???

Lilly: Nein. Mami doch nicht. Lou bekommt eins. Und dann ist es oben so laut, weil Babys viel schreien. Deswegen sind wir runtergezogen.

Hedda Mahler: Louisa bekommt ein Baby. Meine Güte. Kind. Wann denn?

Lilly: Nächstes Jahr. Im Frühling.

Hedda Mahler: Und WARUM wohnt ihr dann jetzt schon unten?

Lilly: Omi, ich muss Schluss machen, da kommt Ben mit den Brötchen. Hab dich lieb, Omi!

Hedda Mahler: Lilly! Warte! Sage deiner Mutter, dass ich nachher vorbeikomme. Ich will mit ihr sprechen. Lilly? Hallo? Lilly?

Klick.

Ich danke

- meiner Mutter. Dafür, dass sie nicht so ist wie Jannas Mutter.
- meiner wundervollen, bunten, kinder- und hundereichen Großfamilie, also meinen Geschwistern, ihren Partnern und all ihren Kindern. Dafür, dass ich mir keine Ersatzfamilie suchen muss, um nicht einsam zu sein.
- meinem Mann. Weil uns noch kein Eisberg zum Kentern gebracht hat.
- meinen Töchtern. Für alles.
- Tina und Hans-Jörg. Für ihre Freundschaft.
- Susanne, Cornelia, Kathrin und Miriam. Fürs gemeinsame Durchwandern von Schreibprozessen.
- Bettina und Lutz, weil ich von ihnen viel über Hühner gelernt habe.
- meiner Agentin Anja Koeseling. Für die Power und den Schwung, den ein Gespräch mit ihr mir immer gibt, wenn's mal hakt.
- meiner Lektorin Anne Rudolph. Für ihre klugen Kommentare, mit denen sie immer recht hat, ohne rechthaberisch zu sein.
- allen Mitarbeitern des Verlags Bastei Lübbe, die an diesem Buch mitgewirkt haben. Für die ausnahmslos gute Zusammenarbeit.